D1332853

ESSAIS III

ESSAIS

III

MICHEL DE MONTAIGNE

ESSAIS

LIVRE III

Chronologie et introduction
par
Alexandre Micha

GF-Flammarion

© 1979, GARNIER-FLAMMARION, Paris
ISBN 2-08-070212-2

CHAPITRE PREMIER

DE L'UTILE ET DE L'HONNESTE

// Personne n'est exempt de dire des fadaises. Le malheur est de les dire curieusement.

Næ iste magno conatu magnas nugas dixerit [1].

Cela ne me touche pas. Les miennes m'eschappent aussi nonchallamment qu'elles le valent. D'où bien leur prend. Je les quitterois soudain, à peu de coust qu'il y eust. Et ne les achette, ny les vens que ce qu'elles poisent. Je parle au papier comme je parle au premier que je rencontre. Qu'il soit vray, voicy dequoy.

A qui ne doit estre la perfidie detestable, puis que Tybere la refusa à si grand interest [2]. On lui manda d'Allemaigne que, s'il le trouvoit bon, on le defferoit d'Ariminius par poison; (c'estoit le plus puissant ennemy que les Romains eussent, qui les avoit si vilainement traictez soubs Varus, et qui seul empeschoit l'accroissement de sa domination en ces contrées-là). Il fit responce : que le peuple Romain avoit accoustumé de se venger de ses ennemis par voye ouverte, les armes en main, non par fraude et en cachette. Il quitta l'utile pour l'honneste. « C'estoit, me direz-vous, un affronteur [3]. » Je le croy; ce n'est pas grand miracle à gens de sa profession. Mais la confession de la vertu ne porte pas moins en la bouche de celuy qui la hayt. D'autant que la verité la luy arrache par force, et que, s'il ne la veut recevoir en soy, au moins il s'en couvre pour s'en parer.

Nostre bastiment, et public et privé, est plein d'imperfection. Mais il n'y a rien d'inutile en nature; non pas l'inutilité mesmes; rien ne s'est ingeré en cet univers, qui n'y tienne place opportune. Nostre estre est simenté de qualitez maladives; l'ambition, la jalousie, l'envie, la vengeance, la superstition, le desespoir, logent en nous d'une

si naturelle possession que l'image s'en reconnoist aussi
aux bestes; voire et la cruauté, vice si dénaturé; car, au
milieu de la compassion, nous sentons au dedans je ne
sçay quelle aigre-douce poincte de volupté maligne à voir
souffrir autruy; et les enfans le sentent;

Suave, mari magno, turbantibus æquora ventis,
E terra magnum alterius spectare laborem [4].

Desquelles qualitez qui osteroit les semences en l'homme,
destruiroit les fondamentalles conditions de nostre vie.
De mesme, en toute police, il y a des offices necessaires,
non seulement abjects, mais encore vitieux; les vices y
trouvent leur rang et s'employent à la cousture de nostre
liaison [5], comme les venins [6] à la conservation de nostre
santé. S'ils deviennent excusables, d'autant qu'ils nous font
besoing et que la necessité commune efface leur vraye qualité [7], il faut laisser jouer cette partie [8] aux citoyens plus
vigoureux et moins craintifs qui sacrifient leur honneur
et leur conscience, comme ces autres antiens sacrifierent
leur vie pour le salut de leur pays; nous autres, plus foibles,
prenons des rolles et plus aisez et moins hazardeux. Le
bien public requiert qu'on trahisse et qu'on mente /// et
qu'on massacre; // resignons cette commission à gens plus
obeissans et plus souppless.

   Certes, j'ay eu souvent despit de voir des juges attirer
par fraude et fauces esperances de faveur ou pardon le
criminel à descouvrir son fait, et y employer la piperie et
l'impudence. Il serviroit bien à la justice, et à Platon
mesmes, qui favorise cet usage, de me fournir d'autres
moyens plus selon moy. C'est une justice malitieuse [9]; et
ne l'estime pas moins blessée par soy-mesme que par
autruy. Je respondy, n'y a pas long temps, qu'à peine [10]
trahirois-je le Prince pour un particulier, qui [11] serois très
marry de trahir aucun particulier pour le Prince; et ne hay
pas seulement à piper, mais je hay aussi qu'on se pipe en
moy [12]. Je n'y veux pas seulement fournir de matiere et
d'occasion.

   En ce peu que j'ay eu à negotier entre nos Princes,
en ces divisions et subdivisions qui nous deschirent
aujourd'huy, j'ay curieusement evité qu'ils se mesprinssent
en moy et s'enferrassent en mon masque. Les gens du
mestier se tiennent les plus couverts et se presentent et
contrefont les plus moyens [13] et les plus voisins qu'ils
peuvent. Moy, je m'offre par mes opinions les plus vives

et par la forme plus mienne. Tendre negotiateur et novice, qui ayme mieux faillir à l'affaire qu'à moy! Ç'a esté pourtant jusques à cette heure avec tel heur (car certes la fortune y a principalle part) que peu ont passé de main à autre avec moins de soubçon, plus de faveur et de privauté. J'ay une façon ouverte, aisée à s'insinuer et à se donner credit aux premieres accointances. La naïfveté et la verité pure, en quelque siecle que ce soit, trouvent encore leur opportunité et leur mise. Et puis, de ceux-là est la liberté peu suspecte et peu odieuse, qui besoingnent sans aucun leur interest et qui peuvent veritablement employer la responce de Hipperides aux Atheniens se plaignans de l'aspreté de son parler : « Messieurs, ne considerez pas si je suis libre, mais si je le suis sans rien prendre et sans amender par là mes affaires. » Ma liberté m'a aussi aiséement deschargé du soubçon de faintise par sa vigueur, n'espargnant rien à dire pour poisant et cuisant qu'il fut, je n'eusse peu dire pis, absent, et qu'elle a une montre apparente de simplesse et de nonchalance. Je ne pretens autre fruict en agissant, que d'agir, et n'y attache longues suittes [14] et propositions [15]; chasque action fait particulierement son jeu : porte s'il peut !

Au demeurant, je ne suis pressé de passion ou hayneuse ou amoureuse envers les grands; ny n'ay ma volonté garrotée d'offence ou obligation particuliere. /// Je regarde nos Roys d'une affection simplement legitime et civile [16], ny emeuë, ny demeuë [17] par interest privé. De quoy je me sçay bon gré. // La cause generale et juste ne m'attache non plus que moderéement et sans fiévre. Je ne suis pas subjet à ces hypothèques et engagemens penetrans et intimes; la colere et la hayne sont au delà du devoir de la justice, et sont passions servans seulement à ceux qui ne tiennent pas assez à leur devoir par la raison simple; toutes intentions legitimes et equitables sont d'elles mesmes equables [18] et temperées, sinon elles s'alterent en seditieuses et illegitimes. C'est ce qui me faict marcher par tout la teste haute, le visage et le cœur ouvert.

A la verité, et ne crains point de l'advouer, je porterois facilement au besoin une chandelle à S. Michel, l'autre à son serpent, suivant le dessein de la vieille [19]. Je suivray le bon party jusques au feu, mais exclusivement si je puis. Que Montaigne [20] s'engouffre quant et la ruyne publique, si besoin est; mais, s'il n'est pas besoin, je sçauray bon gré à la fortune qu'il se sauve; et autant que mon devoir me donne de corde, je l'employe à sa conservation. Fut-ce

pas Atticus, lequel se tenant au juste party, et au party qui
perdit, se sauva par sa moderation en cet universel naufrage du monde, parmy tant de mutations et diversitez ?

Aux hommes, comme luy, privez, il est plus aisé; et en
telle sorte de besongne, je trouve qu'on peut justement
n'estre pas ambitieux à s'ingerer et convier soy-mesmes.
De se tenir chancelant et mestis [21], de tenir son affection
immobile et sans inclination aus troubles de son pays et
en une division publique, je ne le trouve ny beau ny
honneste. /// « *Ea non media, sed nulla via est, velut eventum
exspectantium quo fortunæ consilia sua applicent* [22]. »

Cela peut estre permis envers les affaires des voisins;
et Gelon, tyran de Syracuse, suspendit ainsi son inclination
en la guerre des Barbares contre les Grecs, tenant un'am-
basse [23] à Delphes, à tout des presents, pour estre en
eschauguette à veoir de quel costé tomberoit la fortune,
et prendre l'occasion à poinct pour le concilier au victorieux. Ce seroit une espece de trahison de le faire aux
propres et domestiques affaires, ausquels nécessairement
// il faut prendre party par application de dessein. Mais
de ne s'embesongner point, à homme qui n'a ny charge,
ny commandement exprés qui le presse, je le trouve plus
excusable (et si ne practique pour moy cette excuse)
qu'aux guerres estrangeres, desquelles pourtant, selon nos
loix, ne s'empesche qui ne veut. Toutesfois ceux encore
qui s'y engagent tout à faict, le peuvent avec tel ordre et
attrempance [24] que l'orage devra couler par dessus leur
teste sans offence [25]. N'avions-nous pas raison de l'esperer ainsi du feu Evesque d'Orleans, sieur de Morvilliers ?
Et j'en cognois, entre ceux qui y ouvrent valeureusement à
cette heure, de meurs ou si equables ou si douces qu'ils
seront pour demeurer debout, quelque injurieuse mutation
et cheute que le ciel nous appreste. Je tiens que c'est aux
Roys proprement de s'animer contre les Roys, et me
moque de ces esprits qui de gayeté de cœur se presentent
à querelles si disproportionnées; car on ne prend pas
querelle particuliere avec un prince pour marcher contre
luy ouvertement et courageusement pour son honneur et
selon son devoir; s'il n'aime un tel personnage, il fait
mieux, il l'estime. Et notamment la cause des loix et
defence de l'ancien estat a tousjours cela que ceux mesmes,
qui pour leur dessein particulier le troublent, en excusent
les defenseurs, s'ils ne les honorent.

Mais il ne faut pas appeler devoir (comme nous faisons
tous les jours) une aigreur et aspreté intestine qui naist

de l'interest et passion privée; ny courage, une conduitte traistresse et malitieuse. Ils nomment zele leur propension vers la malignité et violence; ce n'est pas la cause qui les eschauffe, c'est leur interest; ils attisent la guerre non par ce qu'elle est juste, mais par ce que c'est guerre.

Rien n'empéche qu'on ne se puisse comporter commodément entre des hommes qui se sont ennemis, et loyalement; conduisez vous y d'une, sinon par tout esgale affection (car elle peut souffrir differentes mesures), mais au moins temperée, et qui ne vous engage tant à l'un qu'il puisse tout requerir de vous; et vous contentez aussi d'une moienne mesure de leur grace et de couler en eau trouble sans y vouloir pescher.

L'autre manière, de s'offrir de toute sa force à ceux là et à ceux cy, tient encore moins de la prudence que de la conscience. Celuy envers qui vous en trahissez un, duquel vous estes pareillement bien venu, sçait-il pas que de soy vous en faites autant à son tour ? Il vous tient pour un meschant homme; ce pendant il vous oit, et tire [26] de vous, et fait ses affaires de vostre desloyauté; car les hommes doubles sont utiles en ce qu'ils apportent; mais il se faut garder qu'ils n'emportent que le moins qu'on peut.

Je ne dis rien à l'un que je ne puisse dire à l'autre, à son heure, l'accent seulement un peu changé; et ne rapporte que les choses ou indifferentes ou cogneuës, ou qui servent en commun. Il n'y a point d'utilité pour laquelle je me permette de leur mentir. Ce qui a esté fié à mon silence, je le cele religieusement, mais je prens à celer le moins que je puis; c'est une importune garde, du secret des princes, à qui n'en a que faire. Je presente volontiers ce marché, qu'ils me fient peu, mais qu'ils se fient hardiment de ce que je leur apporte. J'en ay tousjours plus sçeu que je n'ay voulu.

/// Un parler ouvert ouvre un autre parler et le tire hors, comme faict le vin et l'amour.

// Philippides respondit sagement au Roy Lyzimachus [27], qui lui disoit : « Que veux-tu que je te communique de mes biens ? — Ce que tu voudras, pourveu que ce ne soit de tes secrets. » Je vois que chacun se mutine si on luy cache le fons des affaires ausquels on l'emploie et si on luy en a desrobé quelque arriere sens. Pour moy, je suis contant qu'on ne m'en die non plus qu'on veut que j'en mette en besoigne, et ne desire pas que ma science outrepasse et contraigne ma parole. Si je dois servir d'instrument de

tromperie, que ce soit au moins sauve ma conscience. Je
ne veus estre tenu serviteur ny si affectionné, ny si loyal,
qu'on me treuve bon à trahir personne. Qui est infidelle
à soy mesme, l'est excusablement à son maistre.

Mais ce sont Princes qui n'acceptent pas les hommes
à moytié et mesprisent les services limitez et conditionnez.
Il n'y a remede; je leur dis franchement mes bornes; car
esclave, je ne le doibts estre que de la raison, encore ne
puis-je bien en venir à bout. /// Et eux aussi ont tort
d'exiger d'un homme libre telle subjection à leur service et
telle obligation que de celuy qu'ils ont faict et acheté, ou
duquel la fortune tient particulierement et expressement à
la leur. // Les loix m'ont osté de grand peine; elles m'ont
choisy party et donné un maistre; tout autre superiorité et
obligation doibt estre relative à celle là et retrenchée. Si
n'est pas à dire, quand mon affection me porteroit autrement, qu'incontinent j'y portasse la main. La volonté et les
desirs se font loy eux mesmes; les actions ont à la recevoir
de l'ordonnance publique.

Tout ce mien proceder est un peu bien dissonant à nos
formes [28]; ce ne seroit pas pour produire grands effets, ny
pour y durer; l'innocence mesme ne sçauroit ny negotier
entre nous sans dissimulation, ny marchander sans mante-
rie. Aussi ne sont aucunement de mon gibier les occupations publiques; ce que ma profession en requiert, je l'y
fournis, en la forme que je puis la plus privée. Enfant, on
m'y plongea jusques aux oreilles, et il succedoit [29]; si m'en
desprins-je de belle heure. J'ay souvant depuis evité de
m'en mesler, rarement accepté, jamais requis; tenant le
dos tourné à l'ambition; mais sinon comme les tireurs
d'aviron qui s'avancent ainsin à reculons, tellement toutesfois que, de ne m'y estre poinct embarqué, j'en suis moings
obligé à ma resolution qu'à ma bonne fortune; car il y a
des voyes moings ennemyes de mon goust et plus conformes
à ma portée, par lesquelles si elle m'eut appellé autrefois
au service public et à mon avancement vers le credit du
monde, je sçay que j'eusse passé par dessus la raison de
mes discours pour la suyvre.

Ceux qui disent communément contre ma profession
que ce que j'appelle franchise, simplesse et nayfveté en
mes mœurs, c'est art et finesse et plustost prudence que
bonté, industrie que nature, bon sens que bon heur, me
font plus d'honneur qu'ils ne m'en ostent. Mais certes
ils font ma finesse trop fine; et qui m'aura suyvi et espié
de près, je luy donray gaigné, s'il ne confesse qu'il n'y a

point de regle en leur escolle, qui sçeut raporter ce naturel mouvement et maintenir une apparence de liberté et de licence si pareille et inflexible parmy des routes si tortues et diverses, et que toute leur attention et engin ne les y sçauroit conduire. La voye de la verité est une et simple, celle du profit particulier et de la commodité des affaires qu'on a en charge, double, inegalle et fortuite. J'ay veu souvant en usage ces libertez contrefaites et artificielles, mais le plus souvant sans succez. Elles sentent volontiers à l'asne d'Esope, lequel, par emulation du chien, vint à se jetter tout gayement à deux pieds sur les espaules de son maistre; mais autant que le chien recevoit de caresses de pareille feste le pauvre asne en reçeut deux fois autant de bastonnades. /// « *Id maxime quemque decet quod est cujusque suum maxime* [30]. » // Je ne veux pas priver la tromperie de son rang, ce seroit mal entendre le monde; je sçay qu'elle a servy souvant profitablement, et qu'elle maintient et nourrit la plus part des vacations des hommes. Il y a des vices legitimes, comme plusieurs actions, ou bonnes ou excusables, illegitimes.

La justice en soy, naturelle et universelle, est autrement reiglée, et plus noblement, que n'est cette autre justice /// speciale, nationale // contrainte au besoing de nos polices : /// « *Veri juris germanæque justiciæ solidam et expressam effigiem nullam tenemus; umbra et imaginibus utimur* [31] »; // si que le sage Dandamys [32], oyant reciter les vies de Socrates, Pythagoras, Diogenes, les jugea grands personnages en toute autre chose, mais trop asservis à la reverence des loix, pour lesquelles auctoriser et seconder, la vraye vertu a beaucoup à se desmettre de sa vigueur originelle; et non seulement par leur permission plusieurs actions vitieuses ont lieu, mais encores à leur suasion : /// « *Ex senatusconsultis plebisquescitis scelera exercentur* [33]. » // Je suy le langage commun, qui faict difference entre les choses utiles et les honnestes; si que d'aucunes actions naturelles, non seulement utiles, mais necessaires, il les nomme deshonnestes et sales.

Mais continuons nostre exemple de la trahison. Deux pretendans au Royaume de Thrace estoyent tombez en debat de leurs droicts. L'Empereur les empescha de venir aux armes; mais l'un d'eux, sous couleur de conduire un accord amiable par leur entreveüe, ayant assigné son compagnon pour le festoyer en sa maison, le fit emprisonner et tuer. La justice requeroit que les Romains eussent raison de ce forfaict; la difficulté en empêchoit les voyes

ordinaires; ce qu'ils ne peurent legitimement sans guerre
et sans hazard, ils entreprindrent de le faire par trahison.
Ce qu'ils ne peurent honnestement, ils le firent utilement.
A quoy se trouva propre un Pomponius Flaccus; cettuy-cy,
soubs feintes parolles et asseurances, ayant attiré cet
homme dans ses rets, au lieu de l'honneur et faveur qu'il
luy promettoit, l'envoya pieds et poings liez à Romme. Un
traistre y trahit l'autre, contre l'usage commun; car ils sont
pleins de deffiance, et est mal-aysé de les surprendre par
leur art; tesmoing la poisante experience que nous venons
d'en sentir.

Sera Pomponius Flaccus, qui voudra et en est assez qui
le voudront; quant à moy, et ma parolle et ma foy sont,
comme le demeurant, pieces de ce commun corps; leur
meilleur effect, c'est le service public; je tiens cela pour
presupposé. Mais comme, si on me commandoit que je
prinse la charge du Palais et des plaids, je responderoy :
« Je n'y entens rien »; ou la charge de conducteur de
pioniers, je diroy : « Je suis appellé à un rolle plus digne »;
de mesmes qui me voudroit employer à mentir, à trahir
et à me parjuger pour quelque service notable, non que
d'assassiner ou empoisonner, je diroy : « Si j'ay volé ou
desrobé quelqu'un, envoyez moy plustost en gallere. »

Car il est loisible à un homme d'honneur de parler ainsi
que firent les Lacedemoniens, ayans esté deffaicts par
Antipater, sur le poinct de leurs accords : « Vous nous
pouvez commander des charges poisantes et dommageables autant qu'il vous plaira; mais de honteuses et
deshonnestes, pous perdrez vostre temps de nous en
commander. » Chacun doit avoir juré à soy-mesme ce
que les Roys d'Ægypte faisoyent solemnellement jurer à
leurs juges : qu'ils ne se desvoyeroyent de leur conscience
pour quelque commandement qu'eux mesmes leur en
fissent. A telles commissions, il y a notte evidente d'ignominie et de condemnation; et qui vous la donne, vous
accuse, et vous la donne, si vous l'entendez bien, en charge
et en peine; autant que les affaires publiques s'amendent
de vostre exploit, autant s'en empirent les vostres; vous y
faictes d'autant pis que mieux vous y faites. Et ne sera
pas nouveau, ny à l'avanture sans quelque air de Justice,
que celuy mesmes vous en chastie, qui vous aura mis en
besoigne. /// La perfidie peut estre en quelque cas excusable; lors seulement elle l'est, qu'elle s'employe à punir et
trahir la perfidie.

// Il se trouve assez de trahisons non seulement refusées,

mais punies par ceux en faveur desquels elles avoyent esté entreprises. Qui ne sçait la sentence de Fabritius à l'encontre du Medecin de Pyrrhus ? Mais cecy encore se trouve, que tel l'a commandée qui l'a vengée rigoureusement sur celuy qu'il y avoit employé, refusant un credit et pouvoir si effrené, et desadvouant un servage et une obeïssance si abandonnée et si lâche.

Jaropelc, Duc de Russie, practiqua un gentil-homme de Hongrie pour trahir le Roy de Poulongne Boleslaus en le faisant mourir, ou donnant aux Russiens moyen de luy faire quelque notable dommage. Cettuy cy s'y porta en galand homme, s'adonna plus que devant au service de ce Roy, obtint d'estre de son conseil et de ses plus feaux. Avec ces advantages et choisissant à point l'opportunité de l'absence de son maistre, il trahit [34] aux Russiens Vislicie, grande et riche cité, qui fut entierement saccagée et arse [35] par eux, avec occision totale non seulement des habitans d'icelle de tout sexe et aage, mais de grand nombre de noblesse de là autour qu'il y avoit assemblé à ces fins. Jaropelc, assouvy de sa vengeance et de son courroux, qui pourtant n'estoit pas sans titre [36] (car Boleslaus l'avoit fort offencé et en pareille conduitte), et saoul du fruict de cette trahison, venant à en considerer la laideur nue et seule, et la regarder d'une veuë saine et non plus troublée par sa passion, la print à un tel remors et contrecueur, qu'il en fit crever les yeux et couper la langue et les parties honteuses à son executeur.

Antigonus persuada les soldats Argyraspides de luy trahir [37] Eumenes, leur capitaine general, son adversaire ; mais l'eust-il faict tuer, après qu'ils le luy eurent livré, il desira estre luymesme commissaire de la Justice divine pour le chastiement d'un forfaict si detestable et les consigna entre les mains du gouverneur de la Province, luy donnant très exprès commandement de les perdre et mettre à malefin, en quelque maniere que ce fut. Tellement que, de ce grand nombre qu'ils estoyent, aucun en vit onques puis [38] l'air de Macedoine. Mieux il en avoit esté servy, d'autant le jugea il avoir esté plus meschamment et punissablement.

/// L'esclave qui trahit la cachette de P. Sulpicius, son maistre, fut mis en liberté, suivant la promesse de la proscription de Sylla ; mais suivant la promesse de la raison publique, tout libre, il fut précipité du roc Tarpeien. Ils les font pendre avec la bourse de leur payement au col. Ayant satisfaict à leur seconde foy et speciale, ils satisfont

à la generale et premiere. Mahumet second, se voulant
deffaire de son frere, pour la jalousie de la domination,
suivant le stile de leur race, y employa l'un de ses officiers,
qui le suffoqua, l'engorgeant de quantité d'eau prinse trop
à coup. Cela faict, il livra pour l'expiation de ce meurtre
le meurtrier entre les mains de la mere du trepassé (car ils
n'estoient freres que de pere); elle, en sa presence, ouvrit
à ce meurtrier l'estomach, et, tout chaudement, de ses
mains fouillant et arrachant son cœur, le jetta à manger
aux chiens. Et nostre Roy Clovis fit pendre les trois
serviteurs de Cannacre après qu'ils luy eurent trahi leur
maistre; à quoi il les avoit pratiquez [39].

// Et à ceux mesme qui ne valent rien, il est si doux,
ayant tiré l'usage d'une action vicieuse, y pouvoir hormais
coudre en toute seurté quelque traict de bonté et de justice,
comme par compensation et correction conscientieuse.

/// Joint qu'ils regardent les ministres [40] de tels horribles
malefices [41] comme gents qui les leur reprochent. Et
cherchent par leur mort d'estouffer la connoissance et
tesmoignage de telles menées.

// Or, si par fortune on vous en recompence pour ne
frustrer la necessité publique de cet extreme et desesperé
remede, celuy qui le faict ne laisse pas de vous tenir, s'il
ne l'est luy-mesme, pour un homme maudit et execrable;
et vous tient plus traistre que ne faict celuy contre qui
vous l'estes; car il touche la malignité de vostre courage
par voz mains, sans desadveu, sans object. Mais il vous y
employe, tout ainsi qu'on faict les hommes perdus, aux
executions de la haute justice, charge autant utile comme
elle est peu honeste. Outre la vilité de telles commission [42], il y a de la prostitution de conscience. La fille à
Seyanus, ne pouvant estre punie à mort en certaine forme
de jugement à Romme, d'autant qu'elle estoit Vierge, fut,
pour donner passage aux lois, forcée par le bourreau avant
qu'il l'estranglat; non sa main seulement, mais son ame est
esclave à la commodité publique.

/// Quant le premier Amurath, pour aigrir la punition
contre ses subjects, qui avoient donné support à la parricide rebellion de son fils contre luy, ordonna que leurs plus
proches parents presteroient la main à cette execution, je
trouve très-honeste à aucuns d'avoir choisi plustost estre
iniquement tenus coulpables du parricide d'un autre, que
de servir la justice de leur propre parricide. Et où [43],
en quelques bicoques forcées de mon temps, j'ay veu des
coquins, pour garantir leur vie, accepter de pendre leurs

amis et consorts, je les ay tenus de pire condition que les pendus. On dict que Vuitolde, prince des Lituaniens, fit autresfois cette loy que les criminels condamnez eussent à executer eux mesmes de leurs mains la sentence capitale contre eux donnée, trouvant estrange qu'un tiers, innocent de la faute, fust employé et chargé d'un homicide.

// Le Prince, quand une urgente circonstance et quelque impetueux et inopiné accident du besoing de son estat luy faict gauchir sa parolle et sa foy, ou autrement le jette hors de son devoir ordinaire, doibt attribuer cette necessité à un coup de la verge divine; vice n'est-ce pas, car il a quitté sa raison à une plus universelle et puissante raison, mais certes c'est mal'heur. De maniere qu'à quelqu'un qui me demandoit : « Quel remede ? — Nul remede, fis je : s'il fut veritablement geiné entre ces deux extremes /// (« sed videat ne quæratur latebra perjurio [44] »), // il le falloit faire; mais s'il le fit sans regret, s'il ne luy greva de le faire, c'est signe que sa conscience est en mauvais termes. »

/// Quand il s'en trouveroit quelqu'un de si tendre conscience, à qui nulle guarison ne semblast digne d'un si poisant remede, je ne l'en estimeroy pas moins. Il ne se sçauroit perdre plus excusablement et decemment. Nous ne pouvons pas tout. Ainsi comme ainsi [45], nous faut il souvent, comme à la derniere ancre, remettre la protection de nostre vaisseau à la pure conduitte du ciel. A quelle plus juste necessité se reserve il ? Que luy est-il moins possible à faire que ce qu'il ne peut faire qu'aux despens de sa foy et de son honneur, choses qui à l'aventure luy doivent estre plus cheres que son propre salut, ouy, et que le salut de son peuple ? Quand, les bras croisez, il appellera Dieu simplement à son aide, n'aura-il pas à espérer que la divine bonté n'est pour refuser la faveur de sa main extraordinaire à une main pure et juste ?

// Ce sont dangereux exemples, rares et maladifves exceptions à nos reigles naturelles. Il y faut ceder, mais avec grande moderation et circonspection; aucune utilité privée n'est digne pour laquelle nous facions cet effort à nostre conscience; la publique, bien, lors qu'elle est et très-apparente et très-importante.

/// Timoleon se garantit à propos de l'estrangeté de son exploit par les larmes qu'il rendit, se souvenant que c'estoit d'une main fraternelle qu'il avoit tué le tyran; et cela pinça justement sa conscience, qu'il eust été necessité d'acheter l'utilité publique à tel pris de l'honnesteté de ses meurs. Le senat mesme, delivré de servitude par son moyen, n'osa rondement decider d'un si haut faict et deschiré en deus si poisants et contraires visages. Mais les Syracusains ayant tout à point, à l'heure mesmes, envoyé requerir les Corinthiens de leur protection et d'un chef digne de restablir leur ville en sa premiere dignité et nettoyer la Sicile de plusieurs tyranneaus qui l'oppressoient, il y deputa Timoleon avec cette nouvelle deffaitte et declaration que, selon ce qu'il se porteroit bien ou mal en sa charge, leur arrest prendroit party à la faveur du liberateur de son païs ou à la desfaveur du meurtrier de son frere. Cette fantastique conclusion a pourtant quelque excuse sur le danger de l'exemple et importance d'un faict si divers. Et feirent bien d'en descharger leur jugement ou de l'appuier ailleurs et en des considerations tierces. Or les deportements de Timoleon en ce voyage rendirent bien tost sa cause plus claire, tant il s'y porta dignement et vertueusement en toutes façons; et le bon heur qui l'accompagna aux aspretez qu'il eut à vaincre en cette noble besongne, sembla luy estre envoyé par les Dieus conspirants et favorables à sa justification.

La fin de cettuy cy est excusable, si aucune le pouvoit estre. Mais l'utilité de l'augmentation du revenu publique, qui servit de pretexte au senat romain à cette orde [46] conclusion [47] que je m'en vay reciter, n'est pas assez forte pour mettre à garant une telle injustice. Certaines citez s'estoient rachetées à pris d'argent et remises en liberté, avec l'ordonnance et permission du Senat, des mains de L. Sylla. La chose estant tombée en nouveau jugement, le Senat les condamne à estre taillables comme auparavant et que l'argent qu'elles avoyent employé pour se racheter, demeureroit perdu pour elles. Les guerres civiles produisent souvent ces vilains exemples, que nous punissons les privez [48] de ce qu'ils nous ont creu quand nous estions autres [49]; et un mesme magistrat faict porter la peine de son changement à qui n'en peut mais; le maistre foitte son disciple de sa docilité; et la guide, son aveugle. Horrible image de justice! Il y a des regles en la philosophie et fausses et molles. L'exemple qu'on nous propose, pour faire prevaloir l'utilité privée à la foy donnée, ne reçoit pas assez de poids par la circonstance qu'ils y meslent. Des voleurs vous ont prins; ils vous ont remis en liberté, ayant tiré de vous serment du paiement de certaine somme; on a tort de dire qu'un homme de bien sera quitte de sa foy sans payer, estant hors de leurs mains. Il n'en est rien. Ce que la crainte m'a faict une fois vouloir, je suis tenu de le

vouloir encore sans crainte ; et quand elle n'aura forcé que
ma langue sans la volonté, encore suis je tenu de faire la
maille bonne de ma parolle [50]. Pour moy, quand par fois elle
a inconsiderément devancé ma pensée, j'ay faict conscience
de la desadvouer pourtant. Autrement, de degré en degré,
nous viendrons à renverser tout le droit qu'un tiers prend
de nos promesses et sermens. « *Quasi vero forti viro vis
possit adhiberi* [51]. » En cecy seulement a loy l'interest privé,
de nous excuser de faillir à nostre promesse, si nous avons
promis chose meschante et inique de soy ; car le droit de la
vertu doibt prevaloir le droit de nostre obligation.

    // J'ay autrefois logé Epaminondas au premier rang des
hommes excellens, et ne m'en desdy pas. Jusques où
montoit il la consideration de son particulier devoir ! qui ne
tua jamais homme qu'il eust vaincu ; qui, pour ce bien inestimable de rendre la liberté à son pays, faisoit conscience
de tuer un Tyran ou ses complices sans les formes de la
justice ; et qui jugeoit meschant homme, quelque bon
Citoyen qu'il fut, celuy qui, entre les ennemys et en la
bataille, n'espargnoit son amy et son hoste. Voylà une
ame de riche composition. Il marioit aux plus rudes et
violentes actions humaines la bonté et l'humanité, voire
la plus delicate qui se treuve en l'escole de la Philosophie.
Ce courage si gros, enflé et obstiné contre la douleur, la
mort, la pauvreté, estoit ce nature ou art qui l'eust attendry
jusques au poinct d'une si extreme douceur et debonnaireté
de complexion ? Horrible de fer et de sang, il va fracassant
et rompant une nation invincible contre tout autre que
contre luy seul, et gauchit, au milieu d'une telle meslée,
au rencontre de son hoste et de son amy. Vrayement celuy
là proprement commandoit bien à la guerre, qui luy faisoit
souffrir le mors de la benignité sur le poinct de sa plus forte
chaleur ainsin enflammée qu'elle estoit et escumeuse de
fureur et de meurtre. C'est miracle de pouvoir mesler à
telles actions quelque image de justice ; mais il n'appartient
qu'à la roideur d'Epaminondas d'y pouvoir mesler la
douceur et la facilité des meurs les plus molles et la pure
innocence. Et où l'un [52] dict aux Mammertins que les sta-
tuts n'avoyent point de mise envers les hommes armez ;
l'autre [53], au Tribun du peuple, que le temps de la justice
et de la guerre estoyent deux ; le tiers [54], que le bruit des
armes l'empeschoit d'entendre la voix des loix, cettuy-cy
n'estoit pas seulement empesché d'entendre celles de la
civilité et pure courtoisie. Avoit il pas emprunté de ses
ennemis l'usage de sacrifier aux Muses, allant à la guerre,

pour destremper par leur douceur et gayeté cette furie et
aspreté martiale ?

Ne craignons point, après un si grand precepteur,
d'estimer /// qu'il y a quelque chose illicite contre les
ennemis mesmes, // que l'interest commun ne doibt pas
tout requerir de tous contre l'interest privé, /// « *manente
memoria etiam in dissidio publicorum fœderum privati
juris* [55] » :

> // *et nulla potentia vires*
> *Præstandi, ne quid peccet amicus, habet* [56] ;

et que toutes choses ne sont pas loisibles à un homme de
bien pour le service /// de son Roy ny // de la cause generale
et des loix. /// « *Non enim patria præstat omnibus officiis, et
ipsi conducit pios habere cives in parentes* [57]. » // C'est une
instruction propre au temps; nous n'avons que faire de
durcir nos courages par ces lames de fer; c'est assez que nos
espaules le soyent; c'est assez de tramper nos plumes en
ancre, sans les tramper en sang. Si c'est grandeur de
courage et l'effect d'une vertu rare et singuliere de mespriser l'amitié, les obligations privées, sa parolle et la parenté
pour le bien commun et obeïssance du magistrat, c'est
assez vrayement, pour nous en excuser, que c'est une
grandeur qui ne peut loger en la grandeur du courage
d'Epaminondas.

J'abomine les enhortemens enragez de cette autre ame
des-reiglée,

> *dum tela micant, non vos pietatis imago*
> *Ulla, nec adversa conspecti fronte parentes*
> *Commoveant ; vultus gladio turbate verendos* [58].

Ostons aux meschants naturels, et sanguinaires, et traistres,
ce pretexte de raison; laissons là cette justice enorme et
hors de soy, et nous tenons aus plus humaines imitations.
Combien peut le temps et l'exemple ! En une rencontre de
la guerre Civile contre Cynna, un soldat de Pompeius,
ayant tué sans y penser son frere qui estoit au party
contraire, se tua sur le champ soy-mesme de honte et de
regret, et, quelques années après, en une autre guerre
civile de ce mesme peuple, un soldat, pour avoir tué son
frere, demanda recompense à ses capitaines.

On argumente mal l'honnesteté et la beauté d'une action
par son utilité, et conclud on mal d'estimer que chacun y

soit obligé /// et qu'elle soit honneste à chacun, // si elle est utile :

/// *Omnia non pariter rerum sunt omnibus apta* [59].

// Choisissons la plus necessaire et plus utile de l'humaine societé, ce sera le mariage; si est-ce que le conseil des saincts trouve le contraire party plus honneste et en exclut la plus venerable vacation des hommes, comme nous assignons au haras les bestes qui sont de moindre estime.

CHAPITRE II

// Les autres forment [1] l'homme; je le recite et en represente un particulier bien mal formé, et lequel, si j'avoy à façonner de nouveau, je ferois vrayement bien autre qu'il n'est. Mes-huy c'est fait. Or les traits de ma peinture ne forvoyent point, quoy qu'ils se changent et diversifient. Le monde n'est qu'une branloire perenne [2]. Toutes choses y branlent sans cesse : la terre, les rochers du Caucase, les pyramides d'Ægypte, et du branle public et du leur. La constance mesme n'est autre chose qu'un branle plus languissant. Je ne puis asseurer mon object. Il va trouble et chancelant, d'une yvresse naturelle. Je le prens en ce point, comme il est, en l'instant que je m'amuse à luy. Je ne peints pas l'estre. Je peints le passage : non un passage d'aage en autre, ou, comme dict le peuple, de sept en sept ans, mais de jour en jour, de minute en minute. Il faut accommoder mon histoire à l'heure. Je pourray tantost changer, non de fortune seulement, mais aussi d'intention. C'est un contrerolle de divers et muables accidens et d'imaginations irresoluës et, quand il y eschet, contraires; soit que je sois autre moymesme, soit que je saisisse les subjects par autres circonstances et considerations. Tant y a que je me contredits bien à l'adventure, mais la vérité, comme disoit Demades, je ne la contredy point. Si mon ame pouvoit prendre pied, je ne m'essaierois pas, je me resoudrois; elle est tousjours en apprentissage et en espreuve.

Je propose [3] une vie basse et sans lustre, c'est tout un. On attache aussi bien toute la philosophie morale à une vie populaire et privée que à une vie de plus riche estoffe; chaque homme porte la forme entiere de l'humaine condition.

/// Les autheurs se communiquent au peuple par quelque marque particuliere et estrangere; moy, le premier, par mon estre universel, comme Michel de Montaigne, non comme grammairien, ou poëte, ou jurisconsulte. Si le monde se plaint de quoy je parle trop de moy, je me plains de quoy il ne pense seulement pas à soy.

// Mais est-ce raison que, si particulier en usage [4], je pretende me rendre public en cognoissance [5] ? Est-il aussi raison que je produise au monde, où la façon et l'art ont tant de credit et de commandement, des effects de nature crus et simples, et d'une nature encore bien foiblette ? Est-ce pas faire une muraille sans pierre, ou chose semblable, que de bastir des livres sans science et sans art ? Les fantasies de la musique sont conduictes par art, les miennes par sort. Au moins j'ay cecy selon la discipline, que jamais homme ne traicta subject qu'il entendit ne cogneust mieux que je fay celuy que j'ay entrepris, et qu'en celuy-là je suis le plus sçavant homme qui vive ; secondement, que jamais aucun /// ne penetra en sa matiere plus avant, ny en esplucha plus particulierement les membres et suites ; et // n'arriva plus exactement et plainement à la fin qu'il s'estoit proposé à sa besoingne. Pour la parfaire, je n'ay besoing d'y apporter que la fidelité ; celle-là y est, la plus sincere et pure qui se trouve. Je dy vray, non pas tout mon saoul, mais autant que je l'ose dire ; et l'ose un peu plus en vieillissant, car il semble que la coustume concede à cet aage plus de liberté de bavasser et d'indiscretion à parler de soy. Il ne peut advenir icy ce que je voy advenir souvent, que l'artizan et sa besoigne se contrarient : un homme de si honneste conversation a-il faict un si sot escrit ? ou, des escrits si sçavans sont-ils partis d'un homme de si foible conversation, /// qui a un entretien commun et ses escrits rares, c'est à dire que sa capacité est en lieu d'où il l'emprunte, et non en luy ? Un personnage sçavant n'est pas sçavant par tout ; mais le suffisant [6] est par tout suffisant, et à ignorer mesme.

// Icy, nous allons conformément et tout d'un trein, mon livre et moy. Ailleurs, on peut recommander et accuser l'ouvrage à part de l'ouvrier ; icy non, : qui touche l'un, touche l'autre. Celuy qui en jugera sans le connoistre, se fera plus de tort qu'à moy ; celuy qui l'aura conneu, m'a du tout satisfaict. Heureux outre mon merite, si j'ay seulement cette part à l'approbation publique, que je face sentir aux gens d'entendement que j'estoy capable de faire mon profit de la science, si j'en eusse eu, et que je meritoy que la memoire me secourut mieux.

Excusons icy ce que je dy souvent, que je me repens

rarement /// et que ma conscience se contente de soy, non comme de la conscience d'un ange ou d'un cheval, mais comme de la conscience d'un homme, // adjoustant tousjours ce refrein, non un refrein de ceremonie, mais de naifve et essentielle submission : que je parle enquerant et ignorant, me rapportant de la resolution, purement et simplement, aux creances communes et legitimes. Je n'enseigne poinct, je raconte.

Il n'est vice veritablement vice qui n'offence, et qu'un jugement entier n'accuse; car il a de la laideur et incommodité si apparente, qu'à l'advanture ceux-là ont raison qui disent qu'il est principalement produict par bestise et ignorance. Tant est-il malaisé d'imaginer qu'on le cognoisse sans le haïr. /// La malice hume la plus part de son propre venin et s'en empoisonne. // Le vice laisse, comme un ulcere en la chair, une repentance en l'ame, qui, tousjours s'egratigne et s'ensanglante elle mesme. Car la raison efface les autres tristesses et douleurs; mais elle engendre celle de la repentance, qui est plus griefve, d'autant qu'elle naist au dedans; comme le froid et le chaut des fiévres est plus poignant que celuy qui vient du dehors. Je tiens pour vices (mais chacun selon sa mesure) non seulement ceux que la raison et la nature condamnent, mais ceux aussi que l'opinion des hommes a forgé, voire fauce et erronée, si les loix et l'usage l'auctorise.

Il n'est, pareillement, bonté qui ne resjouysse une nature bien née. Il y a certes je ne sçay quelle congratulation de bien faire qui nous resjouit en nous mesmes et une fierté genereuse qui accompaigne la bonne conscience. Une ame courageusement vitieuse se peut à l'advanture garnir de securité, mais de cette complaisance et satisfaction elle ne s'en peut fournir. Ce n'est pas un leger plaisir de se sentir preservé de la contagion d'un siecle si gasté, et de dire en soy : « Qui me verroit jusques dans l'ame, encore ne me trouveroit-il coulpable, ny de l'affliction et ruyne de personne, ny de vengence ou d'envie, ny d'offence publique des loix, ny de nouvelleté et de trouble, ny de faute à ma parole, et quoy que la licence du temps permit et apprinst à chacun, si n'ay-je mis la main ny és biens, ny en la bourse d'homme François, et n'ay vescu que sur la mienne, non plus en guerre qu'en paix, ny ne me suis servy du travail de personne, sans loyer. » Ces tesmoignages de la conscience plaisent; et nous est grand benefice que cette esjouyssance naturelle, et le seul payement qui jamais ne nous manque.

De fonder la recompense des actions vertueuses sur l'approbation d'autruy, c'est prendre un trop incertain et trouble fondement. /// Signamment en un siecle corrompu et ignorant comme cettuy-cy, la bonne estime du peuple est injurieuse; à qui vous fiez vous de veoir ce qui est louable ? Dieu me garde d'estre homme de bien selon la description que je voy faire tous les jours par honneur à chacun de soy. « *Quæ fuerant vitia, mores sunt* [7]. » Tels de mes amis ont par fois entreprins de me chapitrer et mercurializer à cœur ouvert, ou de leur propre mouvement, ou semons [8] par moy, comme d'un office qui, à une ame bien faicte, non en utilité seulement, mais en douceur aussi surpasse tous les offices de l'amitié. Je l'ay tousjours accueuilli des bras de la courtoisie et reconnoissance les plus ouverts. Mais à en parler asteure en conscience, j'ay souvent trouvé en leurs reproches et louanges tant de fauce mesure que je n'eusse guere failly de faillir plus tost que de bien faire à leur mode. // Nous autres principalement, qui vivons une vie privée qui n'est en montre qu'à nous, devons avoir estably un patron au dedans, auquel toucher nos actions, et, selon iceluy, nous caresser tantost, tantost nous chastier. J'ay mes loix et ma court [9] pour juger de moy, et m'y adresse plus qu'ailleurs. Je restrains bien selon autruy mes actions, mais je ne les entends que selon moy. Il n'y a que vous qui sçache si vous estes lâche et cruel, ou loyal et devotieux; les autres ne vous voyent poinct; ils vous devinent par conjectures incertaines; ils voyent non tant vostre nature que vostre art. Par ainsi ne vous tenez pas à leur sentence; tenez vous à la vostre. /// « *Tuo tibi judicio est utendum* [10]. — *Virtutis et vitiorum grave ipsius conscientiæ pondus est : qua sublata, jacent omnia* [11].* »

// Mais ce qu'on dit, que la repentance suit de près le peché, ne semble pas regarder le peché qui est en son haut appareil, qui loge en nous comme en son propre domicile. On peut desavouër et desdire les vices qui nous surprennent et vers lesquels les passions nous emportent; mais ceux qui par longue habitude sont enracinés et ancrés, en une volonté forte et vigoureuse, ne sont subjects à contradiction. Le repentir n'est qu'une desditte de nostre volonté et opposition de nos fantasies, qui nous pourmene à tout sens. Il faict desadvouër à celuy-là sa vertu passée et sa continence :

> *Quæ mens est hodie, cur eadem non puero fuit ?*
> *Vel cur his animis incolumes non redeunt genæ* [12] *?*

C'est une vie exquise, celle qui se maintient en ordre
jusques en son privé. Chacun peut avoir part au battelage et representer un honneste personnage en l'eschaffaut[13],
mais au dedans et en sa poictrine, où tout nous est loisible,
où tout est caché, d'y estre reglé, c'est le poinct. Le voisin degré, c'est de l'estre en sa maison, en ses actions
ordinaires, desquelles nous n'avons à rendre raison à personne; où il n'y a point d'estude, point d'artifice. Et pourtant Bias, peignant un excellent estat de famille : « De
laquelle, dit-il, le maistre soit tel au dedans, par luy-
mesme, comme il est au dehors par la crainte de la loy
et du dire des hommes. » Et fut une digne parole de
Julius Drusus aux ouvriers qui luy offroient pour trois
mille escus mettre sa maison en tel poinct que ses voisins
n'y auroient plus la veuë qu'ils y avoient : « Je vous en
donneray, dit-il, six mille, et faictes que chacun y voye de
toutes parts. » On remarque avec honneur l'usage d'Agesilaus, de prendre en voyageant son logis dans les Eglises,
affin que le peuple et les dieux mesmes vissent dans ses
actions privées. Tel a esté miraculeux au monde, auquel
sa femme et son valet n'ont rien veu seulement de remercable. Peu d'hommes ont esté admirez par leurs domestiques[14].

/// Nul a esté prophete non seulement en sa maison,
mais en son païs, dict l'experience des histoires. De mesmes
aux choses de neant. Et en ce bas exemple se void l'image
des grands. En mon climat de Gascongne, on tient pour
drolerie de me veoir imprimé. D'autant que la connoissance qu'on prend de moy s'esloigne de mon giste, j'en
vaux d'autant mieux. J'achette les imprimeurs en Guiene,
ailleurs ils m'achettent. Sur cet accident[15] se fondent
ceux qui se cachent, vivants et presents, pour se mettre
en credit, trespassez et absents. J'ayme mieux en avoir
moins. Et ne me jette au monde que pour la part que
j'en tire. Au partir de là, je l'en quitte.

// Le peuple reconvoye[16] celuy-là, d'un acte public,
avec estonnement[17], jusqu'à sa porte; il laisse avec sa
robbe ce rolle, il en retombe d'autant plus bas qu'il s'estoit
plus haut monté; au dedans, chez luy, tout est tumultuaire[18] et vile. Quand le reglement s'y trouveroit, il faut
un jugement vif et bien trié pour l'appercevoir en ces
actions basses et privées. Joint que l'ordre est une vertu
morne et sombre. Gaigner une bresche, conduire une
ambassade, regir un peuple, ce sont actions esclatantes.
Tancer, rire, vendre, payer, aymer, hayr et converser

avec les siens et avec soymesme doucement et justement,
ne relácher point, ne se desmentir poinct, c'est chose plus
rare, plus difficile et moins remerquable. Les vies retirées
soustiennent par là, quoy qu'on die, des devoirs autant ou
plus aspres et tendus que ne font les autres vies. /// Et
les privez, dict Aristote, servent la vertu plus difficilement
et hautement que ne font ceux qui sont en magistrats.
// Nous nous preparons aux occasions eminentes plus par
gloire que par conscience. /// La plus courte façon d'arriver à la gloire, ce seroit faire par conscience ce que nous
faisons pour la gloire. // Et la vertu d'Alexandre me
semble representer assez moins de vigueur en son theatre,
que ne fait celle de Socrates en cette exercitation [19] basse
et obscure. Je conçois aisément Socrates en la place
d'Alexandre; Alexandre en celle de Socrates, je ne puis.
Qui demandera à celuy-là ce qu'il sçait faire, il respon-
dra : « Subjuguer le monde »; qui le demandera à cettuy-cy,
il dira : « Mener l'humaine vie conformément à sa naturelle condition »; science bien plus generale, plus poisante
et plus legitime. Le pris de l'ame ne consiste pas à aller
haut, mais ordonnéement.

/// Sa grandeur ne s'exerce pas en la grandeur, c'est en
la mediocrité [20]. Ainsi que ceux qui nous jugent et touchent
au dedans, ne font pas grand recette de la lueur de noz
actions publiques et voyent que ce ne sont que filets et
pointes d'eau fine rejaillies d'un fond au demeurant limon-
neux et poisant, en pareil cas, ceux qui nous jugent par
cette brave apparance, concluent de mesmes de nostre
constitution interne, et ne peuvent accoupler des facultez
populaires et pareilles aux leurs à ces autres facultez qui
les estonnent, si loin de leur visée. Ainsi donnons nous
aux demons des formes sauvages. Et qui non, à Tambur-
lan des sourcils eslevez, des nazeaux ouverts, un visage
affreux et une taille desmesurée, comme est la taille de
l'imagination qu'il en a conçeuë par le bruit de son nom ?
Qui m'eut faict veoir Erasme autrefois, il eust esté malaisé
que je n'eusse prins pour adages et apophthegmes tout ce
qu'il eust dict à son valet et à son hostesse. Nous imagi-
nons bien plus sortablement [21] un artisan sur sa garde-
robe ou sur sa femme qu'un grand President, venerable
par son maintien et suffisance. Il nous semble que de ces
hauts thrones ils ne s'abaissent pas jusques à vivre.

// Comme les ames vicieuses sont incitées souvent à
bien faire par quelque impulsion estrangère, aussi sont
les vertueuses à faire mal. Il les faut doncq juger par leur

estat rassis, quand elles sont chez elles, si quelque fois
elles y sont; ou au moins quand elles sont plus voisines du
repos et de leur naïfve assiette. Les inclinations naturelles
s'aident et fortifient par institution; mais elles ne se
changent guiere et surmontent. Mille natures, de mon
temps, ont eschappé vers la vertu ou vers le vice au travers d'une discipline contraire :

> *Sic ubi desuetæ silvis in carcere clausæ*
> *Mansuevere feræ, et vultus posuere minaces,*
> *Atque hominem didicere pati, si torrida parvus*
> *Venit in ora cruor, redeunt rabiesque furorque,*
> *Admonitæque tument gustato sanguine fauces;*
> *Fervet, et a trepido vix abstinet ira magistro* [22].

On n'extirpe pas ces qualitez originelles, on les couvre,
on les cache. Le langage latin m'est comme naturel, je l'entens mieux que le François; mais il y a quarante ans que
je ne m'en suis du tout poinct servy à parler, ny à escrire;
si est-ce que à des extremes et soudaines esmotions où je
suis tombé deux ou trois fois en ma vie, et l'une, voyent
mon pere tout sain se renverser sur moy, pasmé, j'ay tousjours eslancé du fond des entrailles les premieres paroles
Latines; /// nature se sourdant [23] et s'exprimant à force, à
l'encontre d'un long usage. // Et cet exemple se dict d'assez d'autres.

Ceux qui ont essaié de r'aviser [24] les mœurs du monde,
de mon temps, par nouvelles opinions, reforment les vices
de l'apparence; ceux de l'essence, ils les laissent là, s'ils ne
les augmentent; et l'augmentation y est à craindre : on se
sejourne volontiers de tout autre bien faire sur ces reformations externes arbitraires, de moindre coust et de plus
grand merite; et satisfait-on par là à bon marché les autres
vices naturels consubstantiels et intestins. Regardez un
peu comment s'en porte nostre experience : il n'est personne, s'il s'escoute, qui ne descouvre en soy une forme

sienne, une forme maistresse, qui luicte contre l'institution, et contre la tempeste des passions qui luy sont
contraires. De moy, je ne me sens guere agiter par secousse,
je me trouve quasi tousjours en ma place, comme font les
corps lourds et poisans. Si je ne suis chez moy, j'en suis
tousjours bien près. Mes débauches ne m'emportent pas
loing. Il n'y a rien d'extreme et d'estrange; et si ay des
ravisemens sains et vigoureux.

La vraie condamnation et qui touche la commune façon

de nos hommes, c'est que leur retraicte mesme est pleine
de corruption et d'ordure; l'idée de leur amendement, cha-
fourrée [25]; leur penitence, malade et en coulpe, autant à
peu près que leur peché. Aucuns, ou pour estre colléz au
vice d'une attache naturelle, ou par longue accoustumance,
n'en trouvent plus la laideur. A d'autres (duquel regiment
je suis) le vice poise, mais ils le contrebalancent avec le
plaisir ou autre occasion, et le souffrent et s'y prestent à
certain prix; vitieusement pourtant et láchement. Si, se
pourroit-il à l'advanture imaginer si esloignée dispropor-
tion de mesure où avec justice le plaisir excuseroit le
peché, comme nous disons de l'utilité; non seulement s'il
estoit accidental et hors du peché, comme au larrecin,
mais en l'exercice mesme d'iceluy, comme en l'accointance des femmes, où l'incitation est violente et, dit-on,
par fois invincible.

En la terre d'un mien parent, l'autre jour que j'estois
en Armaignac, je vy un paisan que chacun surnomme le
larron. Il faisoit ainsi le conte de sa vie : qu'estant né men-
diant, et trouvant que à gaigner son pain au travail de ses
mains il n'arriveroit jamais à se fortifiez assez contre l'indigence, il s'advisa de se faire larron; et avoit employé à ce
mestier toute sa jeunesse en seureté, par le moyen de sa
force corporelle; car il moissonnoit et vendangeoit des
terres d'autruy, mais c'estoit au loing et à si gros mon-
ceaux qu'il estoit inimaginable qu'un homme en eust tant
rapporté en une nuict sur ses espaules; et avoit soing
outre cela d'egaler et disperser le dommage qu'il faisoit,
si que la foule [26] estoit moins importable à chaque particulier. Il se trouve à cette heure, en sa vieillesse, riche
pour un homme de sa condition, mercy à [27] cette trafique,
dequoy il se confesse ouvertement; et, pour s'accommoder avec Dieu de ses acquets, il dict estre tous les jours
après à satisfaire par bienfaicts aux successeurs de ceux
qu'il a desrobez; et, s'il n'acheve (car d'y pourvoir tout à
la fois il ne peut), qu'il en chargera ses heritiers, à la raison de la science qu'il a luy seul du mal qu'il a faict à
chacun. Par cette description, soit vraye ou fauce, cettuy-
cy regarde le larrecin comme action des-honneste et le
hayt, mais moins que l'indigence; s'en repent bien simplement, mais, en tant qu'elle estoit ainsi contrebalancée
et compencée, il ne s'en repent pas. Cela, ce n'est pas
cette habitude qui nous incorpore au vice et y conforme
nostre entendement mesme, ny n'est ce vent impetueux qui
va troublant et aveuglant à secousses nostre ame et nous

precipite pour l'heure, jugement et tout, en la puissance
du vice.

Je fay coustumierement entier ce que je fay et marche
tout d'une piece; je n'ay guere de mouvement qui se
cache et desrobe à ma raison, et qui ne se conduise à peu
près par le consentement de toutes mes parties, sans division, sans sedition intestine; mon jugement en a la coulpe
ou la louange entiere; et la coulpe qu'il a une fois, il l'a
tousjours, car quasi dès sa naissance il est un : mesme
inclination, mesme route, mesme force. Et en matiere
d'opinions universelles, dès l'enfance je me logeay au
poinct où j'avois à me tenir.

Il y a des pechez impetueux, prompts et subits; laissons
les à part. Mais en ces autres pechez à tant de fois reprins,
deliberez et consultez, ou pechez de complexion, /// voire
pechez de profession et de vacation, // je ne puis pas concevoir qu'ils soient plantez si long temps en mesme courage
sans que la raison et la conscience de celuy qui les possede, le veuille constamment et l'entende ainsi; et le
repentir qu'il se vante luy en venir à certain instant prescript, m'est un peu dur à imaginer et former.

/// Je ne suy pas la secte de Pythagoras, « que les
hommes prennent une ame nouvelle quand ils approchent
les simulacres [28] des Dieux pour recueuillir leurs oracles. »
Si non qu'il voulust dire cela mesme, qu'il faut bien qu'elle
soit estrangere, nouvelle et prestée pour le temps, la leur
montrant si peu de signe de purification et netteté condigne
à cet office.

// Ils font tout à l'opposite des preceptes Stoïques, qui
nous ordonnent bien de corriger les imperfections et vices
que nous reconnoissons en nous, mais nous deffendent
d'en estre marris et desplaisants. Ceux-cy nous font à
croire qu'ils en ont grand regret et remors au dedans.
Mais d'amendement et correction, /// ny d'interruption,
// ils ne nous en font rien apparoir [29]. Si n'est-ce pas guerison si on ne se descharge du mal. Si la repentance pesoit
sur le plat de la balance, elle en-porteroit le peché. Je ne
trouve aucune qualité si aysée à contrefaire que la devotion, si on n'y conforme les meurs et la vie; son essence
est abstruse et occulte; les apparences, faciles et pom-
peuses.

Quant à moy, je puis desirer en general estre autre; je
puis condamner et me desplaire de ma forme universelle [30],
et supplier Dieu pour mon entiere reformation et pour
l'excuse de ma foiblesse naturelle. Mais cela, je ne le dois

nommer repentir, ce me semble, non plus que le desplaisir de n'estre ny Ange, ny Caton. Mes actions sont reglées et conformes à ce que je suis et à ma condition. Je ne puis faire mieux. Et le repentir ne touche pas proprement les choses qui ne sont pas en nostre force, ouy bien le regretter. J'imagine infinies natures plus hautes et plus reglées que la mienne; je n'amande pourtant mes facultez; comme ny mon bras, ny mon esprit ne deviennent plus vigoreux pour en concevoir un autre qui le soit. Si d'imaginer et desirer un agir plus noble que le nostre produisoit la repentance du nostre, nous aurions à nous repentir de nos operations plus innocentes; d'autant que nous jugeons bien qu'en la nature plus excellente elles auroyent esté conduites d'une plus grande perfection et dignité; et voudrions faire de mesme. Lors que je consulte des deportemens [31] de ma jeunesse avec ma vieillesse, je trouve que je les ay communement conduits avec ordre, selon moy; c'est tout ce que peut ma resistance. Je ne me flatte pas; à circonstances pareilles, je seroy tousjours tel. Ce n'est pas macheure [32], c'est plustost une teinture universelle qui me tache. Je ne cognoy pas de repentance superficielle, moyenne et de ceremonie. Il faut qu'elle me touche de toutes pars avant que je la nomme ainsin, et qu'elle pinse mes entrailles et les afflige autant profondement que Dieu me voit, et autant universellement.

Quant aux negoces, il m'est eschappé plusieurs bonnes avantures à faute d'heureuse conduitte. Mes conseils ont pourtant bien choisi, selon les occurrences qu'on leur presentoit; leur façon est de prendre toujours le plus facile et seur party. Je trouve qu'en mes deliberations passées j'ay, selon ma regle, sagement procedé pour l'estat du subject qu'on me proposoit; et en ferois autant d'icy à mille ans en pareilles occasions. Je ne regarde pas quel il est à cette heure, mais quel il estoit quand j'en consultois.

/// La force de tout conseil gist au temps; les occasions et les matieres roulent et changent sans cesse. J'ay encouru quelques lourdes erreurs en ma vie et importantes, non par faute de bon advis, mais par faute de bon heur. Il y a des parties secretes aux objects qu'on manie et indivinables [33], signamment en la nature des hommes, des conditions muettes, sans montre [34], inconnues par fois du possesseur mesme, qui se produisent et esveillent par des occasions survenantes. Si ma prudence ne les a peu penetrer et prophetizer, je ne luy en sçay nul mauvais gré; sa charge se contient en ses limites; l'evenement me bat; et

// s'il favorise le party que j'ay refusé, il n'y a remede; je
ne m'en prens pas à moy; j'accuse ma fortune, non pas
mon ouvrage; cela ne s'appelle pas repentir.

Phocion avoit donné aux Atheniens certain advis qui ne
fut pas suyvi. L'affaire pourtant se passant contre son
opinion avec prosperité, quelqu'un luy dict : « Et bien,
Phocion, es tu content que la chose aille si bien ? — Bien
suis-je content, fit-il, qu'il soit advenu cecy, mais je ne
me repens point d'avoir conseillé cela. » Quand mes amis
s'adressent à moy pour estre conseillez, je le fay librement
et clairement, sans m'arrester, comme faict quasi tout le
monde, à ce que, la chose estant hazardeuse, il peut advenir au rebours de mon sens, par où ils ayent à me faire
reproche de mon conseil; dequoy il ne me chaut. Car ils
auront tort, et je n'ay deu [35] leur refuser cet office.

Je n'ay guere à me prendre de mes fautes ou infortunes
à autre qu'à moy. Car, en effect, je me sers rarement des
advis d'autruy, si ce n'est par honneur de ceremonie, sauf
où j'ay besoing d'instruction de science ou de la connoissance du faict. Mais, és choses où je n'ay à employer que
le jugement, les raisons estrangeres peuvent servir à m'appuyer, mais peu à me destourner. Je les escoute favorablement et decemment toutes; mais, qu'il m'en souvienne,
je n'en ay creu jusqu'à cette heure que les miennes. Selon
moy, ce ne sont que mousches et atomes qui promeinent
ma volonté. Je prise peu mes opinions, mais je prise aussi
peu celles des autres. Fortune me paye dignement. Si je
ne reçoy pas de conseil, j'en donne encores moins. J'en
suis fort peu enquis; mais j'en suis encore moins creu; et
ne sache nulle entreprinse publique ny privée que mon
advis aie redressée et ramenée. Ceux mesmes que la fortune y avoit aucunement attachez, se sont laissez plus
volontiers manier à toute autre cervelle. Comme celuy qui
suis bien autant jaloux des droits de mon repos que des
droits de mon auctorité, je l'ayme mieux ainsi; me laissant là, on faict selon ma profession, qui est de m'establir
et contenir tout en moy; ce m'est plaisir d'estre desin-
teressé des affaires d'autruy et desgagé de leur gariement [36].

En tous affaires, quand ils sont passés, comment que ce
soit, j'y ay peu de regret. Car cette imagination me met
hors de peine, qu'ils devoyent ainsi passer; les voylà dans
le grand cours de l'univers et dans l'encheineure des
causes Stoïques; vostre fantasie n'en peut, par souhait et
imagination, remuer un point, que tout l'ordre des choses
ne renverse, et le passé, et l'advenir.

Au demeurant, je hay cet accidental repentir que l'aage apporte. Celuy qui disoit anciennement estre obligé aux années dequoy elles l'avoyent deffaict de la volupté, avoit autre opinion que la mienne; je ne sçauray jamais bon gré à l'impuissance de bien qu'elle me face. /// « *Nec tam aversa unquam videbitur ab opere suo providentia, ut debilitas inter optima inventa sit* [37]. » // Nos appetits sont rares en la vieillesse; une profonde satieté nous saisit après; en cela je ne voy rien de conscience; le chagrin et la foiblesse nous impriment une vertu láche et catarreuse. Il ne nous faut pas laisser emporter si entiers aux alterations naturelles, que d'en abastardir nostre jugement. La jeunesse et le plaisir n'ont pas faict autrefois que j'aie mescognu le visage du vice en la volupté; ny ne faict à cette heure le degoust que les ans m'apportent, que je mescognoisse celuy de la volupté au vice. Ores que je n'y suis plus, j'en juge comme si j'y estoy. /// Moy qui la secoüe vivement et attentivement, trouve que // ma raison est celle mesme que j'avoy en l'aage plus licencieux, sinon, à l'avanture, d'autant qu'elle s'est affoiblie et empirée en vieillissant; /// et trouve que ce qu'elle refuse de m'enfourner à ce plaisir en consideration de l'interest de ma santé corporelle, elle ne le feroit non plus qu'autrefois pour la santé spirituelle. // Pour la voir hors de combat, je ne l'estime pas plus valeureuse. Mes tentations sont si cassées et mortifiées qu'elles ne valent pas qu'elle s'y oppose. Tandant seulement les mains audevant, je les conjure. Qu'on luy remette en presence cette ancienne concupiscence, je crains qu'elle auroit moins de force à la soustenir, qu'elle n'avoit autrefois. Je ne luy voy rien juger apar soy, que lors elle ne jugeast; ny aucune nouvelle clarté. Parquoy, s'il y a convalescence, c'est une convalescence maleficiée [38].

/// Miserable sorte de remede, devoir à la maladie sa santé! Ce n'est pas à nostre malheur de faire cet office; c'est au bon heur de nostre jugement. On ne me faict rien faire par les offenses et afflictions, que les maudire. C'est aux gents qui ne s'esveillent qu'à coup de fouët. Ma raison a bien son cours plus delivre [39] en la prosperité. Elle est bien plus distraitte et occupée à digerer les maux que les plaisirs. Je voy bien plus clair en temps serain. La santé m'advertit, comme plus alaigrement, aussi plus utilement que la maladie. Je me suis avancé le plus que j'ay peu vers ma reparation et reglement lors que j'avoy à en jouir. Je seroy honteux et envieux que la misere et desfortune de ma decrepitude eut à se preferer à mes bonnes

années saines, esveillées, vigoureuses; et qu'on eust à
m'estimer non par où j'ay esté, mais par où j'ay cessé
d'estre. A mon advis, c'est le vivre heureusement, non,
comme disoit Antisthenes, le mourir heureusement qui
faict l'humaine felicité. Je ne me suis pas attendu d'attacher monstrueusement la queuë d'un philosophe à la
teste et au corps d'un homme perdu; ny que ce chetif bout
eust à desadvouër et desmentir la plus belle, entiere et
longue partie de ma vie. Je me veux presenter et faire
veoir par tout uniformément. Si j'avois à revivre, je revi-
vrois comme j'ay vescu; ny je ne pleins le passé, ny je ne
crains l'advenir. Et si je ne me deçoy, il est allé du dedans
environ comme du dehors. C'est une des principales obligations que j'aye à ma fortune, que le cours de mon estat
corporel ayt esté conduit chasque chose en sa saison. J'en
ay veu l'herbe et les fleurs et le fruit; et en vois la seche-
resse. Heureusement, puisque c'est naturellement. Je
porte bien plus doucement les maux que j'ay, d'autant
qu'ils sont en leur poinct et qu'ils me font aussi plus favorablement souvenir de la longue felicité de ma vie passée.

Pareillement ma sagesse peut bien estre de mesme taille
en l'un et en l'autre temps; mais elle estoit bien de plus
d'exploit et de meilleure grace, verte, gaye, naïve, qu'elle
n'est à present : croupie, grondeuse, laborieuse. Je renonce
donc à ces reformations casuelles [40] et douloureuses.

// Il faut que Dieu nous touche le courage. Il faut que
nostre conscience s'amende d'elle mesme par renforce-
ment de nostre raison, non par l'affoiblissement de nos
appetits. La volupté n'en est en soy ny pasle ny descolorée,
pour estre aperceuë par des yeux chassieux et troubles.
On doibt aymer la temperance par elle mesme et pour le
respect de Dieu, qui nous l'a ordonnée, et la chasteté; celle
que les catarres nous prestent et que je doibts au benefice
de ma cholique ce n'est ny chasteté, ny temperance. On
ne peut se vanter de mespriser et combattre la volupté, si
on ne la voit, si on l'ignore, et ses graces, et ses forces, et
sa beauté, plus attrayante. Je cognoy l'une et l'autre, c'est
à moy à le dire. Mais il me semble qu'en la vieillesse nos
ames sont subjectes à des maladies et imperfections plus
importunes qu'en la jeunesse. Je le disois estant jeune; lors
on me donnoit de mon menton par le nez. Je le dis encores
à cette heure que mon poil /// gris // m'en donne le credit.
Nous appellons sagesse la difficulté de nos humeurs, le
desgoust des choses presentes. Mais, à la verité, nous ne
quittons pas tant les vices, comme nous les changeons, et,

à mon opinion, en pis. Outre une sotte et caduque fierté, un babil ennuyeux, ces humeurs espineuses et inassociables, et la superstition, et un soin ridicule des richesses lors que l'usage en est perdu, j'y trouve plus d'envie, d'injustice et de malignité. Elle nous attache plus de rides en l'esprit qu'au visage; et ne se void point d'ames, ou fort rares, qui en vieillissant ne sentent à l'aigre et au moisi. L'homme marche entier vers son croist et vers son décroist.

/// A voir la sagesse de Socrates et plusieurs circonstances de sa condamnation, j'oseroy croire qu'il s'y presta aucunement luy mesme par prevarication, à dessein, ayant de si près, aagé de soixante et dix ans, à souffrir l'engourdissement des riches allures de son esprit et l'esblouissement de sa clarté accoustumée.

// Quelles Metamorphoses luy voy-je faire tous les jours en plusieurs de mes cognoissans [41]! C'est une puissante maladie et qui se coule naturellement et imperceptiblement. Il y faut grande provision d'estude et grande precaution pour eviter les imperfections qu'elle nous charge, ou aumoins affoiblir leurs progrets. Je sens que, nonobstant tous mes retranchemens, elle gaigne pied à pied sur moy. Je soustien [42] tant que je puis. Mais je ne sçay en fin où elle me menera moy-mesme. A toutes avantures, je suis content qu'on sçache d'où je seray tombé.

CHAPITRE III

DE TROIS COMMERCES

// Il ne faut pas se clouër si fort à ses humeurs et complexions. Nostre principalle suffisance, c'est sçavoir s'appliquer à divers usages. C'est estre, mais ce n'est pas vivre, que se tenir attaché et obligé par necessité à un seul train. Les plus belles ames sont celles qui ont plus de varieté et de soupplesse.

/// Voylà un honorable tesmoignage du vieus Caton : « *Huic versatile ingenium sic pariter ad omnia fuit, ut natum ad id unum diceres, quodcumque ageret* [1]. »

// Si c'estoit à moy à me dresser à ma mode, il n'est aucune si bonne façon où je vouleusse estre fiché pour ne m'en sçavoir desprendre. La vie est un mouvement inegal, irregulier et multiforme. Ce n'est pas estre amy de soy et moins encore maistre, c'est en estre esclave, de se suivre incessamment et estre si pris à ses inclinations qu'on n'en puisse fourvoyer, qu'on ne les puisse tordre. Je le dy à cette heure, pour ne me pouvoir facilement despestrer de l'importunité de mon ame, en ce qu'elle ne sçait communément s'amuser sinon où elle s'empeche, ny s'employer que bandée [2] et entiere. Pour leger subject qu'on luy donne, elle le grossit volontiers et l'estire jusques au poinct où elle ait à s'y embesongner de toute sa force. Son oysifveté m'est à cette cause une penible occupation, et qui offence ma santé. La plus part des esprits ont besoing de matiere estrangere pour se desgourdir et exercer; le mien en a besoing pour se rassoir plustost et sejourner, « *vitia otii negotio discutienda sunt* [3] », car son plus laborieux et principal estude, c'est s'estudier à soy. /// Les livres sont pour luy du genre des occupations qui le desbauchent de son estude. // Aux premieres pensées qui lui viennent, il s'agite et faict preuve de sa vigueur à tout sens, exerce son maniement tantost vers la force, tantost vers l'ordre et la grace,

/// se range, modere et fortifie. // Il a de quoy esveiller ses
facultez par luy mesme. Nature luy a donné, comme à tous,
assez de matiere sienne pour son utilité, et de subjects siens
assez où inventer et juger.

/// Le mediter est un puissant estude et plein, à qui sçait
se taster et employer vigoureusement : j'aime mieux forger
mon ame que la meubler. Il n'est point d'occupation ny
plus foible, ny plus forte, que celle d'entretenir ses pensées
selon l'ame que c'est. Les plus grandes en font leur vacation, « *quibus vivere est cogitare* [4] ». Aussi l'a nature favorisée
de ce privilege qu'il n'y a rien que nous puissions faire si
long temps, ny action à la quelle nous nous addonons plus
ordinairement et facilement. « C'est la besongne des Dieus,
dict Aristote, de laquelle nait et leur beatitude et la
nostre. » La lecture me sert specialement à esveiller par
divers objects mon discours, à embesongner [5] mon jugement, non ma memoyre.

// Peu d'entretiens doncq m'arretent sans vigueur et sans
effort. Il est vray que la gentillesse et la beauté me remplissent et occupent autant ou plus que le pois et la profondeur. Et d'autant que je sommeille en toute autre
communication et que je n'y preste que l'escorce de mon
attention, il m'advient souvent, en telle sorte de propos
abatus et láches, propos de contenance, de dire et respondre
des songes et bestises indignes d'un enfant et ridicules, ou
de me tenir obstiné en silence, plus ineptement encore et
incivilement. J'ay une façon resveuse qui me retire à moy,
et d'autre part une lourde ignorance et puerile de plusieurs
choses communes. Par ces deux qualitez j'ay gaigné qu'on
puisse faire au vray cinq ou six contes de moy aussi niais
que d'autre, quel qu'il soit.

Or, suyvant mon propos, cette complexion difficile
me rend delicat à la pratique des hommes (il me les faut
trier sur le volet) et me rend incommode aux actions
communes. Nous vivons et negotions [6] avec le peuple; si
sa conversation nous importune, si nous desdaignons à
nous appliquer aux ames basses et vulguaires, et les basses
et vulguaires sont souvent aussi reglées que les plus desliées /// (est toute sapience insipide, qui ne s'accommode à
l'insipience commune), // il ne nous faut plus entremettre
ny de nos propres affaires ny de ceux d'autruy; et les
publiques et les privez se demeslent avec ces gens là. Les
moins tandues et plus naturelles alleures de nostre ame sont
les plus belles; les meilleures occupations, les moins effor-
cées. Mon Dieu, que la sagesse faict un bon office à ceux

de qui elle renge les desirs à leur puissance! il n'est point
de plus utile science. « Selon qu'on peut », c'estoit le refrein
et le mot favory de Socrates, mot de grande substance. Il
faut addresser et arrester nos desirs aux choses les plus
aysées et voisines. Ne m'est-ce pas une sotte humeur de
disconvenir avec un millier à qui ma fortune me joint, de
qui je ne me puis passer, pour me tenir à un ou deux, qui
sont hors de mon commerce, ou plustost à un desir fantastique de chose que je ne puis recouvrer ? Mes meurs
molles, ennemies de toute aigreur et aspreté, peuvent aysément m'avoir deschargé d'envies et d'inimitiez; d'estre
aimé, je ne dy, mais de n'estre point hay, jamais homme
n'en donna plus d'occasion. Mais la froideur de ma conversation m'a desrobé, avec raison, la bien-veillance de
plusieurs, qui sont excusables de l'interpreter à autre et
pire sens.

Je suis très-capable d'acquerir et maintenir des amitiez
rares et exquises. D'autant que je me harpe avec si grande
faim aux accointances qui reviennent à mon goust, je m'y
produis, je m'y jette si avidement, que je ne faux pas
aysément de m'y attacher et de faire impression où je
donne. J'en ay faict souvant heureuse preuve. Aux amitiez
communes je suis aucunement sterile et froid, car mon aller
n'est pas naturel s'il n'est à pleine voile; outre ce que ma
fortune, m'ayant duit et affriandy dès jeunesse à une
amitié seule et parfaicte, m'a, à la verité, aucunement
desgouté des autres et trop imprimé en la fantasie qu'elle
est beste de compaignie, non pas de troupe, comme disoit
cet antien. Aussi, que j'ay naturellement peine à me
communiquer à demy et avec modification, et cette servile prudence et soupçonneuse qu'on nous ordonne en la
conversation de ces amitiés nombreuses et imparfaictes;
et nous l'ordonne l'on principalement en ce temps, qu'il ne
se peut parler du monde que dangereusement ou fau-
cement.

Si voy-je bien pourtant que, qui a, comme moy, pour
sa fin les commoditez de sa vie (je dy les commoditez
essentielles), doibt fuyr comme la peste ces difficultez et
delicatesse d'humeur. Je louerois un' ame à divers estages,
qui sçache et se tendre et se desmonter, qui soit bien par
tout où sa fortune la porte, qui puisse deviser avec son
voisin de son bastiment, de sa chasse et de sa querelle,
entretenir avec plaisir un charpentier et un jardinier;
j'envie ceux qui sçavent s'apprivoiser au moindre de leur
suite et dresser de l'entretien en leur propre train [7].

/// Et le conseil de Platon ne me plaist pas, de parler tousjours d'un langage maistral [8] à ses serviteurs, sans jeu, sans familiarité, soit envers les masles, soit envers les femelles. Car, outre ma raison, il est inhumain et injuste de faire tant valoir cette telle quelle prerogative de la fortune ; et les polices où il se souffre moins de disparité entre les valets et les maistres, me semblent les plus equitables.

// Les autres s'estudient à eslancer et guinder leur esprit ; moy, à le baisser et coucher. Il n'est vicieux qu'en extantion.

> *Narras, et genus Æaci,*
> *Et pugnata sacro bella sub Ilio :*
> *Quo Chium pretio cadum*
> *Mercemur, quis aquam temperet ignibus,*
> *Quo præbente domum, et quota,*
> *Pelignis caream frigoribus, taces* [9].

Ainsi, comme la vaillance Lacedemonienne avoit besoing de moderation et du son doux et gratieux du jeu des flutes pour la flatter en la guerre, de peur qu'elle ne se jettat à la temerité et à la furie, là où toutes autres nations ordinairement employent des sons et des voix aiguës et fortes qui esmouvent et qui eschauffent à outrance le courage des soldats, il me semble de mesme, contre la forme ordinaire, qu'en l'usage de nostre esprit nous avons, pour la plus part, plus besoing de plomb que d'ailes, de froideur et de repos que d'ardeur et d'agitation. Sur tout, c'est à mon gré bien faire le sot que de faire l'entendu entre ceux qui ne le sont pas, parler tousjours bandé, *favellar in punta di forchetta* [10]. Il faut se desmettre au train de ceux avec qui vous estes, et par fois affecter l'ignorance. Mettez à part la force et la subtilité ; en l'usage commun, c'est assez d'y reserver l'ordre. Trainez vous au demeurant à terre, s'ils veulent.

Les sçavans chopent [11] volontiers à cette pierre. Ils font tousjours parade de leur magistere et sement leurs livres par tout. Ils en ont en ce temps entonné si fort les cabinets et oreilles des dames que, si elles n'en ont retenu la substance, au moins elles en ont la mine ; à toute sorte de propos et matiere, pour basse et populaire qu'elle soit, elles se servent d'une façon de parler et d'escrire nouvelle et sçavante,

> *Hoc sermone pavent, hoc iram, gaudia, curas,*
> *Hoc cuncta effundunt animi secreta ; quid ultra ?*
> *Concumbunt docte* [12] ;

et alleguent Platon et Sainct Thomas aux choses ausquelles
le premier rencontré serviroit aussi bien de tesmoing. La
doctrine qui ne leur a peu arriver en l'ame, leur est demeurée en la langue.

Si les bien-nées me croient, elles se contenteront de faire
valoir leurs propres et naturelles richesses. Elles cachent
et couvrent leurs beautez soubs des beautez estrangeres.
C'est grande simplesse d'estouffer sa clarté pour luire d'une
lumière empruntée; elles sont enterrées et ensevelies soubs
l'art. /// « *De capsula totæ* [13]. » // C'est qu'elles ne se
cognoissent point assez; le monde n'a rien de plus beau;
c'est à elles d'honnorer les arts et de farder le fard. Que leur
faut-il, que vivre aymées et honnorées ? Elles n'ont et ne
sçavent que trop pour cela. Il ne faut qu'esveiller un peu et
rechauffer les facultez qui sont en elles. Quand je les voy
attachées à la rhetorique, à la judiciaire, à la logique et semblables drogueries si vaines et inutiles à leur besoing,
j'entre en crainte que les hommes qui le leur conseillent, le
facent pour avoir loy de les regenter soubs ce tiltre. Car
quelle autre excuse leur trouverois-je ? Baste [14] qu'elles
peuvent, sans nous, renger la grace de leurs yeux à la
gaieté, à la severité et à la douceur, assaisonner un nenny
de rudesse, de doubte et de faveur, et qu'elles ne cherchent
point d'interprete aux discours qu'on faict pour leur service. Avec cette science, elles commandent à baguette et
regentent les regens et l'eschole. Si toutesfois il leur fache
de nous ceder en quoy que ce soit, et veulent par curiosité
avoir part aux livres, la poësie est un amusement propre à
leur besoin; c'est un art follastre et subtil, desguisé, par-
lier, tout en plaisir, tout en montre, comme elles. Elles
tireront aussi diverses commoditez de l'histoire. En la
philosophie, de la part qui sert à la vie, elles prendront les
discours qui les dressent à juger de nos humeurs et conditions, à se deffendre de nos trahisons, à regler la temerité de
leurs propres desirs, à ménager leur liberté, alonger les
plaisirs de la vie, et à porter humainement l'inconstance
d'un serviteur, la rudesse d'un mary et l'importunité des
ans et des rides; et choses semblables. Voilà, pour le plus,
la part que je leur assignerois aux sciences.

Il y a des naturels particuliers, retirez et internes. Ma
forme essentielle est propre à la communication et à la
production; je suis tout au dehors et en evidence, nay
à la societé et à l'amitié. La solitude que j'ayme et que je
presche, ce n'est principallement que ramener à moy mes
affections et mes pensées, restreindre et resserrer non mes

pas, ains mes desirs et mon soucy, resignant la solicitude
estrangere et fuyant mortellement la servitude et l'obligation, /// et non tant la foule des hommes que la foule des
affaires. // La solitude locale, à dire verité, m'estand plustost et m'eslargit au dehors; je me jette aux affaires d'estat
et à l'univers plus volontiers quand je suis seul. Au
Louvre et en la foule, je me resserre et contraincts en ma
peau; la foule me repousse à moy, et ne m'entretiens jamais
si folement, si licentieusement et particulierement qu'aux
lieux de respect et de prudence ceremonieuse. Nos folies
ne me font pas rire, ce sont nos sapiences. De ma complexion, je ne suis pas ennemy de l'agitation des cours;
j'y ay passé partie de la vie, et suis faict à me porter allegrement aux grandes compaignies, pourveu que ce soit
par intervalles et à mon poinct [15]. Mais cette mollesse de
jugement, dequoy je parle, m'attache par force à la solitude; voire chez moy, au milieu d'une famille peuplée et
maison des plus fréquentées. J'y voy des gens assez, mais
rarement ceux avecq qui j'ayme à communiquer; et je
reserve là, et pour moy et pour les autres, une liberté
inusitée. Il s'y faict trefve de ceremonie, d'assistance et
convoiemens, et telles autres ordonnances penibles de
nostre courtoisie (ô la servile et importune usance!); chacun s'y gouverne à sa mode; y entretient qui veut ses
pensées; je m'y tiens muet, resveur et enfermé, sans offence
de mes hostes.

Les hommes de la société et familiarité desquels je suis
en queste, sont ceux qu'on appelle honnestes et habiles
hommes; l'image de ceux cy me degouste des autres.
C'est, à le bien prendre, de nos formes la plus rare, et
forme qui se doit principallement à la nature. La fin de
ce commerce, c'est simplement la privauté, frequentation
et conference : l'exercice des ames, sans autre fruit. En
nos propos, tous subjets me sont égaux; il ne me chaut
qu'il y ait ny poix, ny profondeur; la grace et la pertinence y sont tousjours; tout y est teinct d'un jugement
meur et constant, et meslé de bonté, de franchise, de
gayeté et d'amitié. Ce n'est pas au subject des substitu-
tions seulement que nostre esprit montre sa beauté et sa
force, et aux affaires des Roys; il la montre autant aux
confabulations privées. Je connois mes gens au silence
mesme et à leur soubsrire, et les descouvre mieux, à l'advanture, à table qu'au conseil. Hyppomachus disoit bien
qu'il connoissoit les bons luicteurs à les voir simplement
marcher par une ruë. S'il plaist à la doctrine de se mesler

à nos devis, elle n'en sera point refusée : non magistrale,
imperieuse et importune comme de coustume, mais suffra-
gante et docile elle mesme. Nous n'y cherchons qu'à passer le temps ; à l'heure d'estre instruicts et preschez, nous
l'irons trouver en son throsne. Qu'elle se demette à nous
pour ce coup, s'il luy plaist ; car, toute utile et desirable
qu'elle est, je presuppose qu'encore au besoing nous en
pourrions nous bien du tout passer, et faire nostre effect
sans elle. Une ame bien née et exercée à la praticque des
hommes se rend pleinement aggreable d'elle mesme. L'art
n'est autre chose que le controlle et le registre des productions de telles ames.

C'est aussi pour moy un doux commerce que celuy des
/// belles et // honnestes femmes : /// « *Nam nos quoque oculos
eruditos habemus* [16]. » // Si l'ame n'y a pas tant à jouyr qu'au
premier, les sens corporels, qui participent aussi plus à
cettuy-cy, le ramenent à une proportion voisine de l'autre,
quoy que, selon moy, non pas esgalle. Mais c'est un commerce où il se faut tenir un peu sur ses gardes, et notamment ceux en qui le corps peut beaucoup, comme en moy.
Je m'y eschauday en mon enfance et y souffris toutes les
rages que les poëtes disent advenir à ceux qui s'y laissent
aller sans ordre et sans jugement. Il est vray que ce coup de
fouet m'a servy depuis d'instruction,

> *Quicumque Argolica de classe Capharea fugit,*
> *Semper ab Euboicis vela retorquet aquis* [17].

C'est folie d'y attacher toutes ses pensées et s'y engager
d'une affection furieuse et indiscrette. Mais, d'autre part,
de s'y mesler sans amour et sans obligation de volonté,
en forme de comediens, pour jouer un rolle commun de
l'aage et de la coustume et n'y mettre du sien que les
parolles, c'est de vray pourvoyer à sa seureté, mais bien
láchement, comme celuy qui abandonneroit son honneur,
ou son proffit, ou son plaisir, de peur du danger ; car il
est certain que, d'une telle pratique, ceux qui la dressent
n'en peuvent esperer aucun fruict qui touche ou satisface
une belle ame. Il faut avoir en bon escient desiré ce qu'on
veut prendre en bon escient plaisir de jouyr ; je dy quand
injustement fortune favoriseroit leur masque, ce qui advient
souvent à cause de ce qu'il n'y a aucune d'elles, pour
malotruë qu'elle soit, qui ne pense estre bien aymable,
/// et qui ne se recommande pas son aage ou par son ris, ou
par son mouvement ; car de laides universellement il n'en

est, non plus que de belles; et les filles Brachmanes qui
ont faute d'autre recommandation, le peuple assemblé à
cri publiq pour cet effect, vont en la place, faisant montre
de leurs parties matrimoniales, veoir si par là aumoins elles
ne valent pas d'acquerir un mary.

// Par consequent il n'est pas une qui ne se laisse facilement persuader au premier serment qu'on luy faict de la
servir. Or de cette trahison commune et ordinaire des
hommes d'aujourd'huy, il faut qu'il advienne ce que
desjà nous montre l'experience, c'est qu'elles se r'alient et
rejettent à elles mesmes, ou entre elles, pour nous fuyr;
ou bien qu'elles se rengent aussi de leur costé à cet exemple
que nous leur donnons, qu'elles jouent leur part de la
farce et se prestent à cette negotiation, sans passion, sans
soing et sans amour. /// « *Neque affectui suo aut alieno
obnoxiæ* [18] »; estimans, suivant la persuasion de Lysias en
Platon, qu'elles se peuvent addonner utilement et commodéement à nous, d'autant que moins nous les aymons.

// Il en ira comme des comedies; le peuple y aura autant
ou plus de plaisir que les comediens.

De moy, je ne connois non plus Venus sans Cupidon
qu'une maternité sans engence [19]; ce sont choses qui s'en-
treprestent et s'entredoivent leur essence. Ainsi cette pip-
perie rejaillit sur celuy qui la faict. Il ne luy couste guiere,
mais il n'acquiert aussi rien qui vaille. Ceux qui ont faict
Venus Deesse, ont regardé que sa principale beauté estoit
incorporelle et spirituelle; mais celle que ces gens cy
cerchent n'est pas seulement humaine, ny mesme brutale.
Les bestes ne la veulent si lourde et si terrestre! Nous
voyons que l'imagination et le desir les eschauffe souvent
et solicite avant le corps; nous voyons en l'un et l'autre
sexe qu'en la presse elles ont du chois et du triage en
leurs affections, et qu'elles ont entre-elles des accointances
de longue bienveuillance. Celles mesmes à qui la vieillesse
refuse la force corporelle, fremissent encores, hannissent [20]
et tressaillent d'amour. Nous les voyons avant le faict
pleines d'esperance et d'ardeur; et, quand le corps a joué
son jeu, se chatouiller encor de la douceur de cette souvenance; et en voyons qui s'enflent de fierté au partir de
là et qui en produisent des chants de feste et de triomphe :
lasses et saoules. Qui n'a qu'à descharger le corps d'une
necessité naturelle, n'a que faire d'y embesongner autruy
à tout des apprests si curieux; ce n'est pas viande à une
grosse et lourde faim.

Comme celuy qui ne demande point qu'on me tienne

pour meilleur que je suis, je diray cecy des erreurs de ma
jeunesse. Non seulement pour le danger qu'il y a /// de la
santé (si n'ay je sceu si bien faire que je n'en aye eu deux
atteintes, legeres toutesfois et preambulaires [21]), // mais
encores par mespris, je ne me suis guere addonné aux
accointances venales et publiques; j'ay voulu esguiser ce
plaisir par la difficulté, par le desir et par quelque gloire; et
aymois la façon de l'Empereur Tibere, qui se prenoit en
ses amours autant par la modestie et noblesse que par autre
qualité et l'humeur de la courtisane Flora, qui ne se prestoit
à moins que d'un dictateur ou consul ou censeur, et prenoit
son déduit en la dignité de ses amoureux. Certes les perles
et le brocadel [22] y conferent quelque chose, et les tiltres
et le trein. Au demeurant, je faisois grand conte de l'esprit,
mais pourveu que le corps n'en fut pas à dire; car, à
respondre en conscience, si l'une ou l'autre des deux
beautez devoit necessairement y faillir, j'eusse choisi de
quitter plustost la spirituelle; elle a son usage en meilleures
choses; mais, au subject de l'amour, subject qui principallement se rapporte à la veue et à l'atouchement, on
faict quelque chose sans les graces de l'esprit, rien sans
les graces corporelles. C'est le vray avantage des dames
que la beauté. /// Elle est si leur que la nostre, quoy qu'elle
desire des traicts un peu autres, n'est en son point que
confuse avec la leur, puerile et imberbe. On dict que chez
le grand Seigneur ceux qui le servent sous titre de beauté,
qui sont en nombre infini, ont leur congé, au plus loin,
à vingt et deux ans.

// Les discours, la prudence et les offices d'amitié se
trouvent mieux chez les hommes; pourtant gouvernent-ils
les affaires du monde.

Ces deux commerces sont fortuites et despendans d'autruy. L'un est ennuyeux par sa rareté; l'autre se flestrit avec
l'aage; ainsin ils n'eussent pas assez prouveu au besoing
de ma vie. Celuy des livres, qui est le troisiesme, est bien
plus seur et plus à nous. Il cede aux premiers les autres
avantages, mais il a pour sa part la constance et facilité
de son service. Cettuy-cy costoie tout mon cours et m'assiste par tout. Il me console en la vieillesse et en la solitude. Il me descharge du pois d'une oisiveté ennuyeuse;
et me deffaict à toute heure des compaignies qui me
faschent. Il emousse les pointures de la douleur, si elle n'est
du tout extreme et maistresse. Pour me distraire d'une
imagination importune, il n'est que de recourir aux livres;
ils me destournent facilement à eux et me la desrobent. Et

si, ne se mutinent point pour voir que je ne les recherche qu'au deffaut de ces autres commoditez, plus reelles, vives et naturelles; ils me reçoivent tousjours de mesme visage.

Il a beau [23] aller à pied, dit-on, qui meine son cheval par la bride; et nostre Jacques, Roy de Naples et de Sicile, qui, beau, jeune et sain, se faisoit porter par pays en civiere, couché sur un meschant oreiller de plume, vestu d'une robe de drap gris et un bonnet de mesme, suyvy ce pendant d'une grande pompe royalle, lictieres, chevaux à main de toutes sortes, gentils-hommes et officiers, representoit une austerité tendre encores et chancellante; le malade n'est pas à plaindre qui a la guarison en sa manche. En l'experience et usage de cette sentence, qui est très-veritable, consiste tout le fruict que je tire des livres. Je ne m'en sers, en effect, quasi non plus que ceux qui ne les cognoissent poinct. J'en jouys, comme les avaritieux des tresors pour sçavoir que j'en jouyray quand il me plaira; mon ame se rassasie et contente de ce droict de possession. Je ne voyage sans livres ny en paix, ny en guerre. Toutesfois il se passera plusieurs jours, et des mois, sans que je les employe : « Ce sera tantost, fais-je, ou demain, ou quand il me plaira. » Le temps court et s'en va, ce pendant, sans me blesser. Car il ne se peut dire combien je me repose et sejourne en cette consideration, qu'ils sont à mon costé pour me donner du plaisir à mon heure, et à reconnoistre combien ils portent de secours à ma vie. C'est la meilleure munition que j'aye trouvé à cet humain voyage, et plains extremement les hommes d'entendement qui l'ont à dire [24]. J'accepte plustost toute autre sorte d'amusement, pour leger qu'il soit, d'autant que cettuy-cy ne me peut faillir.

Chez moy, je me destourne un peu plus souvent à ma librairie, d'où tout d'une main je commande à mon mesnage. Je suis sur l'entrée et vois soubs moy mon jardin, ma basse court, ma court, et dans la pluspart des membres de ma maison. Là, je feuillette à cette heure un livre, à cette heure un autre, sans ordre et sans dessein, à pieces descousues; tantost je resve, tantost j'enregistre et dicte, en me promenant, mes songes que voicy.

/// Elle est au troisiesme estage d'une tour. Le premier, c'est ma chapelle, le second une chambre et sa suite, où je me couche souvent, pour estre seul. Au dessus, elle a une grande garderobe. C'estoit au temps passé le lieu plus inutile de ma maison. Je passe là et la plus part des jours de ma vie, et la plus part des heures du jour. Je n'y suis

jamais la nuict. A sa suite est un cabinet assez pòli, capable
à recevoir du feu pour l'hyver, très-plaisamment percé.
Et, si je ne craignoy non plus le soing que la despense,
le soing qui me chasse de toute besongne, je pourroy
facilement coudre à chaque costé une gallerie de cent pas
de long et douze de large, à plein pied, ayant trouvé tous
les murs montez, pour autre usage, à la hauteur qu'il
me faut. Tout lieu retiré requiert un proumenoir. Mes
pensées dorment si je les assis. Mon esprit ne va, si les
jambes ne l'agitent. Ceux qui estudient sans livre, en sont
tous là.

La figure en est ronde et n'a de plat que ce qu'il faut à
ma table et à mon siege, et vient m'offrant en se courbant,
d'une veuë, tous mes livres, rengez à cinq degrez tout à
l'environ. Elle a trois veuës de riche et libre prospect²⁵,
et seize pas de vuide en diametre. En hyver, j'y suis moins
continuellement; car ma maison est juchée sur un tertre,
comme dict son nom, et n'a point de piece plus esventée
que cette cy; qui me plaist d'estre un peu penible et à
l'esquart, tant pour le fruit de l'exercice que pour reculer
de moy la presse. C'est là mon siege. J'essaie à m'en rendre
la domination pure, et à soustraire ce seul coin à la communauté et conjugale, et filiale, et civile. Par tout ailleurs je
n'ay qu'une auctorité verbale : en essence, confuse. Miserable à mon gré, qui n'a chez soy où estre à soy, où se
faire particulièrement la cour, où se cacher! L'ambition
paye bien ses gens de les tenir tousjours en montre, comme
la statue d'un marché : « *Magna servitus est magna fortu-*
*na*²⁶. » Ils n'ont pas seulement leur retraict²⁷ pour retraitte!
Je n'ay rien jugé de si rude en l'austerité de vie que nos
religieux affectent, que ce que je voy en quelqu'une de
leurs compagnies, avoir pour regle une perpetuelle societé
de lieu et assistance nombreuse entre eux, en quelque
action que ce soit. Et trouve aucunement plus supportable
d'estre tousjours seul, que ne le pouvoir jamais estre.

// Si quelqu'un me dict que c'est avillir les muses de s'en
servir seulement de jouet et de passetemps, il ne sçait pas,
comme moy, combien vaut le plaisir, le jeu et le passe-
temps. A peine que je ne die toute autre fin estre ridicule.
Je vis du jour à la journée; et, parlant en reverence, ne
vis que pour moy : mes desseins se terminent là. J'estu-
diay, jeune, pour l'ostentation; depuis, un peu, pour
m'assagir; à cette heure, pour m'esbatre; jamais pour le
quest. Une humeur vaine et despensiere que j'avois après
cette sorte de meuble, /// non pour en pourvoir seulement

mon besoing, mais de trois pas au delà // pour m'en tapisser et parer, je l'ay pieça abandonnée.

Les livres ont beaucoup de qualitez aggreables, à ceux qui les sçavent choisir; mais aucun bien sans peine : c'est un plaisir qui n'est pas net et pur, non plus que les autres; il a ses incommoditez, et bien poisantes; l'ame s'y exerce, mais le corps, duquel je n'ay non plus oublié le soing, demeure ce pendant sans action, s'atterre et s'attriste. Je ne sçache excez plus dommageable pour moy, ny plus à eviter en cette declinaison d'aage.

Voilà mes trois occupations favories et particulieres. Je ne parle point de celles que je doibs au monde par obligation civile.

CHAPITRE IV

DE LA DIVERSION

// J'ay autresfois esté emploié à consoler une dame vraiement affligée; car la plus part de leurs deuils sont artificiels et ceremonieux :

> *Uberibus semper lachrymis, semperque paratis*
> *In statione sua, atque exspectantibus illam,*
> *Quo jubeat manare modo* [1].

On y procede mal quand on s'oppose à cette passion, car l'opposition les pique et les engage plus avant à la tristesse; on exaspere le mal par la jalousie du debat. Nous voyons, des propos communs, que ce que j'auray dict sans soing, si on vient à me le contester, je m'en formalise, je l'espouse; beaucoup plus ce à quoy j'aurois interest. Et puis, en ce faisant, vous vous presentés à vostre operation d'une entrée rude, là où les premiers accueils du medecin envers son patient doivent estre gracieux, gays et aggreables; et jamais medecin laid et rechigné n'y fit œuvre. Au contraire doncq, il faut ayder d'arrivée et favoriser leur plaincte, et en tesmoigner quelque approbation et excuse. Par cette intelligence vous gaignez credit à passer outre, et, d'une facile et insensible inclination, vous vous coulez aus discours plus fermes et propres à leur guerison.

Moy, qui ne desirois principalement que de piper l'assistance qui avoit les yeux sur moy, m'advisay de plastrer le mal. Aussi me trouvé je par experience avoir mauvaise main et infructueuse à persuader. Ou je presente mes raisons trop pointues et trop seiches, ou trop brusquement, ou trop nonchalamment. Après que je me fus appliqué un temps à son tourment, je n'essayai pas de le guarir par fortes et vives raisons, par ce que j'en ay faute, ou que je pensois autrement faire mieux mon effect; /// ny n'allay

choisissant les diverses manieres que la philosophie prescrit à consoler : « Que ce qu'on plaint n'est pas mal »,
comme Cleanthes; « Que c'est un leger mal », comme les
Peripateticiens; « Que ce plaindre n'est action ny juste ny
louable », comme Chrysippus; ny cette cy d'Epicurus,
plus voisine à mon style, de transferer la pensée des
choses fascheuses aux plaisantes; ny faire une charge de
tout cet amas, le dispensant par occasion, comme Cicero;
// mais, declinant ² tout mollement noz propos et les gau-
chissant peu à peu aus subjects plus voisins, et puis un
peu plus esloingnez, selon qu'elle se prestoit plus à moy,
je luy desrobay imperceptiblement cette pensée doule-
reuse, et la tins en bonne contenance et du tout r'apaisée
autant que j'y fus. J'usay de diversion. Ceux qui me suy-
virent à ce mesme service n'y trouverent aucun amendement, car je n'avois pas porté la coignée aux racines.

/// A l'adventure ay-je touché ailleurs quelque espece
de diversions publiques. Et l'usage des militaires ³, de
quoy se servit Pericles en la guerre Peloponnesiaque, et
mille autres ailleurs, pour revoquer de leurs païs les forces
contraires, est trop frequent aux histoires.

// Ce fut un ingenieux destour, dequoy le Sieur de
Himbercourt sauva et soy et d'autres, en la ville du Liege,
où le Duc de Bourgoigne, qui la tenoit assiegée, l'avoit fait
entrer pour executer les convenances de leur reddition
accordée. Ce peuple, assemblé de nuict pour y pourvoir,
print à se mutiner contre ces accords passez; et delibererent
plusieurs de courre sus aux negotiateurs qu'ils tenoyent en
leur puissance. Luy, sentant le vent de la première ondée
de ces gens qui venoyent se ruer en son logis, lácha soudain vers eux deux des habitans de la ville (car il y en
avoit aucuns avec luy), chargez de plus douces et nouvelles
offres à proposer en leur conseil, qu'il avoit forgées sur le
champ pour son besoing. Ces deux arresterent la premiere tempeste, ramenant cette tourbe esmeuë ⁴ en la maison de ville pour ouyr leur charge et y deliberer. La deliberation fut courte; voicy desbonder un second orage,
autant animé que l'autre; et luy à leur despecher en teste
quatre nouveaux semblables intercesseurs, protestans avoir
à leur declarer à ce coup des presentations plus grasses, du
tout à leur contentement et satisfaction, par où ce peuple
fut derechef repoussé dans le conclave. Somme que ⁵, par
telle dispensation d'amusemens, divertissant leur furie et
la dissipant en vaines consultations, il l'endormit en fin et
gaigna le jour, qui estoit son principal affaire.

Cet autre compte est aussi de ce predicament [6]. Atalante, fille de beauté excellente et de merveilleuse disposition, pour se deffaire de la presse de mille poursuivants qui la demandoient en mariage, leur donna cette loy, qu'elle accepteroit celuy qui l'egualeroit à la course, pourveu que ceux qui y faudroient en perdissent la vie. Il s'en trouva assez qui estimerent ce pris digne d'un tel hazard et qui encoururent la peine de ce cruel marché. Hyppomenes, ayant à faire son essay après les autres, s'adressa à la deesse tutrisse de cette amoureuse ardeur, l'appellant à son secours ; qui, exauçant sa priere, le fournit de trois pommes d'or et de leur usage. Le champ de la course ouvert, à mesure que Hippomenes sent sa maistresse luy presser les talons, il laisse eschapper, comme par inadvertance, l'une de ces pommes. La fille, amusée de sa beauté, ne faut point de se destourner pour l'amasser.

> *Obstupuit virgo, nitidique cupidine pomi*
> *Declinat cursus, aurumque volubile tollit* [7].

Autant en fit-il, à son poinct, et de la seconde et de la tierce, jusques à ce que, par ce fourvoyement et divertissement, l'advantage de la course luy demeura.

Quand les medecins ne peuvent purger le catarre, ils le divertissent et le desvoyent à une autre partie moins dangereuse. Je m'apperçoy que c'est aussi la plus ordinaire recepte aux maladies de l'ame. /// « *Abducendus etiam nonnunquam animus est ad alia studia, solicitudines, curas, negotia ; loci denique mutatione, tanquam ægroti non convalescentes, sæpe curandus est* [8]. » // On luy faict peu choquer les maux de droit fil ; on ne luy en faict ny soustenir ni rabattre l'ateinte, on la luy faict decliner [9] et gauchir.

Cette autre leçon est trop haute et trop difficile. C'est à faire à ceux de la première classe de s'arrester purement à la chose, la considerer, la juger. Il apartient à un seul Socrates d'accointer la mort d'un visage ordinaire, s'en aprivoiser et s'en jouer. Il ne cherche point de consolation hors de la chose ; le mourir luy semble accident naturel et indifferent ; il fiche [10] là justement sa veuë, et s'y resoult, sans regarder ailleurs. Les disciples de Hegesias, qui se font mourir de faim, eschauffez des beaux discours de ses leçons, /// et si dru que le Roy Ptolemée luy fit defendre d'entretenir plus son escole de ces homicides discours, // ceux-là ne considerent point la mort en soy, ils ne la jugent point : ce n'est pas là où ils arrestent leur pensée ;

ils courent, ils visent à un estre nouveau. Ces pauvres
gens qu'on void sur un eschafaut, remplis d'une ardente
devotion, y occupant tous leurs sens autant qu'ils peuvent,
les aureilles aux instructions qu'on leur donne, les yeux et
les mains tendues au ciel, la voix à des prieres hautes, avec
une esmotion aspre et continuelle, font certes chose louable
et convenable à une telle necessité. On les doibt louer de
religion, mais non proprement de constance. Ils fuyent la
luicte; ils destournent de la mort leur consideration,
comme on amuse les enfans pendant qu'on leur veut donner le coup de lancette. J'en ay veu, si par fois leur veuë se
ravaloit à ces horribles aprests de la mort qui sont autour
d'eux, s'en transir et rejetter avec furie ailleurs leur pensée. A ceux qui passent une profondeur effroyable, on
ordonne de clorre ou destourner leurs yeux.

/// Subrius Flavius, ayant par le commandement de
Neron à estre deffaict, et par les mains de Niger, tous deux
chefs de guerre, quand on le mena au champ où l'execution devoit estre faicte, voyant le trou que Niger avoit faict
caver pour le mettre, inegal et mal formé : « Ny cela mesme,
dict-il, se tournant aux soldats qui y assistoyent, n'est selon
la discipline militaire. » Et à Niger qui l'exhortoit de tenir
la teste ferme : « Frapasses tu seulement aussi ferme ! » Et
devina bien, car, le bras tremblant à Niger, il la luy coupa
à divers coups. Cettuy-cy semble bien avoir eu sa pensée
droittement et fixement au subject.

// Celuy qui meurt en la meslée, les armes à la main, il
n'estudie pas lors la mort, il ne la sent ny ne la considere ;
l'ardeur du combat l'emporte. Un honneste homme de
ma cognoissance, estant tombé en combatant en estacade [11],
et se sentant daguer à terre par son ennemy de neuf ou
dix coups, chacun des assistans luy criant qu'il pensat à sa
conscience, me dict depuis, qu'encore que ces voix luy
vinsent aux oreilles, elles ne l'avoient aucunement touché,
et qu'il ne pensa jamais qu'à se descharger et à se venger.
Il tua son homme en ce mesme combat.

/// Beaucoup fit pour L. Syllanus celuy qui luy apporta
sa condamnation, de ce qu'ayant ouy sa responce qu'il
estoit bien preparé à mourir, mais non pas de mains sce-
lérées [12], se ruant sur luy, avec ses soldats pour le forcer,
et luy, tout desarmé, se defandant obstinéement de poings
et de pieds, le fit mourir en ce débat [13] : dissipant en
prompte cholere et tumultuaire le sentiment penible d'une
mort longue et preparée, à quoy il estoit destiné.

// Nous pensons tousjours ailleurs ; l'esperance d'une

meilleure vie nous arreste et appuye, ou l'esperance de la
valeur de nos enfans, ou la gloire future de nostre nom,
ou la fuite des maux de cette vie, ou la vengeance qui
menasse ceux qui nous causent la mort,

> *Spero equidem mediis, si quid pia numina possunt,*
> *Supplicia hausurum scopulis, et nomine Dido*
> *Sæpe vocaturum...*
> *Audiam, et hæc manes veniet mihi fama sub imos* [14].

/// Xenophon sacrifioit couroné, quand on luy vint
annoncer la mort de son fils Gryllus en la bataille de Man-
tinée. Au premier sentiment de cette nouvelle, il jette à
terre sa couronne; mais, par la suite du propos, entendant
la forme d'une mort très-valeureuse, il l'amassa et remit
sur sa teste.

// Epicurus mesme se console en sa fin sur l'eternité et
utilité de ses escrits. /// « *Omnes clari et nobilitati labores
fiunt tolerabiles.* » Et la mesme playe, le mesme travail ne
poise pas, dict Xenophon, à un general d'armée, comme à
un soldat. Epaminondas print sa mort bien plus alaigrement, ayant esté informé que la victoire estoit demeurée
de son costé. « *Hæc sunt solatia, hæc fomenta summorum
dolorum* [15]. » // Et telles autres circonstances nous amusent,
divertissent et destournent de la consideration de la chose
en soy.

/// Voire les arguments de la philosophie vont à tous
coups costoians et gauchissans la matiere, et à peine
essuians sa crouste. Le premier homme de la premiere
eschole philosophique et surintendante des autres, ce
grand Zenon, contre la mort : « Nul mal n'est honorable;
la mort l'est, elle n'est doncq pas mal »; contre l'yvrogne-
rie : « Nul ne fie son secret à l'yvrongne; chacun le fie au
sage; le sage ne sera doncq pas yvrongne. » Cela est-ce
donner au blanc [16] ? J'ayme à veoir ces ames principales
ne se pouvoir desprendre de nostre consorce. Tant par-
faicts hommes qu'ils soyent, ce sont tousjours bien lourdement des hommes.

// C'est une douce passion que la vengeance, de grande
impression et naturelle; je le voy bien, encore que je n'en
aye aucune experience. Pour en distraire dernierement un
jeune prince [17], je ne luy allois pas disant qu'il falloit prester la joüe à celuy qui vous avoit frappé l'autre, pour le
devoir de charité; ny ne luy allois representer les tragiques
evenements que la poësie attribue à cette passion. Je la

laissay là et m'amusay à luy faire gouster la beauté d'une
image contraire; l'honneur, la faveur, la bien-veillance
qu'il acquerroit par clemence et bonté; je le destournay à
l'ambition. Voylà comment on en faict.

   « Si votre affection en l'amour est trop puissante, dissi-
pez la », disent ils; et disent vray, car je l'ay souvant essayé
avec utilité; rompez la à divers desirs, desquels il y en
ayt un regent et un maistre, si vous voulez; mais, de peur
qu'il ne vous gourmande et tyrannise, affoiblissez le,
sejournez le, en le divisant et divertissant :

   Cum morosa vago singultiet inguine vena [18]...

   Conjicito humorem collectum in corpora quæque [19].

Et pourvoyez y de bonne heure, de peur que vous n'en
soyez en peine, s'il vous a une fois saisi,

   Si non prima novis conturbes vulnera plagis,
   Volgivagaque vagus venere ante recentia cures [20].

   Je fus autrefois touché d'un puissant desplaisir, selon
ma complexion, et encores plus juste que puissant; je m'y
fusse perdu à l'avanture si je m'en fusse simplement fié à
mes forces. Ayant besoing d'une vehemente diversion
pour m'en distraire, je me fis, par art, amoureux, et par
estude, à quoy l'aage m'aidoit. L'amour me soulagea et
retira du mal qui m'estoit causé par l'amitié. Par tout
ailleurs de mesme : une aigre imagination me tient; je
trouve plus court, que de la dompter, la changer; je luy
en substitue, si je ne puis une contraire, aumoins un'autre.
Tousjours la variation soulage, dissout et dissipe. Si je ne
puis la combatre, je luy eschape, et en la fuyant je fourvoye, je ruse; muant de lieu, d'occupation, de compaignie,
je me sauve dans la presse d'autres amusemens et pensées, où elle perd ma trace et m'esgare.

   Nature procede ainsi par le benefice de l'inconstance;
car le temps, qu'elle nous a donné pour souverain medecin
de nos passions, gaigne son effiact principalement par là,
que, fournissant autres et autres affaires à nostre imagination, il demesle et corrompt cette premiere apprehension,
pour forte qu'elle soit. Un sage ne voit guiere moins son
amy mourant, au bout de vint et cinq ans qu'au premier an; /// et, suivant Epicurus, de rien moins, car il
n'attribuoit aucun leniment [21] des fascheries, ny à la prevoyance, ny à la vieillesse d'icelles. // Mais tant d'autres

cogitations traversent cette-cy qu'elle s'alanguit et se lasse
en fin.

Pour destourner l'inclination des bruits communs, Alcibiades coupa les oreilles et la queue à son beau chien et
le chassa en la place, afin que, donnant ce subject pour
babiller au peuple, il laissat en paix ses autres actions. J'ay
veu aussi, pour cet effect de divertir les opinions et
conjectures du peuple et desvoyer les parleurs, des femmes
couvrir leurs vrayes affections par des affections contre-
faictes. Mais j'en ay veu telle qui, en se contrefaisant, s'est
laissée prendre à bon escient, et a quitté la vraye et originelle affection pour la feinte; et aprins par elle que ceux
qui se trouvent bien logez sont des sots de consentir à ce
masque. Les accueils et entretiens publiques estans reser-
vez à ce serviteur aposté [22], croyez qu'il n'est guere habile
s'il ne se met en fin en vostre place et vous envoye en la
sienne. /// Cela, c'est proprement tailler et coudre un soulier pour qu'un autre le chausse.

// Peu de chose nous divertit et destourne, car peu de
chose nous tient [23]. Nous ne regardons gueres les subjects
en gros et seuls; ce sont des circonstances ou des images
menues et superficieles qui nous frapent, et des vaines
escorces qui rejalissent des subjects,

> *Folliculos ut nunc teretes æstate cicadæ*
> *Linquunt* [24];

Plutarque mesme regrette sa fille par des singeries de son
enfance. Le souvenir d'un adieu, d'une action, d'une grace
particuliere, d'une recommandation derniere, nous afflige.
La robe de Cæsar troubla toute Romme, ce que sa mort
n'avoit pas faict. Le son mesme des noms, qui nous tin-
toüine aux oreilles : « Mon pauvre maistre! » ou « Mon
grand amy! » « Hélas! mon cher père! » ou, « Ma bonne
fille! » quand ces redites me pinsent et que j'y regarde de
près, je trouve que c'est une plainte grammairiene et
voyelle [25]. Le mot et le ton me blessent (comme les exclamations des prescheurs esmouvent leur auditoire souvant
plus que ne font leurs raisons et comme nous frappe la
voix piteuse d'une beste qu'on tue pour nostre service);
sans que je poise, ou penetre cependant la vraye essence
et massive de mon subject;

> *His se stimulis dolor ipse lacessit* [26];

ce sont les fondemens de nostre deuil.

/// L'opiniastreté de mes pierres, specialement en la verge, m'a par fois jetté en longues suppressions d'urine, de trois, de quatre jours, et si avant en la mort que c'eust esté follie d'esperer l'eviter, voyre desirer, veu les cruels efforts que cet estat apporte. O que ce bon Empereur qui faisoit lier la verge à ses criminels pour les faire mourir à faute de pisser, estoit grand maistre en la science de bourrellerie ! Me trouvant là, je consideroy par combien legeres causes et objects l'imagination nourrissoit en moy le regret de la vie ; de quels atomes se bastissoit en mon ame le poids et la difficulté de ce deslogement ; à combien frivoles pensées nous donnions place en un si grand affaire ; un chien, un cheval, un livre, un verre, et quoy non ? tenoient compte en ma perte. Aux autres leurs ambitieuses esperances, leur bourse, leur science, non moins sottement à mon gré. Je voyois nonchalamment la mort, quand je la voyois universellement, comme fin de la vie ; je la gourmande en bloc ; par le menu, elle me pille. Les larmes d'un laquais, la dispensation de ma desferre [27], l'attouchement d'une main connue, une consolation commune me desconsole et m'attendrit.

// Ainsi nous troublent l'ame les plaintes des fables ; et les regrets de Didon et d'Ariadné passionnent ceux mesmes qui ne les croyent point en Virgile et en Catulle. /// C'est un exemple de nature obstinée et dure n'en sentir aucune emotion, comme on recite pour miracle de Polemon ; mais aussi ne pallit il pas seulement à la morsure d'un chien enragé qui lui emporta le gras de la jambe. // Et nulle sagesse ne va si avant de concevoir la cause d'une tristesse si vive et entiere par jugement, qu'elle ne souffre accession par la presence, quand les yeux et les oreilles y ont part, parties qui ne peuvent estre agitées que par vains accidens.

Est-ce raison que les arts mesmes se servent et facent leur proufit de nostre imbecilité et bestise naturelle ? L'Orateur, dict la rethorique, en cette farce de son plaidoier s'esmouvera par le son de sa voix et par ses agitations feintes, et se lairra piper à la passion qu'il represente. Il s'imprimera un vray deuil et essentiel, par le moyen de ce battelage qu'il joüe, pour le transmettre aux juges, à qui il touche encore moins : comme font ces personnes qu'on loüe aus mortuaires pour ayder à la ceremonie du deuil, qui vendent leurs larmes à pois et à mesure et leur tristesse ; car, encore qu'ils s'esbranlent en forme empruntée, toutesfois, en habituant et rengeant la contenance, il

est certain qu'ils s'emportent souvant tous entiers et
reçoivent en eux une vraye melancholie.

Je fus, entre plusieurs autres de ses amis, conduire à
Soissons le corps de monsieur de Gramont, du siege de
La Fere, où il fut tué. Je consideray que, par tout où
nous passions, nous remplissions de lamentation et de
pleurs le peuple que nous rencontrions, par la seule montre
de l'appareil de nostre convoy; car seulement le nom du
trepassé n'y estoit pas cogneu.

/// Quintilian dict avoir veu des comediens si fort engagez en un rolle de deuil qu'ils en pleuroient encores au
logis; et de soy mesmes qu'ayant prins à esmouvoir
quelque passion en autruy, il l'avoit espousée jusques à se
trouver surprins non seulement de larmes, mais d'une
palleur de visage et port d'homme vrayement accablé de
douleur.

// En une contrée près de nos montaignes, les femmes
font le prestre martin [28]; car, comme elles agrandissent
le regret du mary perdu par la souvenance des bonnes
et agreables conditions qu'il avoit, elles font tout d'un
trein [29] aussi recueil et publient ses imperfections, comme
pour entrer d'elles mesmes en quelque compensation et
se divertir de la pitié au desdain, /// de bien meilleure grace
encore que nous qui, à la perte du premier connu, nous
piquons à luy prester des louanges nouvelles et fauces, et
à le faire tout autre, quand nous l'avons perdu de veuë,
qu'il ne nous sembloit estre quand nous le voyions; comme
si le regret estoit une partie instructive; ou que les larmes,
en lavant nostre entendement, l'esclaircissent. Je renonce
dès à present aux favorables tesmoignages qu'on me voudra donner, non par ce que j'en seray digne, mais par ce
que je seray mort.

// Qui demandera à celuy là : « Quel interest avez vous à
ce siege ? — L'interest de l'exemple, dira il, et de l'obeyssance commune du prince; je n'y pretens proffit quelconque; et de gloire, je sçay la petite part qui en peut
toucher un particulier comme moy; je n'ay icy ny passion,
ny querelle. » Voyez le pourtant le lendemain, tout changé,
tout bouillant et rougissant de cholere en son ranc de
bataille pour l'assaut; c'est la lueur de tant d'acier et le
feu et tintamarre de nos canons et de nos tambours qui
luy ont jetté cette nouvelle rigueur et hayne dans les
veines. « Frivole cause! » me direz vous. Comment cause ?
Il n'en faut point pour agiter nostre ame; une resverie
sans corps et sans suject la regente et l'agite. Que je me

jette à faire des chasteaux en Espaigne, mon imagination m'y forge des commoditez et des plaisirs desquels mon ame est réellement chatouillée et resjouye. Combien de fois embrouillons nous nostre esprit de cholere ou de tristesse par telles ombres, et nous inserons en des passions fantastiques qui nous alterent et l'ame et le corps! /// Quelles grimaces estonnées, riardes, confuses excite la resverie en nos visages! Quelles saillies et agitations de membres et de voix! Semble-il pas de cet homme seul qu'il aye des visions fauces d'une presse d'autres hommes avec qui il negocie, ou quelque demon interne qui le persecute ? // Enquerez vous à vous où est l'object de cette mutation : est il rien, sauf nous, en nature, que l'inanité sustante, sur quoy elle puisse ?

Cambises, pour avoir songé en dormant que son frere devoit devenir Roy de Perse, le fit mourir; un frere qu'il aimoit et duquel il s'estoit tousjours fié! Aristodemus, Roy des Messeniens, se tua pour une fantasie qu'il print de mauvais augure de je ne sçay quel hurlement de ses chiens. Et le Roy Midas en fit autant, troublé et faché de quelque mal plaisant songe qu'il avoit songé. C'est priser sa vie justement ce qu'elle est, de l'abandonner pour un songe.

Oyez pourtant nostre ame triompher de la misere du corps, de sa foiblesse, de ce qu'il est en butte à toutes offences et alterations; vrayement elle a raison d'en parler :

> *O prima infelix fingenti terra Prometheo !*
> *Ille parum cauti pectoris egit opus.*
> *Corpora disponens, mentem non vidit in arte ;*
> *Recta animi primum debuit esse via* [30].

CHAPITRE V

// A mesure que les pensemens utiles sont plus plains et solides, ils sont aussi plus empeschans et plus onereux. Le vice, la mort, la pauvreté, les maladies, sont subjets graves et qui grevent. Il faut avoir l'ame instruite des moyens de soustenir et combatre les maux, et instruite des reigles de bien vivre et de bien croire, et souvent l'esveiller et exercer en cette belle estude; mais à une ame de commune sorte il faut que ce soit avec relâche et moderation : elle s'affole d'estre trop continuellement bandée.

J'avoy besoing en jeunesse de m'advertir et solliciter pour me tenir en office; l'alegresse et la santé ne conviennent pas tant bien, dict-on, avec ces discours serieux et sages. Je suis à present en un autre estat; les conditions de la vieillesse ne m'advertissent que trop, m'assagissent et me preschent. De l'excez de la gayeté je suis tombé en celuy de la severité, plus fácheus. Parquoy je me laisse à cette heure aller un peu à la desbauche par dessein; et emploie quelque fois l'ame à des pensemens folastres et jeunes, où elle se sejourne. Je ne suis meshuy que trop rassis, trop poisant et trop meur [1]. Les ans me font leçon, tous les jours, de froideur et de temperance. Ce corps fuyt le desreiglement et le craint. Il est à son tour [2] de guider l'esprit vers la reformation. Il regente à son tour, et plus rudement et imperieusement. Il ne me laisse pas une heure, ny dormant ny veillant, chaumer d'instruction, de mort, de patience et de pœnitence. Je me deffens de la temperance comme j'ay faict autresfois de la volupté. Elle me tire trop arriere, et jusques à la stupidité. Or je veus estre maistre de moy, à tout sens. La sagesse a ses excés et n'a pas moins besoin de moderation que la folie. Ainsi, de peur que je ne seche, tarisse et m'aggrave de prudence, aus intervalles que mes maux me donnent,

Mens intenta suis ne siet usque malis [3],

je gauchis tout doucement, et desrobe ma veuë de ce ciel orageux et nubileux que j'ay devant moy : lequel, Dieu mercy, je considere bien sans effroy, mais non pas sans contention et sans estude; et me vois amusant en la recordation [4] des jeunesses passées,

animus quod perdidit, optat,
Atque in præterita se totus imagine versat [5].

Que l'enfance regarde devant elle, la vieillesse derriere : estoit-ce pas ce que signifioit le double visage de Janus ? Les ans m'entrainent s'ils veulent, mais à reculons ! Autant que mes yeux peuvent reconnoistre cette belle saison expirée, je les y destourne à secousses. Si elle eschappe de mon sang et de mes veines, aumoins n'en veus-je desraciner l'image de la memoire,

hoc est
Vivere bis, vita posse priore frui [6].

/// Platon ordonne aux vieillards d'assister aux exercices, danses et jeux de la jeunesse, pour se rejouir en autruy de la soupplesse et beauté du corps qui n'est plus en eux, et rappeller en leur souvenance la grace et faveur de cet aage fleurissant, et veut qu'en ces esbats ils attribuent l'honneur de la victoire au jeune homme qui aura le plus esbaudi et resjoui, et plus grand nombre d'entre eux.

// Je merquois autresfois les jours poisans et tenebreux comme extraordinaires : ceux-là sont tantost les miens ordinaires; les extraordinaires sont les beaux et serains. Je m'en vay au train de tressaillir comme d'une nouvelle faveur quand aucune chose ne me deult. Que je me chatouille, je ne puis tantost plus arracher un pauvre rire de ce meschant corps. Je ne m'esgaye qu'en fantasie et en songe, pour destourner par ruse le chagrin de la vieillesse. Mais certes il y faudroit autre remede qu'en songe : foible luicte de l'art contre la nature. C'est grand simplesse d'alonger et anticiper, comme chacun faict, les incommoditez humaines; j'ayme mieux estre moins long temps vieil que d'estre vieil avant que de l'estre. Jusques aux moindres occasions de plaisir que je puis rencontrer, je les empoigne. Je connois bien par ouir dire plusieurs especes de voluptez prudentes, fortes et glorieuses; mais l'opinion ne peut pas assez sur moy pour m'en mettre en appetit. /// Je ne les veux pas tant magnanimes, magnifiques et fastueuses, comme je les veux doucereuses, faciles et prestes. « *A natura discedimus; populo nos damus, nullius rei bono auctori* [7]. »

// Ma philosophie est en action, en usage naturel et present, peu en fantasie. Prinsse je plaisir à jouer aux noisettes et à la toupie!

> *Non ponebat enim rumores ante salutem* [8].

La volupté est qualité peu ambitieuse : elle s'estime assez riche de soy sans y mesler le pris de la reputation et s'ayme mieux à l'ombre. Il faudroit donner le fouët à un jeune homme qui s'amuseroit à choisir le goust du vin et des sauces. Il n'est rien que j'aye moins sceu et moins prisé. A cette heure je l'apprens. J'en ay grand honte, mais qu'y feroy-je ? J'ay encore plus de honte et de despit des occasions qui m'y poussent. C'est à nous à resver et baguenauder et à la jeunesse de se tenir sur la reputation et sur le bon bout : elle va vers le monde, vers le credit; nous en venons. /// « *Sibi arma, sibi equos, sibi hastas, sibi clavam, sibi pilam, sibi natationes et cursus habeant; nobis senibus, ex lusionibus multis, talos relinquant et tesseras* [9]. » // Les loix mesme nous envoyent au logis. Je ne puis moins, en faveur de cette chetive condition où mon aage me pousse, que de luy fournir de jouets et d'amusoires, comme à l'enfance : aussi y retombons nous. Et la sagesse et la folie auront prou à faire à m'estayer et secourir par offices alternatifs, en cette calamité d'aage :

> *Misce stultitiam consiliis brevem* [10].

Je fuis de mesme les plus legeres pointures; et celles qui ne m'eussent pas autres-fois esgratigné, me transpercent à cette heure : mon habitude commence de s'appliquer si volontiers au mal! /// : « *In fragili corpore odiosa omnis offensio est* [11]. »

> // *Mensque pati durum sustinet ægra nihil* [12].

J'ay esté tousjours chatouilleux et delicat aux offences; je suis plus tendre à cette heure, et ouvert par tout,

> *Et minimæ vires frangere quassa valent* [13].

Mon jugement m'empesche bien de regimber et gronder contre les inconvenients que nature m'ordonne à souffrir, mais non pas de les sentir. Je courrois d'un bout du monde à l'autre chercher un bon an de tranquillité plaisante et enjouée, moy qui n'ay autre fin que vivre et me resjouyr. La tranquillité sombre et stupide se trouve assez pour moy, mais elle m'endort et enteste : je ne m'en contente pas. S'il y a quelque personne, quelque bonne compaignie aux champs, en la ville, en France ou ailleurs, resseante ou voyagere, à qui mes humeurs soient bonnes, de qui les humeurs me soient bonnes, il n'est que de siffler en paume, je leur iray fournir des essays en cher et en os.

Puisque c'est le privilege de l'esprit de se r'avoir de la vieillesse, je luy conseille, autant que je puis, de le faire ; qu'il verdisse, qu'il fleurisse ce pendant, s'il peut, comme le guy sur un arbre mort. Je crains que c'est un traistre : il s'est si estroittement affreré au corps qu'il m'abandonne à tous coups pour le suyvre en sa necessité. Je le flatte à part, je le practique pour neant. J'ay beau essayer de le destourner de cette colligeance, et luy presenter et Seneque et Catulle, et les dames, et les dances royales ; si son compagnon a la cholique, il semble qu'il l'ait aussi. Les operations mesmes qui luy sont particulieres et propres ne se peuvent lors souslever ; elles sentent evidemment au morfondu [14]. Il n'y a poinct d'allegresse en ses productions, s'il n'en y a quand et quand au corps.

/// Noz maistres ont tort dequoy, cherchant les causes des eslancements extraordinaires de nostre esprit, outre ce qu'ils en attribuent à un ravissement divin, à l'amour, à l'aspreté guerriere, à la poësie, au vin, ils n'en ont donné sa part à la santé ; une santé bouillante, vigoureuse, pleine, oisifve, telle qu'autrefois la verdeur des ans et la securité me la fournissoient par venuës. Ce feu de gayeté suscite en l'esprit des eloises [15] vives et claires, outre nostre portée naturelle et entre les enthousiasmes les plus gaillards, si non les plus esperdus. Or bien ce n'est pas merveille si un contraire estat affesse mon esprit, le clouë et faict un effect contraire.

// *Ad nullum consurgit opus, cum corpore languet* [16].

Et veut encores que je luy sois tenu dequoy il preste, comme il dict, beaucoup moins à ce consentement que ne porte l'usage ordinaire des hommes. Aumoins, pendant que nous avons trefves, chassons les maux et difficultez de nostre commerce :

Dum licet, obducta solvatur fronte senectus [17] ;

« *tetrica sunt amœnanda jocularibus* [18] ». J'ayme une sagesse
gaye et civile, et fuis l'aspreté des meurs et l'austerité,
ayant pour suspecte toute mine rebarbative :

/// *Tristemque vultus tetrici arrogantiam* [19].

// *Et habet tristis quoque turba cynædos* [20].

/// Je croy Platon de bon cœur, qui dict les humeurs
faciles ou difficiles estre un grand prejudice à la bonté ou
mauvaistié de l'ame. Socrates eut un visage constant, mais
serein et riant, non constant comme le vieil Crassus qu'on
ne veit jamais rire.

// La vertu est qualité plaisante et gaye.

/// Je sçay bien que fort peu de gens rechigneront à la
licence de mes esprits, qui n'ayent plus à rechigner à la
licence de leur pensée. Je me conforme bien à leur courage, mais j'offence leurs yeux.

C'est une humeur bien ordonnée de pinser les escrits
de Platon et couler ses negotiations pretendues avec Phedon, Dion, Stella, Archeanassa. « *Non pudeat dicere quod
non pudet sentire* [21]. »

// Je hay un espri hargneux et triste qui glisse par dessus
les plaisirs de sa vie et s'empoigne et paist aux malheurs;
comme les mouches, qui ne peuvent tenir contre un corps
bien poly et bien lissé, et s'attachent et reposent aux lieux
scabreux et raboteux; et, comme les vantouses qui ne
hument et appetent [22] que le mauvais sang.

Au reste, je me suis ordonné d'oser dire tout ce que
j'ose faire, et me desplais des pensées mesmes impubliables.
La pire de mes actions et conditions ne me semble pas
si laide comme je trouve laid et lâche de ne l'oser avouer.
Chacun est discret en la confession, on le devoit estre en
l'action; la hardiesse de faillir est aucunement compensée
et bridée par la hardiesse de la confesser. /// Qui s'obligeroit
à tout dire, s'obligeroit à ne rien faire de ce qu'on est
contraint de taire. Dieu veuille que cet excès de ma licence
attire nos hommes jusques à la liberté, par dessus ces
vertus couardes et mineuses nées de nos imperfections;
qu'aux despens de mon immoderation je les attire jusques
au point de la raison! Il faut voir son vice et l'estudier
pour le redire. Ceux qui le celent à autruy, le celent ordinairement à eux mesmes. Et ne le tiennent pas pour assés
couvert, s'ils le voyent; ils le soustrayent et desguisent à
leur propre conscience. « *Quare vitia sua nemo confitetur ?*

Quia etiam nunc in illis est ; somnium narrare vigilantis est [23]. »
Les maux du cors s'esclaircissent en augmentant. Nous
trouvons que c'est goutte que nous nommions rheume [24]
ou foulure. Les maux de l'ame s'obscurcissent en leur
force ; le plus malade les sent le moins. Voilà pourquoy il les
faut souvant remanier au jour, d'une main impiteuse [25], les
ouvrir et arracher du creus de nostre poitrine. Comme en
matiere de bienfaicts, de mesme en matiere de mesfaicts,
c'est par fois satisfaction que la seule confession. Est-il
quelque laideur au faillir, qui nous dispense de nous en
devoir confesser ?

// Je souffre peine à me feindre, si que j'evite de prendre
les secrets d'autruy en garde, n'ayant pas bien le cœur
de desadvouer ma science. Je puis la taire ; mais la nyer,
je ne puis sans effort et desplaisir. Pour estre bien secret,
il le faut estre par nature, non par obligation. C'est peu,
au service des princes, d'estre secret, si on n'est menteur
encore. Celuy qui s'enquestoit à Thales Milesius s'il
devoit solennellement nier d'avoir paillardé, s'il se fut
addressé à moy, je lui eusse respondu qu'il ne le devoit
pas faire, car le mentir me semble encore pire que la
paillardise. Thales conseilla toute autrement, et qu'il jurast,
pour garentir le plus par le moins. Toutesfois ce conseil
n'estoit pas tant election de vice que multiplication.

Sur quoy, disons ce mot en passant, qu'on faict bon
marché à un homme de conscience quand on luy propose
quelque difficulté au contrepois du vice [26] ; mais, quand on
l'enferme entre deux vices, on le met à un rude chois,
comme on fit Origene : ou qu'il idolatrast, ou qu'il se
souffrit jouyr charnellement à un grand vilain Æthiopien
qu'on luy presenta. Il subit la premiere condition, et
vitieusement, dict on. Pourtant ne seroient pas sans
goust, selon leur erreur, celles qui nous protestent, en ce
temps, qu'elles aymeroient mieux charger leur conscience
de dix hommes que d'une messe.

Si c'est indiscretion de publier ainsi ses erreurs, il n'y a
pas grand danger qu'elle passe en exemple et usage ; car
Ariston disoit que les vens que les hommes craignent le
plus sont ceux qui les descouvrent. Il faut rebrasser [27]
ce sot haillon qui couvre nos meurs. Ils envoyent leur
conscience au bordel et tiennent leur contenance en regle.
Jusques aux traistres et assassins, ils espousent les loix de
la ceremonie et attachent là leur devoir ; si n'est ce ny à
l'injustice de se plaindre de l'incivilité, /// ny à la malice
de l'indiscretion. C'est dommage qu'un meschant homme

ne soit encore un sot et que la decence pallie son vice.
Ces incrustations n'apartiennent qu'à une bonne et saine
paroy, qui merite d'estre conservée ou blanchie.

// En faveur des Huguenots, qui accusent nostre confession privée et auriculaire, je me confesse en publiq, religieusement et purement. S. Augustin, Origene et Hippo-
crates ont publié les erreurs de leurs opinions ; moy, encore,
de mes meurs. Je suis affamé de me faire connoistre ; et ne
me chaut à combien, pourveu que ce soit veritablement ; ou,
pour dire mieux, je n'ay faim de rien, mais je crains mortellement d'estre pris en eschange par ceux à qui il arrive
de connoistre mon nom.

Celuy qui faict tout pour l'honneur et pour la gloire,
que pense-il gaigner en se produisant au monde en masque,
desrobant son vray estre à la connoissance du peuple ?
Louez un bossu de sa belle taille, il le doit recevoir à injure.
Si vous estes couard et qu'on vous honnore pour un vaillant
homme, est-ce de vous qu'on parle ? on vous prend pour
un autre. J'aymeroy aussi cher que celuy-là se gratifiast
des bonnetades qu'on luy faict, pensant qu'il soit maistre
de la trouppe, luy qui est des moindres de la suitte. Arche-
laus, Roy de Macedoine, passant par la ruë, quelqu'un
versa de l'eau sur luy ; les assistans disoient qu'il devoit
le punir : « Ouy mais, dict-il, il n'a pas versé l'eau sur moy,
mais sur celuy qu'il pensoit que je fusse. » /// Socrates, à
celuy qui l'advertissoit qu'on mesdisoit de luy : « Point,
fit-il, il n'y a rien en moy de ce qu'ils disent. » // Pour moy,
qui me louëroit d'estre bon pilote, d'estre bien modeste,
ou d'estre bien chaste, je ne luy en devrois nul grammercy.
Et pareillement, qui m'appelleroit traistre, voleur ou
yvrongne, je me tiendroy aussi peu offencé. Ceux qui se
mescognoissent, se peuvent paistre de fauces approbations ;
non pas moy, qui me voy et qui me recherche jusques aux
entrailles, qui sçay bien ce qui m'appartient. Il me plaist
d'estre moins loué, pourveu que je soy mieux conneu.
/// On me pourroit tenir pour sage en telle condition de
sagesse que je tien pour sottise.

// Je m'ennuie que mes *Essais* servent les [28] dames de
meuble commun seulement, et de meuble de sale. Ce chapitre me fera du cabinet [29]. J'ayme leur commerce un peu
privé. Le publique est sans faveur et saveur. Aux adieus,
nous eschauffons outre l'ordinaire l'affection envers les
choses que nous abandonnons. Je prens l'extreme congé
des jeux du monde, voicy nos dernieres accolades. Mais
venons à mon theme.

Qu'a faict l'action genitale aux hommes, si naturelle, si necessaire et si juste, pour n'en oser parler sans vergongne et pour l'exclurre des propos serieux et reglez ? Nous prononçons hardiment : tuer, desrober, trahir ; et cela, nous n'oserions qu'entre les dents ? Est-ce à dire que moins nous en exhalons en parole, d'autant nous avons loy d'en grossir la pensée ?

/// Car il est bon que les mots qui sont le moins en usage, moins escrits et mieus teus [30], sont les mieux sceus et plus generalement connus. Nul aage, nulles meurs l'ignorent non plus que le pain. Ils s'impriment en chascun sans estre exprimez et sans voix et sans figure. Il est bon aussi que c'est une action que nous avons mis en la franchise [31] du silence, d'où c'est crime de l'arracher, non pas mesme pour l'accuser et juger. N'y n'osons la fouëtter qu'en periphrase et peinture. Grand faveur à un criminel d'estre si execrable que la justice estime injuste de le toucher et de le veoir ; libre et sauvé par le benefice de l'aigreur de sa condamnation. N'en va-il pas comme en matiere de livres, qui se rendent d'autant plus venaux et publiques de ce qu'ils sont supprimez ? Je m'en vay pour moy prendre au mot l'advis d'Aristote, qui dict l'estre honteus servir d'ornement à la jeunesse, mais de reproche à la vieillesse.

// Ces vers se preschent en l'escole ancienne, escole à laquelle je me tiens bien plus qu'à la moderne /// (ses vertus me semblent plus grandes, ses vices moindres) :

// *Ceux qui par trop fuyant Venus estrivent* [32],
  Faillent autant que ceux qui trop la suivent [33].

Tu, Dea, tu rerum naturam sola gubernas,
Nec sine te quidquam dias in luminis oras
Exoritur, neque fit lætum nec amabile quidquam [34].

Je ne sçay qui a peu mal mesler Pallas et les Muses avec Venus, et les refroidir envers l'Amour ; mais je ne voy aucunes deitez qui s'aviennent mieux, ny qui s'entre-doivent plus. Qui ostera aux muses les imaginations amoureuses, leur desrobera le plus bel entretien qu'elles ayent et la plus noble matiere de leur ouvrage ; et qui fera perdre à l'amour la communication et service de la poësie, l'affoiblira de ses meilleures armes ; par ainsin on charge le Dieu d'accointance et de bien-veillance et les deesses protectrices d'humanité et de justice, du vice d'ingratitude et de mesconnoissance.

Je ne suis pas de si long temps cassé de l'estat et suitte de ce Dieu que je n'aye la memoire informée de ses forces et valeurs,

> *Agnosco veteris vestigia flammæ* [35].

Il y a encore quelque demeurant d'emotion et chaleur après la fiévre,

> *Nec mihi deficiat calor hic, hiemantibus annis* [36].

Tout asseché que je suis et appesanty, je sens encore quelques tiedes restes de cette ardeur passée :

> *Qual l'alto Ægeo, per che Aquilone o Noto*
> *Cessi, che tutto prima il vuolse et scosse,*
> *Non s'accheta ei pero : ma'l sono e'l moto,*
> *Ritien de l'onde anco agitate è grosse* [37].

Mais de ce que je m'y entends, les forces et valeur de ce Dieu se trouvent plus vives et plus animées en la peinture de la poësie qu'en leur propre essence,

> *Et versus digitos habet* [38].

Elle represente je ne sçay quel air plus amoureux que l'amour mesme. Venus n'est pas si belle toute nue, et vive, et haletante, comme elle est icy chez Virgile :

> *Dixerat, et niveis hinc atque hinc diva lacertis*
> *Cunctantem amplexu molli fovet. Ille repente*
> *Accepit solitam flammam, notusque medullas*
> *Intravit calor, et labefacta per ossa cucurrit.*
> *Non secus atque olim tonitru cum rupta corusco*
> *Ignea rima micans percurrit lumine nimbos.*
> *. . . . . Ea verba loquutus,*
> *Optatos dedit amplexus, placidumque petivit*
> *Conjugis infusus gremio per membra soporem* [39].

Ce que j'y trouve à considerer, c'est qu'il la peinct un peu bien esmeue pour une Venus maritale. En ce sage marché, les appetits ne se trouvent pas si follastres; ils sont sombres et plus mousses. L'amour hait qu'on se tienne par ailleurs que par luy, et se mesle lâchement aux accointances qui sont dressées et entretenues soubs autre

titre, comme est le mariage : l'aliance, les moyens, y
poisent par raison, autant ou plus que les graces et la
beauté. On ne se marie pas pour soy, quoi qu'on die; on
se marie autant ou plus pour sa posterité, pour sa famille.
L'usage et interest du mariage touche nostre race bien
loing par delà nous. Pourtant me plait cette façon, qu'on
le conduise plustost par mains tierces que par les propres,
et par le sens d'autruy que par le sien. Tout cecy, combien
à l'opposite des conventions amoureuses! Aussi est ce une
espece d'inceste d'aller employer à ce parentage venerable
et sacré les efforts et les extravagances de la licence amoureuse, comme il me semble avoir dict ailleurs. Il faut, dict
Aristote, toucher sa femme prudemment et severement,
de peur qu'en la chatouillant trop lascivement le plaisir la
face sortir hors des gons de raison. Ce qu'il dict pour la
conscience, les medecins le disent pour la santé; qu'un
plaisir excessivement chaut, voluptueux et assidu altere la
semence et empesche la conception; disent d'autrepart,
qu'à une congression [40] languissante, comme celle là est
de sa nature, pour la remplir d'une juste et fertile chaleur,
il s'y faut presenter rarement et à notables intervalles,

Quo rapiat sitiens venerem interiusque recondat [41].

Je ne vois point de mariages qui faillent [42] plustost et se
troublent que ceux qui s'acheminent par la beauté et desirs
amoureux. Il y faut des fondemens plus solides et plus
constans, et y marcher d'aguet [43]; cette bouillante allegresse n'y vaut rien.

Ceux qui pensent faire honneur au mariage pour y
joindre l'amour, font, ce me semble, de mesme ceux qui,
pour faire faveur à la vertu, tiennent que la noblesse n'est
autre chose que vertu. Ce sont choses qui ont quelque
cousinage; mais il y a beaucoup de diversité : on n'a que
faire de troubler leurs noms et leurs titres; on faict tort à
l'une ou à l'autre de les confondre. La noblesse est une
belle qualité, et introduite avec raison; mais d'autant que
c'est une qualité dependant d'autruy et qui peut tomber
en un homme vicieux et de neant, elle est en estimation
bien loing au dessoubs de la vertu : c'est une vertu, si ce
l'est, artificiele et visible; dependant du temps et de la
fortune; diverse en forme selon les contrées; vivante et
mortelle; sans naissance non plus que la riviere du Nil;
genealogique et commune; de suite et de similitude; tirée
par consequence, et consequence bien foible. La science,

la force, la bonté, la beauté, la richesse, toutes autres qualitez, tombent en communication et en commerce; cette-
cy se consomme en soi, de nulle en-ploite au service d'autruy. On proposoit à l'un de nos Roys le chois de deux com-
petiteurs en une mesme charge, desquels l'un estoit gentil'homme, l'autre ne l'estoit point. Il ordonna que, sans
respect de cette qualité, on choisit celuy qui auroit le plus
de merite; mais, où la valeur seroit entierement pareille,
qu'en ce cas on eust respect à la noblesse : c'estoit justement luy donner son rang. Antigonus, à un jeune homme
incogneu qui lui demandoit la charge de son pere, homme
de valeur, qui venoit de mourir : « Mon amy, fit-il, en tels
bien faicts je ne regarde pas tant la noblesse de mes soldats
comme je fais leur prouësse. »

/// De vray, il n'en doibt pas aller comme des officiers
des Roys de Sparte, trompettes, menestriers, cuisiniers, à
qui en leur charge succedoient les enfans, pour ignorans
qu'ils fussent, avant les mieux experimentez du mestier.
Ceux de Callicut font des nobles une espece par dessus
l'humaine. Le mariage leur est interdict et toute autre
vacation que bellique [44]. De concubines, ils en peuvent
avoir leur saoul, et les femmes autant de ruffiens, sans
jalousie les uns des autres : mais c'est un crime capital et
irremissible, de s'accoupler à personne d'autre condition
que la leur. Et se tiennent pollus [45], s'ils en sont seulement
touchez en passant, et, comme leur noblesse en estant merveilleusement injuriée et interessée, tuent ceux qui seulement ont approché un peu trop près d'eus; de maniere
que les ignobles [46] sont tenus de crier en marchant, comme
les gondoliers de Venise au contour des ruës pour ne
s'entreheurter; et les nobles leur commandent de se jetter
au quartier [47] qu'ils veulent. Ceux cy evitent par là cette
ignominie qu'ils estiment perpetuelle; ceux-là, une mort
certaine. Nulle durée de temps, nulle faveur de prince,
nul office ou vertu ou richesse peut faire qu'un roturier
devienne noble. A quoy ayde cette coustume que les
mariages sont defendus de l'un mestier à l'autre; ne peut
une de race cordonniere espouser un charpentier; et sont
les parents obligez de dresser les enfans à la vacation des
peres, precisement, et non à autre vacation, par où se
maintient la distinction et constance de leur fortune.

// Ung bon mariage, s'il en est, refuse la compaignie et
conditions de l'amour. Il tache à representer celles de
l'amitié. C'est une douce société de vie, pleine de constance, de fiance et d'un nombre infiny d'utiles et solides

offices et obligations mutuelles. Aucune femme qui en savoure le goust,

Optato quam junxit lumine tæda [48],

ne voudroit tenir lieu de maistresse et d'amye à son mary. Si elle est logée en son affection comme femme, elle y est bien plus honorablement et seurement logée. Quand il faira l'esmeu ailleurs et l'empressé, qu'on luy demande pourtant lors à qui il aymeroit mieux arriver une honte, ou à sa femme ou à sa maistresse; de qui la desfortune l'affligeroit le plus; à qui il desire plus de grandeur; ces demandes n'ont aucun doubte en un mariage sain. Ce qu'il s'en voit si peu de bons, est signe de son pris et de sa valeur. A le bien façonner et à le bien prendre, il n'est point de plus belle piece en nostre société. Nous ne nous en pouvons passer, et l'allons avilissant. Il en advient ce qui se voit aux cages : les oyseaux qui en sont hors, desesperent d'y entrer; et d'un pareil soing en sortir, ceux qui sont au dedans. /// Socrates, enquis [49] qui estoit plus commode prendre ou ne prendre point de femme : « Lequel des deux on face, dict-il, on s'en repentira. » // C'est une convention à laquelle se raporte bien à point ce qu'on dict, « *homo homini* » ou « *Deus* », ou « *lupus* » [50]. Il faut le rencontre de beaucoup de qualitez à le bastir. Il se trouve en ce temps plus commode aux ames simples et populaires, où les delices, la curiosité et l'oysiveté ne le troublent pas tant. Les humeurs desbauchées, comme est la mienne, qui hay toute sorte de liaison et d'obligation, n'y sont pas si propres,

Et mihi dulce magis resoluto vivere collo [51].

De mon dessein, j'eusse fuy d'espouser la sagesse mesme, si elle m'eust voulu. Mais, nous avons beau dire, la coustume et l'usage de la vie commune nous emporte. La plus part de mes actions se conduisent par exemple, non par chois. Toutesfois je ne m'y conviay pas proprement, on m'y mena, et y fus porté par des occasions estrangeres. Car non seulement les choses incommodes, mais il n'en est aucune si laide et vitieuse et evitable qui ne puisse devenir acceptable par quelque condition et accident : tant l'humaine posture est vaine! Et y fus porté certes plus mal preparé lors et plus rebours [52] que je ne suis à présent après l'avoir essayé. Et, tout licencieux qu'on me tient,

j'ay en verité plus severement observé les loix de mariage
que je n'avois ny promis, ny esperé. Il n'est plus temps de
regimber quand on s'est laissé entraver. Il faut prudemment mesnager sa liberté; mais depuis qu'on s'est submis
à l'obligation, il s'y faut tenir soubs les loix du debvoir
commun, aumoins s'en efforcer. Ceux qui entreprennent
ce marché pour s'y porter avec haine et mespris, font
injustement et incommodéement; et cette belle reigle que
je voy passer de main en main entre elles, comme un sainct
oracle,

> *Sers ton mary comme ton maistre,*
> *Et t'en guarde comme d'un traistre,*

qui est à dire : « Porte toy envers luy d'une reverence
contrainte, ennemie et deffiante », cry de guerre et deffi,
est pareillement injurieuse et difficile. Je suis trop mol
pour desseins si espineux. A dire vray, je ne suis pas encore
arrivé à cette perfection d'habileté et galantise d'esprit,
que de confondre la raison avec l'injustice, et mettre en
risée tout ordre et reigle qui n'accorde à mon appetit :
pour hayr la superstition, je ne me jette pas incontinent à
l'irreligion. Si on ne fait tousjours son debvoir, aumoins
le faut il tousjours aymer et recognoistre. /// C'est trahison
de se marier sans s'espouser. // Passons outre.

Nostre poëte represente un mariage plein d'accord et
de bonne convenance, auquel pourtant il n'y a pas beaucoup de loyauté. A il voulu dire qu'il ne soit pas impossible de se rendre aux efforts de l'amour, et ce neantmoins
reserver quelque devoir envers le mariage, et qu'on le peut
blesser sans le rompre tout à faict ? /// Tel valet ferre la
mule [53] au maistre qu'il ne hayt pas pourtant. // La beauté,
l'opportunité, la destinée (car la destinée y met aussi la
main),

> *fatum est in partibus illis*
> *Quas sinus abscondit : nam, si tibi sidera cessent,*
> *Nil faciet longi mensura incognita nervi* [54],

l'ont attachée à un estranger, non pas si entiere peut estre,
qu'il ne luy puisse rester quelque liaison par où elle tient
encore à son mary. Ce sont deux desseins qui ont des routes
distinguées et non confondues. Une femme se peut rendre
à tel personnage, que nullement elle ne voudroit avoir
espousé; je ne dy pas pour les conditions de la fortune,
mais pour celles mesmes de la personne. Peu de gens ont

espousé des amies qui ne s'en soyent repentis. /// Et jusques
en l'autre monde. Quel mauvais mesnage a faict Jupiter
avec sa femme qu'il avoit premierement pratiquée et jouye
par amourettes ? C'est ce qu'on dict : Chier dans le panier
pour après le mettre sur sa teste.

// J'ay veu de mon temps, en quelque bon lieu, guerir
honteusement et deshonnestement l'amour par le mariage ;
les considerations sont trop autres. Nous aimons, sans nous
empescher, deux choses diverses et qui se contrarient.
Isocrates disoit que la ville d'Athenes plaisoit, à la mode
que font les dames qu'on sert par amour ; chacun aimoit
à s'y venir promener et y passer son temps ; nul ne l'aymoit
pour l'espouser, c'est à dire pour s'y habituer et domici-
lier. J'ay avec despit veu des maris hayr leurs femmes
de ce seulement qu'ils leur font tort ; aumoins ne les faut il
pas moins aymer de nostre faute ; par repentance et compassion aumoins, elles nous en devoyent estre plus cheres.

Ce sont fins differentes et pourtant compatibles, dict
il [55], en quelque façon. Le mariage a pour sa part l'utilité,
la justice, l'honneur et la constance : un plaisir plat, mais
plus universel. L'amour se fonde au seul plaisir, et l'a de
vray plus chatouillant, plus vif et plus aigu ; un plaisir attizé
par la difficulté. Il y faut de la piqueure et de la cuison. Ce
n'est plus amour s'il est sans flesches et sans feu. La liberalité des dames est trop profuse au mariage et esmousse la
poincte de l'affection et du desir. /// Pour fuïr à cet
inconvenient voyez la peine qu'y prennent en leurs loix
Lycurgus et Platon.

// Les femmes n'ont pas tort du tout quand elles refusent
les reigles de vie qui sont introduites au monde, d'autant
que ce sont les hommes qui les ont faictes sans elles. Il y
a naturellement de la brigue et riotte [56] entre elles et nous ;
le plus estroit consentement que nous ayons avec elles,
encore est-il tumultuaire et tempestueux. A l'advis de
nostre autheur, nous les traictons inconsideréement en
cecy : après que nous avons cogneu qu'elles sont, sans
comparaison, plus capables et ardentes aux effects de
l'amour que nous, et que ce prestre ancien l'a ainsi tesmoigné, qui avoit esté tanstost homme, tantost femme,

Venus huic erat utraque nota [57] ;

et, en outre, que nous avons apris de leur propre bouche
la preuve qu'en firent autrefois en divers siecles un Empereur [58] et une Emperiere [59] de Romme, maistres ouvriers

et fameux en cette besongne (luy despucela bien en une
nuit dix vierges Sarmates, ses captives; mais elle fournit
reelement en une nuit à vint et cinq entreprinses, changeant de compaignie selon son besoing et son goust,

adhuc ardens rigidæ tentigine vulvæ,
Et lassata viris, nondum satiata, recessit [60]) ;

et que, sur le different advenu à Cateloigne entre une
femme se plaignant des efforts trop assiduelz de son mary,
non tant, à mon advis, qu'elle en fut incommodée (car
je ne crois les miracles qu'en foy), comme pour retrancher
soubs ce pretexte et brider, en cela mesme qui est l'action
fondamentale du mariage, l'authorité des maris envers
leurs femmes, et pour montrer que leurs hergnes [61] et leur
malignité passe outre la couche nuptiale et foule aus pieds
les graces et douceurs mesmes de Venus; à laquelle plainte
le mary respondoit, homme vrayement brutal et desnaturé,
qu'aux jours mesme de jeusne il ne s'en sçauroit passer à
moins de dix, intervint ce notable arrest de la Royne
d'Aragon, par lequel, après meure deliberation de conseil,
cette bonne Royne, pour donner reigle et exemple à tout
temps de la moderation et modestie requise en un juste
mariage, ordonna pour bornes legitimes et necessaires le
nombre de six par jour; relâchant et quitant beaucoup du
besoing et desir de son sexe, pour establir, disoit elle, une
forme aysée et par consequent permanante et immuable.
En quoy s'escrient les docteurs : quel doit estre l'appetit
et la concupiscence feminine, puisque leur raison, leur
reformation et leur vertu se taille à ce pris ? /// considerans
le divers jugement de nos appetits, et que Solon, chef de
l'eschole juridique, ne taxe qu'à trois fois par mois, pour
ne faillir point, cette hantise conjugale. // Après avoir creu
et presché cela, nous sommes allez leur donner la continence peculierement [62] en partage, et sur peines dernieres
et extremes.

Il n'est passion plus pressante que cette cy, à laquelle
nous voulons qu'elles resistent seules, non simplement
comme à un vice de sa mesure, mais comme à l'abomination et execration, plus qu'à l'irreligion et au parricide; et
nous nous y rendons cependant sans coulpe et reproche.
Ceux mesme d'entre nous qui ont essayé d'en venir à bout
ont assez avoué quelle difficulté ou plustost impossibilité
il y avoit, usant de remedes materiels, à mater, affoiblir et
refroidir le corps. Nous, au contraire, les voulons saines,

vigoreuses, en bon point, bien nourries, et chastes ensemble, c'est à dire et chaudes et froides : car le mariage, que nous disons avoir charge de les empescher de bruler, leur apporte peu de rafrechissement, selon nos meurs. Si elles en prennent un à qui la vigueur de l'aage boulst encores, il faira gloire de l'espandre ailleurs :

> Sit tandem pudor, aut eamus in jus :
> Multis mentula millibus redempta,
> Non est hæc tua, Basse ; vendidisti [63].

/// Le philosophe Polemon fut justement appelé en justice par sa femme de ce qu'il alloit semant en un champ sterile le fruit deu au champ genital. // Si c'est de ces autres cassez [64], les voylà, en plain mariage, de pire condition que vierges et vefves. Nous les tenons pour bien fournies, parce que elles ont un homme auprès, comme les Romains tindrent pour violée Clodia Læta, vestale, que Calligula avoit approchée encores qu'il fut averé qu'il ne l'avoit qu'aprochée ; mais, au rebours, on recharge par là leur necessité, d'autant que l'atouchement et la compaignie de quelque masle que ce soit esveille leur chaleur, qui demeureroit plus quiete en la solitude. Et, à cette fin, comme il est vray-semblable, de rendre par cette circonstance et consideration leur chasteté plus meritoire, Boleslaus et Kinge, sa femme, Roys de Poulongne, la vouërent d'un commun accord, couchez ensemble, le jour mesme de leurs nopces, et la maintindrent à la barbe des commoditez maritales.

Nous les dressons dès l'enfance aus entremises de l'amour : leur grace, leur atiffeure [65], leur science, leur parole, toute leur instruction ne regarde qu'à ce but. Leurs gouvernantes ne leur impriment autre chose que le visage de l'amour, ne fut qu'en le leur representant continuellement pour les en desgouster. Ma fille (c'est tout ce que j'ay d'enfans) est en l'aage auquel les loix excusent les plus eschauffées de se marier ; elle est d'une complexion tardive, mince et molle, et a esté par sa mere eslevée de mesme d'une forme [66] retirée et particuliere : si qu'elle ne commence encore qu'à se desniaiser de la nayfveté de l'enfance. Elle lisoit un livre françois devant moy. Le mot de *fouteau* [67] s'y rencontra, nom d'un arbre cogneu ; la femme qu'ell'a pour sa conduitte l'arresta tout court un peu rudement, et la fit passer par dessus ce mauvais pas. Je la laissay faire pour ne troubler leurs reigles, car je ne m'empesche aucu-

nement de ce gouvernement; la police féminine [68] a un trein
mysterieux, il faut le leur quitter. Mais, si je ne me trompe,
le commerce de vingt laquays n'eust sçeu imprimer en sa
fantasie, de six moys, l'intelligence et usage et toutes les
consequences du son de ces syllabes scelerées [69], comme fit
cette bonne vieille par sa reprimande et interdiction.

> Motus doceri gaudet Ionicos
> Matura virgo, et frangitur artubus
> Jam nunc, et incestos amores
> De tenero meditatur ungui [70].

Qu'elles se dispensent un peu de la ceremonie, qu'elles
entrent en liberté de discours, nous ne sommes qu'enfans
au pris d'elles en cette science. Oyez leur representer nos
poursuittes et nos entretiens, elles vous font bien cognoistre
que nous ne leur apportons rien qu'elles n'ayent sçeu et
digeré sans nous. /// Seroit-ce ce que dict Platon, qu'elles
ayent esté garçons desbauchez autresfois ? // Mon oreille se
rencontra un jour en lieu où elle pouvoit desrober aucun
des discours faicts entre elles sans soubçon : que ne puis-je
le dire ? « Nostredame! (fis-je) allons à cette heure estudier
des frases d'*Amadis* et des registres [71] de Boccace et de
l'Aretin pour faire les habiles; nous employons vrayement
bien nostre temps! Il n'est ny parole, ny exemple, ny
démarche qu'elles ne sçachent mieux que nos livres :
c'est une discipline qui naist dans leurs veines,

> Et mentem Venus ipsa dedit [72],

que ces bons maistres d'escole, nature, jeunesse et santé,
leur soufflent continuellement dans l'ame; elles n'ont que
faire de l'apprendre, elles l'engendrent. »

> Nec tantum niveo gavisa est ulla columbo
> Compar, vel si quid dicitur improbius,
> Oscula mordenti semper decerpere rostro,
> Quantum præcipue multivola est mulier [73].

Qui n'eut tenu un peu en bride cette naturelle violence
de leur desir par la crainte et honneur dequoy on les a
pourveues, nous estions diffamez. Tout le mouvement du
monde se resoult et rend à cet accouplage : c'est une
matiere infuse par tout, c'est un centre où toutes choses
regardent. On void encore des ordonnances de la vieille

et sage Romme faictes pour le service de l'amour, et les preceptes de Socrates à instruire les courtisanes :

> *Nec non libelli Stoïci inter sericos*
> *Jacere pulvillos amant* [74].

Zenon, parmy ses loix, regloit aussi les escarquillemens et les secousses du depucelage. /// De quel sens estoit le livre du philosophe Strato, *De la conjonction charnelle ?* et de quoy traittoit Theophraste en ceux qu'il intitula, l'un *L'Amoureux,* l'autre *De l'Amour ?* De quoy Aristippus au sien *Des antiennes delices ?* Que veulent pretendre les descriptions si estendues et vives en Platon, des amours de son temps plus hardies ? Et le livre *De l'Amoureux* de Demetrius Phalereus ; et *Clinias* ou *L'Amoureux forcé* de Heraclides Ponticus ? Et d'Antisthenes celuy *De faire les enfans* ou *Des nopces,* et l'autre *Du Maistre* ou *De l'Amant ?* et d'Aristo celuy *Des exercices amoureux ?* de Cleanthes, un *De l'Amour,* l'autre *De l'art d'aymer ?* Les *Dialogues amoureux* de Spherus ? et la fable de *Jupiter et Juno* de Chrysippus, eshontée au delà de toute souffrance, et ses cinquante *Epistres,* si lascives ? Car il faut laisser à part les escrits des philosophes qui ont suivy la secte Epicurienne. // Cinquante deitez estoient, au temps passé, asserviés à cet office ; et s'est trouvé nation où, pour endormir la concupiscence de ceux qui venoient à la devotion, on tenoit aux Eglises des garses et des garsons à jouyr, et estoit acte de ceremonie de s'en servir avant venir à l'office.

/// « *Nimirum propter continentiam incontinentia necessaria est ; incendium ignibus exstinguitur* [75]. »

// En la plus part du monde, cette partie de nostre corps estoit deifiée. En mesme province, les uns se l'escorchoient pour en offrir et consacrer un lopin, les autres offroient et consacroient leur semence. En une autre, les jeunes hommes se le perçoient publiquement et ouvroient en divers lieux entre chair et cuir, et traversoient [76] par ces ouvertures des brochettes, les plus longues et grosses qu'ils pouvoient souffrir ; et de ces brochettes faisoient après du feu pour offrande à leurs dieux, estimez peu vigoureux et peu chastes s'ils venoient à s'estonner par la force de cette cruelle douleur. Ailleurs, le plus sacré magistrat estoit reveré et reconneu par ces parties là, et en plusieurs ceremonies l'effigie en estoit portée en pompe à l'honneur de diverses divinitez.

Les dames Egyptiennes, en la feste des Bacchanales, en portoient au col un de bois, exquisement formé, grand et pesant, chacune selon sa force, outre ce que la statue de leur Dieu en representoit, qui surpassoit en mesure le reste du corps.

Les femmes mariées, icy près, en forgent de leur couvre-chef une figure sur leur front pour se glorifier de la jouyssance qu'elles en ont; et, venant à estre vefves, le couchent en arriere et ensevelissent soubs leur coiffure.

Les plus sages matrones, à Romme, estoient honnorées d'offrir des fleurs et des couronnes au Dieu Priapus; et sur ses parties moins honnestes faisoit-on soir les vierges au temps de leurs nopces. Encore ne sçay-je si j'ay veu en mes jours quelque air de pareille devotion. Que vouloit dire cette ridicule piece de la chaussure [77] de nos peres, qui se voit encore en nos Souysses ? A quoy faire la montre que nous faisons à cette heure de nos pieces en forme, soubs nos gregues [78], et souvent, qui pis est, outre leur grandeur naturelle, par fauceté et imposture ?

/// Il me prend envie de croire que cette sorte de veste-ment fut inventée aux meilleurs et plus conscientieux siecles pour ne piper le monde, pour que chacun rendist en publiq et galamment conte de son faict. Les nations plus simples l'ont encore aucunement rapportant au vray. Lors on instruisoit la science de l'ouvrier, comme il se faict de la mesure du bras ou du pied.

// Ce bon homme, qui en ma jeunesse, chastra tant de belles et antiques statues en sa grande ville pour ne cor-rompre la veue, /// suyvant l'advis de cet autre antien bon homme :

Flagitii principium est nudare inter cives corpora [79],

// se devoit adviser, comme aux misteres de la Bonne Deesse toute apparence masculine en estoit forclose, que ce n'estoit rien avancer [80], s'il ne faisoit encore chastrer et chevaux et asnes, et nature en fin.

Omne adeo genus in terris hominumque ferarumque,
Et genus æquoreum, pecudes, pictæque volucres,
In furias ignemque ruunt [81].

/// Les Dieux, dict Platon, nous ont fourni d'un membre inobedient [82] et tyrannique, qui, comme un animal furieux, entreprend, par la violence de son appetit, sousmettre tout à soy. De mesme aux femmes, un animal glouton et avide, auquel si on refuse aliments en sa saison, il forcene [83], impatient de delai, et, soufflant sa rage en leurs corps, empesche les conduits, arreste la respiration, causant mille sortes de maux, jusques à ce qu'ayant humé le fruit de la soif commune, il en ayt largement arrosé et ensemencé le fond de leur matrice.

// Or se devoit aviser aussi mon legislateur, qu'à l'avanture est-ce un plus chaste et fructueux usage de leur faire de bonne heure connoistre le vif que de le leur laisser deviner selon la liberté et chaleur de leur fantasie. Au lieu des parties vrayes, elles en substituent, par desir et par esperance, d'autres extravagantes au triple. /// Et tel de ma connoissance s'est perdu pour avoir faict la descouverte des sienes en lieu où il n'estoit encore au propre de les mettre en possession de leur plus serieux usage.

// Quel dommage ne font ces enormes pourtraicts que les enfans vont semant aux passages et escaliers des maisons Royalles ? De là leur vient un cruel mespris de nostre portée naturelle. /// Que sçait on si Platon ordonnant, après d'autres republiques bien instituées, que les hommes, et femmes, vieux, jeunes, se presentent nuds à la veuë les uns des autres en ses gymnastiques, n'a pas regardé à cela ? // Les Indiennes, qui voyent les hommes à crudt, ont au moins refroidy le sens de la veuë. /// Et quoy que dient les femmes de ce grand royaume du Pegu, qui, audessous de la ceinture, n'ont à se couvrir qu'un drap fendu par le devant et si estroit que, quelque ceremonieuse decence qu'elles y cherchent, à chaque pas on les void toutes, que c'est une invention trouvée aux fins d'attirer les hommes à elles et les retirer des masles à quoy cette nation est du tout abandonnée, il se pourroit dire qu'elles y perdent plus qu'elles n'avancent et qu'une faim entiere est plus aspre que celle qu'on a rassasiée au moins par les yeux. // Aussi disoit Livia [84] qu'à une femme de bien un homme nud n'est non plus qu'une image. /// Les Lacedemonienes, plus vierges, femmes, que ne sont nos filles, voyoyent tous les jours les jeunes hommes de leur ville despouillez en leurs exercices, peu exactes elles mesmes à couvrir leurs cuisses en marchant, s'estimants, comme dict Platon, assez couvertes de leur vertu sans vertugade. Mais ceux là desquels tesmoigne S. Augustin, ont donné un merveilleux effort de tentation à la nudité, qui ont mis en doute si les femmes au jugement universel resusciteront en leur sexe, et non plustost au nostre, pour ne nous tenter encore en ce sainct estat.

// On les leurre, en somme, et acharne par tous moyens ; nous eschauffons et incitons leur imagination sans cesse, et puis nous crions au ventre ! Confessons le vray : il n'en est guere d'entre nous qui ne craingne plus la honte qui luy vient des vices de sa femme que des siens ; qui ne se soigne plus (charité esmerveillable) de la conscience de sa bonne espouse que de la sienne propre ; qui n'aymast mieux estre voleur et sacrilege, et que sa femme fust meurtriere et heretique, que si elle n'estoit plus chaste que son mary.

Et elles offriront volontiers d'aller au palais [85] querir du gain, et à la guerre de la reputation, plustost que d'avoir, au milieu de l'oisiveté et des delices, à faire une si difficile garde. Voyent-elles pas qu'il n'est ny marchant, ny procureur, ny soldat, qui ne quitte sa besoigne pour courre à cette autre, et le crocheteur, et le savetier, tous harassez et hallebrenez [86] qu'ils sont de travail et de faim ?

> *Nam tu, quæ tenuit dives Achæmenes,*
> *Aut pinguis Phrygiæ Mygdonias opes,*
> *Permutare velis crine Licimniæ,*
> *Plenas aut Arabum domos,*

> *Dum fragrantia detorquet ad oscula*
> *Cervicem, aut facili sævitia negat,*
> *Quæ poscente magis gaudeat eripi,*
> *Interdum rapere occupet* [87] *?*

/// Inique estimation de vices ! Nous et elles sommes capables de mille corruptions plus dommageables et desnaturées que n'est la lasciveté ; mais nous faisons et poisons les vices non selon nature, mais selon nostre interest, par où ils prennent tant de formes inegales. L'aspreté de nos decretz rend l'application des femmes à ce vice plus aspre et vicieuse que ne porte sa condition, et l'engage à des suites pires que n'est leur cause. // Je ne sçay si les exploicts de Cæsar et d'Alexandre surpassent en rudesse la resolution d'une belle jeune femme, nourrie à nostre façon, à la lumiere et commerce du monde, battue de tant d'exemples contraires, se maintenant entiere au milieu de mille continuelles et fortes poursuittes. Il n'y a poinct de faire plus espineux qu'est ce non faire, ny plus actif. Je treuve plus aisé de porter une cuirasse toute sa vie qu'un pucelage ; et est le vœu de la virginité le plus noble de tous les vœus, comme estant le plus aspre : /// « *Diaboli virtus in lumbis est* [88] », dict S. Jerosme.

// Certes, le plus ardu et le plus vigoureus des humains devoirs, nous l'avons resigné aux dames, et leur en quittons la gloire. Cela leur doit servir d'un singulier esguillon à s'y opiniastrer; c'est une belle matiere à nous braver et à fouler aux pieds cette vaine præeminence de valeur et de vertu que nous pretendons sur elles. Elles trouveront, si elles s'en prennent garde, qu'elles en seront non seulement très-estimées, mais aussi plus aymées. Un galant homme n'abandonne point sa poursuitte pour estre refusé, pourveu que ce soit un refus de chasteté, non de chois. Nous avons beau jurer et menasser, et nous plaindre : nous mentons, nous les en aymons mieux; il n'est point de pareil leurre que la sagesse non rude et renfroignée. C'est stupidité et lâcheté de s'opiniatrer contre la haine et le mespris; mais contre une resolution vertueuse et constante, meslée d'une volonté recognoissante, c'est l'exercice d'une ame noble et genereuse. Elles peuvent reconnoistre [89] nos services jusques à certaine mesure, et nous faire sentir honnestement qu'elles ne nous desdaignent pas.

/// Car cette loy qui leur commande de nous abominer par ce que nous les adorons, et nous hayr de ce que nous les aimons, elle est certes cruelle, ne fust que de sa difficulté. Pourquoy n'orront elles noz offres et noz demandes autant qu'elles se contienent sous le devoir de la modestie ? Que va lon devinant qu'elles sonnent au dedans quelque sens plus libre ? Une Royne de nostre temps disoit ingenieusement que de refuser ces abbors, c'estoit tesmoignage de foiblesse et accusation de sa propre facilité, et qu'une dame non tentée ne se pouvoit vanter de sa chasteté.

// Les limites de l'honneur ne sont pas retranchez du tout si court : il a dequoy se relacher, il peut se dispenser aucunement sans se forfaire. Au bout de sa frontiere il y a quelque estendue libre, indifferente et neutre. Qui l'a peu chasser et acculer à force, jusques dans son coin et son fort, c'est un mal habile homme s'il n'est satisfaict de sa fortune. Le pris de la victoire se considere par la difficulté. Voulez vous sçavoir quelle impression a faict en son cœur vostre servitude et vostre merite ? mesurez le à ses meurs. Telle peut donner plus, qui ne donne pas tant. L'obligation du bien-faict [90] se rapporte entierement à la volonté de celuy qui donne. Les autres circonstances qui tombent au bien faire, sont muettes, mortes et casuelles. Ce peu luy couste plus à donner, qu'à sa compaigne son tout. Si en quelque chose la rareté sert d'estimation, ce doit estre en cecy; ne regardez pas combien peu c'est, mais combien

peu l'ont. La valeur de la monnoye se change selon le coin
et la merque du lieu.

Quoy que le despit et indiscretion d'aucuns leur puisse
faire dire sur l'excez de leur mescontentement, tousjours
la vertu et la verité regaigne son avantage. J'en ay veu,
desquelles la reputation a esté long temps interessée
par injure, s'estre remises en l'approbation universelle
des hommes par leur seule constance, sans soing et sans
artifice : chacun se repent et se desment de ce qu'il en a
creu ; de filles un peu suspectes, elles tiennent le premier
rang entre les dames de bien et d'honneur. Quelqu'un
disoit à Platon : « Tout le monde mesdit de vous. —
Laissez les dire, fit-il, je vivray de façon que je leur feray
changer de langage. » Outre la crainte de Dieu et le
pris d'une gloire si rare qui les doibt inciter à se conserver,
la corruption de ce siecle les y force ; et, si j'estois en
leur place, il n'est rien que je ne fisse plustost que de
commettre ma reputation en mains si dangereuses. De
mon temps, le plaisir d'en compter (plaisir qui ne doit
guere en douceur à celuy mesme de l'effect) n'estoit permis
qu'à ceux qui avoient quelque amy fidelle et unique ; à
present les entretiens ordinaires des assemblées et des
tables, ce sont les vanteries des faveurs receuës et liberalité
secrette des dames. Vrayement c'est trop d'abjection et de
bassesse de cœur de laisser ainsi fierement persecuter,
pestrir et fourrager ces tendres graces à des personnes
ingrates, indiscrettes et si volages.

Cette nostre exasperation immoderée et illegitime contre
ce vice naist de la plus vaine et tempesteuse maladie qui
afflige les ames humaines, qui est la jalousie.

> *Quis vetat apposito lumen de lumine sumi ?*
> *Dent licet assidue, nil tamen inde perit* [91].

Celle-là et l'envie, sa sœur, me semblent des plus ineptes
de la trouppe. De cette-cy je n'en puis guere parler : cette
passion, qu'on peinct si forte et si puissante, n'a de sa
grace aucune addresse en moy. Quand à l'autre, je la
cognois, aumoins de veuë. Les bestes en ont ressentiment :
le pasteur Cratis estant tombé en l'amour d'une chevre,
son bouc, ainsi qu'il dormoit, luy vint par jalousie choquer
la teste de la sienne et la luy escraza. Nous avons monté
l'excez de cette fiévre à l'exemple d'aucunes nations barbares ; les mieux disciplinées en ont esté touchées, c'est
raison, mais non pas transportées :

> *Ense maritali nemo confossus adulter*
> *Purpureo stygias sanguine tinxit aquas* [92].

Lucullus, Cæsar, Pompeius, Antonius, Caton et d'autres braves hommes furent cocus, et le sceurent sans en exciter tumulte. Il n'y eust, en ce temps là, qu'un sot de Lepidus qui en mourut d'angoisse.

> *Ah! tum te miserum malique fati,*
> *Quem attractis pedibus, patente porta,*
> *Percurrent mugilesque raphanique* [93].

Et le Dieu de nostre poëte, quand il surprint avec sa femme l'un de ses compaignons, se contenta de leur en faire honte,

> *atque aliquis de Diis non tristibus optat*
> *Sic fieri turpis* [94] ;

et ne laisse pourtant pas de s'eschauffer des douces caresses qu'elle luy offre, se plaignant qu'elle soit pour cela entrée en deffiance de son affection :

> *Quid causas petis ex alto, fiducia cessit*
> *Quo tibi, diva, mei* [95] ?

Voire elle luy faict requeste pour un sien bastard,

> *Arma rogo genitrix nato* [96],

qui luy est liberalement accordée ; et parle Vulcan d'Æneas avec honneur,

> *Arma acri facienda viro* [97].

D'une humanité à la verité plus qu'humaine ! Et cet excez de bonté, je consens qu'on le quitte aux Dieux :

> *nec divis homines componier æquum est* [98].

/// Quant à la confusion des enfans, outre ce que les plus graves legislateurs l'ordonnent et l'affectent en leurs republiques, // elle ne touche pas les femmes, où cette passion est, je ne sçay comment, encore mieux en son siege :

> *Sæpe etiam Juno, maxima cœlicolum,*
> *Conjugis in culpa flagravit quotidiana* [99].

Lorsque la jalousie saisit ces pauvres ames foibles et sans
resistance, c'est pitié comme elle les tirasse et tyrannise
cruellement; elle s'y insinue sous tiltre d'amitié; mais
depuis qu'elle les possede, les mesmes causes qui servoient
de fondement à la bienvueillance servent de fondement de
hayne capitale. /// C'est des maladies d'esprit celle à qui
plus de choses servent d'aliment, et moins de choses de
remede. // La vertu, la santé, le merite, la reputation du
mary sont les boutefeus de leur maltalent [100] et de leur rage :

> *Nullæ sunt inimicitiæ, nisi amoris, acerbæ* [101].

Cette fiévre laidit et corrompt tout ce qu'elles ont de bel
et de bon d'ailleurs [102], et d'une femme jalouse, quelque
chaste qu'elle soit et mesnagere, il n'est action qui ne
sente à l'aigre et à l'importun. C'est une agitation enragée,
qui les rejecte à une extremité du tout contraire à sa cause.
Il fut bon d'un Octavius à Romme : ayant couché avec
Pontia Posthumia, il augmenta son affection par la jouyssance, et poursuyvit à toute instance de l'espouser; ne la
pouvant persuader, cet amour extreme le precipita aux
effects de la plus cruelle et mortelle inimitié; il la tua.
Pareillement, les symptomes ordinaires de cette autre maladie amoureuse, ce sont haynes intestines, monopoles [103],
conjurations,

> *notumque furens quid femina possit* [104],

et une rage qui se ronge d'autant plus qu'elle est contraincte
de s'excuser du pretexte de bien-vueillance.

Or le devoir de chasteté a une grande estendue. Est-ce
la volonté que nous voulons qu'elles brident ? C'est une
piece bien souple et active; elle a beaucoup de promptitude pour la pouvoir arrester. Comment ? si les songes les
engagent par fois si avant qu'elles ne s'en puissent desdire.
Il n'est pas en elles, ny à l'advanture en la chasteté mesme,
puis qu'elle est femelle, de se deffendre des concupiscences
et du desirer. Si leur volonté seule nous interesse, où en
sommes nous ? Imaginez la grand presse, à qui auroit ce
privilege d'estre porté tout empenné, sans yeux et sans
langue, sur le poinct de chacune qui l'accepteroit.

/// Les femmes Scythes crevoyent les yeux à tous leurs
esclaves et prisonniers de guerre pour s'en servir plus
librement et couvertement.

// O le furieux advantage que l'opportunité! Qui me

demanderoit la premiere partie en l'amour, je responderois que c'est sçavoir prendre le temps; la seconde de mesme, et encore la tierce : c'est un poinct qui peut tout. J'ay eu faute de fortune souvant, mais par fois aussi d'entreprise; Dieu gard de mal qui peut encores s'en moquer! Il y faut en ce siecle plus de temerité, laquelle nos jeunes gens excusent sous pretexte de chaleur : mais, si elles y regardoyent de près, elles trouveroyent qu'elle vient plustost de mespris. Je craignois superstitieusement d'offenser, et respecte volontiers ce que j'ayme. Outre ce qu'en cette marchandise, qui en oste la reverence en efface le lustre. J'ayme qu'on y face un peu l'enfant, le craintif et le serviteur. Si ce n'est du tout en cecy, j'ay d'ailleurs quelques airs de la sotte honte dequoy parle Plutarque, et en a esté la cours de ma vie blessé et taché diversement; qualité bien mal-avenante à ma forme universelle [105]; qu'est-il de nous aussi que sedition et discrepance [106] ? J'ay les yeux tendres à soustenir un refus, comme à refuser; et me poise tant de poiser à autruy que, és occasions où le devoir me force d'essayer la volonté de quelqu'un en chose doubteuse et qui luy couste, je le fois maigrement et envis. Mais si c'est pour mon particulier /// (quoy que die veritablement Homere qu'à un indigent, c'est une sotte vertu que la honte) // j'y commets ordinairement un tiers qui rougisse en ma place. Et esconduis ceux qui m'emploient de pareille difficulté, si qu'il m'est advenu par fois d'avoir la volonté de nier, que je n'en avois pas la force.

C'est donc folie d'essayer à brider aux femmes un desir qui leur est /// si cuysant et // si naturel. Et, quand je les oy se vanter d'avoir leur volonté si vierge et si froide, je me moque d'elles; elles se reculent trop arriere. Si c'est une vieille esdentée et decrepite, ou une jeune seche et pulmonique, s'il n'est du tout croyable, au moins elles ont apparence de le dire. Mais celles qui se meuvent et qui respirent encores, elles en empirent leur marché, d'autant que les excuses inconsiderées servent d'accusation. Comme un gentil'homme de mes voisins, qu'on soubçonnoit d'impuissance,

> *Languidior tenera cui pendens sicula beta*
> *Nunquam se mediam sustulit ad tunicam* [107],

trois ou quatre jours après ses nopces, alla jurer tout hardiment, pour se justifier, qu'il avoit faict vingt postes la nuict precedente; dequoy on s'est servy depuis à le

convaincre de pure ignorance et à le desmarier. Outre que
ce n'est rien dire qui vaille, car il n'y a ny continence ny
vertu, s'il n'y a de l'effort au contraire.

« Il est vray, faut-il dire, mais je ne suis pas preste à me
rendre. » Les saincts mesme parlent ainsi. S'entend de
celles qui se vantent en bon escient de leur froideur et
insensibilité et qui veulent en estre creües d'un visage
serieux. Car, quand c'est d'un visage affeté, où les yeux
dementent leurs parolles, et du jargon de leur profession
qui porte coup à contrepoil [108], je le trouve bon. Je suis
fort serviteur de la nayfveté et de la liberté; mais il n'y a
remede; si elle n'est du tout niaise ou enfantine, elle est
inepte aus dames, et messeante en ce commerce; elle gauchit incontinent sur [109] l'impudence. Leurs desguisements
et leurs figures ne trompent que les sots. Le mentir y est
en siege d'honneur; c'est un destour qui nous conduit à
la verité par une fauce porte.

Si nous ne pouvons contenir leur imagination, que voulons nous d'elles ? Les effets ? il en est assez qui eschappent
à toute communication estrangere, par lesquels la chasteté
peut estre corrompue,

Illud sæpe facit quod sine teste facit [110].

Et ceux que nous craignons le moins sont à l'avanture
les plus à craindre; leurs pechez muets sont les pires :

Offendor mæcha simpliciore minus [111].

/// Il est des effects qui peuvent perdre sans impudicité
leur pudicité et, qui plus est, sans leur sceu [112] : « *Obstetrix,
virginis cujusdam integritatem manu velut explorans, sive
malevolentia, sive inscitia, sive casu, dum inspicit, perdidit* [113]. » Telle a esdiré [114] sa virginité pour l'avoir cherchée;
telle, s'en esbatant, l'a tuée.

// Nous ne sçaurions leur circonscrire precisement les
actions que nous leur deffendons. Il faut concevoir nostre
loy soubs parolles generalles et incertaines. L'idée mesme
que nous forgeons à leur chasteté est ridicule; car, entre
les extremes patrons que j'en aye, c'est Fatua, femme de
Faunus, qui ne se laissa voir oncques puis [115] ses nopces à
masle quelconque, et la femme de Hieron, qui ne sentoit
pas son mary punais, estimant que ce fut une commune
qualité à tous hommes. Il faut qu'elles deviennent insensibles et invisibles pour nous satisfaire.

Or, confessons que le nœud du jugement de ce devoir gist principallement en la volonté. Il y a eu des maris qui ont souffert cet accident, non seulement sans reproche et offence envers leurs femmes, mais avec singuliere obligation et recommandation de leur vertu. Telle, qui aymoit mieux son honneur que sa vie, l'a prostitué à l'appetit forcené d'un mortel ennemy pour sauver la vie à son mary, et a faict pour luy ce qu'elle n'eust aucunement faict pour soy. Ce n'est pas icy le lieu d'estendre ces exemples : ils sont trop hauts et trop riches pour estre representez en ce lustre, gardons les à un plus noble siege.

/// Mais, pour des exemples de lustre plus vulgaire, est il pas tous les jours des femmes qui, pour la seule utilité de leurs maris, se prestent, et par leur expresse ordonnance et entremise ? Et anciennement Phaulius l'Argien offrit la sienne au Roy Philippus par ambition ; tout ainsi que par civilité ce Galba, qui avoit donné à souper à Mecenas, voyant que sa femme et luy commençoient à comploter par œillades et signes, se laissa couler sur son coussin, representant un homme aggravé [116] de sommeil, pour faire espaule à leur intelligence. Et l'advoua d'assez bonne grace ; car, sur ce point, un valet ayant pris la hardiesse de porter la main sur les vases qui estoient sur la table, il lui cria : « Vois tu pas, coquin, que je ne dors que pour Mecenas ? »

// Telle a les meurs desbordées, qui a la volonté plus reformée que n'a cet'autre qui se conduit soubs une apparence reiglée. Comme nous en voyons qui se plaignent d'avoir esté vouées à chasteté avant l'aage de cognoissance, j'en ay veu aussi se plaindre veritablement d'avoir esté vouées à la desbauche avant l'aage de cognoissance ; le vice des parens en peut estre cause, ou la force du besoing, qui est un rude conseillier. Aus Indes orientales, la chasteté y estant en singuliere recommandation, l'usage pourtant souffroit qu'une femme mariée se peut abandonner à qui luy presentoit un elephant ; et cela avec quelque gloire d'avoir esté estimée à si haut pris.

/// Phedon le philosophe, homme de maison [117], après la prinse de son païs d'Elide, fit mestier de prostituer, autant qu'elle dura, la beauté de sa jeunesse à qui en voulut à pris d'argent, pour en vivre. Et Solon fut le premier en la Grece, dict on, qui, par ses loix, donna liberté aux femmes aux despens de leur pudicité de pourvoir au besoing de leur vie, coustume que Herodote dict avoir esté receuë avant luy en plusieurs polices.

// Et puis quel fruit de cette penible solicitude ? car, quelque justice qu'il y ait en cette passion, encores faudroit il voir si elle nous charrie [118] utilement. Est-il quelqu'un qui les pense boucler par son industrie ?

> *Pone seram, cohibe; sed quis custodiet ipsos*
> *Custodes ? Cauta est, et ab illis incipit uxor* [119].

Quelle commodité ne leur est suffisante en un siecle si sçavant ?

La curiosité est vicieuse par tout, mais elle est pernicieuse icy. C'est folie de vouloir s'esclaircir d'un mal auquel il n'y a point de medecine qui ne l'empire et le rengrege [120]; duquel la honte s'augmente et se publie principalement par la jalousie; duquel la vanjance blesse plus nos enfans qu'elle ne nous guerit ? Vous assechez et mourez à la queste d'une si obscure verification. Combien piteusement y sont arrivez ceux de mon temps qui en sont venus à bout! Si l'advertisseur n'y presente quand et quand le remede et son secours, c'est un advertissement injurieux et qui merite mieux un coup de poignard que ne faict un dementir. On ne se moque pas moins de celuy qui est en peine d'y pourvoir que de celuy qui l'ignore. Le caractere de la cornardise est indelebile : à qui il est une fois attaché, il l'est tousjours; le chastiement l'exprime plus que la faute. Il faict beau voir arracher de l'ombre et du doubte nos malheurs privés, pour les trompeter en eschaffaux tragiques; et mal'heurs qui ne pinsent que par le raport. Car bonne femme et bon mariage se dict non de qui l'est, mais duquel on se taist. Il faut estre ingenieux à eviter cette ennuyeuse et inutile cognoissance. Et avoyent les Romains en coustume, revenans de voyage, d'envoyer au devant en la maison faire sçavoir leur arrivée aus femmes, pour ne les surprendre. Et pourtant a introduit certaine nation que le prestre ouvre le pas à l'espousée, le jour des nopces, pour oster au marié le doubte et la curiosité de cercher en ce premier essay si elle vient à luy vierge ou blessée d'un'amour estrangere.

« Mais le monde en parle. » Je sçay çant honestes hommes coqus, honnestement et peu indecemment. Un galant homme en est pleint, non pas desestimé. Faites que vostre vertu estouffe vostre mal'heur, que les gens de bien en maudissent l'occasion, que celuy qui vous offence tremble seulement à le penser. Et puis, de qui ne parle on en ce sens, depuis le petit jusques au plus grand ?

> *Tot qui legionibus imperitavit,*
> *Et melior quam tu multis fuit, improbe, rebus* [121].

Voys tu qu'on engage en ce reproche tant d'honnestes hommes en ta presence ? Pense qu'on ne t'espargne non plus ailleurs. « Mais jusques aux dames, elles s'en moqueront ! » — Et dequoy se moquent elles en ce temps plus volontiers que d'un mariage paisible et bien composé ? /// Chacun de vous a faict quelqu'un coqu : or nature est toute en pareilles, en compensation et vicissitude. // La frequence de cet accident en doibt meshuy avoir moderé l'aigreur ; le voilà tantost passé en coustume.

Miserable passion, qui a cecy encore, d'estre incommunicable,

> *Fors etiam nostris invidit questibus aures* [122] :

car à quel amy osez vous fier vos doleances, qui, s'il ne s'en rit, ne s'en serve d'acheminement et d'instruction pour prendre luy-mesme sa part à la curée ?

/// Les aigreurs, comme les douceurs du mariage, se tiennent secrettes par les sages. Et, parmy les autres importunes conditions qui se trouvent en iceluy, cette cy, à un homme languager [123] comme je suis, est des principales : que la coustume rende indecent et nuisible qu'on communique à personne tout ce qu'on en sçait et qu'on en sent.

// De leur donner mesme conseil à elles pour les desgouster de la jalousie, ce seroit temps perdu ; leur essence est si confite en soubçon, en vanité et en curiosité, que de les guarir par voye legitime, il ne faut pas l'esperer. Elles s'amendent souvant de cet inconvénient par une forme de santé beaucoup plus à craindre que n'est la maladie mesme. Car, comme il y a des enchantemens qui ne sçavent pas oster le mal qu'en le rechargeant à un autre, elles rejettent ainsi volontiers cette fievre à leurs maris quand elles la perdent. Toutesfois, à dire vray, je ne sçay si on peut souffrir d'elles pis que la jalousie ; c'est la plus dangereuse de leurs conditions, comme de leurs membres la teste. Pittacus disoit que chacun avoit son defaut ; que le sien estoit la mauvaise teste de sa femme ; hors cela, il s'estimeroit de tout poinct heureux. C'est un bien poisant inconvenient, duquel un personnage si juste, si sage, si vaillant sentoit tout l'estat de sa vie alteré : que devons nous faire, nous autres hommenetz [124] ?

/// Le senat de Marseille eut raison d'accorder la requeste à celuy qui demandoit permission de se tuer pour s'exempter de la tempeste de sa femme; car c'est un mal qui ne s'emporte jamais qu'en emportant la piece, et qui n'a autre composition qui vaille que la fuite ou la souffrance, quoy que toutes les deux très difficiles.

// Celuy là s'y entendoit, ce me semble, qui dict qu'un bon mariage se dressoit d'une femme aveugle avec un mary sourd.

Regardons aussi que cette grande et violente aspreté d'obligation que nous leur enjoignons ne produise deux effects contraires à nostre fin : asçavoir qu'elle esguise les poursuyvants et face les femmes plus faciles à se rendre; car, quand au premier point, montant le pris de la place, nous montons le pris et le desir de la conqueste. Seroit-ce pas Venus mesme qui eut ainsi finement haussé le chevet à sa marchandise par le maquerelage des loix, cognoissant combien c'est un sot desduit qui ne le feroit valoir par fantasie et par cherté ? En fin c'est tout chair de porc que la sauce diversifie, comme disoit l'hoste de Flaminius. Cupidon est un Dieu felon; il faict son jeu à luitter la devotion et la justice; c'est sa gloire, que sa puissance choque tout'autre puissance, et que tout autres regles cedent aux siennes.

Materiam culpæ prosequiturque suæ [125].

Et quant au second poinct : serions nous pas moins coqus si nous craignions moins de l'estre, suyvant la complexion des femmes, car la deffence les incite et convie ?

Ubi velis, nolunt; ubi nolis, volunt ultro [126]...
Concessa pudet ire via [127].

Quelle meilleure interpretation trouverions nous au faict de Messalina ? Elle fit au commencement son mary coqu à cachetes, comme il se faict; mais, conduisant ses parties [128] trop ayséement, par la stupidité qui estoit en luy, elle desdaigna soudain cet usage. La voylà à faire l'amour à la descouverte, advoüer des serviteurs, les entretenir et les favoriser à la veüe d'un chacun. Elle vouloit qu'il s'en ressentit [129]. Cet animal ne se pouvant esveiller pour tout cela, et luy rendant ses plaisirs mols et fades par cette trop láche facilité par laquelle il sembloit qu'il les authorisat et legitimat, que fit elle ? Femme d'un Empereur sain et vivant, et à Romme, au theatre du monde, en plein midy, en feste et ceremonie publique et avec Silius, duquel elle jouyssoit long temps devant, elle se marie un jour que son mary estoit hors de la ville. Semble il pas qu'elle s'acheminast à devenir chaste par la non-challance de son mary, ou qu'elle cerchast un autre mary qui luy esguisast l'appetit par sa jalousie, /// et qui, en luy insistant [130], l'incitast ? // Mais la premiere difficulté qu'elle rencontra fut aussi la derniere. Cette beste s'esveilla en sursaut. On a souvent pire marché de ces sourdaus [131] endormis. J'ay veu par experience que cette extreme souffrance, quand elle vient à se desnouër, produit des vengeances plus aspres ; car, prenant feu tout à coup, la cholere et la fureur s'emmoncelant en un, esclate tous ses efforts à la premiere charge,

irarumque omnes effundit habenas [132].

Il la fit mourir et grand nombre de ceux de son intelligence, jusques à tel qui n'en pouvoit mais et qu'elle avoit convié à son lit à coups d'escorgée [133].

Ce que Virgile dict de Venus et de Vulcan, Lucrece l'avoit dict plus sortablement d'une jouissance desrobée d'elle et de Mars :

belli fera mœnera Mavors
Armipotens regit, in gremium qui sæpe tuum se
Rejicit, æterno devinctus vulnere amoris :
Pascit amore avidos inhians in te, Dea, visus,
Eque tuo pendet resupini spiritus ore :
Hunc tu, diva, tuo recubantem corpore sancto
Circumfusa super, suaveis ex ore loquelas
Funde [134].

Quand je rumine ce « *rejicit, pascit, inhians, molli, fovet medullas, labefacta, pendet, percurrit* », et cette noble « *circumfusa* », mere du gentil « *infusus* », j'ay desdain de ces menues pointes et allusions verballes qui nasquirent depuis. A ces bonnes gens, il ne falloit pas d'aiguë et subtile rencontre ; leur langage est tout plein et gros d'une vigueur naturelle et constante ; ils sont tout epigramme, non la queuë seulement, mais la teste, l'estomac et les pieds. Il n'y a rien d'efforcé, rien de treinant, tout y marche d'une pareille teneur. /// « *Contextus totus virilis est : non*

sunt circa flosculos occupati [135]. » // Ce n'est pas une eloquence molle et seulement sans offence : elle est nerveuse
et solide, qui ne plaict pas tant comme elle remplit et
ravit; et ravit le plus les plus forts espris. Quand je voy
ces braves formes de s'expliquer, si vifves, si profondes,
je ne dicts pas que c'est bien dire, je dicts que c'est bien
penser. C'est la gaillardise de l'imagination qui esleve et
enfle les parolles. /// « *Pectus est quod disertum facit* [136]. »
// Nos gens appellent jugement, langage et beaux mots,
les plaines [137] conceptions.

Cette peinture est conduitte non tant par dexterité de
la main comme pour avoir l'object plus vifvement empreint
en l'ame. Gallus parle simplement, parce qu'il conçoit
simplement. Horace ne se contente point d'une superficielle expression, elle le trahiroit. Il voit plus cler et plus
outre dans la chose; son esprit crochette et furette tout le
magasin des mots et des figures pour se representer; et
les luy faut outre l'ordinaire, comme sa conception est
outre l'ordinaire. Plutarque dit qu'il veid le langage latin
par les choses; icy de mesme : le sens esclaire et produict
les parolles; non plus de vent, ains de chair et d'os.
/// Elles signifient plus qu'elles ne disent. // Les imbecilles
sentent encores quelque image de cecy : car, en Italie, je
disois ce qu'il me plaisoit en devis communs; mais, aus
propos roides, je n'eusse osé me fier à un Idiome que je ne
pouvois plier, ny contourner outre son alleure commune.
J'y veux pouvoir quelque chose du mien.

Le maniement et emploite des beaux espris donne pris
à la langue, non pas l'innovant tant comme la remplissant de plus vigoreux et divers services, l'estirant et
ployant. Ils n'y aportent point des mots, mais ils enri-
chissent les leurs, appesantissent et enfoncent leur signification et leur usage, luy aprenent des mouvements inac-
coustumés, mais prudemment et ingenieusement. Et combien peu cela soit donné à tous, il se voit par tant d'escrivains françois de ce siecle. Ils sont assez hardis et dédai-
gneux pour ne suyvre la route commune; mais faute
d'invention et de discretion les pert. Il ne s'y voit qu'une
miserable affectation d'estrangeté, des déguisements
froids et absurdes qui, au lieu d'eslever, abbattent la
matiere. Pourveu qu'ils se gorgiasent [138] en la nouvelleté,
il ne leur chaut de l'efficace [139]; pour saisir un nouveau
mot, ils quittent l'ordinaire, souvent plus fort et plus
nerveux.

En nostre langage je trouve assez d'estoffe, mais un

peu faute de façon; car il n'est rien qu'on ne fit du jargon
de nos chasses et de nostre guerre, qui est un genereux
terrein à emprunter; et les formes de parler, comme les
herbes, s'amendent et fortifient en les transplantant. Je le
trouve suffisamment abondant, mais non pas /// maniant
et // vigoureux suffisamment. Il succombe ordinairement à
une puissante conception. Si vous allez tendu, vous sentez souvent qu'il languit soubs vous et fleschit, et qu'à
son deffaut le Latin se presente au secours, et le Grec à
d'autres. D'aucuns de ces mots que je viens de trier, nous
en apercevons plus malaisément l'energie, d'autant que
l'usage et la frequence nous en ont aucunement avily et
rendu vulgaire la grace. Comme en nostre commun, il
s'y rencontre des frases excellentes et des metaphores desquelles la beauté flestrit de vieillesse, et la couleur s'est
ternie par maniement trop ordinaire. Mais cela n'oste rien
du goust à ceux qui ont bon nez, ni ne desroge à la gloire
de ces anciens autheurs qui, comme il est vraysemblable,
mirent premièrement ces mots en ce lustre.

Les sciences traictent les choses trop finement, d'une
mode trop artificielle et differente à la commune et naturelle. Mon page faict l'amour et l'entend. Lisez luy
Leon Hébreu et Ficin : on parle de luy, de ses pensées
et de ses actions, et si, il n'y entend rien. Je ne recognois
pas chez Aristote la plus part de mes mouvemens ordinaires; on les a couverts et revestus d'une autre robbe
pour l'usage de l'eschole. Dieu leur doint bien faire! Si
j'estois du mestier, je /// naturaliserois l'art autant comme
ils artialisent la nature. // Laissons là Bembo et Equicola.

Quand j'escris, je me passe bien de la compaignie et
souvenance des livres, de peur qu'ils n'interrompent ma
forme. Aussi que, à la verité, les bons autheurs m'abattent
par trop et rompent le courage. Je fais volontiers le tour
de ce peintre, lequel, ayant miserablement representé des
coqs, deffendoit à ses garçons qu'ils ne laissassent venir
en sa boutique aucun coq naturel.

/// Et auroys plustost besoing, pour me donner un peu
de lustre, de l'invention du musicien Antinonydes qui,
quand il avoit à faire la musique, mettoit ordre que, devant
ou après luy, son auditoire fut abreuvé de quelques autres
mauvais chantres.

// Mais je me puis plus malaiséement deffaire de Plutarque. Il est si universel et si plain [140] qu'à toutes occasions, et quelque suject extravagant que vous ayez pris, il
s'ingere à vostre besongne et vous tend une main liberale

et inespuisable de richesses et d'embellissemens. Il m'en
faict despit d'estre si fort exposé au pillage de ceux qui le
hantent : /// je ne le puis si peu racointer [141] que je n'en
tire cuisse ou aile.

// Pour ce mien dessein, il me vient aussi à propos d'escrire chez moy, en pays sauvage, où personne ne m'ayde
ni me releve, où je ne hante communéement homme qui
entende le latin de son patenostre, et de françois un peu
moins. Je l'eusse faict meilleur ailleurs, mais l'ouvrage
eust esté moins mien; et sa fin principale et perfection,
c'est d'estre exactement mien. Je corrigerois bien une
erreur accidentale, dequoy je suis plain, ainsi que je cours
inadvertemment; mais les imperfections qui sont en moy
ordinaires et constantes, ce seroit trahison de les oster.
Quand on m'a dit ou que moy-mesme me suis dict : « Tu
es trop espais en figures. Voilà un mot du creu [142] de
Gascoingne. Voilà une frase dangereuse (je n'en refuis
aucune de celles qui s'usent emmy les rues françoises;
ceux qui veulent combatre l'usage par la grammaire se
moquent). Voilà un discours ignorant. Voilà un discours
paradoxe. En voilà un trop fol. /// Tu te joues souvent;
on estimera que tu dies à droit [143] ce que tu dis à feinte.
— // Oui, fais-je; mais je corrige les fautes d'inadvertence,
non celles de coustume. Est-ce pas ainsi que je parle par
tout ? me represente-je pas vivement ? suffit! J'ay faict ce
que j'ay voulu : tout le monde me reconnoit en mon livre,
et mon livre en moy. »

Or j'ay une condition singeresse et imitatrice : quand je
me meslois de faire des vers (et n'en fis jamais que des
Latins), ils accusoient evidemment le poëte que je venois
dernierement de lire; et, de mes premiers essays, aucuns
puent un peu à l'estranger. /// A Paris, je parle un langage
aucunement autre qu'à Montaigne. // Qui que je regarde
avec attention m'imprime facilement quelque chose du
sien. Ce que je considere, je l'usurpe : une sotte contenance, une desplaisante grimace, une forme de parler ridicule. Les vices, plus; d'autant qu'ils me poingnent, ils
s'acrochent à moy et ne s'en vont pas sans secouer. On
m'a veu plus souvent jurer par similitude que par complexion.

/// Imitation meurtriere comme celle des singes horribles en grandeur et en force que le Roy Alexandre rencontra en certaine contrée des Indes. Desquels autrement
il eust esté difficile de venir à bout. Mais ils en prestarent
le moyen par cette leur inclination à contrefaire tout ce

qu'ils voyoyent faire. Car par là les chasseurs apprindrent de se chausser des souliers à leur veuë à tout force nœuds de liens; de s'affubler d'accoustrements de testes à tout des lacs courants et oindre par semblant leurs yeux de glux. Ainsi mettoit imprudemment à mal ces pauvres bestes leur complexion singeresse. Ils s'engluoient, s'enchevestroyent et garrotoyent d'elles mesmes. Cette autre faculté de representer ingenieusement les gestes et parolles d'un autre par dessein, qui apporte souvent plaisir et admiration, n'est en moy non plus qu'en une souche. Quand je jure selon moy, c'est seulement « par Dieu! » qui est le plus droit de tous les serments. Ils disent que Socrates juroit le chien, Zenon cette mesme interjection qui sert à cette heure aux Italiens, Gappari, Pythagoras l'eau et l'air.

// Je suis si aisé à recevoir, sans y penser, ces impressions superficielles, qu'ayant eu en la bouche Sire ou Altesse trois jours de suite, huict jours après ils m'eschappent pour Excellence ou pour Seigneurie. Et ce que j'auray pris à dire en battellant et en me moquant, je le diray lendemain serieusement. Parquoy, à escrire, j'accepte plus envis les arguments battus, de peur que je les traicte aux despens d'autruy. Tout argument m'est egallement fertile. Je les prens sur une mouche; et Dieu veuille que celuy que j'ay icy en main n'ait pas esté pris par le commandement d'une volonté autant volage! Que je commence par celle qu'il me plaira, car les matieres se tiennent toutes enchesnées les unes aux autres.

Mais mon ame me desplait de ce qu'elle produict ordinairement ses plus profondes resveries, plus folles et qui me plaisent le mieux, à l'improuveu [144] et lors que je les cerche moins; lesquelles s'esvanouissent soudain, n'ayant sur le champ où les attacher; à cheval, à la table, au lit, mais plus à cheval, où sont mes plus larges entretiens. J'ay le parler un peu delicatement jaloux d'attention et de silence si je parle de force : qui m'interrompt m'arreste. En voiage, la necessité mesme des chemins couppe les propos; outre ce, que je voyage plus souvent sans compaignie propre à ces entretiens de suite, par où je prens tout loisir de m'entretenir moy-mesme. Il m'en advient comme de mes songes; en songeant je les recommande à ma memoire (car je songe volontiers que je songe), mais le lendemain je me represente bien leur couleur comme elle estoit, ou gaye, ou triste, ou estrange; mais quels ils estoient au reste, plus j'ahane à le trouver, plus je l'enfonce en l'oubliance.

Aussi de ces discours fortuites qui me tombent en fantasie, il ne m'en reste en memoire qu'une vaine image, autant seulement qu'il m'en faut pour me faire ronger et despiter après leur queste, inutilement.

Or donc, laissant les livres à part, parlant plus materiellement et simplement, je trouve après tout que l'amour n'est autre chose que la soif de cette jouyssance /// en un subject desiré, ny Venus autre chose que le plaisir à descharger ses vases, qui devient vicieux ou par immoderation, ou indiscretion. Pour Socrates l'amour est appetit de generation par l'entremise de la beauté. // Et, considerant maintesfois la ridicule titillation de ce plaisir, les absurdes mouvemens escervelez et estourdis dequoy il agite Zenon et Cratippus, cette rage indiscrete, ce visage enflammé de fureur et de cruauté au plus doux effect de l'amour, et puis cette morgue grave, severe et ecstatique en une action si fole, /// et qu'on aye logé peslemesle nos delices et nos ordures ensemble, // et que la supreme volupté aye du transy et du plaintif comme la douleur, je crois /// qu'il est vrai ce que dict Platon // que l'homme est le jouet des Dieux,

quænam ista jocandi

Sævitia [145] *!*

et que c'est par moquerie que nature nous a laissé la plus trouble de nos actions, la plus commune, pour nous esgaller par là, et apparier les fols et les sages, et nous et les bestes. Le plus contemplatif et prudent homme, quand je l'imagine en cette assiette, je le tiens pour un affronteur de faire le prudent et le contemplatif; ce sont les pieds du paon qui abbatent son orgueuil :

ridentem dicere verum

Quid vetat [146] *?*

/// Ceux qui, parmi les jeux, refusent les opinions serieuses, font, dict quelqu'un, comme celui qui craint d'adorer la statuë d'un sainct, si elle est sans devantiere.

// Nous mangeons bien et beuvons comme les bestes, mais ce ne sont pas actions qui empeschent les operations de nostre ame. En celles-là nous gardons nostre avantage sur elles; cette-cy met toute autre pensée soubs le joug, abrutit et abestit par son imperieuse authorité toute la theologie et philosophie qui est en Platon; et si, il ne s'en

plaint pas. Partout ailleurs vous pouvez garder quelque
decence; toutes autres operations souffrent des reigles
d'honnesteté; cette-cy ne se peut pas seulement imaginer
que vitieuse ou ridicule. Trouvez-y, pour voir, un proceder sage et discret ? Alexandre disoit qu'il se connoissoit
principallement mortel par cette action et par le dormir :
le sommeil suffoque et supprime les facultez de nostre
ame; la besongne les absorbe et dissipe de mesme. Certes,
c'est une marque non seulement de nostre corruption
originelle, mais aussi de nostre vanité et deformité [147].

D'un costé, nature nous y pousse, ayant attaché à ce
desir la plus noble, utile et plaisante de toutes ses operations; et la nous laisse, d'autre part, accuser et fuyr comme
insolente et deshonneste, en rougir et recommander
l'abstinence.

/// Sommes nous pas bien bruttes de nommer brutale
l'operation qui nous faict ?

// Les peuples, ès religions, se sont rencontrez en
plusieurs convenances [148], comme sacrifices, luminaires,
encensements, jeunes, offrandes, et, entre autres, en la
condemnation de cette action. Toutes les opinions y
viennent, outre l'usage si estendu du tronçonnement du
prepuce /// qui en est une punition. // Nous avons à l'avanture raison de nous blasmer de faire une si sotte production
que l'homme; d'appeller l'action honteuse, et honteuses les
parties qui y servent /// (à cette heure sont les miennes proprement honteuses et peneuses). Les Esseniens de quoy
parle Pline, se maintenoient sans nourrice, sans maillot,
plusieurs siecles, de l'abord des estrangers qui, suivants
cette belle humeur, se rangeoient continuellement à eux;
ayant toute une nation hazardé de s'exterminer plustost
que s'engager à un embrassement feminin, et de perdre
la suite des hommes plustost que d'en forger un. Ils disent
que Zenon n'eut affaire à femme qu'une fois en sa vie;
et que ce fut par civilité, pour ne sembler dedaigner trop
obstinement le sexe. // Chacun fuit à le voir naistre, chacun suit à le voir mourir. /// Pour le destruire, on cerche un
champ spacieux en pleine lumiere; pour le construire, on
se muse dans un creux tenebreux et contraint [149]. // C'est le
devoir de se cacher et rougir pour le faire; et c'est gloire,
et naissent plusieurs vertus, de le sçavoir deffaire. L'un est
injure, l'autre est grace; car Aristote dict que bonifier
quelqu'un, c'est le tuer, en certaine frase de son pays.

/// Les Atheniens, pour apparier la deffaveur de ces
deux actions, ayants à mundifier [150] l'isle de Delos et se

justifier envers Appollo, defendirent au pourpris [151] d'icelle
tout enterrement et tout enfantement ensemble.

// Nostri nosmet pœnitet [152].

/// Nous estimons à vice nostre estre.

// Il y a des nations qui se couvrent en mangeant. Je
sçay une dame, et des plus grandes [153], qui a cette mesme
opinion, que c'est une contenance desagreable de macher,
qui rabat beaucoup de leur grace et de leur beauté; et ne
se presente pas volontiers en public avec appetit. Et sçay
un homme qui ne peut souffrir de voir manger ny qu'on
le voye, et fuyt toute assistance, plus quand il s'emplit
que s'il se vuide.

/// En l'empire du Turc, il se void grand nombre
d'hommes qui, pour exceller sur les autres, ne se laissent
jamais veoir quand ils font leurs repas; qui n'en font qu'un
la sepmaine; qui se dechiquetent et decoupent la face et les
membres; qui ne parlent jamais à personne; toutes gens
fanatiques qui pensent honnorer leur nature en se desna-
turant, qui se prisent de leur mespris, et s'amendent de leur
empirement.

// Quel monstrueux animal qui se fait horreur à soy
mesme, /// à qui ses plaisirs poisent; qui se tient à malheur!

// Il y en a qui cachent leur vie,

Exsilioque domos et dulcia limina mutant [154],

et la desrobent de la veuë des autres hommes; qui evitent
la santé et l'allegresse comme qualitez ennemies et dommageables. Non seulement plusieurs sectes, mais plusieurs
peuples, maudissent leur naissance et benissent leur mort.
/// Il en est où le soleil est abominé, les tenebres adorées.

// Nous ne sommes ingenieux qu'à nous mal mener;
c'est le vray gibbier de la force de nostre esprit, /// dangereux util en desreglement!

// O miseri! quorum gaudia crimen habent [155].

« Hé! pauvre homme, tu as assez d'incommoditez
necessaires, sans les augmenter par ton invention; et es
assez miserable de condition, sans l'estre par art. Tu as des
laideurs reelles et essentielles à suffisance, sans en forger
d'imaginaires. /// Trouves tu que tu sois trop à ton aise, si
ton aise ne te vient à desplaisir ? Trouves tu que tu ayes

remply tous les offices necessaires à quoy nature t'engage, et qu'elle soit manque et oisive chez toy, si tu ne t'obliges à nouveaux offices ? Tu ne crains point d'offenser ses loix universelles et indubitables, et te piques aux tiennes, partisanes et fantastiques; et d'autant plus qu'elles sont particulieres, incertaines et plus contredictes, d'autant plus tu fais là ton effort. Les regles positives de ton invention t'occupent et attachent, et les regles de ta parroisse : celles de Dieu et du monde ne te touchent point. // Cours un peu par les exemples de cette consideration, ta vie en est toute. »

Les vers de ces deux poetes [156], traitant ainsi reservéement et discrettement de la lasciveté comme ils font, me semblent la descouvrir et esclairer de plus près. Les dames couvrent leur sein d'un reseu [157], les prestres plusieurs choses sacrées; les peintres ombragent leur ouvrage, pour luy donner plus de lustre; et dict on que le coup du Soleil et du vent est plus poisant par reflexion qu'à droit fil. L'Ægyptien respondit sagement à celuy qui luy demandoit : « Que portes tu là, caché soubs ton manteau ? — Il est caché soubs mon manteau affin que tu ne sçaches pas que c'est. » Mais il y a certaines autres choses qu'on cache pour les montrer. Oyez cettuy-là plus ouvert,

Et nudam pressi corpus adusque meum [158],

il me semble qu'il me chapone. Que Martial retrousse Venus à sa poste, il n'arrive pas à la faire paroistre si entiere. Celuy qui dict tout, il nous saoule et nous desgouste; celuy qui craint à s'exprimer nous achemine à en penser plus qu'il n'en y a. Il y a de la trahison en cette sorte de modestie, et notamment nous entr'ouvrant, comme font ceux cy, une si belle route à l'imagination. Et l'action et la peinture doivent sentir le larrecin.

L'amour des Espagnols et des Italiens, plus respectueuse et craintifve, plus mineuse [159] et couverte [160], me plaist. Je ne sçay qui, anciennement, desiroit le gosier allongé comme le col d'une gruë pour gouster plus longtemps ce qu'il avalloit. Ce souhait est mieux à propos en cette volupté viste et precipiteuse, mesmes à telles natures comme est la mienne, qui suis vitieux en soudaineté. Pour arrester sa fuitte et l'estendre en preambules, entre eux tout sert de faveur et de recompense : une œillade, une inclination, une parolle, un signe. Qui se pourroit disner de la fumée du rost, feroit il pas une belle espargne ? C'est une passion qui mesle à bien peu d'essence solide beaucoup plus de vanité et resverie fievreuse : il la faut payer et servir de mesme. Apprenons aux dames à se faire valoir, à s'estimer, à nous amuser et à nous piper. Nous faisons nostre charge extreme la premiere; il y a tousjours de l'impetuosité françoise. Faisant filer leurs faveurs et les estallant en detail, chacun, jusques à la vieillesse miserable, y trouve quelque bout de lisiere, selon son vaillant et son merite. Qui n'a jouyssance qu'en la jouyssance, qui ne gaigne que du haut poinct, qui n'aime la chasse qu'en la prinse, il ne luy appartient pas de se mesler à nostre escole. Plus il y a de marches et degrez, plus il y a de hauteur et d'honneur au dernier siege. Nous nous devrions plaire d'y estre conduicts, comme il se faict aux palais magnifiques, par divers portiques et passages, longues et plaisantes galleries, et plusieurs destours. Cette dispensation reviendroit à nostre commodité; nous y arresterions et nous y aymerions plus long temps; sans esperance et sans desir, nous n'allons plus qui vaille. Nostre maistrise et entiere possession leur est infiniement à craindre depuis qu'elles sont du tout rendues à la mercy de nostre foy et constance, elles sont un peu bien hasardées. Ce sont vertus rares et difficiles; soudain qu'elles sont à nous, nous ne sommes plus à elles :

> *Postquam cupidæ mentis satiata libido est,*
> *Verba nihil metuere, nihil perjuria curant* [161].

/// Et Thrasonidez, jeune homme grec, fut si amoureux de son amour, qu'il refusa, ayant gaigné le cœur d'une maistresse, d'en jouyr pour n'amortir, rassasier et allanguir par la jouyssance cette ardeur inquiete, de laquelle il se glorifioit et paissoit.

// La cherté donne goust à la viande. Voyez combien la forme des salutations, qui est particuliere à nostre nation, abastardit par sa facilité la grace des baisers, lesquels Socrates dit estre si puissans et dangereux à voler nos cueurs. C'est une desplaisante coustume, et injurieuse aux dames, d'avoir à prester leurs lévres à quiconque a trois valets à sa suitte, pour mal plaisant qu'il soit.

> *Cujus livida naribus caninis*
> *Dependet glacies rigetque barba :*
> *Centum occurrere malo culilingis* [162].

Et nous mesme n'y gaignons guere : car, comme le monde se voit party, pour trois belles il nous en faut baiser

cinquante laides ; et à un estomas tendre, comme sont
ceux de mon aage, un mauvais baiser en surpaie un bon.

Ils font les poursuyvans, en Italie, et les transis, de celles
mesmes qui sont à vendre ; et se defendent ainsi : « Qu'il
y a des degrez en la jouyssance, et que par services ils
veulent obtenir pour eux celle qui est la plus entiere. Elles
ne vendent que le corps ; la volonté ne peut estre mise en
vente, elle est trop libre et trop sienne. » Ainsi ceux cy
disent que c'est la volonté qu'ils entreprennent, et ont
raison. C'est la volonté qu'il faut servir et practiquer. J'ay
horreur d'imaginer mien un corps privé d'affection ; et
me semble que cette forcenerie [163] est voisine à celle de ce
garçon qui alla salir par amour la belle image de Venus
que Praxiteles avoit faicte ; ou de ce furieux Ægyptien
eschauffé après la charongne d'une morte qu'il embaumoit
et ensuéroit [164] : lequel donna occasion à la loy, qui fut
faicte depuis en Ægypte, que le corps des belles et jeunes
femmes et de celles de bonne maison seroyent gardez
trois jours avant qu'on les mit entre les mains de ceux qui
avoyent charge de prouvoir à leur enterrement. Periander
fit plus monstrueusement, qui estendit l'affection conjugale (plus reiglée et legitime) à la jouyssance de Melissa,
sa femme trespassée.

/// Ne semble ce pas estre une humeur lunatique de la
Lune, ne pouvant autrement jouyr de Endymion, son
mignon, l'aller endormir pour plusieurs mois, et se paistre
de la jouissance d'un garçon qui ne se remuoit qu'en songe.

// Je dis pareillement qu'on ayme un corps sans ame ou
sans sentiment quand on ayme un corps sans son consentement et sans son desir. Toutes jouyssances ne sont pas
unes ; il y a des jouyssances ethiques et languissantes ;
mille autres causes que la bien-veuillance nous peuvent
acquerir cet octroy des dames. Ce n'est suffisant tesmoignage d'affection ; il y peut eschoir de la trahison comme
ailleurs : elles n'y vont par fois que d'une fesse,

> *tanquam thura merumque parent :*
> *Absentem marmoreamve putes* [165].

J'en sçay qui ayment mieux prester cela que leur coche,
et qui ne se communiquent que par là. Il faut regarder
si vostre compaignie leur plaist pour quelque autre fin
encores ou pour celle là seulement, comme d'un gros
garson d'estable ; en quel rang et à quel pris vous y etes
logé,

tibi si datur uni,
Quo lapide illa diem candidiore notet [166].

Quoy, si elle mange vostre pain à la sauce d'une plus
agreable imagination ?

Te tenet, absentes alios suspirat amores [167].

Comment ? avons nous pas veu quelqu'un en nos jours
s'estre servy de cette action à l'usage d'une horrible vengence, pour tuer par là et empoisonner, comme il fit, une
honneste femme ?

Ceux qui cognoissent l'Italie ne trouveront jamais
estrange si, pour ce subject, je ne cerche ailleurs des
exemples; car cette nation se peut dire regente du reste
du monde en cela. Ils ont plus communement des belles
femmes et moins de laydes que nous; mais des rares et
excellentes beautez, j'estime que nous allons à pair. Et en
juge autant des esprits; de ceux de la commune façon, ils
en ont beaucoup plus, et evidemment la brutalité y est sans
comparaison plus rare; d'ames singulieres et du plus haut
estage, nous ne leur en devons rien. Si j'avois à estendre
cette similitude, il me sembleroit pouvoir dire de la vaillance qu'au rebours elle est, au pris d'eux, populaire chez
nous et naturelle; mais on la voit par fois, en leurs mains, si
plaine et si vigoureuse qu'elle surpasse tous les plus roides
exemples que nous en ayons. Les mariages de ce pays là
clochent en cecy : leur coustume donne communement la
loy si rude aus femmes, et si serve, que la plus esloignée
accointance avec l'estranger leur est autant capitale que la
plus voisine. Cette loy faict que toutes les approches se
rendent necessairement substantieles; et, puis que tout leur
revient à mesme compte, elles ont le chois bien aysé. /// Et
ont elles brisé ces cloisons, croyez qu'elles font feu : « *Luxuria ipsis vinculis, sicut fera bestia, irritata, deinde emissa* [168]. »
// Il leur faut un peu lácher les resnes :

Vidi ego nuper equum, contra sua frena tenacem,
Ore reluctanti fulminis ire modo [169].

On alanguit le desir de la compaignie en luy donnant
quelque liberté.

Nous courons à peu près mesme fortune. Ils sont trop
extremes en contrainte, nous en licence. C'est un bel usage
de nostre nation que, aux bonnes maisons, nos enfans

soyent receuz pour y estre nourris et eslevez pages comme
en une escole de noblesse. Et est discourtoisie, dict-on, et
injure d'en refuser un gentil'homme. J'ay aperçeu (car
autant de maisons, autant de divers stiles et formes) que les
dames qui ont voulu donner aux filles de leur suite les
reigles plus austeres, n'y ont pas eu meilleure advanture.
Il y faut de la moderation; il faut laisser bonne partye de
leur conduite à leur propre discretion : car, ainsi comme
ainsi, n'y a il discipline qui les sçeut brider de toutes parts.
Mais il est bien vray que celle qui est eschappée, bagues
sauves, d'un escolage libre, aporte bien plus de fiance de soy
que celle qui sort saine d'une escole severe et prisonniere.

Nos peres dressoyent la contenance de leurs filles à la
honte et à la crainte (les courages et les desirs estoyent
pareils); nous, à l'asseurance : nous n'y entendons rien.
/// C'est aux Sauromates, qui n'ont loy de coucher avec
homme, que, de leurs mains, elles n'en ayent tué un autre
en guerre. // A moy, qui n'y ay droit que par les oreilles,
suffit si elles me retiennent pour le conseil, suyvant le privilege de mon aage. Je leur conseille donc, /// comme à
nous, // l'abstinence, mais, si ce siecle en est trop ennemy,
aumoins la discretion et la modestie. /// Car, comme dict le
compte d'Aristippus parlant à des jeunes gens qui rougis-
soient de le veoir entrer chez une courtisane : « Le vice
est de n'en pas sortir, non pas d'y entrer. » // Qui ne veut
exempter sa conscience, qu'elle exempte son nom; si le
fons n'en vaut guiere, que l'apparence tienne bon.

Je loüe la gradation et la longueur en la dispensation
de leurs faveurs. /// Platon montre qu'en toute espece
d'amour la facilité et promptitude est interdicte aux
tenants [170]. // C'est un traict de gourmandise, laquelle il
faut qu'elles couvrent de toute leur art, de se rendre ainsi
temerairement en gros et tumultuairement [171]. Se conduisant, en leur dispensation, ordonéement et mesuréement,
elles pipent bien mieux nostre desir et cachent le leur.
Qu'elles fuyent tousjours devant nous, je dis celles mesmes
qui ont à se laisser atraper; elles nous battent mieux en
fuyant, comme les Scythes. De vray, selon la loy que nature
leur donne, ce n'est pas proprement à elles de vouloir et
desirer; leur rolle est souffrir, obeir, consentir; c'est pourquoy nature leur a donné une perpetuelle capacité; à nous
rare et incertaine; elles ont tousjours leur heure, afin
qu'elles soyent tousjours prestes à la nostre : /// « *pati
natæ* [172]. » // Et où elle a voulu que nos appetis eussent
montre et declaration prominante [173], ell'a faict que les

leurs fussent occultes et intestins et les a fournies de
pieces /// impropres à l'ostentation et // simplement pour
la defensive.

/// Il faut laisser à la licence amazoniene pareils traits à
cettuy-cy. Alexandre passant par l'Hircanie, Thalestris,
Royne des Amazones, le vint trouver avec trois cents
gendarmes de son sexe, bien montez et bien armez, ayant
laissé le demeurant d'une grosse armée, qui la suyvoit au
delà des voisines montaignes; et luy dict, tout haut et en
publiq, que le bruit de ses victoires et de sa valeur l'avoit
menée là pour le veoir, luy offrir ses moyens et sa puissance
au secours de ses entreprinses; et que, le trouvant si beau,
jeune et vigoureux, elle, qui estoit parfaicte en toutes ses
qualitez, luy conseilloit qu'ils couchassent ensemble, afin
qu'il nasquit de la plus vaillante femme du monde et du
plus vaillant homme qui fust lors vivant, quelque chose de
grand et de rare pour l'advenir. Alexandre la remercia du
reste; mais, pour donner temps à l'accomplissement de sa
derniere demande, arresta treize jours en ce lieu, lesquels
il festoya le plus alaigrement qu'il peut en faveur d'une si
courageuse princesse.

// Nous sommes, quasi en tout, iniques juges de leurs
actions comme elles sont des nostres. J'advoüe la verité
lorsqu'elle me nuit, de mesme que si elle me sert. C'est un
vilain desreiglement qui les pousse si souvant au change et
les empesche de fermir leur affection en quelque subject
que ce soit, comme on voit de cette Deesse à qui l'on
donne tant de changemens et d'amis; mais si est-il vrai
que c'est contre la nature de l'amour s'il n'est violant, et
contre la nature de la violance s'il est constant. Et ceux qui
s'en estonnent, s'en escrient et cerchent les causes de cette
maladie en elles, comme desnaturée et incroyable, que ne
voyent-ils combien souvent ils la reçoyvent en eux sans
espouvantement et sans miracle! Il seroit, à l'adventure,
plus estrange d'y voir de l'arrest; ce n'est pas une passion
simplement corporelle : si on ne trouve point de bout en
l'avarice et en l'ambition, il n'y en a non plus en la paillardise. Elle vit encore après la satieté; et ne luy peut on pres-
crire ny satisfaction constante, ny fin; elle va tousjours
outre sa possession; et si, l'inconstance leur est à l'adventure aucunement plus pardonnable qu'à nous.

Elles peuvent alleguer comme nous l'inclination, qui
nous est commune, à la varieté et à la nouvelleté, et alleguer
secondement, sans nous, qu'elles achetent chat en poche [174].
/// (Jeanne, Royne de Naples, feit estrangler Andreosse,

son premier mary, aux grilles de sa fenestre à tout un laz d'or et de soye tissu de sa main propre, sur ce qu'aux corvées matrimoniales elle ne luy trouvoit ny les parties, ny les efforts assez respondants à l'esperance qu'elle en avoit conceuë à veoir sa taille, sa beauté, sa jeunesse et disposition, par où elle avoit esté prinse et abusée); // que l'action a plus d'effort que n'a la souffrance : ainsi, que de leur part tousjours au moins il est pourveu à la necessité, de nostre part il peut avenir autrement. /// Platon, à cette cause, establit sagement par ses loix, que, pour decider de l'opportunité des mariages, les juges voient les garçons qui y pretandent, tous fins nuds, et les filles nuës jusques à la ceinture seulement. // En nous essayant, elles ne nous trouvent, à l'adventure, pas dignes de leur chois,

> *Experta latus, madidoque simillima loro*
> *Inguina, nec lassa stare coacta manu,*
> *Deserit imbelles thalamos* [175].

Ce n'est pas tout que la volonté charrie droict. La foiblesse et l'incapacité rompent legitimement un mariage :

> *Et quærendum aliunde foret nervosius illud,*
> *Quod posset zonam solvere virgineam* [176],

pourquoy non ? et, selon sa mesure, une intelligence amoureuse plus licentieuse et plus active,

> *Si blando nequeat superesse labori* [177].

Mais n'est ce pas grande imprudence d'apporter nos imperfections et foiblesses en lieu où nous desirons plaire, et y laisser bonne estime de nous et recommandation ? Pour ce peu qu'il m'en faut à cette heure,

> *ad unum*
> *Mollis opus* [178],

je ne voudrois importuner une personne que j'ay à reverer et craindre :

> *Fuge suspicari,*
> *Cujus un denum trepidavit ætas,*
> *Claudere lustrum* [179].

Nature se devoit contenter d'avoir rendu cet aage miserable, sans le rendre encore ridicule. Je hay de le

voir, pour un pouce de chetive vigueur qui l'eschaufe
trois fois la semaine, s'empresser et se gendarmer de
pareille aspreté, comme s'il avoit quelque grande et legitime journée dans le ventre : un vray feu d'estoupe. /// Et
admire sa cuisson si vive et fretillante, en un moment si
lourdement congelée et esteinte. Cet appetit ne devroit
appartenir qu'à la fleur d'une belle jeunesse. // Fiez vous y,
pour voir, à seconder cett' ardeur indefatigable, pleine,
constante et magnanime qui est en vous, il vous la lairra
vrayement en beau chemin! Renvoiez le hardiment plustost vers quelque enfance molle, estonnée et ignorante,
qui tremble encore soubs la verge, et en rougisse

> *Indum sanguineo veluti violaverit ostro*
> *Si quis ebur, vel mista rubent ubi lilia multa*
> *Alba rosa* [180].

Qui peut attendre, le lendemain, sans mourir de honte,
le desdain de ces beaux yeux consens [181] de sa lâcheté et
impertinence,

> *Et taciti fecere tamen convitia vultus* [182],

il n'a jamais senty le contentement et la fierté de les leur
avoir battus et ternis par le vigoreux exercice d'une nuict
officieuse et active. Quand j'en ay veu quelqu'une s'ennuyer de moy, je n'en ay point incontinent accusé sa legereté; j'ay mis en doubte si je n'avois pas raison de m'en
prendre à nature plustost. Certes, elle m'a traitté illegiti-
mement et incivilement,

> *Si non longa satis, si non bene mentula crassa :*
> *Nimirum sapiunt, videntque parvam*
> *Matronæ quoque mentulam illibenter* [183],

/// et d'une lesion [184] enormissime.

Chacune de mes pieces me faict esgalement moy que
toute autre. Et nulle autre ne me faict plus proprement
homme que cette-cy. Je dois au publiq universellement
mon pourtrait. La sagesse de ma leçon est en verité, en
liberté, en essence, toute; desdeignant, au rolle de ses
vrays devoirs, ces petites regles, feintes, usuelles, provin-
ciales; naturelle toute, constante, universelle, de laquelle
sont filles, mais bastardes, la civilité, la ceremonie. Nous
aurons bien les vices de l'apparence, quand nous aurons

eu ceux de l'essence. Quand nous aurons faict à ceux icy, nous courrons sus aux autres, si nous trouvons qu'il y faille courir. Car il y a danger que nous fantasions des offices nouveaux pour excuser nostre negligence envers les naturels offices et pour les confondre. Qu'il soit ainsin, il se void qu'és lieus où les fautes sont malefices, les malefices ne sont que fautes; qu'és nations où les loix de la bienseance sont plus rares et lasches, les loix primitives et communes sont mieux observées, l'innumerable multitude de tant de devoirs suffoquant nostre soin, l'allanguissant et dissipant. L'application aux menues choses nous retire des pressantes. O que ces hommes superficiels prennent une routte facile et plausible au pris de la nostre! Ce sont ombrages de quoy nous nous plastrons et entrepayons; mais nous n'en payons pas, ainçois en rechargeons nostre debte envers ce grand juge qui trousse nos panneaus [185] et haillons d'autour noz parties honteuses, et ne se feint point à nous veoir par tout, jusques à noz intimes et plus secretes ordures. Utile decence de nostre virginale pudeur, si elle luy pouvoit interdire cette descouverte.

En fin qui desniaiseroit l'homme d'une si scrupuleuse superstition verbale n'apporteroit pas grande perte au monde. Nostre vie est partie en folie, partie en prudence. Qui n'en escrit que reveremment et regulierement, il en laisse en arriere plus de la moitié. Je ne m'excuse pas envers moy; et si je le faisoy, ce seroit plustost de mes excuses que je m'excuseroy que de nulle autre partie. Je m'excuse à certaines humeurs, que je tiens plus fortes en nombre que celles qui sont de mon costé. En leur consideration, je diray encores cecy (car je desire de contenter chacun, chose pourtant très difficile « *esse unum hominem accommodatum ad tantam morum ac sermonum et volonta-tum varietatem* [186] »), qu'ils n'ont à se prendre proprement à moy de ce que je fay dire aux auctoritez receuës et approuvées de plusieurs siecles, et que ce n'est pas raison qu'à faute de rime ils me refusent la dispense que mesme des hommes ecclesiastiques [187] des nostres et plus crestez jouissent en ce siecle. En voici deux :

Rimula, dispeream, ni monogramma tua est [188].

Un vit d'amy la contente et bien traicte [189].

Quoy [190] tant d'autres ? J'ayme la modestie; et n'est par jugement que j'ay choisi cette sorte de parler scandaleux :

c'est Nature qui l'a choisi pour moy. Je ne le louë, non plus que toutes formes contraires à l'usage receu ; mais je l'excuse et par particulieres et generales circonstances en allege l'accusation.

// Suivons. Pareillement d'où peut venir cette usurpation d'authorité souveraine que vous prenez sur celles qui vous favorisent à leurs despens ?

Si furtiva dedit nigra munuscula nocte [191],

que vous en investissez incontinent l'interest [192], la froideur et une auctorité maritale ? C'est une convention libre : que ne vous y prenez vous comme vous les y voulez tenir ? /// Il n'y a point de prescription sur les choses volontaires.

// C'est contre la forme [193] ; mais il est vray pourtant que j'ay, en mon temps, conduict ce marché, selon que sa nature peut souffrir, aussi conscientieusement qu'autre marché et avec quelque air de justice, et que je ne leur ay tesmoigné de mon affection que ce que j'en sentois, et leur en ay representé naïfvement la decadence, la vigueur et la naissance, les accez et les remises. On n'y va pas tousjours un train. J'ay esté si espargnant à promettre que je pense avoir plus tenu que promis ny deu. Elles y ont trouvé de la fidelité jusques au service de leur inconstance : je dis inconstance advouée et par foys multipliée. Je n'ay jamais rompu avec elles tant que j'y tenois, ne fut que par le bout d'un filet ; et, quelques occasions qu'elles m'en ayent donné, n'ay jamais rompu jusques au mespris et à la haine ; car telles privautez, lors mesme qu'on les acquiert par les plus honteuses conventions, encores m'obligent elles à quelque bien-veuillance. De cholere et d'impatience un peu indiscrete, sur le poinct de leurs ruses et desfuites [194] et de nos contestations, je leur en ay faict voir par fois : car je suis, de ma complexion, subject à des emotions brusques qui nuisent souvent à mes marchez, quoy qu'elles soyent legieres et courtes.

Si elles ont voulu essayer la liberté de mon jugement, je ne me suis pas feint à leur donner des advis paternels et mordans, et à les pinser où il leur cuysoit. Si je leur ay laissé à se plaindre de moy, c'est plustost d'y avoir trouvé un amour, au pris de l'usage moderne, sottement consciencieux. J'ay observé ma parolle és choses dequoy on m'eut ayséement dispensé ; elles se rendoyent lors par fois avec reputation, et soubs des capitulations qu'elles souffroyent ayséement estre faucées par le vaincueur. J'ay faict caler [195], soubs l'interest de leur honneur, le plaisir en son plus grand effort plus d'une fois; et, où la raison me pressoit, les ay armées contre moy, si qu'elles se conduisoyent plus seurement et severement par mes reigles, quand elles s'y estoyent franchement remises, qu'elles n'eussent faict par les leurs propres.

/// J'ay, autant que j'ay peu, chargé sur moy seul le hazard de nos assignations [196] pour les en descharger; et ay dressé nos parties [197] tousjours par le plus aspre et inopiné, pour estre moins en soupçon, et en outre, par mon advis, plus accessible. Ils sont ouverts principalement par les endroits qu'ils tiennent de soy couverts. Les choses moins craintes sont moins defendues et observées : on peut oser plus aysément ce que personne ne pense que vous oserez, qui devient facile par sa difficulté.

// Jamais homme n'eust ses approches plus impertinemment genitales. Cette voye d'aymer est plus selon la discipline [198]; mais combien elle est ridicule à nos gens, et peu effectuelle [199], qui le sçait mieux que moy ? Si ne m'en viendra point le repentir : je n'y ay plus que perdre;

> *me tabula sacer*
> *Votiva paries indicat uvida*
> *Suspendisse potenti*
> *Vestimenta maris Deo* [200].

Il est à cette heure temps d'en parler ouvertement. Mais tout ainsi comme à un autre je dirois à l'avanture : « Mon amy, tu resves; l'amour, de ton temps, a peu de commerce avec la foy et la preud'hommie »,

> *hæc si tu postules*
> *Ratione certa facere, nihilo plus agas,*
> *Quam si des operam, ut cum ratione insanias* [201];

aussi, au rebours, si c'estoit à moy à recommencer, ce seroit certes le mesme train et par mesme progrez, pour infructueux qu'il me peut estre. /// L'insuffisance et la sottise est loüable en une action meslouable. // Autant que je m'esloingne de leur humeur en cela, je m'approche de la mienne.

Au demeurant, en ce marché, je ne me laissois pas tout aller; je m'y plaisois, mais je ne m'y oubliois pas; je reservois en son entier ce peu de sens et de discretion que nature m'a donné, pour leur service et pour le mien; un peu d'esmotion, mais point de resverie. Ma conscience s'y engageoit aussi, jusques à la desbauche et dissolution; mais jusques à l'ingratitude, trahison, malignité et cruauté, non. Je n'achetois pas le plaisir de ce vice à tout pris, et me contentois de son propre et simple coust : /// « *Nullum intra se vitium est* [202]. » // Je hay quasi à pareille mesure une oysiveté croupie et endormie, comme un embesongnement espineux et penible. L'un me pince, l'autre m'assopit; j'ayme autant les blesseures comme les meurtrisseures, et les coups trenchans comme les coups orbes [203]. J'ay trouvé en ce marché, quand j'y estois plus propre, une juste moderation entre ces deux extremitez. L'amour est une agitation esveillée, vive et gaye; je n'en estois ny troublé, ny affligé, mais j'en estois eschauffé et encores alteré : il s'en faut arrester là; elle n'est nuisible qu'aux fols.

Un jeune homme demandoit au philosophe Panetius s'il sieroit bien au sage d'estre amoureux : « Laissons là le sage, respondit-il; mais toy et moy, qui ne le sommes pas, ne nous engageons en chose si esmeuë [204] et violente, qui nous escllave à autruy et nous rende contemptibles [205] à nous. » Il disoit vray, qu'il ne faut pas fier chose de soy si precipiteuse à une ame qui n'aie dequoy en soustenir les venues, et dequoy rabatre par effect la parole d'Agesilaus, que la prudence et l'amour ne peuvent ensemble. C'est une vaine occupation, il est vray, messeante, honteuse et illegitime; mais, à la conduire en cette façon, je l'estime salubre, propre à desgourdir un esprit et un corps poisant; et, comme medecin, l'ordonnerois à un homme de ma forme et condition, autant volontiers qu'aucune autre recepte, pour l'esveiller et tenir en force bien avant dans les ans, et le retarder des prises de la vieillesse. Pendant que nous n'en sommes qu'aux fauxbourgs, que le pouls bat encores,

> *Dum nova canities, dum prima et recta senectus,*
> *Dum superest Lachesi quod torqueat, et pedibus me*
> *Porto meis, nullo dextram subeunte bacillo* [206],

nous avons besoing d'estre sollicitez et chatouillez par quelque agitation mordicante comme est cette-cy. Voyez combien elle a rendu de jeunesse, de vigueur et de gaieté au sage Anacreon. Et Socrates, plus vieil que je ne suis, parlant d'un object amoureux : « M'estant, dict-il, appuyé contre son espaule de la mienne et approché ma teste à la sienne, ainsi que nous regardions ensemble dans un livre, je senty, sans mentir, soudain une piqueure dans l'espaule comme de quelque morsure de beste, et fus plus de cinq jours depuis qu'elle me fourmilloit, et m'escoula dans le cœur une demangeaison continuelle. » Un attouchement, et fortuite, et par une espaule, aller eschauffer et alterer une ame refroidie et esnervée par l'aage, et la premiere de toutes les humaines en reformation [207] ! /// Pourquoy non, dea [208] ? Socrates estoit homme ; et ne vouloit ny estre, ny sembler autre chose.

// La philosophie n'estrive [209] point contre les voluptez naturelles, pourveu que la mesure y soit joincte, /// et en presche la moderation, non la fuite ; // l'effort de sa resistance s'employe contre les estrangeres et bastardes. Elle dict que les appetits du corps ne doivent pas estre augmentez par l'esprit, et nous advertit ingenieusement /// de ne vouloir point esveiller nostre faim par la saturité [210], de ne vouloir que farcir au lieu de remplir le ventre, d'eviter toute jouissance qui nous met en disette et // toute viande et boisson qui nous altere et affame ; comme, au service de l'amour, elle nous ordonne de prendre un object qui satisface simplement au besoing du corps ; qui n'esmeuve point l'ame, laquelle n'en doit pas faire son faict, ains suyvre nuement et assister le corps. Mais ay-je pas raison d'estimer que ces preceptes, qui ont pourtant d'ailleurs, selon moy, un peu de rigueur, regardent un corps qui face son office, et qu'à un corps abattu, comme un estomac prosterné, il est excusable de le rechauffer et soustenir par art, et, par l'entremise de la fantasie, luy faire revenir l'appetit et l'allegresse, puis que de soy il l'a perdue ?

Pouvons nous pas dire qu'il n'y a rien en nous, pendant cette prison terrestre purement ny corporel ny spirituel, et que injurieusement nous dessirons un homme tout vif ; et qu'il semble y avoir raison que nous nous portions, envers l'usage du plaisir aussi favorablement au moins que nous faisons envers la douleur ? Elle estoit (pour exemple) vehemente jusques à la perfection en l'ame des saincts par la pœnitence ; le corps y avoit naturellement part par le droict de leur colligance [211], et si, pouvoit avoir peu de part à la cause : si, ne se sont ils pas contentez qu'il suyvit nuement et assistat l'ame affligée ; ils l'ont affligé luy-mesme de peines atroces et propres, affin qu'à l'envy l'un de l'autre l'ame et le corps plongeassent l'homme dans la douleur, d'autant plus salutaire que plus aspre.

/// En pareil cas, aux plaisirs corporels est-ce pas injustice d'en refroidir l'ame, et dire, qu'il l'y faille entrainer comme à quelque obligation et necessité contrainte et servile ? C'est à elle plus tost de les couver et fomenter, de s'y presenter et convier, la charge de regir luy appartenant; comme c'est aussi, à mon advis, à elle, aux plaisirs qui luy sont propres, d'en inspirer et infondre [212] au corps tout le ressentiment que porte leur condition, et de s'estudier qu'ils luy soient doux et salutaires. Car c'est bien raison, comme ils disent, que le corps ne suyve point ses appetits au dommage de l'esprit; mais pourquoy n'est-ce pas aussi raison que l'esprit ne suyve pas les siens au dommage du corps ?

// Je n'ay point autre passion qui me tienne en haleine. Ce que l'avarice, l'ambition, les querelles, les procés font à l'endroit des autres qui, comme moy, n'ont point de vacation assignée, l'amour le feroit plus commodéement : il me rendroit la vigilance, la sobrieté, la grace, le soing de ma personne; r'asseureroit ma contenance à ce que les grimaces de la vieillesse, ces grimaces difformes et pitoiables, ne vinssent à la corrompre; /// me remettroit aux estudes sains et sages, par où je me peusse randre plus estimé et plus aymé, ostant à mon esprit le desespoir de soy et de son usage, et le raccointant à soy; // me divertiroit de mille pensées ennuyeuses; /// de mille chagrins melancholiques, // que l'oisiveté nous charge en tel aage /// et le mauvais estat de nostre santé; // reschauferoit au moins en songe, ce sang que nature abandonne; soustiendroit le menton et allongeroit un peu les nerfs /// et la vigueur et allegresse de l'ame // à ce pauvre homme qui s'en va le grand train vers sa ruine.

Mais j'entens bien que c'est une commodité bien mal aisée à recouvrer; par foiblesse et longue experience, nostre goust est devenu plus tendre et plus exquis; nous demandons plus, lors que nous aportons moins; nous voulons le plus choisir, lors que nous meritons le moins d'estre acceptez; nous cognoissans tels, nous sommes moins hardis et plus deffians; rien ne nous peut asseurer d'estre aymez, sçachants nostre condition et la leur. J'ay honte de me trouver parmy cette verte et bouillante jeunesse,

Cujus in indomito constantior inguine nervus,
Quam nova collibus arbor inhaeret [213].

Qu'irions nous presenter nostre misere parmy cette allegresse ?

> *Possint ut juvenes visere fervidi,*
> *Multo non sine risu,*
> *Dilapsam in cineres facem* [214] *?*

Ils ont la force et la raison pour eux; faisons leur place,
nous n'avons plus que tenir.

/// Et ce germe de beauté naissante ne se laisse manier
à mains si gourdes et prattiquer à moyens purs [215] materiels. Car, comme respondit ce philosophe ancien à celuy
qui se moquoit de quoy il n'avoit sçeu gaigner la bonne
grace d'un tendron qu'il pourchassoit : « Mon amy, le
hameçon ne mord pas à du fromage si frais. »

// Or c'est un commerce qui a besoin de relation et de
correspondance; les autres plaisirs que nous recevons se
peuvent recognoistre par recompenses de nature diverse;
mais cettuy-cy ne se paye que de mesme espece de monnoye. /// En verité, en ce desduit, le plaisir que je fay chatouille plus doucement mon imagination que celuy que
je sens. // Or cil [216] n'a rien de genereux qui peut recevoir
plaisir où il n'en donne point : c'est une vile ame, qui veut
tout devoir, et qui se plaist de nourrir de la conference [217]
avec les personnes ausquelles il est en charge. Il n'y a
beauté, ny grace, ny privauté si exquise qu'un galant
homme deut desirer à ce prix. Si elles ne nous peuvent
faire du bien que par pitié, j'ayme bien plus cher ne vivre
point, que de vivre d'aumosne. Je voudrois avoir droit de
le leur demander, au stile auquel j'ay veu quester en
Italie : « *Fate ben per voi* [218] »; /// ou à la guise que Cyrus
enhortoit ses soldats : « Qui s'aymera, si me suive. »

// « Raliez vous, me dira l'on, à celles de vostre condition que la compaignie de mesme fortune vous rendra plus
aisées. » — O la sotte composition et insipide!

> *Nolo*
> *Barbam vellere mortuo leoni* [219].

/// Xenophon employe pour objection et accusation, à
l'encontre de Menon, qu'en son amour il embesongna [220]
des objects passants fleur. Je trouve plus de volupté à
seulement voir le juste et doux meslange de deus jeunes
beautés ou à le seulement considerer par fantasie, qu'à
faire moy mesme le second d'un meslange triste et informe.
// Je resigne cet appetit fantastique à l'Empereur Galba,

qui ne s'adonnoit qu'aux chairs dures et vieilles; et à ce
pauvre miserable,

> *O ego di faciant talem te cernere possim,*
> *Caraque mutatis oscula ferre comis,*
> *Amplectique meis corpus non pingue lacertis* [221]!

/// Et, entre les premieres laideurs, je compte les beautés artificielles et forcées. Emonez, jeunes gars de Chio,
pensant par des beaux attours acquerir la beauté que
nature luy ostoit, se presenta au philosophe Arcesilaus, et
luy demanda si un sage se pourroit veoir amoureux :
« Ouy dea, respondit l'autre, pourveu que ce ne soit pas
d'une beauté parée et sophistiquée comme la tienne. »
Une laideur et une vieillesse advouée est moins vieille et
moins laide à mon gré qu'une autre peinte et lissée.

// Le diray-je, pourveu qu'on ne m'en prenne à la
gorge ? L'amour ne me semble proprement et naturellement en sa saison qu'en l'aage voisin de l'enfance,

> *Quem si puellarum insereres choro,*
> *Mille sagaces falleret hospites*
> *Discrimen obscurum, solutis*
> *Crinibus ambiguoque vultu* [222].

/// Et la beauté non plus.
Car ce que Homere l'estend jusques à ce que le menton commence à s'ombrager, Platon mesme l'a remarqué
pour rare fleur. Et est notoire la cause pour laquelle si
plaisamment le sophiste Dion appelloit les poils follets de
l'adolescence Aristogitons et Harmodiens [223]. // En la viri-
lité, je le trouve desjà hors de son siege. Non qu'en [224] la
vieillesse :

> *Importunus enim transvolat aridas*
> *Quercus* [225].

/// Et Marguerite, Royne de Navarre [226], alonge, en
femme, bien loing l'avantage des femmes, ordonant qu'il
est saison, à trente ans, qu'elles changent le titre de belles
en bonnes.

// Plus courte possession nous luy donnons sur nostre
vie, mieux nous en valons. Voyez son port : c'est un menton puerile. Qui ne sçait, en son eschole, combien on procede au rebours de tout ordre ? L'estude, l'exercitation,

l'usage, sont voies à l'insuffisance : les novices y regentent. /// « *Amor ordinem nescit* [227]. » // Certes, sa conduicte a plus de garbe [228], quand elle est meslée d'inadvertance et de trouble; les fautes, les succez contraires, y donnent poincte et grace; pourveu qu'elle soit aspre et affamée, il chaut peu qu'elle soit prudente. Voyez comme il va chancelant, chopant et folastrant; on le met au ceps quand on le guide par art et sagesse, et contraint on sa divine liberté quand on le submet à ces mains barbues et calleuses.

Au demeurant, je leur oy souvent peindre cette intelligence toute spirituelle, et desdaigner de mettre en consideration l'interest que les sens y ont. Tout y sert; mais je puis dire avoir veu souvent que nous avons excusé la foiblesse de leurs esprits en faveur de leurs beautez corporelles; mais que je n'ay point encore veu qu'en faveur de la beauté de l'esprit, tant prudent et meur soit-il, elles veuillent prester la main à un corps qui tombe tant soit peu en decadence. Que ne prend il envie à quelqu'une de cette noble harde /// Socratique // du corps à l'esprit, /// achetant au pris de ses cuisses une intelligence et generation philosofique et spirituelle, le plus haut pris où elle les puisse monter ? Platon ordonne en ses loix que celuy qui aura faict quelque signalé et utile exploit en la guerre ne puisse estre refusé durant l'expedition d'icelle, sans respect de sa laideur ou de son aage, du baiser ou autre faveur amoureuse de qui il la vueille. Ce qu'il trouve si juste en recomandation de la valeur militaire, ne le peut il pas estre aussi en recomandation de quelque autre valeur ? Et que ne prend il envie à une // de præoccuper sur ses compaignes la gloire de cet amour chaste ? chaste, dis-je bien,

> *nam si quando ad prœlia ventum est,*
> *Ut quondam in stipulis magnus sine viribus ignis*
> *Incassum furit* [229].

Les vices qui s'estouffent en la pensée ne sont pas des pires.

Pour finir ce notable commentaire, qui m'est eschappé d'un flux de caquet, flux impetueux par fois et nuisible,

> *Ut missum sponsi furtivo munere malum*
> *Procurrit casto virginis e gremio,*
> *Quod miseræ oblitae molli sub veste locatum,*
> *Dum adventu matris prosilit, excutitur,*

Atque illud prono praeceps agitur decursu;
  Huic manat tristi conscius ore rubor [230] *;*

je dis que les masles et femelles sont jettez en mesme
moule; sauf l'institution et l'usage, la difference n'y est
pas grande.

/// Platon appelle indifferemment les uns et les autres à
la société de tous estudes, exercices, charges, vacations
guerrieres et paisibles, en sa republique et le philosophe
Antisthenes ostoit toute distinction entre leur vertu et la
nostre.

// Il est bien plus aisé d'accuser l'un sexe, que d'excuser
l'autre. C'est ce qu'on dict : le fourgon se moque de la
poele [231].

CHAPITRE VI

// Il est bien aisé à verifier que les grands autheurs, escrivant des causes, ne se servent pas seulement de celles qu'ils estiment estre vraies, mais de celles encores qu'ils ne croient pas, pourveu qu'elles ayent quelque invention et beauté. Ils disent assez veritablement et utilement, s'ils disent ingenieusement. Nous ne pouvons nous asseurer de la maistresse cause; nous en entassons plusieurs, voir si par rencontre elle se trouvera en ce nombre,

namque unam dicere causam
Non satis est, verum plures, unde una tamen sit [1].

Me demandez vous d'où vient cette coustume de benire ceux qui estrenuent [2] ? Nous produisons trois sortes de vent : celuy qui sort par embas est trop sale; celuy qui sort par la bouche porte quelque reproche de gourmandise; le troisiesme est l'estrenuement; et, parce qu'il vient de la teste et est sans blasme, nous luy faisons cet honneste recueil [3]. Ne vous moquez pas de cette subtilité; elle est (dict-on) d'Aristote.

Il me semble avoir veu en Plutarque (qui est de tous les autheurs que je cognoisse celuy qui a mieux meslé l'art à la nature et le jugement à la science), rendant la cause du souslevement d'estomac qui advient à ceux qui voyagent en mer, que cela leur arrive de crainte, ayant trouvé quelque raison par laquelle il prouve que la crainte peut produire un tel effect. Moy, qui y suis fort subjet, sçay bien que cette cause ne me touche pas, et le sçay non par argument, mais par necessaire experience. Sans alleguer ce qu'on m'a dict, qu'il en arrive de mesme souvent aux bestes, et notamment aux pourceaux, hors de toute apprehension de danger; et ce qu'un mien connoissant

m'a tesmoigné de soy, qu'y estant fort subjet, l'envie de
vomir luy estoit passée deux ou trois fois, se trouvant
pressé de fraieur en grande tourmente, /// comme à cet
ancien : « *Pejus vexabar quam ut periculum mihi succurre-
ret* [4] »; // je n'eus jamais peur sur l'eau, comme je n'ay
aussi ailleurs (et s'en est assez souvent offert de justes, si
la mort l'est) qui m'ait aumoins troublé ou esblouy. Elle
naist par fois de faute de jugement, comme de faute de
cœur. Tous les dangers que j'ay veu, ç'a esté les yeux
ouverts, la veuë libre, saine et entiere; encore faut-il du
courage à craindre. Il me servit autrefois, au pris d'autres,
pour conduire et tenir en ordre ma fuite, qu'elle fut,
/// sinon sans crainte, toutesfois // sans effroy et sans
estonnement; elle estoit esmeue, mais non pas estourdie
ny esperdue.

Les grandes ames vont bien plus outre, et representent [5]
des fuites non rassises seulement et saines, mais fieres.
Disons celle qu'Alcibiade recite de Socrates, son compagnon d'armes : « Je le trouvay (dict-il) après la route de
nostre armée, luy et Lachez, des derniers entre les fuyans;
et le consideray tout à mon aise et en seureté, car j'estois
sur un bon cheval et luy à pied, et avions ainsi combatu.
Je remerquay premierement combien il montroit d'avisement et de resolution au pris de Lachez, et puis la braverie de son marcher, nullement different du sien ordinaire, sa veuë ferme et reglée, considerant et jugeant ce
qui se passoit autour de luy, regardant tantost les uns,
tantost les autres, amis et ennemis, d'une façon qui encou-
rageoit les uns et signifioit aux autres qu'il estoit pour
vendre bien cher son sang et sa vie à qui essayeroit de la
luy oster; et se sauverent ainsi : car volontiers on n'ataque
pas ceux-cy; on court après les effraiez. » Voilà le tesmoignage de ce grand capitaine, qui nous apprend, ce que
nous essayons tous les jours, qu'il n'est rien qui nous jette
tant aux dangers qu'une faim inconsiderée de nous en
mettre hors. /// « *Quo timoris minus est, eo minus ferme peri-
culi est* [6]. » // Nostre peuple a tort de dire : celuy-là craint
la mort, quand il veut exprimer qu'il y songe et qu'il la
prevoit. La prevoyance convient egallement à ce qui nous
touche en bien et en mal. Considerer et juger le danger
est aucunement le rebours de s'en estonner.

Je ne me sens pas assez fort pour soustenir le coup et
l'impetuosité de cette passion de la peur, ny d'autre vehemente. Si j'en estois un coup vaincu et atterré, je ne m'en
releverois jamais bien entier. Qui auroit fait perdre pied

à mon ame, ne la remettroit jamais droicte en sa place;
elle se retaste et recherche trop vifvement et profondement, et pourtant, ne lairroit jamais ressouder et consoli-
der la plaie qui l'auroit percée. Il m'a bien pris qu'aucune
maladie ne me l'ayt encore desmise. A chaque charge qui
me vient, je me presente et oppose en mon haut appareil;
ainsi, la premiere qui m'emporteroit me mettroit sans
resource. Je n'en faicts poinct à deux; par quelque endroict
que le ravage fauçast ma levée [7], me voylà ouvert et noyé
sans remede. /// Epicurus dict que le sage ne peut jamais
passer à un estat contraire. J'ai quelque opinion de l'envers de cette sentence, que, qui aura esté une fois bien
fol, ne sera nulle autre fois bien sage.

// Dieu donne le froid selon la robe, et me donne les
passions selon la moien que j'ay de les soustenir. Nature,
m'ayant descouvert d'un costé, m'a couvert de l'autre;
m'ayant desarmé de force, m'a armé d'insensibilité et
d'une apprehension reiglée ou mousse.

Or je ne puis souffrir long temps (et les souffrois plus
difficilement en jeunesse) ny coche, ny littiere, ny bateau;
et hay toute autre voiture que de cheval, et en la ville et
aux champs. Mais je puis souffrir la lictiere moins qu'un
coche et, par mesme raison, plus aiséement une agitation
rude sur l'eau, d'où se produict la peur, que le mouvement
qui se sent en temps calme. Par cette legere secousse que
les avirons donnent, desrobant le vaisseau soubs nous, je
me sens brouiller, je ne sçay comment, la teste et l'estomac, comme je ne puis souffrir soubs moy un siege tremblant. Quand la voile ou le cours de l'eau nous emporte
esgalement ou qu'on nous touë [8], cette agitation unie ne
me blesse aucunement : c'est un remuement interrompu
qui m'offence, et plus quand il est languissant. Je ne
sçaurois autrement peindre sa forme. Les medecins m'ont
ordonné de me presser et sangler d'une serviette le bas
du ventre pour remedier à cet accident; ce que je n'ay
point essayé, ayant accoustumé de luicter [9] les deffauts qui
sont en moy et les dompter par moymesme.

/// Si j'en avoy la memoire suffisamment informée, je
ne pleindroy mon temps à dire icy l'infinie varieté que les
histoires nous presentent de l'usage des coches au service
de la guerre, divers selon les nations, selon les siecles, de
grand effect, ce me semble, et necessité; si que c'est merveille que nous en ayons perdu toute connoissance. J'en
diray seulement cecy, que tout freschement, du temps de
nos peres, les Hongres les mirent très-utilement en

besongne contre les Turcs, en chacun y ayant un rondellier [10] et un mousquetaire, et nombre de harquebuzes rengées, prestes et chargées : le tout couvert d'une pavesade [11] à la mode d'une galliotte. Ils faisoient front à leur bataille de trois mille tels coches, et, après que le canon avoit joué, les faisoient tirer avant et avaller aux ennemys cette salve avant que de taster le reste, qui n'estoit pas un leger avancement; ou les descochoient dans leurs escadrons pour les rompre et y faire jour, outre le secours qu'ils en pouvoient tirer pour flanquer en lieu chatouilleux les troupes marchant en la campagne, ou à couvrir un logis à la haste et le fortifier. De mon temps, un Gentil-homme, en l'une de nos frontieres, impost [12] de sa personne et ne trouvant cheval capable de son poids, ayant une querelle, marchoit par païs en coche de mesme cette peinture, et s'en trouvoit très-bien. Mais laissons ces coches guerriers. Les Roys de nostre premiere race marchoient en païs sur un charriot trainé par quatre bœufs.

// Marc Antoine fut le premier qui se fit mener à Romme, et une garse menestriere [13] quand et luy, par des lyons attelez à un coche. Heliogabalus en fit dépuis autant, se disant Cibelé, la mere des dieux, et aussi par des tigres, contrefaisant le Dieu Bacchus; il attela aussi par fois deux cerfs à son coche, et une autre fois quatre chiens, et encore quatre garses nues, se faisant trainer par elles en pompe tout nud. L'empereur Firmus fit mener son coche à des autruches de merveilleuse grandeur, de maniere qu'il sembloit plus voler que rouler. L'estrangeté de ces inventions me met en teste cett'autre fantasie : que c'est une espece de pusillanimité aux monarques, et un tesmoignage de ne sentir point assez ce qu'ils sont, de travailler à se faire valloir et paroistre par despences excessives. Ce seroit chose excusable en pays estranger; mais, parmy ses subjects, où il peut tout, il tire de sa dignité le plus extreme degré d'honneur où il puisse arriver. Comme à un gentil-homme il me semble qu'il est superflu de se vestir curieusement en son privé; sa maison, son trein, sa cuysine, respondent assez de luy.

/// Le conseil qu'Isocrates donne à son Roy ne me semble sans raison : « Qu'il soit splendide en meubles et ustensiles, d'autant que c'est une despence de durée, qui passe jusques à ses successeurs; et qu'il fuye toutes magnificences qui s'escoulent incontinent et de l'usage et de la memoire. »

// J'aymois à me parer, quand j'estoy cabdet, à faute

d'autre parure, et me sioit [14] bien; il en est sur qui les belles robes pleurent. Nous avons des comptes merveilleux de la frugalité de nos Roys au tour de leur personne et en leurs dons; grands Roys en credit, en valeur et en fortune. Demostenes combat à outrance la loy de sa ville qui assignoit les deniers publics aux pompes des jeux et de leurs festes; il veut que leur grandeur se montre en quantité de vaisseaux bien equipez et bonnes armées bien fournies.

/// Et a lon raison d'accuser Theophrastus d'avoir establi, en son livre *Des richesses*, un advis contraire, et maintenu telle nature de despence estre le vray fruit de l'opulence. Ce sont plaisirs, dict Aristote, qui ne touchent que la plus basse commune, qui s'evanouissent de memoire aussi tost qu'on en est rassasié et desquels nul homme judicieux et grave ne peut faire estime. L'emploitte [15] me sembleroit bien plus royale comme plus utile, juste et durable en ports, en havres, fortifications et murs, en bastimen:s somptueux, en eglises, hospitaux, colleges, reformation de ruës et chemins. En quoy le pape Gregoire treziesme a laissé sa memoire recommandable de nostre temps, et en quoy nostre Royne Catherine tesmoigneroit à longues années sa liberalité naturelle et munificence, si ses moyens suffisoient à son affection. La Fortune m'a faict grand desplesir d'interrompre la belle structure du Pont-neuf de nostre grande ville et m'oster l'espoir avant de mourir d'en veoir en train l'usage [16].

// Outre ce, il semble aus subjects, spectateurs de ces triomphes, qu'on leur faict montre de leurs propres richesses et qu'on les festoye à leurs despens. Car les peuples presument volontiers des Roys, comme nous faisons de nos valets, qu'ils doivent prendre soing de nous aprester en abondance tout ce qu'il nous faut, mais qu'ils n'y doyvent aucunement toucher de leur part. Et pourtant l'Empereur Galba, ayant pris plaisir à un musicien pendant son souper, se fit aporter sa boëte et luy donna en sa main une poignée d'escus qu'il y pescha avec ces paroles : « Ce n'est pas du public, c'est du mien. » Tant y a qu'il advient le plus souvant que le peuple a raison, et qu'on repaist ses yeux de ce dequoy il avoit à paistre son ventre. La liberalité mesme n'est pas bien en son lustre en mains souveraines; les privez y ont plus de droict; car, à le prendre exactement, un Roy n'a rien proprement sien; il se doibt soy-mesmes à autruy.

/// La jurisdiction ne se donne point en faveur du juridiciant, c'est en faveur du juridicié. On faict un superieur, non jamais pour son profit, ains pour le profit de l'inferieur, et un medecin pour le malade, non pour soy. Toute magistrature, comme toute art jette sa fin hors d'elle : « *nulla ars in se versatur* [17]. »

// Parquoy les gouverneurs de l'enfance des princes, qui se piquent à leur imprimer cette vertu de largesse, et les preschent de ne sçavoir rien refuser et n'estimer rien si bien employé que ce qu'ils donneront (instruction que j'ay veu en mon temps fort en credit), ou ils regardent plus à leur proufit qu'à celuy de leur maistre, ou ils entendent mal à qui ils parlent. Il est trop aysé d'imprimer la liberalité en celuy qui a dequoy y fournir autant qu'il veut, aus despens d'autruy. /// Et son estimation se reglant non à la mesure du present, mais à la mesure des moyens de celuy qui l'exerce, elle vient à estre vaine en mains si puissantes. Ils se trouvent prodigues avant qu'ils soient liberaux. // Pourtant est elle de peu de recommandation, au pris d'autres vertus royalles, et la seule, comme disoit le tyran Dionysius, qui se comporte bien avec la tyrannie mesme. Je luy apprendroy plustost ce verset du laboureur ancien :

Τῇ Χειρὶ δεῖ σπείρειν, ἀλλὰ μὴ ὅῳ τῷ θυλακῷ [18]

qu'il faut, à qui en veut retirer fruict, semer de la main, non pas verser du sac /// (il faut espandre le grain, non pas le respandre); // et qu'ayant à donner ou, pour mieux dire, à paier et rendre à tant de gens selon qu'ils l'ont deservy, il en doibt estre loyal et avisé dispensateur. Si la liberalité d'un prince est sans discretion et sans mesure, je l'aime mieux avare.

La vertu Royalle semble consister le plus en la justice; et de toutes les parties de la justice celle là remarque mieux les Roys, qui accompaigne la liberalité; car ils l'ont particulierement reservée à leur charge, là où toute autre justice, ils l'exercent volontiers par l'entremise d'autruy. L'immoderée largesse est un moyen foible à leur acquerir bien-veuillance; car elle rebute plus de gens qu'elle n'en practique : /// « *Quo in plures usus sis, minus in multos uti possis. Quid autem est stultius quam quod libenter facias, curare ut id diutius facere non possis* [19] ? » // Et, si elle est employée sans respect du merite, fait vergongne à qui la reçoit; et se reçoit sans grace. Des tyrans ont esté sacrifiez à la hayne du peuple par les mains de ceux mesme lesquels ils avoyent iniquement avancez, telle maniere d'hommes estimans asseurer la possession des biens indeurement reçeuz en montrant avoir à mespris et hayne celuy de qui ils les tenoyent, et se raliant au jugement et opinion commune en cela.

Les subjects d'un prince excessif en dons se rendent excessifs en demandes; ils se taillent non à la raison, mais à l'exemple. Il y a certes souvant de quoy rougir de nostre impudence; nous sommes surpayez selon justice quand la recompense esgalle nostre service, car n'en devons nous rien à nos princes d'obligation naturelle ? S'il porte nostre despence, il faict trop; c'est assez qu'il l'ayde; le surplus s'appelle bienfaict, lequel ne se peut exiger, car le nom mesme de liberalité sonne liberté. A nostre mode, ce n'est jamais faict; le reçeu ne se met plus en compte; on n'ayme la liberalité que future : parquoy plus un Prince s'espuise en donnant, plus il s'apouvrit d'amys.

/// Comment assouviroit il des envies qui croissent à mesure qu'elles se remplissent ? Qui a sa pensée à prendre, ne l'a plus à ce qu'il a prins. La convoitise n'a rien si propre que d'estre ingrate. L'exemple de Cyrus ne duira [20] pas mal en ce lieu pour servir aux Roys de ce temps de touche à reconnoistre leurs dons bien ou mal employez, et leur faire veoir combien cet Empereur les assenoit plus heureusement qu'ils ne font. Par où ils sont reduits de faire leurs emprunts sur les subjects inconnus, et plustost sur ceux à qui ils ont faict du mal, que sur ceux à qui ils ont faict du bien; et n'en reçoivent aydes où il y aye rien de gratuit que le nom. Crœsus luy reprochoit sa largesse et calculoit à combien se monteroit son thresor, s'il eust eu les mains plus restreintes. Il eut envie de justifier sa liberalité; et, despeschant de toutes parts vers les grands de son estat, qu'il avoit particulierement avancez, pria chacun de le secourir d'autant d'argent qu'il pourroit à une sienne necessité, et le luy envoyer par declaration. Quand tous ces bordereaux luy furent apportez, chacun de ses amis, n'estimant pas que ce fut assez faire de luy en offrir autant seulement qu'il en avoit receu de sa munificence, y en meslant du sien plus propre beaucoup, il se trouva que cette somme se montoit bien plus que l'espargne de Crœsus. Sur quoy luy dict Cyrus : « Je ne suis pas moins amoureux des richesses que les autres Princes et en suis plus-tost plus mesnager. Vous voyez à combien peu de mise j'ay acquis le thresor inestimable de tant d'amis; et combien ils me sont plus fideles thresoriers que ne seroient des hommes mercenaires sans obligation, sans affection, et ma chevance mieux logée qu'en des coffres, appellant sur moy la haine, l'envie et le mespris des autres princes. »

// Les Empereurs tiroient excuse à la superfluité de leurs jeux et montres [21] publiques, de ce que leur authorité dependoit aucunement (aumoins par apparence) de la volonté du peuple Romain, lequel avoit de tout temps accoustumé d'estre flaté par telle sorte de spectacles et excez. Mais c'estoyent particuliers qui avoyent nourry cette coustume de gratifier leurs concitoyens et compaignons principallement sur leur bourse par telle profusion et magnificence : elle eust tout autre goust quand ce furent les maistres qui vindrent à l'imiter.

/// « Pecuniarum translatio a justis dominis ad alienos non debet liberalis videri [22]. » Philippus, de ce que son fils essayoit par presents de gaigner la volonté des Macedoniens, l'en tança par une lettre en cette maniere : « Quoy ? as tu envie que tes subjects te tiennent pour leur boursier, non pour leur Roy ? Veux tu les prattiquer ? prattique les des bienfaicts de ta vertu, non des bien-faicts de ton coffre. »

// C'estoit pourtant une belle chose, d'aller faire apporter et planter en la place aus arenes une grande quantité de gros arbres, tous branchus et tous verts, representans une grande forest ombrageuse, despartie en belle symmetrie, et, le premier jour, jetter là dedans mille austruches, mille cerfs, mille sangliers et mille dains, les abandonnant à piller au peuple; le lendemain, faire assomer en sa presence cent gros lions, cent leopards, et trois cens ours, et, pour le troisiesme jour, faire combatre à outrance trois cens pairs de gladiateurs, comme fit l'Empereur Probus. C'estoit aussi belle chose à voir ces grands amphitheatres encroustez [23] de marbre au dehors, labouré [24] d'ouvrages et statues, le dedans reluisant de plusieurs rares enrichissemens,

> Baltheus en gemmis, en illita porticus auro [25] ;

tous les coustez de ce grand vuide remplis et environnez, depuis le fons jusques au comble, de soixante ou quattre vingts rangs d'eschelons [26], aussi de marbre, couvers de carreaus [27],

> exeat, inquit,
> Si pudor est, et de pulvino surgat equestri,
> Cujus res legi non sufficit [28] ;

où se peut renger cent mille hommes assis à leur aise; et

la place du fons, où les jeux se jouoyent, la faire premierement, par art, entr'ouvrir et fendre en crevasses representant des antres qui vomissoient les bestes destinées au
spectacle; et puis secondement l'innonder d'une mer profonde, qui charrioit force monstres marins, chargée de
vaisseaux armez, à representer une bataille navalle; et,
tiercement, l'aplanir et assecher de nouveau pour le combat des gladiateurs; et, pour la quatriesme façon, la sabler
de vermillon et de storax, au lieu d'arene, pour y dresser
un festin solemne à tout ce nombre infiny de peuple, le
dernier acte d'un seul jour;

> *quoties nos descendentis arenæ*
> *Vidimus in partes, ruptaque voragine terræ*
> *Emersisse feras, et iisdem sæpe latebris*
> *Aurea cum croceo creverunt arbuta libro.*
> *Nec solum nobis silvestria cernere monstra*
> *Contigit, æquoreos ego cum certantibus ursis*
> *Spectavi vitulos, et equorum nomine dignum,*
> *Sed deforme pecus* [29].

Quelquefois on y a faict naistre une haute montaigne
plaine de fruitiers et arbres verdoyans, rendans par son
feste un ruisseau d'eau, comme de la bouche d'une vive
fontaine. Quelquefois on y promena un grand navire qui
s'ouvroit et desprenoit de soy-mesmes, et, après avoir
vomy de son ventre quatre ou cinq cens bestes à combat,
se resserroit et s'esvanouissoit, sans ayde. Autresfois, du
bas de cette place, ils faisoyent eslancer des surgeons et
filets d'eau qui rejalissoyent contremont, et, à cette hauteur infinie, alloyent arrousant et embaumant cette infinie
multitude. Pour se couvrir de l'injure du temps, ils faisoient tendre cette immense capacité, tantost de voiles de
pourpre labourez [30] à l'eguille, tantost de soye d'une ou
autre couleur, et les avançoyent et retiroyent en un
moment, comme il leur venoit en fantasie :

> *Quamvis non modico caleant spectacula sole,*
> *Vela reducuntur, cum venit Hermogenes* [31].

Les rets aussi qu'on mettoit au devant du peuple, pour le
defendre de la violence de ces bestes eslancées, estoyent
tyssus d'or :

> *auro quoque torta refulgent*
> *Retia* [32].

S'il y a quelque chose qui soit excusable en tels excez, c'est où l'invention et la nouveauté fournit d'admiration, non pas la despence.

En ces vanitez mesme nous descouvrons combien ces siecles estoyent fertiles d'autres espris que ne sont les nostres. Il va de cette sorte de fertilité comme il faict de toutes autres productions de la nature. Ce n'est pas à dire qu'elle y ayt lors employé son dernier effort. Nous n'allons point, nous rodons plustost, et tournoions çà et là. Nous nous promenons sur nos pas. Je crains que nostre cognoissance soit foible en tous sens, nous ne voyons ny gueres loin, ny guere arriere; elle embrasse peu et vit peu, courte et en estandue de temps et en estandue de matiere :

> *Vixere fortes ante Agamemnona*
> *Multi, sed omnes illachrimabiles*
>   *Urgentur ignotique longa*
> *Nocte* [33].

> *Et supera bellum Thebanum et funera Trojæ,*
> *Multi alias alii quoque res cecinere poetæ* [34].

/// Et la narration de Solon, sur ce qu'il avoit apprins des prestres d'Ægypte de la longue vie de leur estat et maniere d'apprendre et conserver les histoires estrangeres, ne me semble tesmoignage de refus en cette consideration. « *Si interminatam in omnes partes magnitudinem regionum videremus et temporum, in quam se injiciens animus et intendens ita late longeque peregrinatur ut nullam oram ultimi videat in qua possit insistere : in hac immensitate infinita vis innumerabilium appareret formarum* [35]. »

// Quand tout ce qui est venu par rapport du passé jusques à nous seroit vray et seroit sçeu par quelqu'un, ce seroit moins que rien au pris de ce qui est ignoré. Et de cette mesme image du monde qui coule pendant que nous y sommes, combien chetive et racourcie est la cognoissance des plus curieux! Non seulement des evenemens particuliers que fortune rend souvant exemplaires et poisans, mais de l'estat des grandes polices et nations, il nous en eschappe cent fois plus qu'il n'en vient à nostre science. Nous nous escriïons du miracle de l'invention de nostre artillerie, de nostre impression [36]; d'autres hommes, un autre bout du monde à la Chine, en jouyssoit mille ans auparavant. Si nous voyons autant du monde comme nous n'en voyons pas, nous appercevrions, comme il est à croire, une perpetuele multiplication et vicissitude de formes. Il n'y a rien de seul et de rare eu esgard à nature, ouy bien eu esgard à nostre cognoissance, qui est un miserable fondement de nos regles et qui nous represente volontiers une très-fauce image des choses. Comme vainement nous concluons aujourd'hui l'inclination et la decrepitude du monde par les arguments que nous tirons de nostre propre foiblesse et decadence,

> *Jamque adeo affecta est œtas, affectaque tellus* [87] ;

ainsi vainement concluoit cettuy-là sa naissance et jeunesse, par la vigueur qu'il voyoit aux espris de son temps, abondans en nouvelletez et inventions de divers arts :

> *Verum, ut opinor, habet novitatem summa, recensque*
> *Natura est mundi, neque pridem exordia cepit :*
> *Quare etiam quædam nunc artes expoliuntur,*
> *Nunc etiam augescunt, nunc addita navigiis sunt*
> *Multa* [38].

Nostre monde vient d'en trouver un autre (et qui nous respond si c'est le dernier de ses freres, puis que les Dæmons, les Sybilles et nous, avons ignoré cettuy-cy jusqu'asture ?) non moins grand, plain et membru que luy, toutesfois si nouveau et si enfant qu'on luy aprend encore son a, b, c ; il n'y a pas cinquante ans qu'il ne sçavoit ny lettres, ny pois, ny mesure, ny vestemens, ny bleds, ny vignes. Il estoit encore tout nud au giron, et ne vivoit que des moyens de sa mere nourrice. Si nous concluons bien de nostre fin, et ce poëte de la jeunesse de son siecle, cet autre monde ne faira qu'entrer en lumiere quand le nostre en sortira. L'univers tombera en paralisie ; l'un membre sera perclus, l'autre en vigueur.

Bien crains-je que nous aurons bien fort hasté sa declinaison [39] et sa ruyne par nostre contagion, et que nous luy aurons bien cher vendu nos opinions et nos arts. C'estoit un monde enfant ; si ne l'avons nous pas foité [40] et soubmis à nostre discipline par l'avantage de nostre valeur et forces naturelles, ny ne l'avons practiqué [41] par nostre justice et bonté, ny subjugué par nostre magnanimité. La plus part de leurs responces et des negotiations faictes avec eux tesmoignent qu'ils ne nous devoyent rien en clarté d'esprit naturelle et en pertinence. L'espouvantable magnificence des villes de Cusco et de Mexico, et, entre plusieurs

choses pareilles, le jardin de ce Roy, où tous les arbres,
les fruicts et toutes les herbes, selon l'ordre et grandeur
qu'ils ont en un jardin, estoyent excellemment formez en
or; comme, en son cabinet, tous les animaux qui nais-
soient en son estat et en ses mers; et la beauté de leurs
ouvrages en pierrerie, en plume, en cotton, en la peinture,
montrent qu'ils ne nous cedoient non plus en l'industrie.
Mais, quant à la devotion, observance des loix, bonté,
liberalité, loyauté, franchise, il nous a bien servy de n'en
avoir pas tant qu'eux; ils se sont perdus par cet advantage, et vendus, et trahis eux mesme.

Quant à la hardiesse et courage, quant à la fermeté,
constance, resolution contre les douleurs et la faim et la
mort, je ne craindrois pas d'opposer les exemples que je
trouverois parmy eux aux plus fameux exemples anciens
que nous ayons aus memoires de nostre monde par deçà.
Car, pour ceux qui les ont subjuguez, qu'ils ostent les
ruses et batelages dequoy ils se sont servis à les piper, et
le juste estonnement qu'aportoit à ces nations là de voir
arriver si inopinéement des gens barbus, divers en langage, religion, en forme et en contenance, d'un endroict
du monde si esloigné et où ils n'avoyent jamais imaginé
qu'il y eust habitation quelconque, montez sur des grands
monstres incogneuz, contre ceux qui n'avoyent non seulement jamais veu de cheval, mais beste quelconque duicte
à porter et soustenir homme ny autre charge; garnis d'une
peau luysante et dure et d'une arme trenchante et resplen-
dissante, contre ceux qui, pour le miracle de la lueur d'un
miroir ou d'un cousteau, alloyent eschangeant une grande
richesse en or et en perles, et qui n'avoient ny science ny
matiere par où tout à loisir ils sçeussent percer nostre
acier; adjoustez y les foudres et tonnerres de nos pieces et
harquebouses, capables de troubler Cæsar mesme, qui
l'en eust surpris autant inexperimenté, et à cett'heure,
contre des peuples nuds, si ce n'est où l'invention estoit
arrivée de quelque tissu de cotton, sans autres armes pour
le plus que d'arcs, pierres, bastons /// et boucliers de
bois; // des peuples surpris, soubs couleur d'amitié et de
bonne foy, par la curiosité de veoir des choses estrangeres
et incogneues : contez, dis-je, aux conquerans cette disparité, vous leur ostez toute l'occasion de tant de victoires.

Quand je regarde céte ardeur indomptable dequoy tant
de milliers d'hommes, femmes et enfans, se presentent et
rejettent à tant de fois aux dangers inevitables, pour la
deffence de leurs dieux et de leur liberté; céte genereuse

obstination de souffrir toutes extremitez et difficultez, et la mort, plus volontiers que de se soubmettre à la domination de ceux de qui ils ont esté si honteusement abusez, et aucuns choisissans plustost de se laisser defaillir par faim et par jeune, estans pris, que d'accepter le vivre des mains de leurs ennemis, si vilement victorieuses, je prevois que, à qui les eust attaquez pair à pair, et d'armes, et d'experience, et de nombre, il y eust faict aussi dangereux, et plus, qu'en autre guerre que nous voyons.

Que n'est tombée soubs Alexandre ou soubs ces anciens Grecs et Romains une si noble conqueste, et une si grande mutation et alteration de tant d'empires et de peuples soubs des mains qui eussent doucement poly et defriché ce qu'il y avoit de sauvage, et eussent conforté [42] et promeu les bonnes semences que nature y avoit produit, meslant non seulement à la culture des terres et ornement des villes les arts de deçà, en tant qu'elles y eussent esté necessaires, mais aussi meslant les vertus Grecques et Romaines aux originelles du pays! Quelle reparation eust-ce esté, et quel amendement à toute cette machine, que les premiers exemples et deportemens nostres qui se sont presentés par delà eussent appellé ces peuples à l'admiration et imitation de la vertu et eussent dressé entre eux et nous une fraternele societé et intelligence! Combien il eust esté aisé de faire son profit d'ames si neuves, si affamées d'apprentissage, ayant pour la plus part de si beaux commencemens naturels!

Au rebours, nous nous sommes servis de leur ignorance et inexperience à les plier plus facilement vers la trahison, luxure, avarice et vers toute sorte d'inhumanité et de cruauté, à l'exemple et patron de nos meurs. Qui mit jamais à tel pris le service de la mercadence et de la trafique ? Tant de villes rasées, tant de nations exterminées, tant de millions de peuples passez au fil de l'espée, et la plus riche et belle partie du monde bouleversée pour la negotiation des perles et du poivre! mechaniques [43] victoires. Jamais l'ambition, jamais les inimitiez publiques ne pousserent les hommes les uns contre les autres à si horribles hostilitez et calamitez si miserables.

En costoyant la mer à la queste [44] de leurs mines, aucuns Espagnols prindrent terre en une contrée fertile et plaisante, fort habitée, et firent à ce peuple leurs remonstrances accoustumées : « Qu'ils estoient gens paisibles, venans de loingtains voyages, envoyez de la part du Roy de Castille, le plus grand Prince de la terre habitable, auquel le Pape,

representant Dieu en terre, avoit donné la principauté de
toutes les Indes ; que, s'ils vouloient luy estre tributaires,
ils seroient très-benignement traictez ; leur demandoient
des vivres pour leur nourriture et de l'or pour le besoing
de quelque medecine ; leur remontroient au demeurant la
creance d'un seul Dieu et la verité de nostre religion,
laquelle ils leur conseilloient d'accepter, y adjoustans
quelques menasses. »

La responce fut telle : « Que, quand à estre paisibles,
ils n'en portoient pas la mine, s'ils l'estoient ; quand à leur
Roy, puis qu'il demandoit, il devoit estre indigent et
necessiteux ; et celuy qui luy avoit faict cette distribution,
homme aymant dissention, d'aller donner à un tiers chose
qui n'estoit pas sienne, pour le mettre en debat contre les
anciens possesseurs ; quant aux vivres, qu'ils leur en four-
niroient ; d'or, ils en avoient peu, et que c'estoit chose qu'ils
mettoient en nulle estime, d'autant qu'elle estoit inutile
au service de leur vie, là ou tout leur soin regardoit seulement à la passer heureusement et plaisamment ; pourtant,
ce qu'ils en pourroient trouver, sauf ce qui estoit employé
au service de leurs dieux, qu'ils le prinssent hardiment ;
quant à un seul Dieu, le discours leur en avoit pleu, mais
qu'ils ne vouloient changer leur religion, s'en estans si
utilement servis si long temps, et qu'ils n'avoient accoustumé prendre conseil que de leurs amis et connoissans ;
quant aux menasses, c'estoit signe de faute de jugement
d'aller menassant ceux desquels la nature et les moyens
estoient inconneux ; ainsi qu'ils se despeschassent promptement de vuyder leur terre, car ils n'estoient pas accoustumez de prendre en bonne part les honnestetez et remonstrances de gens armez et estrangers ; autrement, qu'on
feroit d'eux comme de ces autres », leur montrant les testes
d'aucuns hommes justiciez autour de leur ville. Voilà
un exemple de la balbucie de cette enfance. Mais tant y a
que ny en ce lieu-là, ny en plusieurs autres, où les Espagnols ne trouverent les marchandises qu'ils cerchoient, ils
ne feirent arrest ny entreprise, quelque autre commodité
qu'il y eust, tesmoing mes Cannibales.

Des deux les plus puissans monarques de ce monde
là, et, à l'avanture, de cettuy-cy, Roys de tant de Roys,
les derniers qu'ils en chasserent, celuy du Peru, ayant esté
pris en une bataille et mis à une rançon si excessive qu'elle
surpasse toute creance, et celle là fidellement payée, et avoir
donné par sa conversation signe d'un courage franc,
liberal et constant, et d'un entendement net et bien

composé, il print envie aux vainqueurs après en avoir tiré
un million trois cens vingt cinq mille cinq cens poisant [45]
d'or, outre l'argent et autres choses qui ne monterent pas
moins, si que leurs chevaux n'alloient plus ferrez que d'or
massif, de voir encores, au pris de quelque desloyauté
que ce fut, quel pouvoit estre le reste des thresors de
ce Roy, /// et jouyr librement de ce qu'il avoit reservé.
// On luy apposta [46] une fauce accusation et preuve, qu'il
desseignoit de faire souslever ses provinces pour se
remettre en liberté. Surquoy, par beau jugement de ceux
mesme qui luy avoient dressé cette trahison, on le
condemna à estre pendu et estranglé publiquement, luy
ayant faict racheter le tourment d'estre bruslé tout vif
par le baptesme qu'on luy donna au supplice mesme.
Accident horrible et inouy, qu'il souffrit pourtant sans se
démentir ny de contenance, ny de parole, d'une forme et
gravité vrayement royale. Et puis, pour endormir les
peuples estonnez et transis de chose si estrange, on contrefit
un grand deuil de sa mort, et luy ordonna l'on des somp-
tueuses funerailles.

L'autre, Roy de Mexico, ayant long temps defendu sa
ville assiegée et montré en ce siege tout ce que peut et la
souffrance et la perseverance, si onques prince et peuple le
montra, et son malheur l'ayant rendu vif entre les mains
des ennemis, avec capitulation d'estre traité en Roy (aussi
ne leur fit-il rien voir, en la prison, indigne de ce tiltre);
ne trouvant poinct après cette victoire tout l'or qu'ils
s'estoient promis, après avoir tout remué et tout fouillé,
se mirent à en cercher des nouvelles par les plus aspres
geines dequoy ils se peurent adviser, sur les prisonniers
qu'ils tenoient. Mais, n'ayant rien profité, trouvant des
courages plus forts que leurs torments, ils en vindrent en
fin à telle rage que, contre leur foy et contre tout droict
des gens, ils condamnerent le Roy mesme et l'un des
principaux seigneurs de sa court à la geine en presence
l'un de l'autre. Ce seigneur, se trouvant forcé de la douleur,
environné de braziers ardens, tourna sur la fin piteusement
sa veue vers son maistre, comme pour luy demander
mercy de ce qu'il n'en pouvoit plus. Le Roy, plantant
fierement et rigoureusement les yeux sur luy, pour reproche
de sa lascheté et pusillanimité, luy dict seulement ces mots,
d'une voix rude et ferme : « Et moy, suis-je dans un bain ?
suis-je pas plus à mon aise que toy ? » Celuy-là, soudain
après, succomba aux douleurs et mourut sur la place. Le
Roy, à demy rosty, fut emporté de là, non tant par pitié

(car quelle pitié toucha jamais des ames qui, pour la doubteuse information de quelque vase d'or à piller, fissent
griller devant leurs yeux un homme, non qu'un [47] Roy si
grand et en fortune et en merite ?) mais ce fut que sa constance rendoit de plus en plus honteuse leur cruauté. Ils le
pendirent depuis, ayant courageusement entrepris de se
delivrer par armes d'une si longue captivité et subjection,
où il fit sa fin digne d'un magnanime prince.

A une autre fois, ils mirent brusler pour un coup, en
mesme feu, quatre cens soixante hommes tous vifs, les
quatre cens du commun peuple, les soixante des principaux
seigneurs d'une province, prisonniers de guerre simplement. Nous tenons d'eux-mesmes ces narrations, car
ils ne les advouent pas seulement, ils s'en ventent et les
preschent. Seroit-ce pour tesmoignage de leur justice ?
ou zele envers la religion ? Certes, ce sont voyes trop
diverses et ennemies d'une si saincte fin. S'ils se fussent
proposés d'estendre nostre foy, ils eussent consideré que
ce n'est pas en possession de terres qu'elle s'amplifie,
mais en possession d'hommes, et se fussent trop contentez
des meurtres que la necessité de la guerre apporte, sans y
mesler indifferemment une boucherie, comme sur des
bestes sauvages, universelle, autant que le fer et le feu y
ont peu atteindre, n'en ayant conservé par leur dessein
qu'autant qu'ils en ont voulu faire de miserables esclaves
pour l'ouvrage et service de leurs minieres; si que plusieurs des chefs ont esté punis à mort, sur les lieux de leur
conqueste, par ordonnance des Rois de Castille, justement
offencez de l'horreur de leurs deportemens et quasi tous
desestimez et mal-voulus [48]. Dieu a meritoirement [49] permis
que ces grands pillages se soient absorbez par la mer en
les transportant, ou par les guerres intestines dequoy ils se
sont entremangez entre eux, et la plus part s'enterrerent
sur les lieux, sans aucun fruict de leur victoire.

Quant à ce que la recepte, et entre les mains d'un prince
mesnager et prudent [50], respond si peu à l'esperance qu'on
en donna à ses predecesseurs, et à cette premiere abondance
de richesses qu'on rencontra à l'abord de ces nouvelles
terres (car, encore qu'on en retire beaucoup, nous voyons
que ce n'est rien au pris de ce qui s'en devoit attendre),
c'est que l'usage de la monnoye estoit entierement incon-
neu, et que par consequent leur or se trouva tout assemblé, n'estant en autre service que de montre et de parade,
comme un meuble reservé de pere en fils par plusieurs
puissants Roys, qui espuisoient tousjours leurs mines pour

faire ce grand monceau de vases et statues à l'ornement de
leurs palais et de leurs temples, au lieu que nostre or est
tout en emploite [51] et en commerce. Nous le menuisons et
alterons en mille formes, l'espandons et dispersons. Ima-
ginons que nos Roys amoncelassent ainsi tout l'or qu'ils
pourroient trouver en plusieurs siecles, et le gardassent
immobile.

Ceux du Royaume de Mexico estoient aucunement plus
civilisez et plus artistes que n'estoient les autres nations de
là. Aussi jugeoient-ils, ainsi que nous, que l'univers fut
proche de sa fin, et en prindrent pour signe la desolation
que nous y apportames. Ils croyoient que l'estre du monde
se depart en cinq aages et en la vie de cinq soleils conse-
cutifs, desquels les quatre avoient desjà fourny leur temps,
et que celuy qui leur esclairoit estoit le cinquiesme. Le
premier perit avec toutes les autres creatures par universelle inondation d'eaux; le second, par la cheute du ciel
sur nous, qui estouffa toute chose vivante, auquel aage ils
assignent les geants, et en firent voir aux Espagnols des
ossements à la proportion desquels la stature des hommes
revenoit à vingt paumes de hauteur; le troisiesme, par feu
qui embrasa et consuma tout; le quatriesme, par une émotion d'air et de vent qui abbatit jusques à plusieurs montaignes; les hommes n'en moururent poinct, mais ils furent
changez en magots (quelles impressions ne souffre la
làcheté de l'humaine creance!); après la mort de ce
quatriesme Soleil, le monde fut vingt-cinq ans en perpe-
tuelles tenebres, au quinziesme desquels fut creé un
homme et une femme qui refeirent l'humaine race; dix ans
après, à certain de leurs jours, le Soleil parut nouvellement
creé; et commence, depuis, le compte de leurs années par
ce jour là. Le troisiesme jour de sa creation, moururent les
Dieux anciens; les nouveaux sont nays depuis, du jour à
la journée. Ce qu'ils estiment de la maniere que ce dernier
Soleil perira, mon autheur n'en a rien appris. Mais leur
nombre de ce quatriesme changement rencontre à cette
grande conjonction des astres qui produisit, il y a huict
cens tant d'ans, selon que les Astrologiens estiment, plusieurs grandes alterations et nouvelletez au monde.

Quant à la pompe et magnificence, par où je suis entré
en ce propos, ny Græce, ny Romme, ny Ægypte ne peut,
soit en utilité, ou difficulté, ou noblesse, comparer aucun
de ses ouvrages au chemin qui se voit au Peru, dressé par
les Roys du pays, depuis la ville de Quito jusques à celle
de Cusco (il y a trois cens lieuës), droict, uny, large de

vingt-cinq pas, pavé, revestu de costé et d'autre de belles et hautes murailles, et le long d'icelles, par le dedans, deux ruisseaux perennes [52], bordez de beaux arbres qu'ils nomment molly. Où ils ont trouvé des montaignes et rochers ils les ont taillez et applanis, et comblé les fondrieres de pierre et chaux. Au chef de chasque journée, il y a de beaux palais fournis de vivres, de vestements et d'armes, tant pour les voyageurs que pour les armées qui ont à y passer. En l'estimation de cet ouvrage, j'ay compté la difficulté, qui est particulierement considerable en ce lieu là. Ils ne bastissoient poinct de moindres pierres que de dix pieds en carré ; ils n'avoient autre moyen de charrier qu'à force de bras, en traînant leur charge ; et pas seulement l'art d'eschafauder, n'y sçachant autre finesse que de hausser autant de terre contre leur bastiment, comme il s'esleve, pour l'oster après.

Retombons à nos coches. En leur place, et de toute autre voiture, ils se faisoient porter par les hommes et sur leurs espaules. Ce dernier Roy du Peru, le jour qu'il fut pris, estoit ainsi porté sur des brancars d'or, et assis dans une cheze d'or, au milieu de sa bataille. Autant qu'on tuoit de ces porteurs pour le faire choir à bas, (car on le vouloit prendre vif), autant d'autres, et à l'envy, prenoient la place des morts, de façon qu'on ne le peut onques abbatre, quelque meurtre qu'on fit de ces gens là, jusques à ce qu'un homme de cheval l'alla saisir au corps, et l'avalla par terre.

CHAPITRE VII

DE L'INCOMMODITÉ DE LA GRANDEUR

// Puisque nous ne la pouvons aveindre [1], vengeons nous à en mesdire. (Si, n'est pas entierement mesdire de quelque chose, d'y trouver des deffauts; il s'en trouve en toutes choses, pour belles et desirables qu'elles soyent.) En general, elle a cet évident avantage qu'elle se ravalle quand il luy plaist, et qu'à peu près elle a le chois de l'une et l'autre condition; car on ne tombe pas de toute hauteur; il en est plus desquelles on peut descendre sans tomber. Bien me semble il que nous la faisons trop valoir, et trop valoir aussi la resolution de ceux que nous avons ou veu, ou ouy dire l'avoir mesprisée, ou s'en estre desmis de leur propre dessein. Son essence n'est pas si evidemment commode, qu'on ne la puisse refuser sans miracle. Je trouve l'effort bien difficile à la souffrance des maux; mais, au contentement d'une mediocre mesure de fortune et fuite de la grandeur, j'y trouve fort peu d'affaire. C'est une vertu, ce me semble, où moy, qui ne suis qu'un oyson, arriverois sans beaucoup de contention. Que doivent faire ceux qui mettroyent encores en consideration la gloire qui accompaigne ce refus, auquel il peut escheoir plus d'ambition qu'au desir mesme et jouyssance de la grandeur; d'autant que l'ambition ne se conduit jamais mieux selon soy que par une voye esgarée et inusitée ?

J'esguise mon courage vers la patience, je l'affoiblis vers le desir. Autant ay-je à souhaiter qu'un autre, et laisse à mes souhaits autant de liberté et d'indiscretion; mais pourtant, si ne m'est-il jamais advenu de souhaiter ny empire ny Royauté, ny l'eminence de ces hautes fortunes et commenderesses. Je ne vise pas de ce costé là, je m'ayme trop. Quand je pense à croistre, c'est bassement, d'une accroissance contrainte et coüarde, proprement pour moy, en resolution, en prudence, en santé, en beauté, et en richesse encore. Mais ce credit, cette auctorité si puissante foule mon imagination. Et, tout à l'opposite de l'autre [2], m'aimerois à l'avanture mieux deuxiesme ou troisiesme à Perigueux que premier à Paris; au moins, sans mentir, mieux troisiesme à Paris, que premier en charge. Je ne veux ny debattre avec un huissier de porte, miserable inconnu, ny faire fendre en adoration les presses où je passe. Je suis duit à un estage moyen, comme par mon sort, aussi par mon goust. /// Et ay montré, en la conduitte de ma vie et de mes entreprinses, que j'ay plustost fuy qu'autrement d'enjamber par dessus le degré de fortune auquel Dieu logea ma naissance. Toute constitution naturelle est pareillement juste et aisée.

// J'ay ainsi l'ame poltrone, que je ne mesure pas la bonne fortune selon sa hauteur; je la mesure selon sa facilité.

/// Mais si je n'ay point le cœur gros assez, je l'ay à l'équipollent [3] ouvert, et qui m'ordonne de publier hardiment sa foiblesse. Qui me donneroit à conferer la vie de L. Thorius Balbus, gallant homme, beau, sçavant, sain, entendu et abondant en toute sorte de commoditez et plaisirs, conduisant une vie tranquille et toute sienne, l'ame bien preparée contre la mort, la superstition, les douleurs et autres encombriers [4] de l'humaine necessité, mourant en fin en bataille, les armes à la main, pour la defense de son païs, d'une part; et d'autre part la vie de M. Regulus, ainsi grande et hautaine que chacun la connoit, et sa fin admirable; l'une sans nom, sans dignité, l'autre exemplaire et glorieuse à merveilles; j'en diroy certes ce qu'en dict Cicero, si je sçavoy aussi bien dire que luy. Mais s'il me les falloit coucher sur la mienne, je diroy aussi que la premiere est autant selon ma portée et selon mon desir que je conforme à ma portée, comme la seconde est loing au delà; qu'à cette cy je ne puis advenir que par veneration, j'adviendroy volontiers à l'autre par usage.

Retournons à nostre grandeur temporelle, d'où nous sommes partis.

// Je suis desgousté de maistrise et active et passive. /// Otanez, l'un des sept qui avoient droit de pretendre au royaume de Perse, print un party que j'eusse prins volontiers; c'est qu'il quitta à ses compagnons son droit d'y pouvoir arriver par election ou par sort, pourveu que luy et les siens vescussent en cet empire hors de toute subjection et maistrise, sauf celle des loix antiques, et y eussent toute liberté qui ne porteroit prejudice à icelles, impatient de commander comme d'estre commandé.

// Le plus aspre et difficile mestier du monde, à mon gré, c'est faire dignement le Roy. J'excuse plus de leurs fautes qu'on ne faict communéement, en consideration de l'horrible poix de leur charge, qui m'estonne. Il est difficile de garder mesure à une puissance si desmesurée. Si est-ce que c'est, envers ceux mesme qui sont de moins excellente nature, une singuliere incitation à la vertu d'estre logé en tel lieu où vous ne faciez aucun bien qui ne soit mis en registre et en conte, et où le moindre bien faire porte sur tant de gens, et où vostre suffisance, comme celle des prescheurs, s'adresse principalement au peuple, juge peu exacte, facile à piper, facile à contenter. Il est peu de choses ausquelles nous puissions donner le jugement syncere, parce qu'il en est peu ausquelles, en quelque façon, nous n'ayons particulier interest. La superiorité et inferiorité, la maistrise et la subjection, sont obligées à une naturelle envie et contestation; il faut qu'elles s'entrepillent perpetuellement. Je ne crois n'y l'une, ny l'autre des droicts de sa compaigne; laissons en dire à la raison, qui est inflexible et impassible, quand nous en pourrons finer [5]. Je feuilletois, il n'y a pas un mois, deux livres escossois [6] se combattans sur ce subject; le populaire rend le Roy de pire condition qu'un charretier; le monarchique le loge quelques brasses au dessus de Dieu en puissance et souveraineté.

Or l'incommodité de la grandeur, que j'ay pris icy à remarquer par quelque occasion qui vient de m'en advertir, est cette cy. Il n'est à l'avanture rien plus plaisant au commerce des hommes que les essays que nous faisons les uns contre les autres, par jalousie d'honneur et de valeur, soit aux exercices du corps, ou de l'esprit, ausquels la grandeur souveraine n'a aucune vraye part. A la verité, il m'a semblé souvent qu'à force de respect, on y traicte les Princes desdaigneusement et injurieusement. Car ce dequoy je m'offençois infiniement en mon enfance, que ceux qui s'exerçoyent avec moy espargnassent de s'y employer à bon escient, pour me trouver indigne contre qui ils s'efforçassent, c'est ce qu'on voit leur advenir tous les jours, chacun se trouvant indigne de s'efforcer contre eux. Si on recognoist qu'ils ayent tant soit peu d'affection à la victoire, il n'est celuy qui ne se travaille à la leur prester, et qui n'aime mieux trahir sa gloire que d'offenser la leur; on n'y employe qu'autant d'effort qu'il en faut pour servir à leur honneur. Quelle part ont-ils à la meslée, en laquelle chacun est pour eux ? Il me semble voir ces paladins du temps passé se presentans aus joustes et aus combats avec des corps et des armes faées [7]. Brisson, courant contre Alexandre, se feingnit en la course; Alexandre l'en tança, mais il luy en devoit faire donner le foet. Pour cette consideration, Carneades disoit que les enfans des Princes n'apprennent rien à droict [8] qu'à manier des chevaux, d'autant que en tout autre exercice chacun fleschit soubs eux et leur donne gaigné; mais un cheval, qui n'est ny flateur ny courtisan, verse le fils du Roy à terre comme il feroit le fils d'un crocheteur. Homere a esté contrainct de consentir que Venus fut blessée au combat de Troye, une si douce saincte, et si delicate, pour luy donner du courage et de la hardiesse, qualitez qui ne tombent aucunement en ceux qui sont exempts de danger. On faict courroucer, craindre, fuyr les dieux, s'enjalouser, se douloir et se passionner, pour les honorer des vertus qui se bastissent entre nous de ces imperfections.

Qui ne participe au hazard et difficulté, ne peut pretendre interest à l'honneur et plaisir qui suit les actions hazardeuses. C'est pitié de pouvoir tant, qu'il advienne que toutes choses vous cedent. Vostre fortune rejecte trop loing de vous la societé et la compaignie, elle vous plante trop à l'escart. Cette aysance et lâche facilité de faire tout baisser soubs soy est ennemye de toute sorte de plaisir; c'est glisser, cela, ce n'est pas aller; c'est dormir, ce n'est pas vivre. Concevez l'homme accompaigné d'omnipotence, vous l'abismez; il faut qu'il vous demande par aumosne de l'empeschement et de la resistance; son estre et son bien est en indigence.

Leurs bonnes qualitez sont mortes et perdues, car elles ne se sentent que par comparaison, et on les en met hors; ils ont peu de cognoissance de la vraye loüange, estans batus d'une si continuele approbation et uniforme. Ont ils affaire au plus sot de leurs subjects, ils n'ont aucun moyen de prendre advantage sur luy; en disant : « C'est pour ce qu'il est mon Roy », il luy semble avoir assez dict qu'il a presté la main à se laisser vaincre. Cette qualité estouffe et consomme les autres qualitez vrayes et essentielles : elles sont enfoncées dans la Royauté, et ne leur laisse à eux faire valoir que les actions qui la touchent directement et qui luy servent, les offices de leur charge. C'est tant estre Roy qu'il n'est que par là. Cette lueur estrangere qui l'environne, le cache et nous le desrobe, nostre veuë s'y rompt et s'y dissipe, estant remplie et arrestée par cette forte lumiere. Le Senat ordonna le pris d'eloquence à

Tybere; il le refusa, n'estimant pas que, d'un jugement si peu libre, quand bien il eust esté veritable, il s'en peut ressentir [9].

Comme on leur cede tous avantages d'honneur, aussi conforte [10] l'on et auctorise les deffauts et vices qu'ils ont, non seulement par approbation, mais aussi par imitation. Chacun des suyvans d'Alexandre portoit comme luy la teste à costé; et les flateurs de Dionysius s'entrehurtoyent en sa presence, poussoyent et versoyent ce qui se rencontroit à leurs pieds, pour dire qu'ils avoyent la veuë aussi courte que luy. Les greveures [11] ont aussi par fois servy de recommandation et faveur. J'en ay veu la surdité en affectation; et, par ce que le maistre hayssoit sa femme, Plutarque a veu les courtisans repudier les leurs, qu'ils aymoyent. Qui plus est, la paillardise s'en est veuë en credit, et toute dissolution; comme aussi la desloyauté, les blasphemes, la cruauté; comme l'heresie; comme la superstition, l'irreligion, la mollesse; et pis, si pis il y a : par un exemple encores plus dangereux que celuy des flateurs de Mithridates, qui, d'autant que leur maistre envioit l'honneur de bon medecin, luy portoyent à inciser et cauteriser leurs membres; car ces autres souffrent cauteriser leur ame, partie plus delicate et plus noble.

Mais, pour achever par où j'ay commencé, Adrian l'Empereur debatant avec le philosophe Favorinus de l'interpretation de quelque mot, Favorinus luy en quicta bien tost la victoire. Ses amys se plaignans à luy : « Vous vous moquez, fit-il; voudriez vous qu'il ne fut pas plus sçavant que moy, luy qui commande à trente legions ? » Auguste escrivit des vers contre Asinius Pollio : « Et moy, dict Pollio, je me tais; ce n'est pas sagesse d'escrire à l'envy de celuy qui peut proscrire. » Et avoyent raison. Car Dionysius, pour ne pouvoir esgaller Philoxenus en la poësie, et Platon en discours [12], en condemna l'un aus carrieres, et envoya vendre l'autre esclave en l'isle d'Ægine.

CHAPITRE VIII

DE L'ART DE CONFERER

// C'est un usage de nostre justice, d'en condamner aucuns pour l'advertissement des autres.

/// De les condamner par ce qu'ils ont failly, ce seroit bestise, comme dict Platon. Car, ce qui est faict, ne se peut deffaire; mais c'est affin qu'ils ne faillent plus de mesmes, ou qu'on fuye l'exemple de leur faute.

// On ne corrige pas celuy qu'on pend, on corrige les autres par luy. Je faicts de mesmes. Mes erreurs sont tantost naturelles et incorrigibles; mais, ce que les honnestes hommes profitent au public en se faisant imiter, je le profiteray à l'avanture à me faire eviter :

> *Nonne vides Albi ut male vivat filius, utque*
> *Barrus inops ? magnum documentum, ne patriam rem*
> *Perdere quis velit* [1].

Publiant [2] et accusant mes imperfections, quelqu'un apprendra de les craindre. Les parties que j'estime le plus en moy, tirent plus d'honneur de m'accuser que de me recommander. Voilà pourquoi j'y retombe et m'y arreste plus souvent. Mais, quand tout est conté, on ne parle jamais de soy sans perte. Les propres condemnations [3] sont tousjours accruës, les louanges mescruës.

Il en peut estre aucuns de ma complexion, qui m'instruis mieux par contrarieté que par exemple, et par fuite que par suite. A cette sorte de discipline regardoit le vieux Caton, quand il dict que les sages ont plus à apprendre des fols que les fols des sages; et cet ancien joueur de lyre, que Pausanias recite avoir accoustumé contraindre ses disciples d'aller ouyr un mauvais sonneur [4] qui logeoit vis à vis de luy, où ils apprinsent à hayr ses desaccords et fauces mesures. L'horreur de la cruauté me rejecte plus avant en la clemence qu'aucun patron de clemence ne me

sçauroit attirer. Un bon escuyer ne redresse pas tant mon
assiete, comme faict un procureur ou un Venitien à cheval;
et une mauvaise façon de langage reforme mieux la mienne
que ne faict la bonne. Tous les jours la sotte contenance
d'un autre m'advertit et m'advise. Ce qui poind, touche
et esveille mieux que ce qui plaist. Ce temps n'est propre
à nous amender qu'à reculons, par disconvenance plus
que par accord, par difference que par similitude. Estant
peu aprins par les bons exemples, je me sers des mauvais,
desquels la leçon est ordinaire. /// Je me suis efforcé de
me rendre autant aggreable comme j'en voyoy de fascheux,
aussi ferme que j'en voyoy de mols, aussi doux que j'en
voyoy d'aspres. Mais je me proposoy des mesures invincibles.

// Le plus fructueux et naturel exercice de nostre esprit,
c'est à mon gré la conference. J'en trouve l'usage plus
doux que d'aucune autre action de nostre vie; et c'est la
raison pourquoy, si j'estois asture forcé de choisir, je
consentirois plustost, ce crois-je, de perdre la veuë que
l'ouir ou le parler. Les Atheniens, et encore les Romains,
conservoient en grand honneur cet exercice en leurs
Academies. De nostre temps, les Italiens en retiennent
quelques vestiges, à leur grand profict, comme il se voit
par la comparaison de nos entendemens aux leurs. L'estude
des livres, c'est un mouvement languissant et foible qui
n'eschauffe poinct; là où la conference apprend et exerce
en un coup. Si je confere avec une ame forte et un roide
jousteur, il me presse les flancs, me pique à gauche et à
dextre; ses imaginations eslancent les miennes. La jalousie,
la gloire, la contention me poussent et rehaussent au dessus
de moy-mesmes. Et l'unisson est qualité du tout ennuyeuse
en la conference.

Comme nostre esprit se fortifie par la communication
des esprits vigoureux et reiglez, il ne se peut dire combien
il perd et s'abastardit par le continuel commerce et frequentation que nous avons avec les esprits bas et maladifs.
Il n'est contagion qui s'espande comme celle-là. Je sçay
par assez d'experience combien en vaut l'aune. J'ayme à
contester et à discourir, mais c'est avec peu d'hommes et
pour moy. Car de servir de spectacle aux grands et faire
à l'envy parade de son esprit et de son caquet, je trouve que
c'est un mestier très-messeant, à un homme d'honneur.

La sottise est une mauvaise qualité; mais de ne la pouvoir
supporter, et s'en despiter et ronger, comme il m'advient,
c'est une autre sorte de maladie qui ne doit guere à la

sottise en importunité; et est ce qu'à present je veux accuser du mien.

J'entre en conference et en dispute avec grande liberté et facilité, d'autant que l'opinion trouve en moy le terrein mal propre à y penetrer et y pousser de hautes racines. Nulles propositions m'estonnent, nulle creance me blesse, quelque contrarieté qu'elle aye à la mienne. Il n'est si frivole et si extravagante fantasie qui ne me semble bien sortable à la production de l'esprit humain. Nous autres, qui privons nostre jugement du droict de faire des arrests, regardons mollement les opinions diverses, et, si nous n'y prestons le jugement, nous y prestons aiséement l'oreille. Où l'un plat est vuide du tout en la balance, je laisse vaciller l'autre, sous les songes d'une vieille. Et me semble estre excusable si j'accepte plustost le nombre impair; le jeudy au pris du vendredy; si je m'aime mieux douziesme ou quatorziesme que treziesme à table; si je vois plus volontiers un liévre costoyant que traversant mon chemin quand je voyage, et donne plustost le pied gauche que le droict à chausser. Toutes telles ravasseries, qui sont en credit autour de nous, meritent aumoins qu'on les escoute. Pour moy, elles emportent seulement l'inanité [5], mais elles l'emportent. Encores sont en poids les opinions vulgaires et casuelles autre chose que rien en nature. Et, qui ne s'y laisse aller jusques là, tombe à l'avanture au vice de l'opiniastreté pour eviter celuy de la superstition.

Les contradictions donc des jugemens ne m'offencent, ny m'alterent; elles m'esveillent seulement et m'exercent. Nous fuyons à la correction, il s'y faudroit presenter et produire, notamment quand elle vient par forme de conferance, non de rejance [6]. A chaque opposition, on ne regarde pas si elle est juste, mais, à tort ou à droit, comment on s'en deffera. Au lieu d'y tendre les bras, nous y tendons les griffes. Je souffrirois estre rudement heurté par mes amis : « Tu es un sot, tu resves. » J'ayme, entre les galans hommes, qu'on s'exprime courageusement, que les mots aillent où va la pensée. Il nous faut fortifier l'ouie et la durcir contre cette tandreur du son ceremonieux des parolles. J'ayme une societé et familiarité forte et virile, une amitié qui se flatte en l'aspreté et vigueur de son commerce, comme l'amour, és morsures et esgratigneures sanglantes.

/// Elle n'est pas assez vigoureuse et genereuse, si elle n'est querelleuse, si elle est civilisée et artiste, si elle craint le hurt [7] et a ses allures contreintes.

Neque enim disputari sine reprehensione potest [8].

// Quand on me contrarie, on esveille mon attention, non pas ma cholere; je m'avance vers celuy qui me contredit, qui m'instruit. La cause de la verité devroit estre la cause commune à l'un et à l'autre. Que respondra-il ? la passion du courroux luy a desjà frappé le jugement. Le trouble s'en est saisi avant la raison. Il seroit utile qu'on passast par gageure la decision de nos disputes [9], qu'il y eut une marque materielle de nos pertes, affin que nous en tinssions estat, et que mon valet me peut dire : « Il vous costa, l'année passée, cent escus à vingt fois d'avoir esté ignorant et opiniastre. »

Je festoye et caresse la verité en quelque main que je la trouve, et m'y rends alaigrement et luy tends mes armes vaincues, de loing que je la vois approcher. /// Et, pourveu qu'on n'y procede d'une troigne trop imperieuse et magistrale [10], je preste l'espaule aux reprehensions que l'on faict en mes escrits ; et les ay souvent changez plus par raison de civilité que par raison d'amendement ; aymant à gratifier et nourrir la liberté de m'advertir par la facilité de ceder ; ouy, à mes despans. Toutefois il est certes malaisé d'y attirer les hommes, de mon temps ; ils n'ont pas le courage de corriger, par ce qu'ils n'ont pas le courage de souffrir à l'estre, et parlent tousjours avec dissimulation en presence les uns des autres. Je prens si grand plaisir d'estre jugé et cogneu, qu'il m'est comme indifferent en quelle des deux formes je le soys. Mon imagination se contredit elle mesme si souvent et condamne, que ce m'est tout un qu'un autre le face : veu principalement que je ne donne à sa reprehension que l'authorité que je veux. Mais je romps paille [11] avec celuy qui se tient si haut à la main [12], comme j'en cognoy quelqu'un qui plaint son advertissement, s'il n'en est creu, et prend à injure si on estrive [13] à le suivre. Ce que Socrates recueilloit, tousjours riant, les contradictions qu'on faisoit à son discours, on pourroit dire que sa force en estoit cause, et que, l'avantage ayant à tomber certainement de son costé, il les acceptoit comme matiere de nouvelle gloire. Mais nous voyons au rebours qu'il n'est rien qui nous y rende le sentiment si delicat, que l'opinion de la préeminence et desdaing de l'adversaire ; et que, par raison, c'est au foible plustost d'accepter de bon gré les oppositions qui le redressent et rabillent. // Je cerche à la verité plus la frequentation de ceux qui me gourment que de ceux qui me craignent. C'est un plaisir fade et nuisible d'avoir affaire à gens qui nous admirent et facent place. Antisthenes commanda à ses enfans de ne sçavoir jamais gré ny grace à homme qui les louat. Je me sens bien plus fier de la victoire que je gaigne sur moy quand, en l'ardeur mesme du combat, je me faicts plier soubs la force de la raison de mon adversaire, que je ne me sens gré de la victoire que je gaigne sur luy par sa foiblesse.

En fin, je reçois et advoue toutes sortes d'atteinctes qui sont de droict fil pour foibles qu'elles soient, mais je suis par trop impatient de celles qui se donnent sans forme. Il me chaut peu de la matiere, et me sont les opinions unes, et la victoire du subject à peu prés indifferente. Tout un jour je contesteray paisiblement, si la conduicte du debat se suit avec ordre. /// Ce n'est pas tant la force et la subtilité que je demande, comme l'ordre. L'ordre qui se voit tous les jours aux altercations des bergers et des enfans de boutique, jamais entre nous. S'ils se detraquent, c'est en incivilité; si faisons nous bien [14]. Mais leur tumulte et impatiance ne les devoye pas de leur theme : leur propos suit son cours. S'ils previennent l'un l'autre [15], s'ils ne s'attendent pas, au moins ils s'entendent. On respond tousjours trop bien pour moy, si on respond à propos. // Mais quand la dispute est trouble et des-reglée, je quitte la chose et m'attache à la forme avec despit et indiscretion, et me jette à une façon de debattre testue, malicieuse et imperieuse, dequoy j'ay à rougir aprés.

/// Il est impossible de traitter de bonne foy avec un sot. Mon jugement ne se corrompt pas seulement à la main d'un maistre si impetueux, mais aussi ma conscience.

Noz disputes devoient estre defendues et punies comme d'autres crimes verbaux. Quel vice n'esveillent elles et n'amoncellent, tousjours regies et commandées par la cholere! Nous entrons en inimitié, premierement contre les raisons, et puis contre les hommes. Nous n'aprenons à disputer que pour contredire, et, chascun contredisant et estant contredict, il en advient que le fruit du disputer c'est perdre et aneantir la verité. Ainsi Platon, en sa *Republique*, prohibe cet exercice aux esprits ineptes et mal nays.

// A quoy faire vous mettez vous en voie de quester ce qui est avec celuy qui n'a ny pas, ny alleure qui vaille ? On ne faict poinct tort au subject, quand on le quicte pour voir du moyen de le traicter; je ne dis pas moyen scholastique et artiste [16], je dis moyen naturel, d'un sain entendement. Que sera-ce en fin ? L'un va en orient, l'autre en occident;

ils perdent le principal, et l'escartent dans la presse des incidens. Au bout d'une heure de tempeste, ils ne sçavent ce qu'ils cerchent; l'un est bas, l'autre haut, l'autre costié [17]. Qui se prend à un mot et une similitude; qui ne sent plus ce qu'on luy oppose, tant il est engagé en sa course; et pense à se suyvre, non pas à vous. Qui, se trouvant foible de reins, craint tout, refuse tout, mesle dès l'entrée et confond le propos; /// ou, sur l'effort du debat, se mutine à se faire tout plat; par une ignorance despite, affectant un orgueilleux mespris, ou une sottement modeste fuite de contention. // Pourveu que cettuy-cy frappe, il ne luy chaut combien il se descouvre. L'autre compte ses mots, et les poise pour raisons. Celuy-là n'y emploie que l'advantage de sa voix et de ses poulmons. En voilà qui conclud contre soy-mesme. Et cettuy-cy, qui vous assourdit de prefaces et digressions inutiles! /// Cet autre s'arme de pures injures et cherche une querelle d'Alemaigne pour se deffaire de la societé et conference d'un esprit qui presse le sien. // Ce dernier ne voit rien en la raison, mais il vous tient assiegé sur la closture dialectique de ses clauses et sur les formules de son art.

Or qui n'entre en deffiance des sciences, et n'est en doubte s'il s'en peut tirer quelque solide fruict au besoin de la vie, à considerer l'usage que nous en avons : /// « *nihil sanantibus litteris* [18] » ? // Qui a pris de l'entendement en la logique ? où sont ses belles promesses ? /// « *Nec ad melius vivendum nec ad commodius disserendum* [19]. » // Voit-on plus de barbouillage au caquet des harengeres qu'aux disputes publiques des hommes de cette profession ? J'aimeroy mieux que mon fils apprint aux tavernes à parler, qu'aux escholes de la parlerie. Ayez un maistre és arts, conferez avec luy : que ne nous faict-il sentir cette excellence artificielle [20], et ne ravit les femmes et les ignorans, comme nous sommes, par l'admiration de la fermeté de ses raisons, de la beauté de son ordre ? que ne nous domine-il et persuade comme il veut ? Un homme si avantageux en matiere et en conduicte [21], pourquoy mesle-il à son escrime les injures, l'indiscretion et la rage ? Qu'il oste son chapperon [22], sa robbe et son latin; qu'il ne batte pas nos aureilles d'Aristote tout pur et tout cru, vous le prendrez pour l'un d'entre nous, ou pis. Il me semble, de cette implication et entrelasseure de langage, par où ils nous pressent, qu'il en va comme des joueurs de passe-passe : leur souplesse combat et force nos sens, mais elle n'esbranle aucunement nostre creance; hors ce bastelage, ils ne font rien qui ne

soit commun et vile. Pour estre plus sçavants, ils n'en sont
pas moins ineptes.

J'ayme et honore le sçavoir autant que ceux qui l'ont; et,
en son vray usage, c'est le plus noble et puissant acquest des
hommes. Mais en ceux là (et il en est un nombre infiny de
ce genre) qui en establissent leur fondamentale suffisance
et valeur, qui se raportent de leur entendement à leur
memoire, /// « *sub aliena umbra latentes* [23] », // et ne peuvent
rien que par livre, je le hay, si je l'ose dire, un peu plus
que la bestise. En mon pays, et de mon temps, la doctrine
amande assez les bourses, rarement les ames. Si elle les
rencontre mousses, elle les aggrave et suffoque, masse
crue et indigeste; si desliées, elle les purifie volontiers,
clarifie et subtilise jusques à l'exinanition [24]. C'est chose de
qualité à peu près indifférente; très-utile accessoire à une
ame bien née, pernicieux à une autre ame et dommageable;
ou plustost chose de très pretieux usage, qui ne se laisse
pas posseder à vil pris; en quelque main, c'est un sceptre;
en quelque autre, une marotte. Mais suyvons.

Quelle plus grande victoire attendez-vous, que d'apprendre à vostre ennemy qu'il ne vous peut combatre ?
Quand vous gaignez l'avantage de vostre proposition,
c'est la verité qui gaigne; quand vous gaignez l'avantage
de l'ordre et de la conduite, c'est vous qui gaignez. /// Il
m'est advis qu'en Platon et en Xenophon Socrates dispute
plus en faveur des disputants qu'en faveur de la dispute, et,
pour instruire Euthydemus et Protagoras de la connoissance de leur impertinence, plus que de l'impertinence de
leur art. Il empoigne la premiere matiere comme celui qui
a une fin plus utile que de l'esclaircir, assavoir esclaircir
les esprits qu'il prend à manier et exercer. // L'agitation et
la chasse est proprement de nostre gibier : nous ne sommes
pas excusables de la conduire mal et impertinemment; de
faillir à la prise, c'est autre chose. Car nous sommes nais
à quester la verité; il appartient de la posseder à une plus
grande puissance. Elle n'est pas, comme disoit Democritus,
cachée dans le fons des abismes, mais plustost eslevée
en hauteur infinie en la cognoissance divine. /// Le monde
n'est qu'une escole d'inquisition. // Ce n'est pas à qui
mettra dedans [25], mais à qui faira les plus belles courses.
Autant peut faire le sot celuy qui dict vray, que celuy qui
dict faux : car nous sommes sur la maniere, non sur la
matiere du dire. Mon humeur est de regarder autant à la
forme qu'à la substance, autant à l'advocat qu'à la cause,
comme Alcibiades ordonnoit qu'on fit.

/// Et tous les jours m'amuse à lire en des autheurs, sans soin de leur science, y cherchant leur façon, non leur subject. Tout ainsi que je poursuy la communication de quelque esprit fameux, non pour qu'il m'enseigne, mais pour que je le cognoisse.

// Tout homme peut dire veritablement; mais dire ordonnéement, prudemment et suffisamment, peu d'hommes le peuvent. Par ainsi, la faulceté qui vient d'ignorance ne m'offence point, c'est l'ineptie. J'ay rompu plusieurs marchez qui m'estoyent utiles, par l'impertinence de la contestation de ceux avec qui je marchandois. Je ne m'esmeus pas une fois l'an des fautes de ceux sur lesquels j'ay puissance; mais, sur le point de la bestise et opiniastreté de leurs allegations, excuses et defences asnieres et brutales, nous sommes tous les jours à nous en prendre à la gorge. Ils n'entendent ny ce qui se dict ny pourquoy, et respondent de mesme; c'est pour desesperer. Je ne sens heurter rudement ma teste que par une autre teste, et entre plustost en composition avec le vice de mes gens qu'avec leur temerité, importunité, et leur sottise. Qu'ils facent moins, pourveu qu'ils soyent capables de faire : vous vivez en esperance d'eschauffer leur volonté; mais d'une souche il n'y a ny qu'esperer, ny que jouyr qui vaille.

Or quoi, si je prens les choses autrement qu'elles ne sont ? Il peut estre; et pourtant j'accuse mon impatience, et tiens premierement qu'elle est également vitieuse en celuy qui a droict comme en celuy qui a tort (car c'est tousjours un'aigreur tyrannique de ne pouvoir souffrir une forme diverse à la sienne); et puis, qu'il n'est, à la verité, point de plus grande fadese, et plus constante, que de s'esmouvoir et piquer des fadeses du monde, ny plus heteroclite. Car elle nous formalise principalement contre nous; et ce philosophe du temps passé n'eust jamais eu faute d'occasion à ses pleurs, tant qu'il se fût considéré. /// Myson, l'un des sept sages, d'une humeur Timoniene [26] et Democritiene, interrogé dequoy il rioit tout seul : « De ce mesmes que je ris tout seul », respondit-il.

// Combien de sottises dis-je et respons-je tous les jours, selon moy; et volontiers donq combien plus frequentes, selon autruy! /// Si je m'en mors les levres, qu'en doivent faire les autres ? Somme, il faut vivre entre les vivants, et laisser courre la riviere sous le pont sans nostre soing, ou à tout le moins, sans nostre alteration. // Voyre mais, pourquoy, sans nous esmouvoir, rencontrons nous quelqu'un qui ayt le corps tortu et mal basty, et ne pouvons souffrir

le rencontre d'un esprit mal rengé sans nous mettre en
cholere ? Cette vitieuse aspreté tient plus au juge qu'à la
faute. Ayons tousjours en la bouche ce mot de Platon :
/// « Ce que je treuve mal sain, n'est-ce pas pour estre moy
mesme mal sain ? » // Ne suis-je pas moy mesmes en
coulpe ? Mon advertissement se peut-il pas renverser
contre moy ? Sage et divin refrein, qui fouete la plus universelle et commune erreur des hommes. /// Non seulement les reproches que nous faisons les uns aux autres,
mais nos raisons aussi et nos arguments ès matieres
controverses [27] sont ordinerement contournables vers nous,
et nous enferrons de nos armes. Dequoy l'ancienneté m'a
laissé assez de graves exemples. // Ce fut ingenieusement
bien dict et très à propos par celuy qui l'inventa :

Stercus cuique suum bene olet [28].

/// Noz yeux ne voient rien en derriere. Cent fois du
jour, nous nous moquons de nous sur le subject de nostre
voisin et detestons en d'autres les defauts qui sont en nous
plus clairement, et les admirons, d'une merveilleuse impudence et inadvertance. Encores hier je fus à mesmes de
veoir un homme d'entendement et gentil personnage se
moquant aussi plaisamment que justement de l'inepte
façon d'un autre qui rompt la teste à tout le monde de ses
genealogies et alliances plus de moitié fauces (ceux-là se
jettent plus volontiers sur tels sots propos qui ont leurs
qualitez plus doubteuses et moins seures); et luy, s'il eust
reculé sur soy, se fut trouvé non guere moins intemperant
et ennuyeus à semer et faire valoir les prerogatives de la
race de sa femme. O importune presomption de laquelle la
femme se voit armée par les mains de son mary mesme !
S'ils entendoient latin, il leur faudroit dire :

Age! si hæc non insanit satis sua sponte, instiga [29].

Je n'entens pas que nul n'accuse qui ne soit net, car nul
n'accuseroit; voire ny net en mesme sorte de coulpe [30].
Mais j'entens que nostre jugement, chargeant sur un autre
duquel pour lors il est question, ne nous espargne pas
d'une interne jurisdiction. C'est office de charité que qui
ne peut oster un vice en soy cherche à l'oster ce neantmoins
en autruy, où il peut avoir moins maligne et revesche
semence. Ny ne me semble responce à propos à celuy qui
m'advertit de ma faute, dire qu'elle est aussi en luy. Quoy
pour cela ? Tousjours l'advertissement est vray et utile.

Si nous avions bon nez, nostre ordure nous devroit plus puïr [31] d'autant qu'elle est nostre. Et Socrates est d'advis que qui se trouveroit coulpable, et son fils, et un estranger, de quelque violence et injure [32], devroit comancer par soy à se presenter à la condamnation de la justice et implorer, pour se purger, le secours de la main du bourreau, secondement pour son fils et dernierement pour l'estranger. Si ce precepte prend le ton un peu plus haut, au moins se doibt-il presenter le premier à la punition de sa propre conscience.

// Les sens sont nos propres et premiers juges, qui n'apperçoivent les choses que par les accidents externes ; et n'est merveille si, en toutes les pieces du service de nostre societé, il y a un si perpetuel et universel meslange de ceremonies et apparences superficielles ; si que la meilleure et plus effectuelle part des polices consiste en cela. C'est tousjours à l'homme que nous avons affaire, duquel la condition est merveilleusement corporelle. Que ceux qui nous ont voulu bastir, ces années passées, un exercice de religion si contemplatif et immateriel [33], ne s'estonnent point s'il s'en trouve qui pensent qu'elle fut eschapée et fondue entre leurs doigts, si elle ne tenoit parmy nous comme marque, tiltre et instrument de division et de part [34], plus que par soy-mesmes. Comme en la conference : la gravité, la robbe et la fortune de celuy qui parle donne souvent credit à des propos vains et ineptes ; il n'est pas à presumer qu'un monsieur si suivy, si redouté n'aye au-dedans quelque suffisance autre que populaire, et qu'un homme à qui on donne tant de commissions et de charges, si desdaigneux et si morguant, ne soit plus habile que cet autre qui le salue de si loing et que personne n'employe. Non seulement les mots, mais aussi les grimaces de ces gens là se considerent et mettent en compte, chacun s'appliquant à y donner quelque belle et solide interpretation. S'ils se rabaissent à la conference commune et qu'on leur presente autre chose qu'aprobation et reverence, ils vous assomment de l'authorité de leur experience : ils ont ouy, ils ont veu, ils ont faict ; vous estes accablé d'exemples. Je leur dirois volontiers que le fruict de l'experience d'un chirurgien n'est pas l'histoire de ses practiques, et se souvenir qu'il a guery quatre empestez et trois gouteux, s'il ne sçait de cet usage tirer dequoy former son jugement, et ne nous sçait faire sentir qu'il en soit devenu plus sage à l'usage de son art. /// Comme, en un concert d'instruments, on n'oit pas un lut, une espinette et la flutte, on oyt

une harmonie en globe, l'assemblage et le fruict de tout cet
amas. // Si les voyages et les charges les ont amendez, c'est
à la production de leur entendement de le faire paroistre.
Ce n'est pas assez de compter les experiences, il les faut
poiser et assortir et les faut avoir digerées et alambiquées [35],
pour en tirer les raisons et conclusions qu'elles portent.
Il ne fut jamais tant d'historiens. Bon est il tousjours et
utile de les ouyr, car ils nous fournissent tout plain de
belles instructions et louables du magasin de leur memoire;
grande partie, certes, au secours de la vie; mais nous ne
cerchons pas cela pour cette heure, nous cerchons si ces
recitateurs et recueilleurs sont louables eux mesme.

Je hay toute sorte de tyrannie, et la parliere, et l'effectuelle [36]. Je me bande volontiers contre ces vaines circonstances qui pipent nostre jugement par les sens; et, me
tenant au guet de ces grandeurs extraordinaires, ay trouvé
que ce sont, pour le plus, des hommes comme les autres.

> *Rarus enim ferme sensus communis in illa*
> *Fortuna* [37].

A l'avanture, les estime l'on et aperçoit moindres qu'ils
ne sont, d'autant qu'ils entreprennent plus et se montrent
plus : ils ne respondent point au faix qu'ils ont pris. Il
faut qu'il y ayt plus de vigueur et de pouvoir au porteur
qu'en la charge. Celuy qui n'a pas remply sa force, il vous
laisse deviner s'il a encore de la force au delà, et s'il a esté
essayé jusques à son dernier poinct; celuy qui succombe à
sa charge, il descouvre sa mesure et la foiblesse de ses
espaules. C'est pourquoy on voit tant d'ineptes ames entre
les sçavantes, et plus que d'autres : il s'en fut faict des bons
hommes de mesnage, bons marchans, bons artizans; leur
vigueur naturelle estoit taillée à cette proposition. C'est
chose de grand poix que la science; ils fondent dessoubs.
Pour estaller et distribuer cette noble et puissante matiere,
pour l'employer et s'en ayder, leur engin n'a ny assez de
vigueur, ny assez de maniement : elle ne peut qu'en une
forte nature; or elles sont bien rares. /// « Et les foibles, dict
Socrates, corrompent la dignité de la philosophie en la
maniant. » Elle paroist et inutile et vicieuse quand elle
est mal estuyée. // Voilà comment ils se gastent et affolent,

> *Humani qualis simulator simius oris,*
> *Quem puer arridens pretioso stamine serum*
> *Velavit, nudasque nates ac terga reliquit,*
> *Ludibrium mensis* [38].

A ceux pareillement qui nous regissent et commandent, qui tiennent le monde en leur main, ce n'est pas assez d'avoir un entendement commun, de pouvoir ce que nous pouvons; ils sont bien loing au dessoubs de nous, s'ils ne sont bien loing au dessus. Comme ils promettent plus, ils doivent aussi plus; et pourtant leur est le silence non seulement contenance de respect et gravité, mais encore souvent de profit et de mesnage : car Megabysus, estant allé voir Appelles en son ouvrouer [39], fut long temps sans mot dire, et puis commença à discourir de ses ouvrages, dont il receut cette rude reprimende : « Tandis que tu as gardé silence, tu semblois quelque grande chose à cause de tes cheines [40] et de ta pompe; mais maintenant qu'on t'a ouy parler, il n'est pas jusques aux garsons de ma boutique qui ne te mesprisent. » Ces magnifiques atours, ce grand estat, ne luy permettoient point d'estre ignorant d'une ignorance populaire, et de parler impertinemment de la peinture : il devoit maintenir, muet, cette externe et præsomptive suffisance. A combien de sottes ames, en mon temps, a servy une mine froide et taciturne de tiltre de prudence et de capacité!

Les dignitez, les charges, se donnent necessairement plus par fortune que par merite; et a l'on tort souvent de s'en prendre aux Roys. Au rebours, c'est merveille qu'ils y aient tant d'heur, y ayant si peu d'adresse [41] :

/// *Principis est virtus maxima nosse suos* [42] ;

// car la nature ne leur a pas donné la veuë qui se puisse estendre à tant de peuples, pour discerner de la precellence, et perser nos poitrines, où loge la cognoissance de nostre volonté et de nostre meilleure valeur. Il faut qu'ils nous trient par conjecture et à tastons, par la race, les richesses, la doctrine, la voix du peuple : très-foibles argumens. Qui pourroit trouver moien qu'on en peut juger par justice, et choisir les hommes par raison, establiroit de ce seul trait une parfaite forme de police.

« Ouy, mais il a mené à point ce grand affaire. » C'est dire quelque chose, mais ce n'est pas assez dire : car cette sentence est justement receuë, qu'il ne faut pas juger les conseils par les evenemens. /// Les Carthaginois punissoient les mauvais advis de leurs capitaines, encore qu'ils fussent corrigez par une heureuse issue. Et le peuple Romain a souvent refusé le triomphe à des grandes et très utiles victoires par ce que la conduitte du chef ne respondoit point à son bon heur. // On s'aperçoit ordinairement aux actions du monde que la fortune, pour nous apprendre combien elle peut en toutes choses, et qui prent plaisir à rabatre nostre presomption, n'aiant peu faire les malhabiles sages, elle les fait heureux, à l'envy de la vertu. Et se mesle volontiers à favoriser les executions où la trame est plus purement sienne. D'où il se voit tous les jours que les plus simples d'entre nous mettent à fin de très grandes besongnes, et publiques et privées. Et, comme Siranez le Persien respondit à ceux qui s'estonnoient comment ses affaires succedoient si mal, veu que ses propos estoient si sages, qu'il estoit seul maistre de ses propos, mais du succez de ses affaires, c'estoit la fortune, ceux-cy peuvent respondre de mesme, mais d'un contraire biais. La plus part des choses du monde se font par elles mesmes,

Fata viam inveniunt [43].

L'issuë authorise souvent une très inepte conduite. Nostre entremise n'est quasi qu'une routine, et plus communéement consideration d'usage et d'exemple que de raison. Estonné de la grandeur de l'affaire, j'ay autrefois sceu par ceux qui l'avoient mené à fin leurs motifs et leur addresse [44] : je n'y ay trouvé que des advis vulgaires ; et les plus vulgaires et usitez sont aussi peut estre les plus seurs et plus commodes à la pratique, sinon à la montre.

Quoy, si les plus plattes raisons sont les mieux assises ? les plus basses et lasches, et les plus battues, se couchent mieux aux affaires ? Pour conserver l'authorité du Conseil des Roys, il n'est pas besoing que les personnes profanes y participent et y voyent plus avant que de la première barriere. Il se doibt reverer à credit et en bloc, qui en veut nourrir la reputation. Ma consultation esbauche un peu la matiere, et la considere legierement par ses premiers visages ; le fort et principal de la besongne, j'ay accoustumé de le resigner au ciel :

Permitte divis cetera [45].

L'heur et le mal'heur sont à mon gré deux souveraines puissances. C'est imprudence d'estimer que l'humaine prudence puisse remplir le rolle de la fortune. Et vaine est l'entreprise de celuy qui presume d'embrasser et causes et consequences, et mener par la main le progrez de son faict ; vaine sur tout aux deliberations guerrieres. Il ne fut jamais plus de circonspection et prudence militaire qu'il s'en voit par fois entre nous : seroit ce qu'on crainct de se perdre en chemin, se reservant à la catastrophe de ce jeu ?

Je dis plus; que nostre sagesse mesme et consultation suit pour la plus part la conduicte du hazard. Ma volonté et mon discours se remue tantost d'un air, tantost d'un autre, et y a plusieurs de ces mouvemens qui se gouvernent sans moy. Ma raison a des impulsions et agitations journallieres et casuelles :

> Vertuntur species animorum, et pectora motus
> Nunc alios, alios dum nubila ventus agebat,
> Concipiunt [46].

Qu'on regarde qui sont les plus puissans aus villes, et qui font mieux leurs besongnes : on trouvera ordinairement que ce sont les moins habiles. Il est advenu aux femmes, aux enfans et aux insensez, de commander des grands estats, à l'esgal des plus suffisans Princes. /// Et y rencontrent, dict Thucydides, plus ordinairement les grossiers que les subtils. // Nous attribuons les effects de leur bonne fortune à leur prudence.

> /// Ut quisque fortuna utitur
> Ita præcellet, atque exinde sapere illum omnes dicimus [47].

// Parquoy je dis bien, en toutes façons, que les evenemens sont maigres tesmoings de nostre pris et capacité.

Or, j'estois sur ce point, qu'il ne faut que voir un homme eslevé en dignité : quand nous l'aurions cogneu trois jours devant homme de peu, il coule insensiblement en nos opinions une image de grandeur, de suffisance, et nous persuadons que, croissant de trein et de credit, il est creu de merite. Nous jugeons de luy, non selon sa valeur, mais à la mode des getons [48], selon la prerogative de son rang. Que la chanse tourne aussi, qu'il retombe et se remesle à la presse, chacun s'enquiert avec admiration de la cause qui l'avoit guindé si haut. « Est-ce luy ? faict on; n'y sçavoit il autre chose quand il y estoit ? les Princes se contentent ils de si peu ? nous estions vrayment en bonnes mains. » C'est chose que j'ay souvant veu de mon temps. Voyre et le masque des grandeurs, qu'on represente aux comedies, nous touche aucunement et nous pipe. Ce que j'adore moy-mesmes aus Roys, c'est la foule de leurs adorateurs. Toute inclination et soubmission leur est deuë, sauf celle de l'entendement. Ma raison n'est pas duite à se courber et flechir, ce sont mes genoux.

Melanthius, interrogé ce qu'il luy sembloit de la tragedie de Dionysius : « Je ne l'ay, dict-il, point veuë, tant elle est offusquée de langage. » Aussi la pluspart de ceux qui jugent les discours des grans debvroient dire : « Je n'ay point entendu son propos, tant il estoit offusqué de gravité, de grandeur et de majesté. »

Antisthenes suadoit [49] un jour aus Atheniens qu'ils commandassent que leurs asnes fussent aussi bien employez au labourage des terres, comme estoyent les chevaux; surquoy il luy fut respondu que cet animal n'estoit pas nay à un tel service : « C'est tout un, repliqua il, il n'y va que de vostre ordonnance; car les plus ignorans et incapables hommes que vous employez aus commandemens de vos guerres, ne laissent pas d'en devenir incontinent trèsdignes, parce que vous les y employez. »

A quoy touche l'usage de tant de peuples, qui canonizent le Roy qu'ils ont faict d'entre eux, et ne se contentent point de l'honnorer s'ils ne l'adorent. Ceux de Mexico, depuis que les ceremonies de son sacre sont parachevées, n'osent plus le regarder au visage : ains, comme s'ils l'avoyent deifié par sa royauté, entre les sermens qu'ils luy font jurer de maintenir leur religion, leurs loix, leurs libertez, d'estre vaillant, juste et debonnaire, il jure aussi de faire marcher le soleil en sa lumiere accoustumée, desgouster les nuées en temps oportun, courir aux rivieres leurs cours, et faire porter à la terre toutes choses necessaires à son peuple.

Je suis divers à cette façon commune, et me deffie plus de la suffisance quand je la vois accompaignée de grandeur de fortune et de recommandation populaire. Il nous faut prendre garde combien c'est de parler à son heure, de choisir son point, de rompre le propos ou le changer d'une authorité magistrale, de se deffendre des oppositions d'autruy par un mouvement de teste, un sous-ris ou un silence, devant une assistance qui tremble de reverence et de respect.

Un homme de monstrueuse fortune, venant mesler son advis à certain leger propos qui se demenoit tout láchement en sa table, commença justement ainsi : « Ce ne peut estre qu'un menteur ou ignorant qui dira autrement que, etc... » Suyvez cette pointe philosophique, un pouignart à la main.

Voicy un autre advertissement duquel je tire grand usage : c'est qu'aus disputes et conferences, tous les mots qui nous semblent bons ne doivent pas incontinent estre acceptez. La plus part des hommes sont riches d'une suffisance estrangere. Il peut advenir à tel de dire un beaut traict, une bonne responce et sentence, et la mettre en avant sans en cognoistre la force. /// Qu'on ne tient pas tout ce qu'on emprunte, à l'adventure se pourra il verifier par moy mesme. // Il n'y faut point tousjours ceder, quelque verité ou beauté qu'elle ait. Ou il la faut combatre à escient, ou se tirer arriere, soubs couleur de ne l'entendre pas, pour taster de toutes parts comment elle est logée en son autheur. Il peut advenir que nous nous enferrons, et aidons au coup outre sa portée. J'ay autrefois employé à la necessité et presse du combat des revirades qui ont faict faucée outre mon dessein et mon esperance [50]; je ne les donnois qu'en nombre, on les recevoit en pois. Tout ainsi comme quand je debats contre un homme vigoureux. je me plais d'anticiper ses conclusions, je luy oste la peine de s'interpreter, j'essaye de prevenir son imagination imparfaicte encores et naissante (l'ordre et la pertinence de son entendement m'advertit et menace de loing), de ces autres je faicts tout le rebours; il ne faut rien entendre que par eux, ny rien presupposer. S'ils jugent en parolles universelles : « Cecy est bon, cela ne l'est pas », et qu'ils rencontrent, voyez si c'est la fortune qui rencontre pour eux.

/// Qu'ils circonscrivent et restreignent un peu leur sentence : pourquoy c'est, par où c'est. Ces jugements universels que je vois si ordinaires ne disent rien. Ce sont gents qui saluent tout un peuple en foulle et en troupe. Ceux qui en ont vraye cognoissance le saluent et remarquent nomméement et particulierement. Mais c'est une hazardeuse entreprinse. D'où j'ay veu, plus souvent que tous les jours, advenir que les esprits foiblement fondez, voulant faire les ingenieux à remarquer en la lecture de quelque ouvrage le point de la beauté, arrestent leur admiration d'un si mauvais choix qu'au lieu de nous apprendre l'excellence de l'autheur, ils nous apprennent leur propre ignorance. Cette exclamation est seure : « Voylà qui est beau! » ayant ouy une entiere page de Vergile. Par là se sauvent les fins. Mais d'entreprendre à le suivre par espaulettes [51], et de jugement exprès et trié vouloir remarquer par où un bon autheur se surmonte, par où se rehausse, poisant les mots, les phrases [52], les inventions une après l'autre, ostez vous de là! « Videndum est non

*modo quid quisque loquatur, sed etiam quid quisque sentiat,
atque etiam qua de causa quisque sentiat* [53]. » J'oy journelle-
ment dire à des sots des mots non sots : // ils disent une
bonne chose ; sçachons jusques où ils la cognoissent, voyons
par où ils la tiennent. Nous les aydons à employer ce beau
mot et cette belle raison qu'ils ne possedent pas ; ils ne l'ont
qu'en garde ; ils l'auront produicte à l'avanture et à tastons ;
nous la leur mettons en credit et en pris.

Vous leur prestez la main. A quoy faire ? Ils ne vous en
sçavent nul gré, et en deviennent plus ineptes. Ne les
secondez pas, laisses les aller ; ils manieront cette matiere
comme gens qui ont peur de s'eschauder ; ils n'osent luy
changer d'assiete et de jour, ny l'enfoncer. Croslez la tant
soit peu, elle leur eschappe ; ils vous la quittent, toute
forte et belle qu'elle est. Ce sont belles armes, mais elles
sont mal emmanchées. Combien de fois en ay-je veu l'experience ? Or, si vous venez à les esclaircir et confirmer, ils
vous saisissent et desrobent incontinent cet avantage de
vostre interpretation : « C'estoit ce que je voulois dire ;
voylà justement ma conception ; si je ne l'ay ainsin exprimé,
ce n'est que faute de langue. » Souflez [54]. Il faut employer la
malice mesme à corriger cette fiere bestise. /// Le dogme [55]
d'Hegesias, qu'il ne faut ny haïr ny accuser, ains instruire,
a de la raison ailleurs ; mais icy // c'est injustice et inhumanité de secourir et redresser celuy qui n'en a que faire,
et qui en vaut moins. J'ayme à les laisser embourber et
empestrer encore plus qu'ils ne sont, et si avant, s'il est
possible, qu'en fin ils se recognoissent.

La sottise et desreglement de sens n'est pas chose
guerissable par un traict d'advertissement. /// Et pouvons
proprement dire de cette reparation [56] ce que Cyrus
respond à celuy qui le presse d'enhorter son ost sur le
point d'une bataille : « Que les hommes ne se rendent
pas courageux et belliqueux sur le champ par une bonne
harangue, non plus qu'on ne devient incontinent musicien
pour ouyr une bonne chanson. » Ce sont apprentissages
qui ont à estre faicts avant la main, par longue et constante
institution.

// Nous devons ce soing aux nostres, et cette assiduité
de correction et d'instruction ; mais d'aller prescher le
premier passant et regenter l'ignorance ou ineptie du
premier rencontré, c'est un usage auquel je veux grand
mal. Rarement le fais-je, aus propos mesme qui se passent
avec moy, et quite plustost tout que de venir à ces instructions reculées [57] et magistrales [58]. /// Mon humeur

n'est propre, non plus à parler qu'à escrire, pour les principians [59]. // Mais aux choses qui se disent en commun ou entre autres, pour fauces et absurdes que je les juge, je ne me jette jamais à la traverse ny de parolle, ny de signe. Au demeurant, rien ne me despite tant en la sottise que dequoy elle se plaist plus que aucune raison ne se peut raisonnablement plaire.

C'est mal'heur que la prudence vous deffend de vous satisfaire et fier de vous et vous en envoye tousjours mal content et craintif, là où l'opiniastreté et la temerité remplissent leurs hostes d'esjouïssance et d'asseurance. C'est aux plus mal habiles de regarder les autres hommes par dessus l'espaule, s'en retournans tousjours du combat plains de gloire et d'allegresse. Et le plus souvent encore cette outrecuidance de langage et gayeté de visage leur donne gaigné à l'endroit de l'assistance, qui est communément foible et incapable de bien juger et discerner les vrays avantages. /// L'obstination et ardeur d'opinion est la plus seure preuve de bestise. Est il rien certain, resolu, desdeigneux, contemplatif, grave, serieux, comme l'asne ?

// Pouvons nous pas mesler au tiltre de la conference [60] et communication [61] les devis [62] pointus et coupez que l'alegresse et la privauté introduict entre les amis, gossans [63] et gaudissans plaisamment et vifvement les uns les autres ? Exercice auquel ma gayeté naturelle me rend assez propre; et s'il n'est aussi tendu et serieux que cet autre exercice que je viens de dire, il n'est pas moins aigu et ingenieux, /// ny moins profitable, comme il sembloit à Lycurgus. // Pour mon regard, j'y apporte plus de liberté que d'esprit, et y ay plus d'heur que d'invention; mais je suis parfaict en la souffrance, car j'endure la revanche, non seulement aspre, mais indiscrete aussi sans alteration. Et à la charge qu'on me faict, si je n'ay dequoy repartir brusquement sur le champ, je ne vay pas m'amusant à suivre cette pointe, d'une contestation ennuyeuse et lasche, tirant à l'opiniastreté : je la laisse passer et, baissant joyeusement les oreilles, remets d'en avoir ma raison à quelque heure meilleure. N'est pas marchant qui tousjours gaigne. La plus part changent de visage et de voix où la force leur faut, et par une importune cholere, au lieu de se venger, accusent leur foiblesse ensemble et leur impatience. En cette gaillardise nous pinçons par fois des cordes secretes de nos imperfections, lesquelles, rassis, nous ne pouvons toucher sans offence; et nous entreadvertissons utillement de nos deffauts.

Il y a d'autres jeux de main, indiscrets et aspres, à la Françoise, que je hay mortellement : j'ay la peau tendre et sensible ; j'en ay veu en ma vie enterrer deux Princes de nostre sang royal[64]. /// Il faict laid se battre en s'esbatant.

// Au reste, quand je veux juger de quelqu'un, je luy demande combien il se contente de soy, jusques où son parler et sa besongne luy plaist. Je veux eviter ces belles excuses : « Je le fis en me joüant ;

Ablatum mediis opus est incudibus istud[65] ;

je n'y fus pas une heure ; je ne l'ay reveu depuis. » — « Or, fais-je, laissons donc ces pieces, donnez m'en une qui vous represente bien entier, par laquelle il vous plaise qu'on vous mesure. » Et puis : « Que trouvez vous le plus beau en vostre ouvrage ? Est-ce ou cette partie, ou cette cy ? la grace, ou la matiere, ou l'invention, ou le jugement, ou la science ? » Car ordinairement je m'aperçoy qu'on faut autant à juger de sa propre besongne que de celle d'autruy ; non seulement pour l'affection qu'on y mesle, mais pour n'avoir la suffisance de la cognoistre et distinguer. L'ouvrage, de sa propre force et fortune, peut seconder l'ouvrier outre son invention et connoissance et le devancer. Pour moy, je ne juge la valeur d'autre besongne plus obscurement que de la mienne ; et loge les *Essais* tantost bas, tantost haut, fort inconstamment et doubteusement.

Il y a plusieurs livres utiles à raison de leurs subjects, desquels l'autheur ne tire aucune recommandation, et des bons livres, comme des bons ouvrages, qui font honte à l'ouvrier. J'escriray la façon de nos convives et de nos vestemens, et l'escriray de mauvaise grace ; je publieray les edits de mon temps et les lettres des Princes qui passent és mains publiques ; je feray un abbregé sur un bon livre (et tout abbregé sur un bon livre est un sot abregé), lequel livre viendra à se perdre, et choses semblables. La posterité retirera utilité singuliere de telles compositions ; moy, quel honneur, si n'est de ma bonne fortune ? Bonne part des livres fameux sont de cette condition.

Quand je leus Philippe de Comines, il y a plusieurs années, trèsbon autheur certes, j'y remarquay ce mot pour non vulgaire : qu'il se faut bien garder de faire tant de service à son maistre, qu'on l'empesche d'en trouver la juste recompence. Je devois louer l'invention, non pas luy ; je la r'encontray en Tacitus, il n'y a pas long temps :

« *Beneficia eo usque læta sunt dum videntur exsolvi posse ; ubi multum antevenere, pro gratia odium redditur* [66]. » /// Et Seneque vigoureusement : « *Nam qui putat esse turpe non reddere, non vult esse cui reddat* [67]. » Q. Cicero d'un biais plus lâche : « *Qui se non putat satisfacere, amicus esse nullo modo potest* [68]. »

// Le suject, selon qu'il est, peut faire trouver un homme sçavant et memorieux [69], mais pour juger en luy les parties plus siennes et plus dignes, la force et beauté de son ame, il faut sçavoir ce qui est sien et ce qui ne l'est point, et en ce qui n'est pas sien combien on luy doibt en consideration du chois, disposition, ornement et langage qu'il y a fourny. Quoy ? s'il a emprunté la matiere et empiré la forme, comme il advient souvent. Nous autres, qui avons peu de practique avec les livres, sommes en cette peine que, quand nous voyons quelque belle invention en un poëte nouveau, quelque fort argument en un prescheur, nous n'osons pourtant les en louer que nous n'ayons prins instruction de quelque sçavant si cette piece leur est propre ou si elle est estrangere; jusques lors je me tiens tousjours sur mes gardes.

Je viens de courre d'un fil d'histoire de Tacitus (ce qui ne m'advient guere : il y a vint ans que je ne mis en livre une heure de suite), et l'ay faict à la suasion [70] d'un gentil-homme que la France estime beaucoup, tant pour sa valeur propre que pour une constante forme de suffisance et bonté qui se voit en plusieurs freres qu'ils sont. Je ne sçache point d'autheur qui mesle à un registre public tant de consideration des meurs et inclinations particulieres. /// Et me semble le rebours de ce qu'il luy semble à luy, que, ayant specialement à suivre les vies des Empereurs de son temps, si diverses et extremes en toute sorte de formes, tant de notables actions que nommément leur cruauté produisit en leurs subjects, il avoit une matiere plus forte et attirante à discourir et à narrer que s'il eust eu à dire des batailles et agitations universelles; si que souvent je le trouve sterile, courant par dessus ces belles morts comme s'il craignoit nous fascher de leur multitude et longueur.

// Cette forme d'Histoire est de beaucoup la plus utile. Les mouvemens publics dependent plus de la conduicte de la fortune, les privez de la nostre. C'est plustost un jugement que deduction d'Histoire; il y a plus de preceptes que de contes. Ce n'est pas un livre à lire, c'est un livre à estudier et apprendre; il est si plain de sentences qu'il

y en a à tort et à droict; c'est une pepinière de discours
ethiques et politiques, pour la provision et ornement
de ceux qui tiennent rang au maniement du monde. Il
plaide tousjours par raisons solides et vigoreuses, d'une
façon pointue et subtile, suyvant le stile affecté du siecle;
ils aymoyent tant à s'enfler qu'où ils ne trouvoyent de la
pointe et subtilité aux choses, ils l'empruntoyent des
parolles. Il ne retire pas mal à l'escrire de Seneque; il me
semble plus charnu, Seneque plus aigu. Son service est
plus propre à un estat trouble et malade, comme est le
nostre present : vous diriez souvent qu'il nous peinct et
qu'il nous pinse. Ceux qui doubtent de sa foy s'accusent
assez de luy vouloir mal d'ailleurs. Il a les opinions saines
et pend du bon party aux affaires Romaines. Je me plains
un peu toutesfois dequoy il a jugé de Pompeius plus
aigrement que ne porte l'advis des gens de bien qui ont
vescu et traicté avec luy, de l'avoir estimé du tout pareil à
Marius et à Sylla, sinon d'autant qu'il estoit plus couvert [71].
On n'a pas exempté d'ambition son intention au gouvernement des affaires, ny de vengeance, et ont crainct ses
amis mesme que la victoire l'eust emporté outre les bornes
de la raison, mais non pas jusques à une mesure si effrenée :
il n'y a rien en sa vie qui nous ayt menassé d'une si expresse
cruauté et tyrannie. Encores ne faut-il pas contrepoiser [72]
le soubçon à l'evidence : ainsi je ne l'en crois pas. Que ses
narrations soient naifves et droictes, il se pourroit à l'avanture argumenter de cecy mesme qu'elles ne s'appliquent
pas tousjours exactement aux conclusions de ses jugements,
lesquels il suit selon la pente qu'il y a prise, souvent outre
la matiere qu'il nous montre, laquelle il n'a daigné incliner
d'un seul air. Il n'a pas besoing d'excuse d'avoir approuvé
la religion de son temps, selon les loix qui luy comman-
doient, et ignoré la vraye. Cela, c'est son malheur, non pas
son defaut.

J'ay principalement consideré son jugement, et n'en
suis pas bien esclarcy par tout. Comme ces mots de la
lettre que Tibere vieil et malade envoyoit au Senat :
« Que vous escriray-je, messieurs, ou comment vous escriray-je, ou que ne vous escriray-je poinct en ce temps ?
Les dieux et les deesses me perdent [73] pirement que je ne
me sens tous les jours perir, si je le sçay », je n'apperçois
pas pourquoy il les applique si certainement à un poignant
remors qui tourmente la conscience de Tibere; au moins
lors que j'estois à mesme, je ne le vis point.

Cela m'a semblé aussi un peu lâche, qu'ayant eu à dire

qu'il avoit exercé certain honorable magistrat à Romme, il s'aille excusant que ce n'est point par ostentation qu'il l'a dit. Ce traict me semble bas de poil [74] pour une ame de sa sorte. Car le n'oser parler rondement de soy a quelque faute de cœur. Un jugement roide et hautain et qui juge sainement et seurement, il use à toutes mains des propres exemples ainsi que de chose estrangere, et tesmoigne franchement de luy comme de chose tierce. Il faut passer par dessus ces regles populaires de la civilité en faveur de la verité et de la liberté. /// J'ose non seulement parler de moy, mais parler seulement de moy; je fourvoye quand j'escry d'autre chose et me desrobe à mon subject. Je ne m'ayme pas si indiscretement et ne suis si attaché et meslé à moy que je ne me puisse distinguer et considerer à quartier, comme un voisin, comme un arbre. C'est pareillement faillir de ne voir pas jusques où on vaut, ou d'en dire plus qu'on n'en void. Nous devons plus d'amour à Dieu qu'à nous et le coignoissons moins, et si, en parlons tout nostre saoul.

// Si ses escris rapportent aucune chose de ses conditions, c'estoit un grand personnage, droicturier et courageux, non d'une vertu superstitieuse, mais philosophique et genereuse. On le pourra trouver hardy en ses tesmoignages; comme où il tient qu'un soldat portant un fais de bois, ses mains se roidirent de froid et se collerent à sa charge, si qu'elles y demeurent et atachées et mortes, s'estants departies [75] des bras. J'ay accoustumé en telles choses de plier soubs l'authorité de si grands tesmoings.

Ce qu'il dict aussi que Vespasian, par la faveur du Dieu Serapis, guarit en Alexandrie une femme aveugle en luy oignant les yeux de sa salive, et je ne sçay quel autre miracle, il le faict par l'exemple et devoir de tous bons historiens : ils tiennent registre des evenements d'importance; parmy les accidens publics sont aussi les bruits et opinions populaires. C'est leur rolle de reciter les communes creances, non pas de les regler. Cette part touche les Theologiens et les philosophes directeurs des consciences. Pourtant trèssagement, ce sien compaignon et grand homme comme luy : « *Equidem plura transcribo quam credo : nam nec affirmare sustineo, de quibus dubito, nec subducere quæ accepi* [76] »; /// et l'autre... « *Hæc neque affirmare, neque refellere operæ pretium est... Famæ rerum standum est* [77] »; et escrivant en un siecle auquel la creance des prodiges commençoit à diminuer, il dict ne vouloir pourtant laisser d'inserer en ses annales et donner pied à chose receuë de tant de gens de bien et avec si grande reverence de l'antiquité. // C'est trèsbien dict. Qu'ils nous rendent l'histoire plus selon qu'ils reçoivent que selon qu'ils estiment. Moy qui suis Roy de la matiere que je traicte, et qui n'en dois conte à personne, ne m'en crois pourtant pas du tout; je hasarde souvent des boutades de mon esprit, desquelles je me deffie, /// et certaines finesses verbales, dequoy je secoue les oreilles; // mais je les laisse courir à l'avanture. /// Je voys qu'on s'honore de pareilles choses. Ce n'est pas à moy seul d'en juger. Je me presente debout et couché, le devant et le derriere, à droite et à gauche, et en tous mes naturels plis. // Les esprits, voire pareils en force, ne sont pas toujours pareils en application et en goust.

Voilà ce que la memoire m'en represente en gros, et assez incertainement. Tous jugemens en gros sont láches [78] et imparfaicts.

CHAPITRE IX

DE LA VANITÉ

// Il n'en est à l'avanture aucune plus expresse que d'en escrire si vainement. Ce que la divinité nous en a si divinement exprimé devroit estre soingneusement et continuellement medité par les gens d'entendement.

Qui ne voit que j'ay pris une route par laquelle, sans cesse et sans travail, j'iray autant qu'il y aura d'ancre et de papier au monde ? Je ne puis tenir registre de ma vie par mes actions : fortune les met trop bas; je le tiens par mes fantasies. Si ay-je veu un Gentil-homme qui ne communiquoit sa vie que par les operations de son ventre; vous voyez chez luy, en montre, un ordre de bassins de sept ou huict jours; c'estoit son estude, ses discours; tout autre propos luy puoit. Ce sont icy, un peu plus civilement, des excremens d'un vieil esprit, dur tantost, tantost lâche, et tousjours indigeste. Et quand seray-je à bout de representer une continuelle agitation et mutation de mes pensées, en quelque matiere qu'elles tombent, puisque Diomedes remplit six mille livres du seul subject de la grammaire ? Que doit produire le babil, puisque le begaiement et desnouement de la langue estouffa le monde d'une si horrible charge de volumes ? Tant de paroles pour les paroles seules! O Pythagoras [1], que n'esconjuras-tu [2] cette tempeste!

On accusoit un Galba du temps passé de ce qu'il vivoit oiseusement; il respondit que chacun devoit rendre raison de ses actions, non pas de son sejour. Il se trompoit : car la justice a cognoissance et animadversion [3] aussi sur ceux qui chaument.

Mais il y devroit avoir quelque coërction [4] des loix contre les escrivains ineptes et inutiles, comme il y a contre les vagabons et faineants. On banniroit des mains de nostre peuple et moy et cent autres. Ce n'est pas moquerie. L'escrivaillerie semble estre quelque simptome d'un siecle desbordé. Quand escrivismes nous tant que depuis que nous sommes en trouble ? Quand les Romains tant, que lors de leur ruyne ? Outre ce, que l'affinement des esprits, ce n'en est pas l'assagissement en une police, cet embesoingnement oisif naist de ce que chacun se prent lachement à l'office de sa vacation [5] et s'en desbauche. La corruption du siecle se faict par la contribution particuliere de chacun de nous : les uns y conferent [6] la trahison, les autres l'injustice, l'irreligion, la tyrannie, l'avarice, la cruauté, selon qu'ils sont plus puissans ; les plus foibles y apportent la sottise, la vanité, l'oisiveté, desquels je suis. Il semble que ce soit la saison des choses vaines quand les dommageables nous pressent. En un temps où le meschamment faire est si commun, de ne faire qu'inutilement il est comme louable. Je me console que je seray des derniers sur qui il faudra mettre la main. Ce pendant qu'on pourvoira aux plus pressans, j'auray loy de m'amender. Car il me semble que ce seroit contre raison de poursuyvre les menus inconvenients, quand les grands nous infestent. Et le medecin Philotimus, à un qui luy presentoit le doit à penser [7], à qui il recoignoissoit au visage et à l'haleine un ulcere aux poulmons : « Mon amy, fit-il, ce n'est pas à cette heure le temps de t'amuser à tes ongles. »

Je vis pourtant sur ce propos, il y a quelques années, qu'un personnage duquel j'ay la memoire en recommendation singuliere [8], au milieu de nos grands maux, qu'il n'y avoit ny loy, ny justice, ny magistrat qui fît son office non plus qu'à cette heure, alla publier je ne sçay quelles chetives reformations sur les habillemens, la cuisine et la chicane. Ce sont amusoires dequoy on paist un peuple mal-mené, pour dire qu'on ne l'a pas du tout mis en oubly. Ces autres font de mesme, qui s'arrestent à deffendre à toute instance des formes de parler, les dances et les jeux, à un peuple perdu de toute sorte de vices execrables. Il n'est pas temps de se laver et decrasser, quand on est atteint d'une bonne fiévre. /// C'est à faire aux seuls Spartiates de se mettre à se peigner et testonner [9] sur le poinct qu'ils se vont jetter à quelque extreme hazard de leur vie.

// Quand à moy, j'ay cette autre pire coustume, que si j'ay un escarpin de travers, je laisse encores de travers et ma chemise et ma cappe : je desdaigne de m'amender à demy. Quand je suis en mauvais estat, je m'acharne au mal ; je m'abandonne par desespoir et me laisse aller vers la cheute /// et jette, comme on dict, le manche après la coignée; // je m'obstine à l'empirement et ne m'estime plus digne de mon soing : ou tout bien, ou tout mal.

Ce m'est faveur que la desolation de cet estat se rencontre à la desolation de mon aage : je souffre plus volontiers que mes maux en soient rechargez, que si mes biens en eussent esté troublez. Les paroles que j'exprime au malheur [10] sont paroles de despit; mon courage se herisse au lieu de s'applatir. Et, au rebours des autres, je me trouve plus devot en la bonne qu'en la mauvaise fortune, suyvant le precepte de Xenophon, si non suyvant sa raison; et faicts plus volontiers les doux yeux au ciel pour le remercier que pour le requerir. J'ay plus de soing d'augmenter la santé quand elle me rit, que je n'ay de la remettre quand je l'ay escartée. Les prosperitez me servent de discipline et d'instruction, comme aux autres les adversitez et les verges. /// Comme si la bonne fortune estoit incompatible avec la bonne conscience, les hommes ne se rendent gens de bien qu'en la mauvaise. // Le bon heur m'est un singulier esguillon à la moderation et modestie. La priere me gaigne, la menace me rebute; /// la faveur me ploye, la crainte me roydit.

// Parmy les conditions humaines, cette cy est assez commune : de nous plaire plus des choses estrangeres que des nostres et d'aymer le remuement et le changement.

> *Ipsa dies ideo nos grato perluit haustu*
> *Quod permutatis hora recurrit equis* [11].

J'en tiens ma part. Ceux qui suyvent l'autre extremité, de s'aggreer en eux-mesmes, d'estimer ce qu'ils tiennent au dessus du reste et de ne reconnoistre aucune forme plus belle que celle qu'ils voyent, s'ils ne sont plus advisez que nous, ils sont à la verité plus heureux. Je n'envie poinct leur sagesse, mais ouy leur bonne fortune.

Cette humeur avide des choses nouvelles et inconnues ayde bien à nourrir en moy le desir de voyager, mais assez d'autres circonstances y conferent [12]. Je me destourne volontiers du gouvernement de ma maison. Il y a quelque commodité à commander, fût ce dans une grange, et à estre obey des siens; mais c'est un plaisir trop uniforme et languissant. Et puis il est par necessité meslé de plusieurs pensements fascheux : tantost l'indigence et oppression de vostre peuple, tantost la querelle d'entre vos voisins, tantost l'usurpation qu'ils font sur vous, vous afflige;

> *Aut verberatæ grandine vineæ,*
> *Fundusque mendax, arbore nunc aquas*
> *Culpante, nunc torrentia agros*
> *Sidera, nunc hyemes iniquas* [13],

et que à peine en six mois envoiera Dieu une saison dequoy vostre receveur [14] se contente bien à plain, et que, si elle sert aux vignes, elle ne nuise aux prez :

> *Aut nimiis torret ferboribus ætherius sol,*
> *Aut subiti perimunt imbres, gelidæque pruinæ,*
> *Flabraque ventorum violento turbine vexant* [15].

Joinct le soulier neuf et bien formé de cet homme du temps passé, qui vous blesse le pied; et que l'estranger n'entend pas combien il vous couste et combien vous prestez à maintenir l'apparence de cet ordre qu'on voit en vostre famille, et qu'à l'avanture l'achetez vous trop cher.

Je me suis pris tard au mesnage. Ceux que nature avoit faict naistre avant moy m'en ont deschargé long temps. J'avois desjà pris un autre ply, plus selon ma complexion. Toutesfois, de ce que j'en ay veu, c'est un'occupation plus empeschante [16] que difficile; quiconque est capable d'autre chose le sera bien aiséement de celle-là. Si je cherchois à m'enrichir, cette voye me sembleroit trop longue; j'eusse servy les Roys, trafique plus fertile que toute autre. Puis que /// je ne pretens acquerir que la reputation de n'avoir rien acquis, non plus que dissipé, conforméement au reste de ma vie, impropre à faire bien et à faire mal, et que // je ne cerche qu'à passer, je le puis faire, Dieu mercy, sans grande attention.

Au pis aller, courez tousjours par retranchement de despence devant la pauvreté. C'est à quoy je m'attends, et de me reformer avant qu'elle m'y force. J'ay estably au demeurant en mon ame assez de degrez à me passer de moins que ce que j'ay; je dis passer avec contentement. /// « *Non æstimatione census, verum victu atque cultu, terminatur pecuniæ modus* [17]. » // Mon vray besoing n'occupe pas si justement tout mon avoir que, sans venir au vif, fortune n'ait où mordre sur moy.

Ma presence, toute ignorante et desdaigneuse qu'elle est, preste grande espaule à mes affaires domestiques; je m'y employe, mais despiteusement. Joinct que j'ay cela chez moy que, pour brusler à part la chandelle par mon bout, l'autre bout ne s'espargne de rien.

/// Les voyages ne me blessent que par la despence, qui est grande et outre mes forces; ayant accoustumé d'y estre avec equippage non necessaire seulement, mais encores honneste, il me les en faut faire d'autant plus courts et moins frequents, et n'y employe que l'escume et ma reserve, temporisant et differant selon qu'elle vient. Je ne veux pas que le plaisir du promener corrompe le plaisir du repos; au rebours, j'entens qu'ils se nourrissent et favorisent l'un l'autre. La Fortune m'a aydé en cecy que, puis que ma principale profession en cette vie estoit de la vivre mollement et plustost laschement [18] qu'affaireusement, elle m'a osté le besoing de multiplier en richesses pour pourvoir à la multitude de mes heritiers. Pour un [19], s'il n'a assez de ce dequoy j'ay eu si plantureusement assez, à son dam! Son imprudence ne merite pas que je luy en desire davantage. Et chacun, selon l'exemple de Phocion, pourvoit suffisamment à ses enfans, qui leur pourvoit entant qu'ils ne luy sont dissemblables. Nullement seroys-je d'advis du faict de Crates. Il laissa son argent chez un banquier avec cette condition : si ses enfans estoient des sots, qu'il le leur donnast; s'ils estoient habiles, qu'il le distribuast aus plus simples du peuple. Comme si les sots, pour estre moins capables de s'en passer, estoient plus capables d'user des richesses.

// Tant y a que le dommage qui vient de mon absence ne me semble point meriter, pendant que j'auray dequoy le porter, que je refuse d'accepter les occasions qui se presentent de me distraire de cette assistance penible. Il y a tousjours quelque piece qui va de travers. Les negoces, tantost d'une maison, tantost d'une autre, vous tirassent. Vous esclairez toutes choses de trop près; vostre perspicacité vous nuit icy, comme si faict elle assez ailleurs. Je me desrobe aux occasions de me fascher et me destourne de la connoissance des choses qui vont mal; et si, ne puis tant faire, qu'à toute heure je ne heurte chez moy en quelque rencontre qui me desplaise. /// Et les fripponneries qu'on me cache le plus sont celles que je sçay le mieux. Il en est que, pour faire moins mal, il faut ayder soy mesme à cacher. // Vaines pointures, /// vaines par fois, // mais toujours pointures. Les plus menus et graisles empeschemens sont les plus persans; et comme les petites lettres offencent et lassent plus les yeux, aussi nous piquent plus les petits affaires. /// La tourbe des menus maux offence plus que violence d'un, pour grand qu'il soit. // A mesure que ces espines domestiques sont drues et desliées, elles nous

mordent plus aigu et sans menace, nous surprenant facilement à l'impourveu.

/// Je ne suis pas philosophe; les maux me foullent selon
qu'ils poisent; et poisent selon la forme comme selon la
matiere, et souvent plus. J'en ay plus de cognoissance que
le vulgaire, si j'ay plus de patience. En fin, s'ils ne me
blessent, ils m'offensent. // C'est chose tendre que la vie
et aysée à troubler. Depuis que j'ay le visage tourné vers le
chagrin /// « *nemo enim resistit sibi cum cœperit impelli* [20] », //
pour sotte cause qui m'y aye porté j'irrite l'humeur de ce
costé là, qui se nourrit après et s'exaspere de son propre
branle; attirant et emmoncellant une matiere sur autre,
de quoy se paistre.

> *Stillicidi casus lapidem cavat* [21].

/// Ces ordinaires goutieres me mangent. Les inconvenients ordinaires ne sont jamais legiers. Ils sont continuels
et irreparables, nomméement quand ils naissent des
membres du mesnage, continuels et inseparables.

// Quand je considere mes affaires de loing et en gros,
je trouve, soit pour n'en avoir la memoire guere exacte,
qu'ils sont allez jusques à cette heure en prosperant outre
mes contes et mes raisons [22]. J'en retire, ce me semble,
plus qu'il n'y en a; leur bon heur me trahit. Mais suis-je
au dedans de la besongne, voy-je marcher toutes ces
parcelles,

> *Tum vero in curas animum diducimur omnes* [23],

mille choses m'y donnent à desirer et craindre. De les
abandonner du tout il m'est très-facile; de m'y prendre
sans m'en peiner, très-difficile. C'est pitié d'estre en lieu
où tout ce que vous voyez vous embesongne et vous
concerne. Et me semble jouyr plus gayement les plaisirs
d'une maison estrangiere, et y apporter le goust plus naïf.
/// Diogenes respondit selon moy, à celuy qui luy demanda
quelle sorte de vin il trouvoit le meilleur : « L'estranger »,
feit-il.

// Mon père aymoit à bastir Montaigne, où il estoit
nay; et en toute cette police d'affaires domestiques, j'ayme
à me servir de son exemple et de ses reigles, et y attacheray
mes successeurs autant que je pourray. Si je pouvois mieux
pour luy, je le feroys. Je me glorifie que sa volonté s'exerce
encores et agisse par moy. Jà, à Dieu ne plaise que je laisse

faillir entre mes mains aucune image de vie que je puisse
rendre à un si bon pere! Ce que je me suis meslé d'achever
quelque vieux pan de mur et de renger quelque piece de
bastiment mal dolé [24], ç'a esté certes plus regardant à son
intention qu'à mon contentement. /// Et accuse ma fai-
neance de n'avoir passé outre à parfaire les beaux commencemens qu'il a laissez en sa maison; d'autant plus que je
suis en grands termes d'en estre le dernier possesseur de ma
race et d'y porter la derniere main. // Car quant à mon
application particuliere, ny ce plaisir de bastir qu'on dict
estre si attrayant, ny la chasse, ny les jardins, ny ces autres
plaisirs de la vie retirée, ne me peuvent beaucoup amuser.
C'est chose dequoy je me veux mal, comme de toutes
autres opinions qui me sont incommodes. Je ne me soucie
pas tant de les avoir vigoureuses et doctes, comme je me
soucie de les avoir aisées et commodes à la vie; /// elles sont
assez vrayes et saines, si elles sont utiles et aggreables.

  // Ceux qui, en m'oyant dire mon insuffisance aux occupations du mesnage, vont me soufflant aux oreilles que
c'est desdain, et que je laisse de sçavoir les instrumens du
labourage, ses saisons, son ordre, comment on faict mes
vins, comme on ente, et de sçavoir le nom et la forme
des herbes et des fruicts et l'aprest des viandes de quoy
je vis, /// le nom et le pris des estoffes de quoy je m'habille,
// pour avoir à cueur quelque plus haute science, ils me
font mourir. Cela c'est sottise et plustot bestise que gloire.
Je m'aimerois mieux bon escuyer que bon logitien :

> *Quin tu aliquid saltem potius quorum indiget usus,*
> *Viminibus mollique paras detexere junco* [25] ?

  /// Nous empeschons noz pensées du general et des
causes et conduittes universelles, qui se conduisent très
bien sans nous, et laissons en arrière nostre faict et Michel [26],
qui nous touche encore de plus près que l'homme. // Or
j'arreste bien chez moy le plus ordinairement, mais je
voudrois m'y plaire plus qu'ailleurs.

> *Sit meæ sedes utinam senectæ,*
> *Sit modus lasso maris, et viarum,*
> *Militiæque* [27].

Je ne sçay si j'en viendray à bout. Je voudrois qu'au lieu
de quelque autre piece de sa succession, mon pere m'eust
resigné cette passionnée amour qu'en ses vieux ans

il portoit à son mesnage. Il estoit bien heureux de ramener
ses desirs à sa fortune, et de se sçavoir plaire de ce qu'il
avoit. La philosophie politique aura bel accuser la bassesse
et sterilité de mon occupation, si j'en puis une fois prendre
le goust comme luy. Je suis de cet avis, que la plus honnorable vacation est de servir au publiq et estre utile à
beaucoup. /// « *Fructus enim ingenii et virtutis omnique
præstantiæ tum maximus accipitur, cum in proximum quemque
confertur* [28]. » // Pour mon regard je m'en despars [29] : partie
par conscience (car par où je vois le pois qui touche telles
vacations, je vois aussi le peu de moyen que j'ay d'y
fournir ; /// et Platon, maistre ouvrier en tout gouvernement politique, ne laissa de s'en abstenir), // partie par
poltronerie. Je me contente de jouïr le monde sans m'en
empresser, de vivre une vie seulement excusable, et qui
seulement ne poise ny à moy, ny à autruy.

Jamais homme ne se laissa aller plus plainement et plus
láchement [30] au soing et gouvernement d'un tiers que je
fairois, si j'avois à qui. L'un de mes souhaits pour cette
heure, ce seroit de trouver un gendre qui sçeut appaster
commodéement mes vieux ans et les endormir, entre les
mains de qui je deposasse en toute souveraineté la conduite
et usage de mes biens, qu'il en fit ce que j'en fais et gaignat
sur moy ce que j'y gaigne, pourveu qu'il y apportat un
courage vrayement reconnoissant et amy. Mais quoy ?
nous vivons en un monde où la loyauté des propres enfans
est inconnue.

Qui a la garde de ma bourse en voyage, il l'a pure et
sans contre-role ; aussi bien me tromperoit il en contant [31] ;
et, si ce n'est un diable, je l'oblige à bien faire par une si
abandonnée confiance. /// « *Multi fallere docuerunt, dum
timent falli, et aliis jus peccandi suspicando fecerunt* [32]. »
La plus commune seureté que je prens de mes gens, c'est
la mesconnoissance. Je ne presume les vices qu'après les
avoir veux, et m'en fie plus aux jeunes, que j'estime moins
gastez par mauvais exemple. J'oi plus volontiers dire,
au bout de deux mois, que j'ai despandu quatre cens escus
que d'avoir les oreilles battues tous les soirs de trois, cinq,
sept. Si ay-je esté desrobé aussi peu qu'un autre de cette
sorte de larrecin. Il est vray que je preste la main à l'ignorance ; je nourris à escient aucunement [33] trouble et incertaine la science [34] de mon arjant ; jusques à certaine mesure
je suis content d'en pouvoir doubter. Il faut laisser un peu
de place à la desloyauté ou imprudence de vostre valet. S'il
nous en reste en gros de quoy faire nostre effect, cet excez

de la liberalité de la fortune, laissons le un peu plus courre à sa mercy; /// la portion du glaneur. Après tout, je ne prise pas tant la foy [35] de mes gens comme je mesprise leur injure [36]. // O le vilein et sot estude d'estudier son argent, se plaire à le manier, poiser et reconter [37]! C'est par là que l'avarice faict ses aproches.

Dépuis dix huict ans que je gouverne des biens, je n'ai sçeu gaigner sur moy de voir ny tiltres, ny mes principaux affaires, qui ont necessairement à passer par ma science et par mon soing. Ce n'est pas un mespris philosophique des choses transitoires et mondaines; je n'ay pas le goust si espuré, et les prise pour le moins ce qu'elles valent; mais certes c'est paresse et negligence inexcusable et puerile. /// Que ne ferois je plustost que de lire un contract, et plustot que d'aller secoüant ces paperasses poudreuses, serf de mes negoces? ou encore pis de ceux d'autruy, comme font tant de gens, à pris d'argent? Je n'ay rien cher que le soucy et la peine, et ne cherche qu'à m'anonchalir et avachir.

// J'estoy, ce croi-je, plus propre à vivre de la fortune d'autruy, s'il se pouvoit sans obligation et sans servitude. Et si ne sçay, à l'examiner de près, si, selon mon humeur et mon sort, ce que j'ay à souffrir des affaires et des serviteurs et des domestiques n'a point plus d'abjection, d'importunité et d'aigreur que n'auroit la suitte d'un homme, nay plus grand que moy, qui me guidat un peu à mon aise. /// « *Servitus obedientia est fracti animi et abjecti, arbitrio carentis suo* [38]. » // Crates fit pis, qui se jetta en la franchise de la pauvreté pour se deffaire des indignitez et cures [39] de la maison. Cela ne fairois-je pas (je hay la pauvreté à pair de la douleur), mais ouy bien changer cette sorte de vie à une autre moins brave et moins affaireuse.

Absent, je me despouille de tous tels pensemens; et sentirois moins lors la ruyne d'une tour que je ne faicts present la cheute d'une ardoyse. Mon ame se démesle bien ayséement à part, mais en presence elle souffre comme celle d'un vigneron. /// Une rene de travers à mon cheval, un bout d'estriviere qui batte ma jambe, me tiendront tout un jour en humeur. // J'esleve assez mon courage à l'encontre des inconveniens, les yeux je ne puis.

Sensus, ô superi, sensus [40].

Je suis, chez moy, respondant de tout ce qui va mal. Peu de maistres, je parle de ceux de moienne condition comme est la mienne, et, s'il en est, ils sont plus heureux, se peuvent tant reposer sur un second qu'il ne leur reste bonne part de la charge. Cela oste /// volontiers quelque chose de ma façon au traittement des survenants (et en ay peu arrester quelqu'un par adventure, plus par ma cuisine que par ma grace, comme font les fascheux), et oste // beaucoup du plaisir que je devrois prendre chez moy de la visitation et assemblée de mes amis. La plus sotte contenance d'un gentilhomme en sa maison, c'est de le voir empesché du train de sa police, parler à l'oreille d'un valet, en menacer un autre des yeux; elle doit couler insensiblement et representer un cours ordinaire. Et treuve laid qu'on entretienne ses hostes du traictement qu'on leur faict, autant à l'excuser qu'à le vanter. J'ayme l'ordre et la netteté,

> *et cantharus et lanx*
> *Ostendunt mihi me* [41],

au pris de l'abondance; et regarde chez moy exactement à la necessité, peu à la parade. Si un valet se bat chez autruy, si un plat se verse, vous n'en faites que rire; vous dormez, ce pendant que monsieur renge avec son maistre d'hostel son faict pour vostre traitement du lendemain.

/// J'en parle selon moy, ne laissant pas en general d'estimer combien c'est un doux amusement à certaines natures qu'un mesnage paisible, prospere, conduict par un ordre reglé, et ne voulant attacher à la chose mes propres erreurs et inconveniens, ny desdire Platon, qui estime la plus heureuse occupation à chascun faire ses propres affaires sans injustice.

// Quand je voyage, je n'ay à penser qu'à moy et à l'emploicte [42] de mon argent; cela se dispose d'un seul precepte. Il est requis trop de parties à amasser : je n'y entens rien. A despendre [43], je m'y entens un peu, et à donner jour à ma despence, qui est de vray son principal usage. Mais je m'y attens trop ambitieusement, qui [44] la rend inegalle et difforme, et en outre immodérée en l'un et l'autre visage [45]. Si elle paroit, si elle sert, je m'y laisse indiscrettement aller, et me resserre autant indiscrettement si elle ne luit et si elle ne me rit.

Qui que ce soit, ou art ou nature, qui nous imprime cette condition de vivre par la relation à autruy, nous faict beaucoup plus de mal que de bien. Nous nous defraudons [46] de nos propres utilitez pour former les apparences à l'opinion commune. Il ne nous chaut pas tant quel soit nostre estre en nous et en effaict, comme quel il soit en la cognoissance publique. Les biens mesmes de l'esprit et la sagesse nous semble sans fruict, si elle n'est jouie que de nous, si elle ne se produict à la veuë et approbation estrangere. Il y en a de qui l'or coulle à gros bouillons par des lieux sousterreins, imperceptiblement; d'autres l'estendent tout en lames et en feuille; si qu'aus uns des liars valent escuz, aux autres le rebours, le monde estimant l'emploite et la valeur selon la montre. Tout soing curieux autour des richesses sent son avarice, leur dispensation mesme, et la liberalité trop ordonnée et artificielle : elles ne valent pas une advertance et sollicitude penible. Qui veut faire sa despence juste, la faict estroitte et contrainte. La garde ou l'emploite [47] sont de soy choses indifferentes, et ne prennent couleur de bien ou de mal que selon l'application de nostre volonté.

L'autre cause qui me convie à ces promenades, c'est la disconvenance aux meurs presentes de nostre estat. Je me consolerois ayséement de cette corruption pour le regard de l'interest public,

> *pejoraque sæcula ferri*
> *Temporibus, quorum sceleri non invenit ipsa*
> *Nomen, et a nullo posuit natura metallo* [48],

mais pour le mien, non. J'en suis en particulier trop pressé [49]. Car en mon voisinage, nous sommes tantost, par la longue licence de ces guerres civiles, envieillis, en une forme d'estat si desbordée,

> *Quippe ubi fas versum atque nefas* [50],

qu'à la verité c'est merveille qu'elle se puisse maintenir.

> *Armati terram exercent, semperque recentes*
> *Convectare juvat prædas et vivere rapto* [51].

En fin je vois par nostre exemple que la société des hommes se tient et se coust, à quelque pris que ce soit. En quelque assiete qu'on les couche, ils s'appilent et se rengent en se remuant et s'entassant, comme des corps mal unis qu'on empoche sans ordre trouvent d'eux mesme la façon de se joindre et s'emplacer les uns parmy les autres, souvant mieux que l'art ne les eust sçeu disposer. Le Roy Philippus fit un amas des plus meschans hommes et incorrigibles qu'il peut trouver, et les logea tous en une ville qu'il leur fit bastir, qui en portoit le nom [52]. J'estime qu'ils dressarent des vices mesmes une contexture politique entre eux et une commode et juste société.

Je vois, non une action, ou trois, ou cent, mais des meurs en usage commun et receu si monstrueuses en inhumanité sur tout et desloyauté, qui est pour moy la pire espece des vices, que je n'ay point le courage de les concevoir sans horreur; et les admire quasi autant que je les deteste. L'exercice de ces meschancetez insignes porte marque de vigueur et force d'ame autant que d'erreur et desreglement. La necessité compose les hommes et les assemble. Cette cousture fortuite se forme après en loix; car il en a esté d'aussi farouches qu'aucune opinion humaine puisse enfanter, qui toutesfois ont maintenu leurs corps avec autant de santé et longueur de vie que celles de Platon et Aristote sçauroyent faire.

Et certes toutes ces descriptions de police, feintes par art, se trouvent ridicules et ineptes à mettre en practique. Ces grandes et longues altercations de la meilleure forme de société et des reigles plus commodes à nous attacher, sont altercations propres seulement à l'exercice de nostre esprit; comme il se trouve és arts plusieurs subjects qui ont leur essence en l'agitation et en la dispute, et n'ont aucune vie hors de là. Telle peinture de police seroit de mise en un nouveau monde, mais nous prenons les hommes obligez desjà et formez à certaines coustumes; nous ne les engendrons pas, comme Pyrrah [53] ou comme Cadmus [54]. Par quelque moyen que nous ayons loy de les redresser et renger de nouveau, nous ne pouvons guieres les tordre de leur ply accoustumé que nous ne rompons tout. On demandoit à Solon s'il avoit establi les meilleures loys qu'il avoit peu aux Atheniens : « Ouy bien, respondit-il, de celles qu'ils eussent receuës. »

/// Varro s'excuse de pareil air : que s'il avoit tout de nouveau à escrire de la religion, il diroit ce qu'il en croid, mais, estant desjà receuë et formée, il en dira selon l'usage plus que selon la nature.

// Non par opinion mais en verité, l'excellente et meilleure police est à chacune nation celle soubs laquelle elle s'est maintenuë. Sa forme et commodité essentielle despend de l'usage. Nous nous desplaisons volontiers de la condition presente. Mais je tiens pourtant que d'aller desirant le commandement de peu en un estat populaire, ou en la monarchie une autre espece de gouvernement, c'est vice et folie.

Ayme l'estat tel que tu le vois estre :
S'il est royal, ayme la royauté ;
S'il est de peu, ou bien communauté,
Ayme l'aussi, car Dieu t'y a faict naistre.

Ainsi en parloit le bon monsieur de Pibrac, que nous venons de perdre, un esprit si gentil, les opinions si saines, les mœurs si douces ; cette perte, et celle qu'en mesme temps nous avons faicte de monsieur de Foix, sont pertes importantes à nostre couronne. Je ne sçay s'il reste à la France dequoy substituer un autre couple pareil à ces deux gascons en syncerité et en suffisance pour le conseil de nos Roys. C'estoyent ames diversement belles et certes, selon le siecle, rares et belles, chacune en sa forme. Mais qui les avoit logées en cet aage, si disconvenables et si disproportionnées à nostre corruption et à nos tempestes ?

Rien ne presse [55] un estat que l'innovation : le changement donne seul forme à l'injustice et à la tyrannie. Quand quelque piece se démanche, on peut l'estayer : on peut s'opposer à ce que l'alteration et corruption naturelle à toutes choses ne nous esloingne trop de nos commencemens et principes. Mais d'entreprendre à refondre une si grande masse et à changer les fondemens d'un si grand bastiment, c'est à faire à ceux /// qui pour descrasser effacent, // qui veulent amender les deffauts particuliers par une confusion universelle et guarir les maladies par la mort, /// « *non tam commutandarum quam evertendarum rerum cupidi* [56] ». // Le monde est inepte à se guarir ; il est si impatient de ce qui le presse qu'il ne vise qu'à s'en deffaire, sans regarder à quel pris. Nous voyons par mille exemples qu'il se guarit ordinairement à ses despens ; la descharge du mal present n'est pas guarison, s'il n'y a en general amendement de condition.

/// La fin du chirurgien n'est pas de faire mourir la mauvaise chair ; ce n'est que l'acheminement de sa cure. Il regarde au delà, d'y faire renaistre la naturelle et rendre la partie à son deu estre. Quiconque propose seulement d'emporter ce qui le masche, il demeure court, car le bien ne succede pas necessairement au mal ; un autre mal luy peut succeder, et pire, comme il advint aux tueurs de Cesar, qui jetterent la chose publique à tel poinct qu'ils eurent à se repentir de s'en estre meslez. A plusieurs depuis, jusques à nos siecles, il est advenu de mesmes. Les François mes contemporanées [57] sçavent bien qu'en dire.

Toutes grandes mutations esbranlent l'estat et le desor-
donnent.

Qui viseroit droit à la guérison et en consulteroit avant
toute œuvre se refroidiroit volontiers d'y mettre la main.
Pacuvius Calavius corrigea le vice de ce proceder par un
exemple insigne. Ses concitoyens estoient mutinez contre
leurs magistrats. Luy, personnage de grande authorité en
la ville de Capouë, trouva un jour moyen d'enfermer le
Senat dans le palais et, convoquant le peuple en la place,
leur dict que le jour estoit venu auquel en pleine liberté
ils pouvoient prendre vengeance des tyrans qui les avoyent
si long temps oppressez, lesquels il tenoit à sa mercy seuls
et desarmez. Fut d'avis qu'au sort on les tirast hors l'un
après l'autre, et de chacun on ordonnast particulierement,
faisant sur le champ executer ce qui en seroit decreté,
pourveu aussi que tout d'un train ils advisassent d'establir
quelque homme de bien en la place du condamné, affin
qu'elle ne demeurast vuide d'officier. Ils n'eurent pas plus
tost ouy le nom d'un Senateur qu'il s'esleva un cri de
mescontentement universel à l'encontre de luy. « Je voy
bien, dict Pacuvius, il faut demettre cettuy-cy : c'est un
meschant; ayons en un bon en change. » Ce fut un prompt
silence, tout le monde se trouvant bien empesché au choix;
au premier plus effronté qui dict le sien, voylà un consentement de voix encore plus grand à refuser celuy la,
cent imperfections et justes causes de le rebuter. Ces
humeurs contradictoires s'estans eschauffées, il advint
encore pis du second Senateur, et du tiers; autant de discorde à l'election que de convenance à la demission. S'estans inutilement lassez à ce trouble, ils commencent, qui
deçà, qui delà, à se desrober peu à peu de l'assemblée,
raportant chacun cette resolution en son ame que le plus
viel et mieux cogneu mal est tousjours plus supportable
que le mal recent et inexperimenté.

// Pour nous voir bien piteusement agitez, car que
n'avons nous faict ?

> Eheu cicatricum et sceleris pudet,
> Fratrumque : quid nos dura refugimus
>   Ætas ! quid intactum nefasti
>   Liquimus ! unde manus juventus
>   Metu Deorum continuit ! quibus
>   Pepercit aris [58] !

je ne vay pas soudain me resolvant [59] :

ipsa si velit salus,
Servare prorsus non potest hanc familiam [60].

Nous ne sommes pas pourtant, à l'avanture, à nostre dernier periode. La conservation des estats est chose qui vray-semblablement surpasse nostre intelligence. /// C'est, comme dict Platon, chose puissante et de difficile dissolution qu'une civile police [61]. Elle dure souvent contre des maladies mortelles et intestines, contre l'injure des loix injustes, contre la tyrannie, contre le desbordement et ignorance des magistrats, licence et sedition des peuples.

// En toutes nos fortunes, nous nous comparons à ce qui est au-dessus de nous et regardons vers ceux qui sont mieux; mesurons nous à ce qui est au dessous : il n'en est point de si malotru qui ne trouve mille exemples où se consoler. /// C'est nostre vice, que nous voyons plus mal volontiers ce qui est davant nous que volontiers ce qui est après. // « Si, disoit Solon, qui dresseroit un tas de tous les maux ensemble, qu'il n'est aucun qui ne choisit plustost de raporter avec soy les maus qu'il a, que de venir à division legitime avec tous les autres hommes de ce tas de maux et en prendre sa quotte part. « Nostre police se porte mal; il en a esté pourtant de plus malades sans mourir. Les dieux s'esbattent de nous à la pelote [62], et nous agitent à toutes mains :

Enimvero Dii nos homines quasi pilas habent [63].

Les astres ont fatalement destiné l'estat de Romme pour exemplaire de ce qu'ils peuvent en ce genre. Il comprend en soy toutes les formes et avantures qui touchent un estat; tout ce que l'ordre y peut et le trouble, et l'heur et le malheur. Qui se doit desesperer de sa condition, voyant les secousses et mouvemens dequoy celuy-là fut agité et qu'il supporta ? Si l'estendüe de la domination est la santé d'un estat (dequoy je ne suis aucunement d'avis /// et me plaist Isocrates qui instruit Nicoclès, non d'envier les Princes qui ont des dominations larges, mais qui sçavent bien conserver celles qui leur sont escheuës), // celuy-là ne fut jamais si sain que quand il fut le plus malade. La pire de ses formes luy fut la plus fortunée. A peine reconnoit on l'image d'aucune police soubs les premiers Empereurs; c'est la plus horrible et espesse confusion qu'on puisse concevoir. Toutesfois il la supporta et y dura, conservant non pas une monarchie resserrée en ses limites, mais tant de nations si diverses, si esloignées, si mal affectionnées, si desordonnéement commandées et injustement conquises;

> *nec gentibus ullis*
> *Commodat in populum terræ pelagique potentem,*
> *Invidiam fortuna suam* [64].

Tout ce qui branle ne tombe pas. La contexture d'un si grand corps tient à plus d'un clou. Il tient mesme par son antiquité; comme les vieux bastimens, ausquels l'aage a desrobé le pied, sans crouste et sans cyment, qui pourtant vivent et se soustiennent en leur propre poix,

> *nec jam validis radicibus hærens,*
> *Pondere tuta suo est* [65].

D'avantage ce n'est pas bien procedé de reconnoistre seulement le flanc et le fossé : pour juger de la seureté d'une place, il faut voir par où on y peut venir, en quel estat est l'assaillant. Peu de vaisseaux fondent de leur propre poix et sans violence estrangere. Or, tournons les yeux par tout, tout crolle autour de nous; en tous les grands estats, soit de Chrestienté, soit d'ailleurs, que nous cognoissons, regardez y; vous y trouverez une evidente menasse de changement et de ruyne;

> *Et sua sunt illis incommoda, parque per omnes*
> *Tempestas* [66].

Les astrologues ont beau jeu à nous advertir, comme ils font, de grandes alterations et mutations prochaines; leurs devinations sont presentes et palpables, il ne faut pas aller au ciel pour cela.

Nous n'avons pas seulement à tirer consolation de cette société universelle de mal et de menasse, mais encores quelque esperance pour la durée de nostre estat; d'autant que naturellement rien ne tombe là où tout tombe. La maladie universelle est la santé particuliere; la conformité est qualité ennemie à la dissolution. Pour moy, je n'en entre point au desespoir, et me semble y voir des routes à nous sauver;

> *Deus hæc fortasse benigna*
> *Reducet in sedem vice* [67].

Qui sçait si Dieu voudra qu'il en advienne comme des corps qui se purgent et remettent en meilleur estat par longues et griefves maladies, lesquelles leur rendent une santé plus entiere et plus nette que celle qu'elles leur avoient osté ?

Ce qui me poise, le plus, c'est qu'à compter les simptomes de nostre mal, j'en vois autant de naturels et de ceux que le ciel nous envoye et proprement siens, que de ceux que nostre desreiglement et l'imprudence humaine y conferent. /// Il semble que les astres mesme ordonnent que nous avons assez duré outre les termes ordinaires. Et cecy aussi me poise, que le plus voysin mal qui nous menace n'est pas alteration en la masse entiere et solide, mais sa dissipation et divulsion [68], l'extreme de noz craintes.

// Encores en ces ravasseries icy [69] crains-je la trahison de ma memoire, que par inadvertance elle m'aye faict enregistrer une chose deux fois. Je hay à me reconnoistre, et ne retaste jamais qu'envis ce qui m'est une fois eschappé. Or, je n'apporte icy rien de nouvel apprentissage. Ce sont imaginations communes; les ayant à l'avanture conceuës cent fois, j'ay peur de les avoir desjà enrollées. La redicte est partout ennuyeuse, fut ce dans Homere, mais elle est ruineuse aux choses qui n'ont qu'une montre superficielle et passagiere; je me desplais de l'inculcation, voire aux choses utiles, comme en Seneque, /// et l'usage de son escole Stoïque me desplait, de redire sur chasque matiere tout au long et au large les principes et presuppositions qui servent en general, et realleguer tousjours de nouveau les argumens et raisons communes et universelles. // Ma memoire s'empire cruellement tous les jours,

Pocula Lethæos ut si ducentia somnos
Arente fauce traxerim [70].

Il faudra doresnavant (car, Dieu mercy, jusques à cette heure il n'en est pas advenu de faute), que, au lieu que les autres cerchent temps et occasion de penser à ce qu'ils ont à dire, je fuye à me preparer, de peur de m'attacher à quelque obligation de laquelle j'aye à despendre. L'estre tenu et obligé me fourvoie, et le despendre [71] d'un si foible instrument qu'est ma memoire.

Je ne lis jamais cette histoire que je ne m'en offence, d'un ressentiment propre et naturel : Lyncestez, accusé de conjuration contre Alexandre, le jour qu'il fut mené

en la presence de l'armée, suyvant la coustume, pour estre
ouy en ses deffences, avoit en sa teste une harangue estudiée, de laquelle tout hesitant et begayant il prononça
quelques paroles. Comme il se troubloit de plus en plus,
ce pendant qu'il luicte avec sa memoire et qu'il la retaste,
le voilà chargé et tué à coups de pique par les soldats qui
luy estoient plus voisins, le tenant pour convaincu. Son
estonnement et son silence leur servit de confession ; ayant
eu en prison tant de loisir de se preparer, ce n'est à leur
advis plus la memoire qui luy manque, c'est la conscience
qui luy bride la langue et luy oste la force. Vrayment c'est
bien dict ! Le lieu estonne, l'assistance, l'expectation [72], lors
mesme qu'il n'y va que de l'ambition de bien dire. Que
peut-on faire quand c'est une harangue qui porte la vie
en consequence ?

Pour moy, cela mesme que je sois lié à ce que j'ay à dire
sert à m'en desprendre. Quand je me suis commis et assigné entierement à ma memoire, je prends si fort sur elle
que je l'accable : elle s'effraye de sa charge. Autant que
je m'en rapporte à elle, je me mets hors de moy, jusques
à essaier ma contenance ; et me suis veu quelque jour en
peine de celer la servitude en laquelle j'estois entravé, là
où mon dessein est de representer en parlant une profonde
nonchalance et des mouvemens fortuites et impremeditez,
comme naissans des occasions presentes : aymant aussi
cher ne rien dire qui vaille que de montrer estre venu
preparé pour bien dire, chose messeante, sur tout à gens
de ma profession, /// et chose de trop grande obligation
à qui ne peut beaucoup tenir ; l'apprest donne plus à
esperer qu'il ne porte. On se met souvent sottement en
pourpoinct pour ne sauter pas mieux qu'en saye. « *Nihil est
his qui placere volunt tam adversarium quam exspectatio* [73]. »

// Ils ont laissé par escrit de l'orateur Curio que, quand
il proposoit la distribution des pieces de son oraison [74] en
trois ou en quatre, ou le nombre de ses arguments et raisons, il luy advenoit volontiers, ou d'en oublier quelqu'un, ou d'y en adjouster un ou deux de plus. Je me
suis tousjours bien gardé de tomber en cet inconvenient,
ayant hay ces promesses et prescriptions ; non seulement
pour la deffiance de ma memoire, mais aussi pour ce que
cette forme retire trop à l'artiste. /// « *Simpliciora mili-
tares decent* [75]. » // Baste [76] que je me suis meshuy promis
de ne prendre plus la charge de parler en lieu de respect [77].
Car quant à parler en lisant son escript, outre ce qu'il
est monstrueux, il est de grand desavantage à ceux qui

par nature pouvoient quelque chose en l'action. Et de me jetter à la mercy de mon invention presente, encore moins; je l'ay lourde et trouble, qui ne sçauroit fournir à soudaines necessitez, et importantes.

Laisse, lecteur, courir encore ce coup d'essay et ce troisiesme alongeail [78] du reste des pieces de ma peinture. J'adjouste, mais je ne corrige pas. Premierement, par ce que celuy qui a hypothecqué au monde son ouvrage, je trouve apparence qu'il n'y aye plus de droict. Qu'il die, s'il peut, mieux ailleurs, et ne corrompe la besongne qu'il a venduë. De telles gens il ne faudroit rien acheter qu'après leur mort. Qu'ils y pensent bien avant que de se produire. Qui les haste?

/// Mon livre est tousjours un. Sauf qu'à mesure qu'on se met à le renouveller afin que l'acheteur ne s'en aille les mains du tout vuides, je me donne loy d'y attacher (comme ce n'est qu'une marqueterie mal jointe), quelque embleme supernumeraire. Ce ne sont que surpoids, qui ne condamnent point la premiere forme, mais donnent quelque pris particulier à chacune des suivantes par une petite subtilité ambitieuse. De là toutesfois il adviendra facilement qu'il s'y mesle quelque transposition de chronologie, mes contes prenans place selon leur opportunité, non tousjours selon leur aage.

// Secondement que, pour mon regard, je crains de perdre au change; mon entendement ne va pas tousjours avant, il va à reculons aussi. Je ne me deffie guiere moins de mes fantasies pour estre secondes ou tierces que premieres, ou presentes que passées. Nous nous corrigeons aussi sottement souvent comme nous corrigeons les autres. /// Mes premieres publications furent l'an mille cinq cens quatre vingts. Depuis d'un long traict de temps je suis envieilli, mais assagi je ne le suis certes pas d'un pouce. Moy à cette heure et moy tantost, sommes bien deux; mais, quand meilleur? je n'en puis rien dire. Il feroit beau estre vieil si nous ne marchions que vers l'amendement. C'est un mouvement d'yvroigne titubant, vertigineux [79], informe, ou des jonchets que l'air manie casuellement selon soy.

Antiochus avoit vigoreusement escrit en faveur de l'Academie; il print sur ses vieux ans un autre party [80]. Lequel des deux je suyvisse, seroit pas tousjours suivre Antiochus? Après avoir establi le double, vouloir establir la certitude des opinions humaines, estoit ce pas establir le doubte, non la certitude, et promettre, qui luy eust donné

encore un aage à durer, qu'il estoit tousjours en terme
de nouvelle agitation, non tant meilleure qu'autre ?

// La faveur publique m'a donné un peu plus de hardiesse que je n'esperois, mais ce que je crains le plus,
c'est de saouler; j'aymerois mieux poindre que lasser,
comme a faict un sçavant homme de mon temps. La
louange est tousjours plaisante, de qui et pourquoy elle
vienne; si faut il, pour s'en aggréer justement, estre
informé de sa cause. Les imperfections mesme ont leur
moyen de se recommander. L'estimation vulgaire et commune se voit peu heureuse en rencontre; et, de mon
temps, je suis trompé si les pires escrits ne sont ceux qui
ont gaigné le dessus du vent populaire. Certes je rends
graces à des honnestes hommes qui daignent prendre en
bonne part mes foibles efforts. Il n'est lieu où les fautes
de la façon paroissent tant qu'en une matiere qui de soy
n'a point de recommendation. Ne te prens point à moy,
Lecteur, de celles qui se coulent icy par la fantasie ou
inadvertance d'autruy [81]; chaque main, chaque ouvrier y
apporte les siennes. Je ne me mesle ny d'ortografe, et
ordonne seulement qu'ils suivent l'ancienne, ny de la
punctuation; je suis peu expert en l'un et en l'autre. Où
ils rompent du tout le sens, je m'en donne peu de peine,
car aumoins ils me deschargent; mais où ils en substituent
un faux, comme ils font si souvent, et me destournent à
leur conception ils me ruynent. Toutesfois, quand la sentence n'est forte à ma mesure, un honeste homme la doit
refuser pour mienne. Qui connoistra combien je suis peu
laborieux, combien je suis faict à ma mode, croira facilement que je redicterois plus volontiers encore autant
d'essais que de m'assujettir à resuivre ceux-cy, pour cette
puerile correction.

Je disois donc tantost, qu'estant planté en la plus profonde miniere de ce nouveau metal [82], non seulement je
suis privé de grande familiarité avec gens d'autres mœurs
que les miennes et d'autres opinions, par lesquelles ils
tiennent ensemble d'un neud qui fuit à tout autre neud,
mais encore je ne suis pas sans hazard parmy ceux à qui
tout est également loisible, et desquels la plus part ne
peut meshuy empirer son marché envers nostre justice,
d'où naist l'extreme degré de licence. Contant toutes les
particulieres circonstances qui me regardent, je ne trouve
homme des nostres à qui la deffence des loix couste, et
en guain cessant et en dommage emergeant, disent les
clercs, plus qu'à moy. /// Et tels font bien les braves de

leur chaleur et aspreté qui font beaucoup moins que moy, en juste balance.

// Comme maison de tout temps libre, de grand abbord, et officieuse à chacun (car je ne me suis jamais laissé induire d'en faire un outil de guerre, à laquelle je me mesle plus volontiers où elle est la plus esloingnée de mon voisinage), ma maison a merité assez d'affection populaire, et seroit bien malaisé de me gourmander sur mon fumier [83]; et estime à un merveilleux chef d'œuvre et exemplaire, qu'elle soit encore vierge de sang et de sac, soubs un si long orage, tant de changemens et agitations voisines. Car, à dire vray, il estoit possible à un homme de ma complexion d'eschaper à une forme constante et continue, quelle qu'elle fut; mais les invasions et incursions contraires et alternations et vicissitudes de la fortune autour de moy ont jusqu'à cette heure plus exasperé que amolly l'humeur du pays, et me rechargent de dangers et difficultez invincibles. J'eschape; mais il me desplait que ce soit plus par fortune, voire et par ma prudence, que par justice, et me desplaist d'estre hors la protection des loix et soubs autre sauvegarde que la leur. Comme les choses sont, je vis plus qu'à demy de la faveur d'autruy, qui est une rude obligation. Je ne veux debvoir ma seureté, ny à la bonté et benignité des grands, qui s'aggréent de ma legalité et liberté, ny à la facilité des meurs de mes predecesseurs et miennes. Car quoy, si j'estois autre? Si mes deportemens et la franchise de ma conversation obligent mes voisins ou la parenté, c'est cruauté qu'ils s'en puissent acquiter en me laissant vivre, et qu'ils puissent dire : « Nous luy condonnons /// la libre continuation du service divin en la chapelle de sa maison, toutes les esglises d'autour estant par nous desertées et ruinées, et luy condonnons // l'usage de ses biens, et sa vie, comme il la conserve nos femmes et nos beufs au besoing [84]. » De longue main chez moy, nous avons part à la louange de Licurgus Athenien, qui estoit general depositaire et gardien des bourses de ses concitoyens.

Or je tiens qu'il faut vivre par droict et par auctorité, non par /// recompence ny par // grace. Combien de galans hommes ont mieux aimé perdre la vie que la devoir! Je fuis à me submettre à toute sorte d'obligation, mais sur tout à celle qui m'attache par devoir d'honneur. Je ne trouve rien si cher que ce qui m'est donné et ce pourquoy ma volonté demeure hypothequée par tiltre de gratitude, et reçois plus volontiers les offices qui sont à vendre. Je croy bien; pour ceux-cy je ne donne que de l'argent; pour les autres je me donne moy-mesme. Le neud qui me tient par la loy d'honnesteté me semble bien plus pressant et plus poisant que n'est celuy de la contrainte civile. On me garrote plus doucement par un notaire que par moy. N'est-ce pas raison, que ma conscience soit beaucoup plus engagée à ce en quoy on s'est simplement fié d'elle ? Ailleurs ma foy ne doit rien, car on ne luy a rien presté; qu'on s'ayde de la fiance et asseurance qu'on a prise hors de moy. J'aymeroy bien plus cher rompre la prison d'une muraille et des loix que de ma parole. /// Je suis delicat à l'observation de mes promesses jusques à la superstition, et les fay en tous subjets volontiers incertaines et conditionnelles. A celles qui sont de nul poids je donne poids de la jalousie de ma regle; elle me gehenne et charge de son propre interest. Ouy, ès entreprinses toutes miennes et libres, si j'en dy le poinct [85], il me semble que je me le prescry, et que le donner à la science d'autruy c'est le preordonner à soy; il me semble que je le promets quand je le dy. Ainsi j'evente peu mes propositions.

// La condamnation que je faits de moy est plus vifve et plus roide que n'est celle des juges, qui ne me prennent que par le visage de l'obligation commune, l'estreinte de ma conscience plus serrée et plus severe. Je suy lachement les debvoirs ausquels on m'entraineroit si je n'y allois. /// « *Hoc ipsum ita justum est quod recte fit, si est voluntarium* [86]. » // Si l'action n'a quelque splendeur de liberté, elle n'a point de grace ni d'honneur.

Quod me jus cogit, vix voluntate impetrent [87].

Où la necessité me tire, j'ayme à lácher la volonté, « *quia quidquid imperio cogitur, exigenti magis quam præstanti acceptum refertur* [88] ». J'en sçay qui suyvent cet air jusques à l'injustice, donnent plustost qu'ils ne rendent, prestent plustost qu'ils ne payent, font plus escharsement [89] bien à celuy à qui ils en sont tenus. Je ne vois pas là [90], mais je touche contre.

J'ayme tant à me descharger et desobliger que j'ay par fois compté à profit les ingratitudes, offences et indignitez que j'avois receu de ceux à qui, ou par nature ou par accident, j'avois quelque devoir d'amitié, prenant cette occasion de leur faute à autant d'acquit et descharge de ma debte. Encore que je continue à leur payer les offices

apparents de la raison publique [91], je trouve grande espargne
pourtant /// à faire par justice ce que je faisois par affection et // à me soulager un peu de l'attention et sollicitude
de ma volonté au dedans /// « *est prudentis sustinere ut
cursum, sic impetum benevolentiæ* [92] », // laquelle j'ay un
peu bien urgente et pressante, où je m'adonne [93], aumoins
pour un homme qui ne veut aucunement estre en presse [94],
et me sert cette mesnagerie [95] de quelque consolation aux
imperfections de ceux qui me touchent. Je suis bien
desplaisant qu'ils en vaillent moins, mais tant y a que j'en
espargne aussi quelque chose de mon application et engagement envers eux. J'approuve celuy qui ayme
moins son enfant d'autant qu'il est ou teigneux ou bossu, et
non seulement quand il est malicieux, mais aussi quand
il est malheureux et mal nay (Dieu mesme en a rabbatu
cela de son pris et estimation naturelle), pourveu qu'il se
porte en ce refroidissement avec moderation et exacte justice. En moy, la proximité n'allege pas les deffaults, elle
les aggrave plustost.

Après tout, selon que je m'entends en la science du
bien-faict et de recognoissance, qui est une subtile science
et de grand usage, je ne vois personne plus libre et moins
endebté que je suis jusques à cette heure. Ce que je
doibts, je le doibts aux obligations communes et naturelles. Il n'en est point qui soit plus nettement quitte
d'ailleurs,

> *nec sunt mihi nota potentum*
> *Munera* [96].

Les princes /// me donnent prou s'ils ne m'ostent rien,
et // me font assez de bien quand ils ne me font point
de mal; c'est tout ce que j'en demande. O combien je
suis tenu à Dieu de ce qu'il luy a pleu que j'aye receu
immediatement de sa grace tout ce que j'ay, qu'il a retenu
particulierement à soy toute ma debte! /// Combien je
supplie instamment sa saincte misericorde que jamais je
ne doive un essentiel grammercy à personne! Bienheu-
reuse franchise, qui m'a conduit si loing. Qu'elle acheve!
   // J'essaye à n'avoir exprès besoing de nul.
   /// « *In me omnis spes est mihi* [97]. » // C'est chose que
chacun peut en soy, mais plus facilement ceux que Dieu
a mis à l'abry des necessitez naturelles et urgentes. Il fait
bien piteux et hazardeux despendre d'un autre. Nous
mesmes, qui est la plus juste adresse et la plus seure [98],
ne nous sommes pas assez asseurez. Je n'ay rien mien

que moy; et si, en est la possession en partie manque et empruntée. Je me cultive /// et en courage, qui est le plus fort, et encores en fortune, // pour y trouver de quoy me satisfaire, quand ailleurs tout m'abandonneroit.

/// Eleus Hippias ne se fournit pas seulement de science, pour au giron des Muses se pouvoir joyeusemant escarter de toute autre compaignie au besoing, ny seulement de la cognoissance de la philosophie, pour apprendre à son ame de se contenter d'elle et se passer virilement des commoditez qui luy viennent du dehors, quand le sort l'ordonne; il fut si curieux d'apprendre encore à faire sa cuisine et son poil [99], ses robes, ses souliers, ses bagues [100], pour se fonder en soy autant qu'il pourroit et soustraire au secours estranger.

// On jouit bien plus librement et plus gayement des biens empruntez quand ce n'est pas une jouyssance obligée et contrainte par le besoing, et qu'on a, et en sa volonté et en sa fortune, la force et les moiens de s'en passer.

/// Je me connoy bien. Mais il m'est malaisé d'imaginer nulle si pure liberalité de personne, nulle hospitalité si franche et gratuite, qui ne me semblast disgratiée, tyrannique et teinte de reproche, si la necessité m'y avoit enchevestré. Comme le donner est qualité ambitieuse et de prerogative, aussi est l'accepter qualité de summission. Tesmoin l'injurieux et querelleux refus que Pajazet feit des presents que Temir luy envoyoit. Et ceux qu'on offrit de la part de l'Empereur Solyman à l'Empereur de Calicut le mirent en si grand despit que, non seulement il les refusa rudement, disant que ny luy ny ses predecesseurs n'avoient à coustume de prendre et que c'estoit leur office de donner, mais en outre feit mettre en un cul de fosse les ambassadeurs envoyez à cet effect.

Quand Thetis, dict Aristote, flatte Jupiter, quand les Lacedemoniens flattent les Atheniens, ils ne vont pas leur rafreschissant la memoire des biens qu'ils leur ont faicts, qui est tousjours odieuse, mais la memoire des bienfaicts qu'ils ont receuz d'eux. Ceux que je voy si familierement employer tout chacun et s'y engager ne le fairoient pas, s'ils poisoient autant que doit poiser à un sage homme l'engageure d'une obligation; elle se paye à l'adventure quelquefois, mais elle ne se dissout jamais. Cruel garrotage à qui ayme affranchir les coudées de sa liberté en tous sens. Mes cognoissants, et au dessus et au dessous de moy, sçavent s'ils en ont jamais veu de moins chargeant sur autruy. Si je le puis au delà de tout exemple moderne,

ce n'est pas grande merveille, tant de pieces de mes mœurs
y contribuans : un peu de fierté naturelle, l'impatiance
du refus, contraction de mes desirs et desseins, inhabileté
à toute sorte d'affaires, et mes qualitez plus favories, l'oi-
sifveté, la franchise. Par tout cela j'ay prins à haine mortelle d'estre tenu ny à autre, ny par autre que moy. J'employe bien vifvement tout ce que je puis à me passer, avant
que j'emploie la beneficience d'un autre en quelque, ou
legere, ou poisante occasion que ce soit.

Mes amis m'importunent estrangement quand ils me
requierent de requerir un tiers. Et ne me semble guere
moins de coust desengager celuy qui me doibt, usant de
luy, que m'engager pour eux envers celuy qui ne me doibt
rien [101]. Cette condition ostée, et cet'autre qu'ils ne veuillent
de moy chose negotieuse et soucieuse, (car j'ay denoncé
à tout soing guerre capitale), je suis commodéement facile
au besoing de chacun. // Mais j'ay encore plus fuy à recevoir
que je n'ay cerché à donner ; /// aussi est il bien plus aysé
selon Aristote. // Ma fortune m'a peu permis de bien faire
à autruy, et ce peu qu'elle m'en a permis, elle l'a assez
maigrement logé. Si elle m'eust faict naistre pour tenir
quelque rang entre les hommes, j'eusse esté ambitieux de
me faire aymer, non de me faire craindre ou admirer.
L'exprimeray je plus insolamment ? j'eusse autant regardé
au plaire que au prouffiter. /// Cyrus, très-sagement, et
par la bouche d'un très bon capitaine, et meilleur philosophe encores, estime sa bonté et ses bienfaicts loing au
delà de sa vaillance et belliqueuses conquestes. Et le
premier Scipion, par tout où il se veut faire valoir, poise
sa debonnaireté et humanité au dessus de son hardiesse et
de ses victoires, et a tousjours en la bouche ce glorieux mot :
qu'il a laissé aux ennemis autant à l'aymer qu'aux amis.

// Je veux donc dire que, s'il faut ainsi debvoir quelque
chose, ce doibt estre à plus legitime titre que celuy dequoy
je parle [102], auquel la loy de cette miserable guerre m'engage, et non d'un si gros debte comme celuy de ma totale
conservation : il m'accable. Je me suis couché mille foys
chez moy, imaginant qu'on me trahiroit et assommeroit
cette nuict là, composant avec la fortune que ce fut sans
effroy et sans langueur. Et me suis escrié après mon
patenostre :

Impius hæc tam culta novalia miles habebit [103].

Quel remede ? c'est le lieu de ma naissance, et de la pluspart de mes ancestres; ils y ont mis leur affection et leur nom. Nous nous durcissons à tout ce que nous accoustumons. Et à une miserable condition, comme est la nostre, ç'a esté un trèsfavorable present de nature que l'accoustumance, qui endort nostre sentiment à la souffrance de plusieurs maux. Les guerres civiles ont cela de pire que les autres guerres, de nous mettre chacun en eschauguette en sa propre maison.

> *Quam miserum porta vitam muroque tueri,*
> *Vixque suæ tutum viribus esse domus* [104].

C'est grande extremité d'estre pressé jusques dans son mesnage et repos domestique. Le lieu où je me tiens est tousjours le premier et le dernier à la batterie de nos troubles, et où la paix n'a jamais son visage entier,

> *Tum quoque cum pax est, trepidant formidine belli* [105],

>   *... Quoties pacem fortuna lacessit,*
> *Hac iter est bellis.*
> *Melius, fortuna, dedisses*
> *Orbe sub Eoo sedem, gelidaque sub Arcto,*
> *Errantesque domos* [106]

Je tire par foys le moyen de me fermir contre ces considerations, de la nonchalance et lácheté; elles nous menent aussi aucunement à la resolution. Il m'advient souvant d'imaginer avec quelque plaisir les dangiers mortels et les attendre; je me plonge la teste baissée stupidement dans la mort, sans la considerer et recognoistre, comme dans une profondeur muette et obscure, qui m'engloutit d'un saut et accable en un instant d'un puissant sommeil, plein d'insipidité et indolence. Et en ces morts courtes et violentes, la consequence que j'en prevoy me donne plus de consolation que l'effait de trouble. /// Ils disent, comme la vie n'est pas la meilleure pour estre longue, que la mort est la meilleure pour n'estre pas longue. // Je ne m'estrange [107] pas tant de l'estre mort comme j'entre en confidence avec le mourir. Je m'envelope et me tapis en cet orage, qui me doibt aveugler et ravir de furie, d'une charge prompte et insensible.

Encore s'il advenoit, comme disent aucuns jardiniers que les roses et violettes naissent plus odoriferantes près des aux et des oignons, d'autant qu'ils sucent et tirent à eux ce qu'il y a de mauvaise odeur en la terre, aussi que ces dépravées natures humassent tout le venin de mon air et du climat et m'en rendissent d'autant meilleur et plus pur par leur voisinage que je ne perdisse pas tout. Cela n'est pas; mais de cecy il en peut estre quelque chose; que la bonté est plus belle et plus attraiante quand elle est rare, et que la contrarieté et diversité roidit et resserre en soy le bien faire, et l'enflamme par la jalousie de l'opposition et par la gloire.

/// Les voleurs, de leur grace [108], ne m'en veulent pas particulierement. Fay je pas moy à eux [109] ? Il m'en faudroit à trop de gents. Pareilles consciences logent sous diverse sorte de fortunes [110], pareille cruauté, desloyauté, volerie, et d'autant pire qu'elle est plus lasche, plus seure et plus obscure, sous l'ombre des loix. Je hay moins l'injure professe que trahitresse, guerriere que pacifique. Nostre fievre est survenuë en un corps qu'elle n'a de guere empiré : le feu estoit, la flamme s'y est prinse; la bruit est plus grand, le mal de peu.

// Je respons ordinairement à ceux qui me demandent raison de mes voyages : que je sçay bien ce que je fuis, mais non pas ce que je cerche. Si on me dict que parmy les estrangers il y peut avoir aussi peu de santé, et que leurs meurs ne valent pas mieux que les nostres, je respons : premierement, qu'il est mal-aysé,

Tam multæ scelerum facies [111].

Secondement, que c'est tousjours gain de changer un mauvais estat à un estat incertain, et que les maux d'autruy ne nous doivent pas poindre comme les nostres.

Je ne veux pas oublier cecy, que je ne me mutine jamais tant contre la France que je ne regarde Paris de bon œil; elle a mon cueur dès mon enfance. Et m'en est advenu comme des choses excellentes; plus j'ay veu depuis d'autres villes belles, plus la beauté de cette-cy peut et gaigne sur mon affection. Je l'ayme par elle mesme, et plus en son estre seul que rechargée de pompe estrangiere. Je l'ayme tendrement, jusques à ses verrues et à ses taches. Je ne suis françois que par cette grande cité; grande en peuples, grande en felicité de son assiette, mais sur tout grande et incomparable en varieté et diversité de commoditez, la gloire de la France, et l'un des plus nobles ornemens du monde. Dieu en chasse loing nos divisions! Entiere et unie, je la trouve deffendue de toute autre violence. Je l'advise que de tous les partis le pire sera celuy qui la mettra en discorde. Et ne crains pour elle qu'elle mesme. Et crains pour elle autant certes que pour autre piece [112] de cet estat. Tant qu'elle durera, je n'auray faute de retraicte où rendre mes abboys, suffisante à me faire perdre le regret de tout'autre retraicte.

Non parce que Socrates l'a dict, mais parce qu'en verité c'est mon humeur, et à l'avanture non sans quelque excez, j'estime tous les hommes mes compatriotes, et embrasse un Polonois comme un François, postposant [113] cette lyaison nationale à l'universelle et commune. Je ne suis guere feru de la douceur d'un air naturel [114]. Les cognoissances toutes neufves et toutes miennes me semblent bien valoir ces autres communes et fortuites cognoissances du voisinage. Les amitiez pures de nostre acquest emportent ordinairement celles ausquelles la communication du climat ou du sang nous joignent. Nature nous a mis au monde libres et desliez; nous nous emprisonnons en certains destroits [115]; comme les Roys de Perse, qui s'obligeoient de ne boire jamais autre eau que celle du fleuve de Choaspez, renonçoyent par sottise à leur droict d'usage en toutes les autres eaux, et assechoient pour leur regard tout le reste du monde.

/// Ce que Socrates feit sur sa fin, d'estimer une sentence d'exil pire qu'une sentence de mort contre soy, je ne seray, à mon advis, jamais ny si cassé, ny si estroitement habitué en mon païs que je le feisse. Ces vies celestes ont assez d'images que j'embrasse par estimation plus que par affection. Et en ont aussi de si eslevées et extraordinaires, que par estimation mesme je ne puis embrasser, d'autant que je ne les puis concevoir. Cette humeur fut bien tendre à un homme qui jugeoit le monde sa ville. Il est vray qu'il desdaignoit les peregrinations et n'avoit gueres mis le pied hors le territoire d'Attique. Quoy ? qu'il plaignoit l'argent de ses amis à desengager sa vie, et qu'il refusa de sortir de prison par l'entremise d'autruy, pour ne desobéir aux loix, en un temps qu'elles estoient d'ailleurs si fort corrompuës. Ces exemples sont de la premiere espece pour moy. De la seconde sont d'autres que je pourroy trouver en ce mesme personnage. Plusieurs de ces rares exemples surpassent la force de mon action, mais aucunes surpassent encore la force de mon jugement.

// Outre ces raisons, le voyager me semble un exercice profitable. L'ame y a une continuelle exercitation à remarquer les choses incogneuës et nouvelles; et je ne sçache point meilleure escolle, comme j'ay dict souvent, à former la vie que de luy proposer incessamment la diversité de tant d'autres vies, /// fantasies et usances, // et luy faire gouster une si perpetuelle varieté de formes de nostre nature. Le corps n'y est ny oisif ny travaillé et cette modérée agitation le met en haleine. Je me tien à cheval sans demonter, tout choliqueux que je suis, et sans m'y ennuyer, huit et dix heures,

> *Vires ultra sortemque senectæ* [116].

Nulle saison m'est ennemye, que le chaut aspre d'un Soleil poignant; car les ombrelles, dequoy dépuis les anciens Romains l'Italie se sert, chargent plus les bras qu'ils ne deschargent la teste. /// Je voudroy sçavoir quelle industrie c'estoit aux Perses si anciennement et en la naissance de la luxure [117], de se faire du vent frais et des ombrages à leur poste, comme dit Xenophon. // J'ayme les pluyes et les crotes, comme les canes. La mutation d'air et de climat ne me touche point; tout Ciel m'est un. Je ne suis battu que des alterations internes que je produicts en moy, et celles là m'arrivent moins en voyageant.

Je suis mal-aisé à esbranler; mais, estant avoyé [118], je vay tant qu'on veut. J'estrive autant aux petites entreprises qu'aux grandes, et à m'equiper pour faire une journée et visiter un voisin que pour un juste voyage. J'ay apris à faire mes journées à l'Espagnole, d'une traicte : grandes et raisonnables journées; et aux extremes chaleurs, les passe de nuict, du Soleil couchant jusques au levant. L'autre façon de repaistre en chemin, en tumulte et haste, pour la disnée, notamment aux jours cours, est incommode. Mes chevaux en valent mieux. Jamais cheval ne m'a failli, qui a sçeu faire avec moy la premiere journée. Je les abreuve par tout, et regarde seulement qu'ils ayent assez de chemin de reste pour battre leur eau. La paresse à me lever donne loisir à ceux qui me suyvent de disner à leur ayse avant partir. Pour moy je ne mange jamais trop tard; l'appetit me vient en mangeant, et point autrement; je n'ay point de faim qu'à table.

Aucuns se plaignent dequoy je me suis agreé à continuer cet exercice, marié et vieil. Ils ont tort. Il est mieux temps d'abandonner sa famille quand on l'a mise en train de continuer sans nous, quand on y a laissé de l'ordre qui ne demente point sa forme passée. C'est bien plus d'imprudence de s'esloingner, laissant en sa maison une garde moins fidelle et qui ayt moins de soing de pourvoir à vostre besoing.

La plus utile et honnorable science et occupation à une femme, c'est la science du mesnage. J'en vois quelcune avare, et qu'on doibt chercher avant tout autre, comme le seul doire [119] qui sert à ruyner ou sauver nos maisons. /// Qu'on ne m'en parle pas : selon que l'experience m'en a apprins, je requiers d'une femme mariée, au dessus de toute autre vertu, la vertu œconomique [120]. // Je l'en mets au propre [121], luy laissant par mon absence tout le gouvernement en main. Je vois avec despit en plusieurs mesnages monsieur revenir maussade et tout marmiteux du tracas des affaires, environ midy, que madame est encore après à se coiffer et atiffer en son cabinet. C'est à faire aux Reynes ; encores ne sçay-je. Il est ridicule et injuste que l'oysiveté de nos femmes soit entretenue de notre sueur et travail. /// Il n'adviendra que je puisse à personne d'avoir l'usage de mes biens plus liquide que moy, plus quiete et plus quitte [122]. // Si le mary fournit de matiere, nature mesme veut qu'elles fournissent de forme.

Quant aux devoirs de l'amitié maritale qu'on pense estre interessez par cette absence, je ne le crois pas. Au rebours, c'est une intelligence qui se refroidit volontiers par une trop continuelle assistance, et que l'assiduité blesse. Toute femme estrangere nous semble honneste femme. Et chacun sent par experience que la continuation de se voir ne peut representer le plaisir que l'on sent à se desprendre et reprendre à secousses. /// Ces interruptions me remplissent d'une amour recente envers les miens et me redonnent l'usage de ma maison plus doux ; la vicissitude eschauffe mon appetit vers l'un et puis vers l'autre party. // Je sçay que l'amitié a les bras assez longs pour se tenir et se joindre d'un coin de monde à l'autre ; et notamment cette-cy, où il y a une continuelle communication d'offices, qui en reveillent l'obligation et la souvenance. Les Stoïciens disent bien, qu'il y a si grande colligance [123] et relation entre les sages que celuy qui disne en France repaist son compaignon en Ægypte ; et qui estend seulement son doigt, où que ce soit, tous les sages qui sont sur la terre habitable en sentent ayde. La jouyssance et la possession appartiennent principalement à l'imagination. /// Elle embrasse plus chaudement ce qu'elle va querir que ce que nous touchons, et plus continuellement. Comptez vos amusements journaliers, vous trouverez que vous estes lors plus absent de vostre amy quand il vous est present : son assistance

relasche vostre attention et donne liberté à vostre pensée
de s'absenter à toute heure pour toute occasion.

// De Romme en hors, je tiens et regente ma maison et
les commoditez que j'y ay laissé; je voy croistre mes
murailles, mes arbres, et mes rentes, et descroistre, à
deux doigts près, comme quand j'y suis :

> *Ante oculos errat domus, errat forma locorum* [124].

Si nous ne jouyssons que ce que nous touchons, adieu
nos escuz quand ils sont en nos coffres, et nos enfans s'ils
sont à la chasse! Nous les voulons plus près. Au jardin,
est-ce loing ? A une demy journée ? Quoy, dix lieuës,
est-ce loing ou près ? Si c'est près quoy onze, douze, treze ?
et ainsi pas à pas. Vrayment celle qui prescrira à son mary
le quantiesme pas finyt le près, et le quantiesme pas
donne commencement au loin, je suis d'advis qu'elle
l'arreste entre deux :

> *Excludat jurgia finis.*
> *Utor permisso, caudæque pilos ut equinæ*
> *Paulatim vello, et demo unum, demo etiam unum,*
> *Dum cadat elusus ratione ruentis acervi* [125];

et qu'elles appellent hardiment la Philosophie à leur
secours; à qui quelqu'un pourroit reprocher, puis qu'elles
ne voit ny l'un ny l'autre bout de la jointure entre le trop
et le peu, le long et le court, le leger et le poisant, le près
et le loing, puis qu'elle n'en recognoist le commencement
ny la fin, qu'elle juge bien incertainement du milieu.
/// « *Rerum natura nullam nobis dedit cognitionem finium* [126]. »
// Sont elles pas encores femmes et amyes des trespassez,
qui ne sont pas au bout de cettuy-cy, mais en l'autre
monde ? Nous embrassons et ceux qui ont esté et ceux
qui ne sont point encore, non que les absens. Nous n'avons
pas faict marché, en nous mariant, de nous tenir continue-
lement accouez [127] l'un à l'autre, comme je ne sçay quels
petits animaux que nous voyons, /// ou comme les ensor-
celez de Karenty, d'une maniere chiennine. Et ne doibt
une femme avoir les yeux si gourmandement fichez sur
le devant de son mari qu'elle n'en puisse voir le derriere,
où besoing est.

// Mais ce mot de ce peintre si excellent de leurs
humeurs seroit-il point de mise en ce lieu, pour representer
la cause de leurs plaintes :

> *Uxor, si cesses, aut te amare cogitat,*
> *Aut tete amari, aut potare, aut animo obsequi*
> *Et tibi bene esse soli, cum sibi sit male* [128].

Ou bien seroit ce pas que de soy l'opposition et contradiction les entretient et nourrit, et qu'elles s'accommodent assez, pourveu qu'elles vous incommodent ?

En la vraye amitié, de laquelle je suis expert, je me donne à mon amy plus que je ne le tire à moy. Je n'ayme pas seulement mieux luy faire bien que s'il m'en faisoit, mais encore qu'il s'en face qu'à moy : il m'en faict lors le plus, quand il s'en faict. Et si l'absence luy est ou plaisante ou utile, elle m'est bien plus douce que sa presence; et ce n'est pas proprement absence, quand il y a moyen de s'entr'advertir. J'ay tiré autrefois usage de nostre esloignement, et commodité. Nous remplissions mieux et estandions la possession de la vie en nous separant; il vivoit, il jouissoit, il voyoit pour moy, et moy pour luy, autant plainement que s'il y eust esté. L'une partie demeuroit oisifve quand nous estions ensemble : nous nous confondions. La separation du lieu rendoit la conjonction de nos volontez plus riche. Cette faim insatiable de la presence corporelle accuse [129] un peu la foiblesse en la jouyssance des ames.

Quant à la vieillesse qu'on m'allegue, au rebours c'est à la jeunesse à s'asservir aus opinions communes et se contraindre pour autruy. Elle peut fournir à tous les deux, au peuple et à soy : nous n'avons que trop à faire à nous seuls. A mesure que les commoditez naturelles nous faillent, soustenons nous par les artificielles. C'est injustice d'excuser la jeunesse de suyvre ses plaisirs, et deffendre à la vieillesse d'en cercher. /// Jeune, je couvrois mes passions enjouées de prudence; vieil, je demesle les tristes de débauche. Si, prohibent les loix Platoniques de peregriner avant quarante ans ou cinquante, pour rendre la peregrination plus utile et instructive; je consantirois plus volontiers à cet autre second article des mesmes loix, qui l'interdit après les soixante.

// « Mais en tel aage, vous ne reviendrez jamais d'un si long chemin ? » Que m'en chaut-il! Je ne l'entreprens ny pour en revenir, ny pour le parfaire; j'entreprens seulement de me branler, pendant que le branle me plaist. /// Et me proumeine pour me proumener. Ceux qui courent un benefice ou un lievre ne courent pas; ceux là courent qui courent aux barres, et pour exercer leur course.

// Mon dessein est divisible par tout; il n'est pas fondé en grandes esperances; chaque journée en faict le bout. Et le voyage de ma vie se conduict de mesme. J'ay veu pourtant assez de lieux esloignez, où j'eusse desiré qu'on m'eust arresté. Pourquoy non, si Chrysippus, Cleanthes, Diogenes, Zenon, Antipater, tant d'hommes sages de la secte plus refroingnée [130], abandonnerent bien leur pays, sans aucune occasion de s'en plaindre, et seulement pour la jouissance d'un autre air? Certes le plus grand desplaisir de mes peregrinations, c'est que je n'y puisse apporter cette resolution d'establir ma demeure où je me plairroy, et qu'il me faille toujours proposer de revenir, pour m'accommoder aux humeurs communes.

Si je craingnois de mourir en autre lieu que celuy de ma naissance, si je pensois mourir moins à mon aise esloingné des miens, à peine sortiroy-je hors de France; je ne sortirois pas sans effroy hors de ma parroisse. Je sens la mort qui me pince continuellement la gorge ou les reins. Mais je suis autrement faict: elle m'est une partout. Si toutesfois j'avois à choisir, ce seroit, ce croy-je, plustost à cheval que dans un lict, hors de ma maison et esloigné des miens. Il y a plus de crevecœur que de consolation à prendre congé de ses amis. J'oublie volontiers ce devoir de nostre entregent [131], car des offices de l'amitié celuy-là est le seul desplaisant, et oublierois ainsi volontiers à dire ce grand et eternel adieu. S'il se tire quelque commodité de cette assistance, il s'en tire cent incommoditez. J'ay veu plusieurs mourans bien piteusement assiegez de tout ce train: cette presse les estouffe. C'est contre le devoir et est tesmoignage de peu d'affection et de peu de soing de vous laisser mourir en repos: l'un tourmente vos yeux, l'autre vos oreilles, l'autre la bouche; il n'y a sens ny membre qu'on ne vous fracasse. Le cœur vous serre de pitié d'ouyr les plaintes des amis, et de despit à l'avanture d'ouyr d'autres plaintes feintes et masquées. Qui a tousjours eu le goust tendre, affoibly, il l'a encore plus. Il luy faut en une si grande necessité une main douce et accommodée à son sentiment, pour le grater justement où il luy cuit; ou qu'on n'y touche point du tout. Si nous avons besoing de sage femme à nous mettre au monde, nous avons bien besoing d'un homme encore plus sage à nous en sortir. Tel, et amy, le faudroit-il achetter bien cherement, pour le service d'une telle occasion.

Je ne suis point arrivé à cette vigueur desdaigneuse qui se fortifie en soy-mesme, que rien n'ayde, ny ne trouble;

je suis d'un point plus bas. Je cerche à coniller [132] et à me
desrober de ce passage, non par crainte, mais par art. Ce
n'est pas mon advis de faire en cette action preuve ou
montre de ma constance. Pour qui ? Lors cessera tout le
droict et interest que j'ay à la reputation. Je me contente
d'une mort recueillie en soy, quiete et solitaire, toute
mienne, convenable à ma vie retirée et privée. Au rebours
de la superstition Romaine, où l'on estimoit malheureux
celuy qui mouroit sans parler et qui n'avoit ses plus proches
à luy clorre les yeux ; j'ay assez affaire à me consoler sans
avoir à consoler autruy, assez de pensées en la teste sans
que les circonstances m'en apportent de nouvelles, et
assez de matiere à m'entretenir sans l'emprunter. Cette
partie n'est pas du rolle de la société ; c'est l'acte à un seul
personnage. Vivons et rions entre les nostres, allons mourir
et rechigner entre les inconneus. On trouve, en payant,
qui vous tourne la teste et qui vous frote les pieds, qui ne
vous presse qu'autant que vous voulez, vous presentant
un visage indifferent, vous laissant vous entretenir et
plaindre à vostre mode.

   Je me deffais tous les jours par discours de cette humeur
puerile et inhumaine, qui faict que nous desirons d'esmouvoir par nos maux la compassion et le deuil en nos amis.
Nous faisons valoir nos inconveniens outre leur mesure,
pour attirer leurs larmes. Et la fermeté que nous louons en
chacun à soustenir sa mauvaise fortune, nous l'accusons
et reprochons à nos proches, quand c'est en la nostre.
Nous ne nous contentons pas qu'ils se ressentent de nos
maux, si encores ils ne s'en affligent. Il faut estendre la
joye, mais retrencher autant qu'on peut la tristesse. /// Qui
se faict plaindre sans raison est homme pour n'estre pas
plaint quand la raison y sera. C'est pour n'estre jamais
plaint que se plaindre tousjours, faisant si souvent le
piteux qu'on ne soit pitoyable à personne. Qui se faict
mort vivant est subject d'estre tenu pour vif mourant.
J'en ay veu prendre la chevre [133] de ce qu'on leur trouvoit
le visage frais et le pouls posé, contraindre leur ris parce
qu'il trahissoit leur guerison, et haïr la santé de ce qu'elle
n'estoit pas regrettable. Qui bien plus est, ce n'estoyent
pas femmes.

   // Je represente mes maladies, pour le plus, telles qu'elles
sont, et evite les parolles de mauvais prognostique et
exclamations composées. Sinon l'allegresse, aumoins la
contenance rassise des assistans est propre près d'un sage
malade. Pour se voir en un estat contraire, il n'entre point

en querelle avec la santé; il luy plaist de la contempler en autruy forte et entiere, et en jouyr aumoings par compaignie. Pour se sentir fondre contre-bas [134], il ne rejecte pas du tout les pensées de la vie, ny ne fuyt les entretiens communs. Je veux estudier la maladie quand je suis sain; quand elle y est, elle faict son impression assez réele, sans que mon imagination l'ayde. Nous nous preparons avant la main aux voiages que nous entreprenons, et y sommes resolus : l'heure qu'il nous faut monter à cheval, nous la donnons à l'assistance et, en sa faveur, l'estendons.

Je sens ce proffit inesperé de la publication de mes meurs qu'elle me sert aucunement de regle. Il me vient par fois quelque consideration de ne trahir l'histoire de ma vie. Cette publique declaration m'oblige de me tenir en ma route, et à ne desmentir l'image de mes conditions, communéement moins desfigurées et contredites que ne porte la malignité et maladie des jugements d'aujourd'huy. L'uniformité et simplesse de mes meurs produict bien un visage d'aisée interpretation, mais, parce que la façon en est un peu nouvelle et hors d'usage, elle donne trop beau jeu à la mesdisance. Si est-il, qu'à qui me veut loyallement injurier il me semble fournir bien suffisamment où mordre en mes imperfections advouées et cogneuës, et dequoy s'y saouler, sans s'escarmoucher au vent [135]. Si, pour en præoccuper moy-mesme l'accusation et la descouverte, il luy semble que je luy esdente sa morsure, c'est raison qu'il preigne son droict vers l'amplification et extention (l'offence a ses droicts outre la justice), et que les vices dequoy je luy montre des racines chez moy, il les grossisse en arbres, qu'il y emploie non seulement ceux qui me possedent, mais ceux aussi qui ne font que me menasser. Injurieux vices, et en qualité et en nombre; qu'il me batte par là.

/// J'embrasserois franchement l'exemple du philosophe Dion. Antigon le vouloit piquer sur le subject de son origine; il luy coupa broche [136] : « Je suis, dict-il, fils d'un serf, bouchier, stigmatisé, et d'une putain que mon père espousa par [137] la bassesse de sa fortune. Tous deux furent punis pour quelque mesfaict. Un orateur m'achetta enfant, me trouvant agreable, et m'a laissé mourant tous ses biens, lesquels ayant transporté en cette ville d'Athenes, me suis addonné à la philosophie. Que les historiens ne s'empeschent à chercher nouvelles de moy; je leur en diray ce qui en est. » La confession genereuse et libre enerve le reproche et desarme l'injure.

// Tant y a que, tout conté, il me semble qu'aussi souvent on me loüe qu'on me desprise outre la raison. Comme il me semble aussi que, dès mon enfance, en rang et degré d'honneur on m'a donné lieu plustost au dessus qu'au dessoubs de ce qui m'appartient.

/// Je me trouverois mieux en païs auquel ces ordres fussent ou reglez, ou mesprisez. Entre les hommes, depuis que l'altercation [138] de la prerogative au marcher ou à se seoir passe trois repliques, elle est incivile. Je ne crains point de ceder ou proceder iniquement pour fuir à une si importune contestation; et jamais homme n'a eu envie de ma presseance à qui je ne l'aye quittée.

// Outre ce profit que je tire d'escrire de moy, j'en espere cet autre que, s'il advient que mes humeurs plaisent et accordent à quelque honneste homme avant que je meure, il recerchera de nous joindre : je luy donne beaucoup de pays gaigné, car tout ce qu'une longue connoissance et familiarité luy pourroit avoir acquis en plusieurs années, il le voit en trois jours en ce registre, et plus seurement et exactement. /// Plaisante fantasie : plusieurs choses que je ne voudrois dire à personne, je les dis au peuple, et sur mes plus secretes sciences ou pensées renvoye à une boutique de libraire mes amis plus feaux [139].

Excutienda damus præcordia [140].

// Si à si bonnes enseignes je sçavois quelqu'un qui me fut propre, certes je l'irois trouver bien loing; car la douceur d'une sortable et aggreable compaignie ne se peut assez acheter à mon gré. O un amy! Combien est vraye cette ancienne sentence, que l'usage en est plus necessaire et plus doux que des elemens de l'eau et du feu!

Pour revenir à mon conte, il n'y a donc pas beaucoup de mal de mourir loing et à part. /// Si estimons nous à devoir de nous retirer pour des actions naturelles moins disgratiées que cette-cy et moins hideuses. // Mais encore, ceux qui en viennent là de trainer languissans un long espace de vie, ne debvroient à l'avanture souhaiter d'empescher de leur misere une grande famille. /// Pourtant les Indois [141], en certaine province, estimoient juste de tuer celuy qui seroit tumbé en telle necessité; en une autre province, ils l'abandonnoient seul à se sauver comme il pourroit. // A qui ne se rendent-ils en fin ennuyeux et insupportables ? Les offices communs n'en vont point jusques là. Vous apprenez la cruauté par force à voz

meilleurs amis, durcissant et femme et enfans, par long
usage, à ne sentir et plaindre plus vos maux. Les souspirs
de ma cholique n'apportent plus d'esmoy à personne. Et
quand nous tirerions quelque plaisir de leur conversation,
ce qui n'advient pas tousjours pour la disparité des conditions qui produict ayséement mespris ou envie envers qui
que ce soit, n'est-ce pas trop d'en abuser tout un aage ?
Plus je les verrois se contraindre de bon cœur pour moy,
plus je plainderois leur peine. Nous avons loy de nous
appuyer, non pas de nous coucher si lourdement sur
autruy et nous estayer en leur ruyne; comme celuy qui
faisoit esgorger des petits enfans pour se servir de leur
sang à guarir une sienne maladie [142], ou cet autre, à qui
on fournissoit des jeunes tendrons à couver la nuict ses
vieux membres et mesler la douceur de leur haleine à la
sienne aigre et poisante [143]. Je me conseillerois volontiers
Venise pour la retraicte d'une telle condition et foiblesse
de vie.

/// La decrepitude est qualité solitaire. Je suis sociable
jusques à excez. Si me semble-il raisonnable que meshuy
je soustraye de la veuë du monde mon importunité, et la
couve à moy seul, que je m'appile et me recueille en ma
coque, comme les tortues. J'aprens à veoir les hommes
sans m'y tenir : ce seroit outrage en un pas si pendant. Il
est temps de tourner le dos à la compagnie.

// « Mais en un si long voyage, vous serez arresté miserablement en un caignart [144], où tout vous manquera. » —
La plus part des choses necessaires, je les porte quant et
moy. Et puis, nous ne sçaurions eviter la fortune si elle
entreprend de nous courre sus. Il ne me faut rien d'extraordinaire quand je suis malade : ce que nature ne peut en
moy, je ne veux pas qu'un bolus [145] le face. Tout au commencement de mes fiévres et des maladies qui m'atterrent,
entier encores et voisin de la santé, je me reconcilie à
Dieu par les derniers offices Chrestiens, et m'en trouve
plus libre et deschargé, me semblant en avoir d'autant
meilleure raison de la maladie. De notaire et de conseil,
il m'en faut moins que de medecins. Ce que je n'auray
estably de mes affaires tout sain, qu'on ne s'attende point
que je le face malade. Ce que je veux faire pour le service
de la mort est tousjours faict ; je n'oseroy le deslaier [146] d'un
seul jour. Et s'il n'y a rien de faict, c'est à dire : ou que le
doubte m'en aura retardé le choix (car par fois c'est bien
choisir de ne choisir pas), ou que tout à fait je n'auray
rien voulu faire.

J'escris mon livre à peu d'hommes et à peu d'années. Si ç'eust esté une matiere de durée, il l'eust fallu commettre à un langage plus ferme. Selon la variation continuelle qui a suivy le nostre jusques à cette heure, qui peut esperer que sa forme presente soit en usage, d'icy à cinquante ans ? /// Il escoule tous les jours de nos mains et depuis que je vis s'est alteré de moitié. Nous disons qu'il est à cette heure parfaict. Autant en dict du sien chaque siecle. Je n'ay garde de l'en tenir là tant qu'il fuira et se difformera [147] comme il faict. C'est aux bons et utiles escrits de le clouer à eux, et ira son credit selon la fortune de nostre estat.

// Pourtant ne crains-je poinct d'y inserer plusieurs articles privez, qui consument leur usage entre les hommes qui vivent aujourd'huy, et qui touchent la particuliere science d'aucuns, qui y verront plus avant que de la commune intelligence. Je ne veux pas après tout, comme je vois souvent agiter la memoire des trespassez, qu'on aille debatant : « Il jugeoit, il vivoit ainsin; il vouloit cecy; s'il eust parlé sur sa fin, il eust dict, il eust donné; je le connoissois mieux que tout autre. » Or, autant que la bienseance me le permet, je faicts icy sentir mes inclinations et affections; mais plus librement et plus volontiers le faits-je de bouche à quiconque desire en estre informé. Tant y a qu'en ces memoires, si on y regarde, on trouvera que j'ay tout dict, ou tout designé. Ce que je ne puis exprimer, je le montre au doigt :

Verum animo satis hæc vestigia parva sagaci
Sunt, per quæ possis cognoscere cetera tute [148].

Je ne laisse rien à desirer et deviner de moy. Si on doibt s'en entretenir, je veux que ce soit veritablement et justement. Je reviendrois volontiers de l'autre monde pour démentir celuy qui me formeroit autre que je n'estois, fut-ce pour m'honorer. Des vivans mesme, je sens qu'on parle tousjours autrement qu'ils ne sont. Et si à toute force je n'eusse maintenu un amy que j'ay perdu, on me l'eust deschiré en mille contraires visages.

Pour achever de dire mes foibles humeurs, j'advoue qu'en voyageant je n'arrive gueres en logis où il ne me passe par la fantasie si j'y pourray estre et malade et mourant à mon aise. Je veus estre logé en lieu qui me soit bien particulier, sans bruict, non sale, ou fumeux, ou estouffé. Je cherche à flatter la mort par ces frivoles circonstances, ou, pour mieux dire, à me descharger de tout autre empeschement, affin que je n'aye qu'à m'attendre à elle, qui me poisera volontiers assez sans autre recharge. Je veux qu'elle ayt sa part à l'aisance et commodité de ma vie. Ce en est un grand lopin, et d'importance, et espere meshuy qu'il ne dementira pas le passé.

La mort a des formes plus aisées les unes que les autres, et prend diverses qualitez selon la fantasie de chacun. Entre les naturelles, celle qui vient d'affoiblissement et appesantissement me semble molle et douce. Entre les violentes, j'imagine plus mal aiséement un precipice qu'une ruine qui m'accable et un coup tranchant d'une espée qu'une harquebousade; et eusse plustost beu le breuvage de Socrates que de me fraper comme Caton. Et, quoy que ce soit un, si sent mon imagination difference comme de la mort à la vie, à me jetter dans une fournaise ardente ou dans le canal d'une platte riviere. /// Tant sottement nostre crainte regarde plus au moyen qu'à l'effect. // Ce n'est qu'un instant; mais il est de tel pois que je donneroy volontiers plusieurs jours de ma vie pour le passer à ma mode.

Puisque la fantasie d'un chacun trouve du plus et du moins en son aigreur, puisque chacun a quelque chois entre les formes de mourir, essayons un peu plus avant d'en trouver quelqu'une deschargée de tout desplaisir. Pourroit on pas la rendre encore voluptueuse, comme les commourans [149] d'Antonius et de Cleopatra ? Je laisse à part les efforts que la philosophie et la religion produisent, aspres et exemplaires. Mais entre les hommes de peu, il s'en est trouvé, comme un Petronius et un Tigillinus à Romme, engagez à se donner la mort, qui l'ont comme endormie par la mollesse de leurs appests. Ils l'ont faicte couler et glisser parmy la lâcheté de leurs passetemps accoustumés, entre des garses et bons compaignons; nul propos de consolation, nulle mention de testament, nulle affectation ambitieuse de constance, nul discours de leur condition future; mais entre les jeux, les festins, facecies, entretiens communs et populaires, et la musique, et des vers amoureux. Ne sçaurions nous imiter cette resolution en plus honneste contenance ? Puis qu'il y a des mors bonnes aux fols, bonnes aux sages, trouvons en qui soyent bonnes à ceux d'entre deux. /// Mon imagination m'en presente quelque visage facile, et, puisqu'il faut mourir, desirable. Les tyrans Romains pensoient donner la vie au criminel à qui ils donnoient le chois de sa mort. Mais Théophraste, philosophe si delicat, si modeste, si sage,

a-il pas esté forcé par la raison d'oser dire ce vers latinisé
par Cicero :

Vitam regit fortuna, non sapientia [150].

Combien aide la fortune à la facilité du marché de ma vie,
me l'ayant logée en tel poinct qu'elle ne faict meshuy
ny besoing à nul, ny empeschement. C'est une condition
que j'eusse acceptée en toutes les saisons de mon aage,
mais en cette occasion de trousser mes bribes et de plier
bagage, je prens plus particulierement plaisir à ne faire
guiere ny de plaisir, ny de desplaisir à personne en mourant. Elle a, d'une artiste compensation, faict que ceux
qui peuvent pretendre quelque materiel fruict de ma mort
en reçoivent d'ailleurs conjointement une materielle perte.
La mort s'appesantit souvent en nous de ce qu'elle poise
aux autres, et nous interesse de leur interest quasi autant
que du nostre, et plus et tout par fois.

// En cette commodité de logis que je cerche, je n'y
mesle pas la pompe et l'amplitude ; je la hay plustost ; mais
certaine propriété simple, qui se rencontre plus souvant aux
lieux où il y a moins d'art, et que nature honore de quelque
grace toute sienne. « *Non ampliter sed munditer convi-
vium* [151]... *Plus salis quam sumptus* [152]. »

Et puis, c'est à faire à ceux que les affaires entrainent en
plain hyver par les Grisons, d'estre surpris en chemin en
cette extremité. Moy, qui le plus souvent voyage pour mon
plaisir, ne me guide pas si mal. S'il faict laid à droicte,
je prens à gauche ; si je me trouve mal propre à monter à
cheval, je m'arreste. Et faisant ainsi, je ne vois à la verité
rien qui ne soit aussi plaisant et commode que ma maison.
Il est vray que je trouve la superfluité tousjours superflue,
et remarque de l'empeschement en la delicatesse mesme
et en l'abondance. Ay-je laissé quelque chose à voir derriere moy ? J'y retourne ; c'est tousjours mon chemin.
Je ne trace aucune ligne certaine, ny droicte ny courbe.
Ne trouve-je point où je vay, ce qu'on m'avoit dict ?
(Comme il advient souvent que les jugemens d'autruy ne
s'accordent pas aux miens, et les ay trouvez plus souvent
faux), je ne plains pas ma peine ; j'ay apris que ce qu'on
disoit n'y est point.

J'ay la complexion du corps libre et le goust commun
autant qu'homme du monde. La diversité des façons d'une
nation à autre ne me touche que par le plaisir de la varieté.
Chaque usage a sa raison. Soyent des assiettes d'estain, de

bois, de terre, bouilly ou rosty, beurre ou huyle de nois ou d'olive, chaut ou froit, tout m'est un, et si un que, vieillissant, j'accuse cette genereuse faculté, et auroy besoin que la delicatesse et le chois arrestat l'indiscretion de mon appetit et par fois soulageat mon estomac. /// Quand j'ay esté ailleurs qu'en France et que, pour me faire courtoisie, on m'a demandé si je voulois estre servy à la Françoise, je m'en suis mocqué et me suis tousjours jetté aux tables les plus espesses d'estrangers.

// J'ay honte de voir noz hommes [153] enyvrez de cette sotte humeur, de s'effaroucher des formes contraires aux leurs : il leur semble estre hors de leur element quand ils sont hors de leur village. Où qu'ils aillent, ils se tiennent à leurs façons et abominent les estrangeres. Retrouvent ils un compatriote en Hongrie, ils festoyent cette avanture : les voylà à se ralier et à se recoudre ensemble, à condamner tant de meurs barbares qu'ils voient. Pourquoy non barbares, puis qu'elles ne sont françoises ? Encore sont ce les plus habiles qui les ont recogneuës, pour en mesdire. La plus part ne prennent l'aller que pour le venir. Ils voyagent couverts et resserrez d'une prudence taciturne et incommunicable, se defendans de la contagion d'un air incogneu.

Ce que je dis de ceux là me ramentoit, en chose semblable, ce que j'ay par fois aperçeu en aucunz de nos jeunes courtisans. Ils ne tiennent qu'aux hommes de leur sorte, nous regardent comme gens de l'autre monde, avec desdain ou pitié. Ostez leur les entretiens des mysteres de la court, ils sont hors de leur gibier, aussi neufs pour nous et malhabiles comme nous sommes à eux. On dict bien vray qu'un honneste homme, c'est un homme meslé.

Au rebours, je peregrine très saoul de nos façons, non pour cercher des Gascons en Sicile (j'en ay assez laissé au logis); je cerche des Grecs plustost, et des Persans; j'acointe [154] ceux-là, je les considere · c'est là où je me preste et où je m'employe. Et qui plus est, il me semble que je n'ay rencontré guere de manieres qui ne vaillent les nostres. Je couche de peu [155], car à peine ay-je perdu mes girouettes de veuë.

Au demeurant, la plus part des compaignies fortuites que vous rencontrez en chemin ont plus d'incommodité que de plaisir : je ne m'y attache point, moins asteure que la vieillesse me particularise et sequestre aucunement des formes communes. Vous souffrez pour autruy, ou autruy pour vous; l'un et l'autre inconvenient est poisant, mais le dernier me semble encore plus rude. C'est une rare fortune, mais de soulagement inestimable, d'avoir un honneste homme, d'entendement ferme et de meurs conformes aux vostres, qui ayme à vous suyvre. J'en ay eu faute extreme en tous mes voyages. Mais une telle compaignie, il la faut avoir choisie et acquise dès le logis. Nul plaisir n'a goust pour moy sans communication. Il ne me vient pas seulement une gaillarde pensée en l'ame qu'il ne me fâche de l'avoir produite seul, et n'ayant à qui l'offrir. /// « *Si cum hac exceptione detur sapientia ut illam inclusam teneam nec enuntiem, rejiciam* [156]. » L'autre l'avoit monté d'un ton au dessus. « *Si contigerit ea vita sapienti, ut omnium rerum affluentibus copiis, quamvis omnia quæ cognitione digna sunt summo otio secum ipse consideret, et contempletur, tamen si solitudo tanta sit ut hominem videre non possit, excedat e vita* [157]. » // L'opinion d'Architas m'agrée, qu'il feroit desplaisant au ciel mesme et à se promener dans ces grands et divins corps celestes sans l'assistance d'un compaignon.

Mais il vaut mieux encore estre seul qu'en compaignie ennuyeuse et inepte. Aristippus s'aymoit à vivre estrangier partout.

> *Me si fata meis paterentur ducere vitam*
> *Auspiciis* [158].

je choisirois à la passer le cul sur la selle :

> *visere gestiens,*
> *Qua parte debacchentur ignes,*
> *Qua nebulæ pluviique rores* [159].

« Avez vous pas des passe-temps plus aysez ? Dequoy avez-vous faute [160] ? Vostre maison est elle pas en bel air et sain, suffisamment fournie, et capable plus que suffisamment ? /// La majesté Royalle y a peu [161] plus d'une fois en sa pompe [162]. // Vostre famille n'en laisse elle pas en reiglement plus au dessoubs d'elle qu'elle n'en a au dessus en eminence ? Y a il quelque pensée locale qui vous ulcere, extraordinaire, indigestible ?

> *Quæ te nunc coquat et vexet sub pectore fixa* [163] ?

Où cuidez-vous pouvoir estre sans empeschement et sans destourbier ? « *Nunquam simpliciter fortuna indulget* [164]. » Voyez donc qu'il n'y a que vous qui vous empeschez, et vous vous suyverez par tout, et vous plaindrez par tout. Car il n'y a satisfaction çà bas que pour les ames, ou brutales ou divines. Qui n'a du contentement à une si juste occasion, où pense il le trouver ? A combien de milliers d'hommes arreste une telle condition que la vostre le but de leurs souhaits ? Reformez vous seulement, car en cela vous pouvez tout, là où vous n'avez droict que de patience envers la fortune. » /// « *Nulla placida quies est, nisi quam ratio composuit* [165]. »

// Je voy la raison de cet advertissement, et la voy trèsbien ; mais on auroit plustost faict, et plus pertinemment, de me dire en un mot : « Soyez sage. » Cette resolution est outre la sagesse : c'est son ouvrage et sa production. Ainsi faict le medecin qui va criaillant après un pauvre malade languissant, qu'il se resjouysse ; il luy conseilleroit un peu moins ineptement s'il luy disoit : « Soyez sain. » Pour moy, je ne suis qu'homme de la basse forme. C'est un precepte salutaire, certain et d'aisée intelligence : « Contentez vous du vostre, c'est à dire de la raison. » L'execution pourtant n'en est non plus aux plus sages qu'en moy. C'est une parolle populaire, mais elle a une terrible estandue. Que ne comprend elle ? Toutes choses tombent en discretion [166] et modification.

Je sçay bien qu'à le prendre à la lettre, ce plaisir de voyager porte tesmoignage d'inquietude et d'irresolution. Aussi sont ce nos maistresses qualitez, et prædominantes. Ouy, je le confesse, je ne vois rien, seulement en songe et par souhait, où je me puisse tenir ; la seule varieté me paye, et la possession de la diversité, au moins si aucune chose me paye. A voyager, cela mesme me nourrit que je me puis arrester sans interests, et que j'ay où m'en divertir commodéement. J'ayme la vie privée, par ce que c'est par mon chois que je l'ayme, non par disconvenance à la vie publique, qui est, à l'avanture, autant selon ma complexion. J'en sers plus gayement mon prince par ce que c'est par libre eslection de mon jugement et de ma raison, /// sans obligation particuliere, // et que je n'y suis pas rejecté ny contrainct pour estre irrecevable à tout autre party et mal voulu. Ainsi du reste. Je hay les morceaux que la necessité me taille. Toute commodité me tiendroit à la gorge, de laquelle seule j'aurois à despendre :

Alter remus aquas, alter mihi radat arenas [167].

Une seule corde ne m'arreste jamais assis. — « Il y a de la

vanité, dictes vous, en cet amusement. » — Mais où non ?
Et ces beaux preceptes sont vanité, et vanité toute la
sagesse. /// « *Dominus novit cogitationes sapientium, quoniam
vanæ sunt* [168]. » // Ces exquises subtilitez ne sont propres
qu'au presche : ce sont discours qui nous veulent envoyer
tous bastez en l'autre monde. La vie est un mouvement
materiel et corporel, action imparfaicte de sa propre
essence, et desreglée; je m'emploie à la servir selon elle.

> *Quisque suos patimur manes* [169].

/// « *Sic est faciendum ut contra naturam universam nihil
contendamus ; ea tamen conservata, propriam sequamur* [170]. »
// A quoy faire ces pointes eslevées de la philosophie sur
lesquelles aucun estre humain ne se peut rassoir, et ces
regles qui excedent nostre usage et nostre force ? Je voy
souvent qu'on nous propose des images de vie, lesquelles
ny le proposant, ny les auditeurs n'ont aucune esperance
de suyvre ny, qui plus est, envie. De ce mesme papier où
il vient d'escrire l'arrest de condemnation contre un
adultere, le juge en desrobe un lopin pour en faire un
poulet à la femme de son compaignon. /// Celle à qui vous
viendrez de vous frotter illicitement, criera plus asprement
tantost, en vostre presence mesme, à l'encontre d'une
pareille faute de sa compaigne que ne feroit Porcie. // Et
tel condamne des hommes à mourir pour des crimes qu'il
n'estime point fautes. J'ay veu en ma jeunesse un galent
homme presenter d'une main au peuple des vers excellens et en beauté et en desbordement, et de l'autre main
en mesme instant la plus quereleuse reformation theolo-
gienne de quoy le monde se soit desjeuné il y a long temps.

Les hommes vont ainsin. On laisse les loix et preceptes
suivre leur voie; nous en tenons une autre, non par desreiglement de meurs seulement, mais par opinion souvent
et par jugement contraire. Sentez lire un discours de
philosophie; l'invention, l'eloquence, la pertinence frape
incontinent vostre esprit et vous esmeut; il n'y a rien
qui chatouille ou poigne vostre conscience; ce n'est pas
à elle qu'on parle, est-il pas vray ? Si disoit Ariston que
ny une esteuve [171], ny une leçon n'est d'aucun fruict si elle
ne nettoye et ne descrasse. On peut s'arrester à l'escorce,
mais c'est après qu'on en a retiré la mouele; comme,
après avoir avalé le bon vin d'une belle coupe, nous en
considerons les graveures et l'ouvrage.

En toutes les chambrées de la philosophie ancienne

cecy se trouvera, qu'un mesme ouvrier y publie des reigles
de temperance et publie ensemble des escris d'amour et
desbauche. /// Et Xenophon, au giron de Clinias, escrivit
contre la volupté Aristippique. // Ce n'est pas qu'il y ait
une conversion miraculeuse qui les agite à ondées. Mais
c'est que Solon se represente tantost soy-mesme, tantost
en forme de legislateur : tantost il parle pour la presse,
tantost pour soy; et prend pour soy les reigles libres et
naturelles, s'asseurant d'une santé ferme et entiere.

> *Curentur dubii medicis majoribus ægri* [172].

/// Antisthenes permet au sage d'aimer et faire à sa mode ce
qu'il trouve estre opportun, sans s'attendre aux loix;
d'autant qu'il a meilleur advis qu'elles, et plus de cognoissance de la vertu. Son disciple Diogenes disoit opposer
aux perturbations la raison, à fortune la confidence, aux
loix nature.

. // Pour les estomacs tendres, il faut des ordonnances
contraintes et artificielles. /// Les bons estomacs suivent
simplement les prescriptions de leur naturel appetit.
// Ainsi font nos medecins, qui mangent le melon et boivent
le vin fraiz, ce pendant qu'ils tiennent leur patient obligé
au sirop et à la panade.

Je ne sçay quels livres, disoit la courtisane Lays, quelle
sapience, quelle philosophie, mais ces gens là battent aussi
souvent à ma porte que aucuns autres. D'autant que
nostre licence nous porte tousjours au delà de ce qui
nous est loisible et permis, on a estressy souvant outre
la raison universelle les preceptes et loys de nostre vie.

> *Nemo satis credit tantum delinquere quantum*
> *Permittas* [173],

Il seroit à desirer qu'il y eust plus de proporticn du
commandement à l'obeyssance; et semble la visée injuste,
à laquelle on ne peut atteindre. Il n'est si homme de bien,
qu'il mette à l'examen des lois toutes ses actions et pensées,
qui ne soit pendable dix fois en sa vie, voire tel qu'il
seroit très-grand dommage et très-injuste de punir et de
perdre.

> *Olle, quid ad te*
> *De cute quid faciat ille, vel illa sua* [174] ?

Et tel pourroit n'offenser point les loix, qui n'en meriteroit
point la louange d'homme de vertu, /// et que la philoso-

phie feroit trèsjustement foiter [175]. // Tant cette relation
est trouble et inegale. Nous n'avons garde d'estre gens de
bien selon Dieu; nous ne le sçaurions estre selon nous.
L'humaine sagesse n'arriva jamais aux devoirs qu'elle
s'estoit elle mesme prescrit et, si elle y estoit arrivée, elle
s'en prescriroit d'autres au delà, où elle aspirat tousjours et
pretendit, tant nostre estat est ennemy de consistance.
/// L'homme s'ordonne à soy mesme d'estre necessairement
en faute. Il n'est guiere fin de tailler son obligation, à la
raison d'un autre estre que le sien. A qui prescrit-il ce qu'il
s'attend que personne ne face ? Luy est-il injuste de ne
faire point ce qu'il luy est impossible de faire ? Les loix
qui nous condamnent à ne pouvoir pas, nous accusent elles
mesmes de ne pouvoir pas.

// Au pis aller, cette difforme liberté de se presenter à
deux endroicts, et les actions d'une façon, les discours de
l'autre, soit loisible à ceux qui disent les choses; mais elle
ne le peut estre à ceux qui se disent eux mesme, comme
je fay; il faut que j'aille de la plume comme des pieds.
La vie commune doibt avoir conferance aux autres vies.
La vertu de Caton estoit vigoreuse outre la mesure de
son siecle; et à un homme qui se mesloit de gouverner
les autres, destiné au service commun, il se pourroit dire
que c'estoit une justice, sinon injuste, au moins vaine et
hors de saison. /// Mes mœurs mesmes, qui ne discon-
viennent de celles qui courent à peine de la largeur d'un
poulce, me rendent pourtant aucunement farouche à mon
aage, et inassociable. Je ne sçay pas si je me trouve desgouté sans raison du monde que je hante, mais je sçay
bien que ce seroit sans raison si je me plaignois qu'il fut
desgouté de moy plus que je le suis de luy.

// La vertu assignée aus affaires du monde est une
vertu à plusieurs plis, encoigneures et couddes, pour
s'apliquer et joindre à l'humaine foiblesse, meslée et artificielle, non droitte, nette, constante, ny purement innocente. Les annales reprochent jusques à cette heure à
quelqu'un de nos Roys [176] de s'estre trop simplement laissé
aller aux consciencieuses persuasions de son confesseur.
Les affaires d'estat ont des preceptes plus hardis :

> *exeat aula*
> *Qui vult esse pius* [177].

J'ay autrefois essayé d'employer au service des maniemens publiques les opinions et reigles de vivre ainsi

rudes, neufves, impolies ou impollues, comme je les ay
nées chez moy ou raportées de mon institution, et desquelles je me sers /// sinon // commodéement /// au
moins seurement // en particulier, une vertu scholastique
et novice. Je les y ay trouvées ineptes et dangereuses.
Celuy qui va en la presse, il faut qu'il gauchisse, qu'il
serre ses couddes, qu'il recule ou qu'il avance, voire qu'il
quitte le droict chemin, selon ce qu'il rencontre; qu'il
vive non tant selon soy que selon autruy, non selon ce
qu'il se propose, mais selon ce qu'on luy propose, selon
le temps, selon les hommes, selon les affaires.

/// Platon dict que qui eschappe brayes nettes du
maniement du monde, c'est par miracle qu'il en eschappe.
Et dict aussi que, quand il ordonne son philosophe chef
d'une police [178], il n'entend pas le dire d'une police corrompue comme celle d'Athenes, et encore bien moins
comme la nostre, envers lesquelles la sagesse mesme perdroit son Latin. Comme une herbe transplantée en solage [179]
fort divers à la condition, se conforme bien plustost à
iceluy qu'elle ne le reforme à soy.

// Je sens que, si j'avois à me dresser tout à faict à
telles occupations, il m'y faudroit beaucoup de changement et de rabillage. Quand je pourrois cela sur moy (et
pourquoy ne le pourrois je, avec le temps et le soing?),
je ne le voudrois pas. De ce peu que je me suis essayé en
cette vacation, je m'en suis d'autant degousté. Je me sens
fumer en l'ame par fois aucunes tentations vers l'ambition; mais je me bande et obstine au contraire:

At tu, Catulled obstinatus obdura [180].

On ne m'y appelle guieres, et je m'y convie aussi peu.
/// La liberté et l'oisiveté, qui sont mes maistresses qualitez, sont qualitez diametralement contraires à ce mestier là.

// Nous ne sçavons pas distinguer les facultez des
hommes; elles ont des divisions et bornes mal-aysées à
choisir et delicates. De conclurre par la suffisance d'une
vie particuliere quelque suffisance à l'usage public, c'est
mal conclud; tel se conduict bien qui ne conduict pas
bien les autres /// et faict des *Essais* qui ne sauroit faire
des effects; tel // dresse bien un siege qui dresseroit mal
une bataille, et discourt bien en privé qui harengueroit
mal un peuple ou un prince. Voyre à l'aventure est-ce
plustost tesmoignage à celuy qui peut l'un de ne pouvoir

point l'autre, qu'autrement. /// Je treuve que les esprits
hauts ne sont de guere moins aptes aux choses basses
que les bas esprits aux hautes. Estoit-il à croire que
Socrates eust appresté aux Atheniens matiere de rire à
ses despens, pour n'avoir onques sçeu computer les suffrages de sa tribu et en faire raport au conseil ? Certes
la veneration en quoy j'ay les perfections de ce personnage merite que sa fortune fournisse à l'excuse de mes
principales imperfections un si magnifique exemple.

// Nostre suffisance est detaillée à menues pieces. La
mienne n'a point de latitude [181], et si est chetifve en
nombre. Saturninus, à ceux qui lui avoyent deferé tout
commandement : « Compaignons, fit-il, vous avez perdu
un bon capitaine pour en faire un mauvais general d'armée. » Qui se vante, en un temps malade comme cettuy-cy,
d'employer au service du monde une vertu nayfve et sincere, ou il ne la cognoit pas, les opinions se corrompant
avec les meurs (de vray, oyez la leur peindre, oyez la
plus part se glorifier de leurs deportemens et former leurs
reigles : au lieu de peindre la vertu, ils peignent l'injustice toute pure et le vice, et la presentent ainsi fauce
à l'institution des princes), ou, s'il la cognoist, il se vante
à tort et, quoy qu'il die, faict mille choses dequoy sa
conscience l'accuse. Je croirois volontiers Seneca de l'experience qu'il en fit en pareille occasion, pourveu qu'il
m'en voulut parler à cœur ouvert. La plus honorable
marque de bonté en une telle necessité, c'est recognoistre
librement sa faute et celle d'autruy, appuyer et retarder
de sa puissance l'inclination vers le mal, suyvre envis
cette pente, mieux esperer et mieux desirer.

J'aperçois, en ces desmambremens de la France et divisions où nous sommes tombez, chacun se travailler à
deffendre sa cause, mais, jusques aux meilleurs, avec des-
guisement et mensonge. Qui en escriroit rondement, en
escriroit temererement et vitieusement. Le plus juste
party, si est-ce encore le membre d'un corps vermoulu
et vereux. Mais d'un tel corps le membre moins malade
s'appelle sain; et à bon droit, d'autant que nos qualitez
n'ont tiltre qu'en la comparaison. L'innocence civile se
mesure selon les lieux et saisons. J'aymerois bien à voir
en Xenophon une telle louange d'Agesilaus : estant prié
par un prince voisin, avec lequel il avoit autresfois esté
en guerre, de le laisser passer en ces terres, il l'octroya,
luy donnant passage à travers le Peloponnesse; et non
seulement ne l'emprisonna ou empoisonna, le tenant à

sa mercy, mais l'accueillit courtoisement, sans luy faire
offence. A ces humeurs là, ce ne seroit rien dire; ailleurs
et en autre temps, il se fera compte de la franchise et
magnanimité d'une telle action. Ces babouyns capettes [182]
s'en fussent moquez, si peu retire l'innocence spartaine [183]
à la françoise.

Nous ne laissons pas d'avoir des hommes vertueux, mais
c'est selon nous. Qui a ses meurs establies en reglement
au dessus de son siecle, ou qu'il torde et émousse ses
regles, ou, ce que je lui conseille plustost, qu'il se retire
à quartier et ne se mesle point de nous. Qu'y gaigneroit-il ?

> *Egregium sanctumque virum si cerno, bimembri*
> *Hoc monstrum puero, et miranti jam sub aratro,*
> *Piscibus inventis, et fœtæ comparo mulae* [184].

On peut regretter les meilleurs temps, mais non pas fuyr
aux presens; on peut desirer autres magistrats, mais il
faut, ce nonobstant, obeyr à ceux icy. Et à l'advanture
y a il plus de recommendation d'obeyr aux mauvais
qu'aux bons. Autant que l'image des loix receuës et
antiennes de cette monarchie reluyra en quelque coin,
m'y voilà planté. Si elles viennent par malheur à se contre-
dire et empescher entr'elles, et produire deux pars de
chois doubteux et difficile, mon election sera volontiers
d'eschapper et me desrober à cette tempeste; nature m'y
pourra prester, ce pendant la main, ou les hazards de la
guerre. Entre Cesar et Pompeidus je me fusse franchement declaré. Mais entre ces trois voleurs [185] qui vindrent
depuis, ou il eust fallu se cacher, ou suyvre le vent; ce
que j'estime loisible quand la raison ne guide plus.

> *Quo diversus abis* [186] *?*

Cette farcisseure [187] est un peu hors de mon theme. Je
m'esgare, mais plustot par licence que par mesgarde.
Mes fantasies se suyvent, mais par fois c'est de loing, et
se regardent, mais d'une veuë oblique.

/// J'ay passé les yeux sur tel dialogue de Platon mi
party d'une fantastique bigarrure, le devant à l'amour,
tout le bas à la rhetorique. Ils ne creignent point ces
muances, et ont une merveilleuse grace à se laisser ainsi
rouler au vent, ou à le sembler. // Les noms de mes
chapitres n'en embrassent pas toujours la matiere; souvent ils la denotent seulement par quelque marque, comme

ces autres /// tiltres : l'*Andrie*, l'*Eunuche*, ou ces autres
// noms : *Sylla, Cicero, Torquatus* [188]. J'ayme l'alleure
poetique, à sauts et à gambades. /// C'est une art, comme
dict Platon, legere, volage, demoniacle. Il est des ouvrages
en Plutarque où il oublie son theme, où le propos de son
argument ne se trouve que par incident, tout estouffé en
matiere estrangere : voyez ses alleures au *Dæmon de
Socrates*. O Dieu, que ces gaillardes escapades, que cette
variation a de beauté, et plus lors que plus elle retire au
nonchalant et fortuite! C'est l'indiligent lecteur qui pert
mon subject, non pas moy; il s'en trouvera tousjours en
un coing quelque mot qui ne laisse pas d'estre bastant,
quoy qu'il soit serré. // Je vois au change, indiscrettement
et tumultuairement. /// Mon stile et mon esprit vont
vagabondant de mesmes. // Il faut avoir un peu de folie,
qui ne veut avoir plus de sottise, /// disent et les preceptes
de nos maistres et encores plus leurs exemples.

// Mille poëtes trainent et languissent à la prosaïque;
mais la meilleure prose ancienne /// (et je la seme ceans
indifferemment pour vers) // reluit par tout de la vigueur
et hardiesse poëtique, et represente l'air de sa fureur. Il
luy faut certes quitter la maistrise et preeminence en la
parlerie. /// Le poëte, dict Platon, assis sur le trepied des
Muses, verse de furie tout ce qui luy vient en la bouche,
comme la gargouille d'une fontaine, sans le ruminer et
poiser, et luy eschappe des choses de diverse couleur, de
contraire substance et d'un cours rompu. Luy mesmes est
tout poëtique, et la vieille theologie poësie, disent les
sçavants, et la premiere philosophie.

C'est l'originel langage des Dieux.

// J'entends que la matiere se distingue soy-mesmes.
Elle montre assez où elle se change, où elle conclud, où
elle commence, où elle se reprend, sans l'entrelasser de
parolles de liaison et de cousture introduictes pour le service des oreilles foibles ou nonchallantes, et sans me gloser
moy-mesme. Qui est celuy qui n'ayme mieux n'estre pas
leu que de l'estre en dormant ou en fuyant ?

/// « *Nihil est tam utile, quod in transitu prosit* [189]. » Si
prendre des livres estoit les apprendre, et si les veoir
estoit les regarder, et les parcourir les saisir, j'aurois tort
de me faire du tout si ignorant que je dy.

// Puisque je ne puis arrester l'attention du lecteur par
le pois, « *manco male* [190] » s'il advient que je l'arreste par
mon embrouilleure. — « Voire, mais il se repentira par
après de s'y estre amusé. » — C'est mon [191], mais il s'y

sera tousjours amusé. Et puis il est des humeurs comme
cela, à qui l'intelligence porte desdain, qui m'en estime-
ront mieux de ce qu'ils ne sçauront ce que je dis : ils
conclurront la profondeur de mon sens par l'obscurité,
laquelle, à parler en bon escient [192], je hay bien fort, et
l'éviterois si je me sçavois eviter. Aristote se vante en
quelque lieu de l'affecter; vitieuse affectation.

/// Par ce que la coupure si frequente des chapitres,
de quoy j'usois au commencement, m'a semblé rompre
l'attention avant qu'elle soit née, et la dissoudre, dedei-
gnant s'y coucher pour si peu et se recueillir, je me suis
mis à les faire plus longs, qui requierent de la proposition
et du loisir assigné. En telle occupation, à qui on ne veut
donner une seule heure, on ne veut rien donner. Et ne
faict on rien pour celuy pour qui on ne faict qu'autre
chose faisant. Joint qu'à l'adventure ay-je quelque obligation particuliere à ne dire qu'à demy, à dire confusément,
à dire discordamment.

// J'avois à dire que je veus mal à cette raison trouble-
feste, et que ces projects extravagants qui travaillent la vie,
et ces opinions si fines, si elles ont de la verité, je la trouve
trop chere et incommode. Au rebours, je m'emploie à
faire valoir la vanité mesme et l'asnerie si elle m'apporte
du plaisir, et me laisse aller après mes inclinations naturelles sans les contreroller de si près.

J'ay veu ailleurs des maisons ruynées, et des statues,
et du ciel, et de la terre : ce sont tousjours des hommes.
Tout cela est vray; et si pourtant ne sçauroy revoir si
souvent le tombeau de cette ville, si grande et si puissante,
que je ne l'admire et revere. Le soing des mots nous est
en recommandation. Or j'ay esté nourry dès mon enfance
avec ceux icy [193]; j'ay eu connoissance des affaires de
Romme, long temps avant que je l'aye eue de ceux de
ma maison : je sçavois le Capitole et son plant [194] avant
que je sceusse le Louvre, et le Tibre avant la Seine. J'ay eu
plus en teste les conditions et fortunes de Lucullus, Metel-
lus et Scipion, que je n'ay d'aucuns hommes des nostres.
Ils sont trespassez. Si est bien mon pere, aussi entierement
qu'eux, et s'est esloigné de moy et de la vie autant en
dixhuict ans que ceux-là ont faict en seize cens; duquel
pourtant je ne laisse pas d'embrasser et practiquer la
memoire, l'amitié et societé, d'une parfaicte union et
très-vive.

Voire, de mon humeur, je me rends plus officieux envers
les trespassez; ils ne s'aydent plus; ils en requierent, ce

me semble, d'autant plus mon ayde. La gratitude est là
justement en son lustre. Le bienfaict est moins richement
assigné où il y a retrogradation et reflexion. Arcesilaus,
visitant /// Ctesibius // malade et le trouvant en pauvre
estat, luy fourra tout bellement soubs le chevet du lict
de l'argent qu'il luy donnoit; et, en le luy celant, luy
donnoit en outre quittance de luy en sçavoir gré. Ceux
qui ont merité de moy de l'amitié et de la reconnoissance
ne l'ont jamais perdue pour n'y estre plus : je les ay
mieux payez et plus soigneusement, absens et ignorans.
Je parle plus affectueusement de mes amis quand il n'y
a plus moyen qu'ils le sçachent.

Or j'ay attaqué cent querelles pour la deffence de Pompeius et pour la cause de Brutus. Cette accointance dure
encore entre nous [195]; les choses presentes mesmes, nous
ne les tenons que par la fantasie. Me trouvant inutile à
ce siecle, je me rejecte à cet autre, et en suis si emba-
bouyné [196] que l'estat de cette vieille Romme, libre, juste
et florissante (car je n'en ayme ny la naissance, ny la
vieillesse) m'interesse et me passionne. Parquoy je ne
sçauroy revoir si souvent l'assiette de leurs rues et de
leurs maisons, et ces ruynes profondes jusques aux Anti-
podes, que je ne m'y amuse. /// Est-ce par nature ou par
erreur de fantasie que la veuë des places, que nous sçavons avoir esté hantées et habitées par personnes desquelles
la memoire est en recommandation, nous esmeut aucunement plus qu'ouïr le recit de leurs faicts ou lire leurs
escrits ?

« *Tanta vis admonitionis inest in locis. Et id quidem in
hac urbe infinitum : quacumque enim ingredimur in aliquam
historiam vestigium ponimus* [197]. » // Il me plaist de considerer leur visage, leur port et leurs vestements : je remache
ces grands noms entre les dents et les faicts retentir à
mes oreilles. /// « *Ego illos veneror et tantis nominibus semper assurgo* [198]. » // Des choses qui sont en quelque partie
grandes et admirables, j'en admire les parties mesmes
communes. Je les visse volontiers diviser, promener, et
soupper! Ce seroit ingratitude de mespriser les reliques
et images de tant d'honnestes hommes et si valeureux,
que j'ay veu vivre et mourir, et qui nous donnent tant de
bonnes instructions par leur exemple, si nous les sçavions suivre.

Et puis cette mesme Romme que nous voyons merite
qu'on l'ayme, confederée de si long temps et par tant de
tiltres à nostre couronne : seule ville commune et univer-

selle. Le magistrat souverain qui y comn. ̣de est reconneu pareillement ailleurs : c'est la ville metropolitaine de
toutes les nations Chrestiennes; l'Espaignol et le François,
chacun y est chez soy. Pour estre des princes de cet
estat, il ne faut qu'estre de Chrestienté, où qu'elle soit.
Il n'est lieu ça bas que le ciel ayt embrassé avec telle
influence de faveur et telle constance. Sa ruyne mesme
est glorieuse et enflée,

/// *Laudandis preciosior ruinis* [199].

// Encore retient elle au tombeau des marques et images
d'empire /// « *Ut palam sit uno in loco gaudentis opus esse
naturæ* [200]. » // Quelqu'un se blasmeroit et se mutineroit
en soy-mesme, de se sentir chatouiller d'un si vain plaisir.
Nos humeurs ne sont pas trop vaines, qui sont plaisantes;
quelles qu'elles soient qui contentent constamment un
homme capable de sens commun, je ne sçaurois avoir le
cœur de le pleindre.

Je doibs beaucoup à la fortune dequoy jusques à cette
heure elle n'a rien fait contre moy outrageux, au moins
au delà de ma portée. Seroit ce pas sa façon de laisser en
paix ceux de qui elle n'est point importunée ?

> *Quanto quisque sibi plura negaverit,*
> *A Diis plura feret. Nil cupientium*
> *Nudus castra peto...*
> *... Multa petentibus*
> *Desunt multa* [201].

Si elle continue, elle m'en envoyera très-content et satisfaict.

> *nihil supra*
> *Deos lacesso* [202]

Mais gare le heurt! Il en est mille qui rompent au port.
Je me console aiséement de ce qui adviendra icy quand
je n'y seray plus; les choses presentes m'embesoingnent
assez,

> *Fortune cætera mando* [203].

Aussi n'ay-je poinct cette forte liaison qu'on dict attacher les hommes à l'advenir par les enfans qui portent
leur nom et leur honneur, et en doibs desirer à l'avanture
d'autant moins, s'ils sont si desirables. Je ne tiens que
trop au monde et à cette vie par moy-mesme. Je me

contente d'estre en prise de la fortune par les circonstances
proprement necessaires à mon estre, sans luy alonger par
ailleurs sa jurisdiction sur moy; et n'ay jamais estimé
qu'estre sans enfans fut un defaut qui deut rendre la
vie moins complete et moins contente. La vacation sterile
a bien aussi ses commoditez. Les enfans sont du nombre
des choses qui n'ont pas fort dequoy estre desirées,
notamment à cette heure qu'il seroit si difficile de les
rendre bons. /// « *Bona jam nec nasci licet, ita corrupta
sunt semina* [204] »; // et si, ont justement dequoy estre
regrettées à qui les perd après les avoir acquises.

Celuy qui me laissa ma maison en charge prognostiquoit
que je la deusse ruyner, regardant à mon humeur si peu
casaniere. Il se trompa; me voicy comme j'y entray, sinon
un peu mieux; sans office pourtant et sans benefice.

Au demeurant, si la fortune ne m'a faict aucune offence
violente et extraordinaire, aussi n'a-elle pas de grace. Tout
ce qu'il y a de ses dons chez nous, il y est plus de cent ans
avant moy. Je n'ay particulierement aucun bien essentiel
et solide que je doive à sa liberalité. Elle m'a faict quelques
faveurs venteuses, honnoraires et titulaires, sans substance;
et me les a aussi à la verité, non pas accordées, mais
offertes, Dieu sçait! à moy qui suis tout materiel, qui ne
me paye que de la realité, encores bien massive, et qui,
si je l'osois confesser, ne trouverois l'avarice guere moins
excusable que l'ambition, ny la douleur moins evitable
que la honte, ny la santé moins desirable que la doctrine,
ou la richesse que la noblesse.

Parmy ses faveurs vaines, je n'en ay poinct qui plaise
tant à cette niaise humeur qui s'en paist chez moy, qu'une
bulle authentique de bourgeoisie Romaine, qui me fut
octroyée dernierement que j'y estois, pompeuse en seaux
et lettres dorées, et octroyée avec toute gratieuse liberalité.
Et, par ce qu'elles se donnent en divers stile plus ou moins
favorable, et qu'avant que j'en eusse veu, j'eusse esté bien
aise qu'on m'en eust montré un formulaire, je veux, pour
satisfaire à quelqu'un, s'il s'en trouve malade de pareille
curiosité à la mienne, la transcrire ici en sa forme :

QUOD HORATIUS MAXIMUS, MARTIUS CECIUS, ALEXANDER
MUTUS, ALMÆ URBIS CONSERVATORES DE ILLUSTRISSIMO
VIRO MICHAELE MONTANO, EQUITE SANCTI MICHAELIS ET
A CUBICULO REGIS CHRISTIANISSIMI, ROMANA CIVITATE
DONANDO, AD SENATUM RETULERUNT, S. P. Q. R. DE EA
RE ITA FIERI CENSUIT :

*Cum veteri more et instituto cupide illi semper studioseque
suscepti sint, qui, virtute ac nobilitate præstantes, magno Reipu-
blicae nostrae usui atque ornamento fuissent vel esse aliquando
possent. Nos, majorum nostrorum exemplo atque auctoritate
permoti, præclaram hanc Consuetudinem nobis imitandam ac
servandam fore censemus. Quamobrem, cum Illustrissimus
Michael Montanus, Eques sancti Michaelis et à Cubiculo
Regis Christianissimi, Romani nominis studiosissimus, et fami-
lisi laude atque splendore et propriis virtutum meritis dignis-
simus sit, qui summo Senatus Populique Romani judicio ac
studio in Romanam Civitatem adsciscatur, placere Sena-
tui P. Q. R. Illustrissimum Michaelem Montanum, rebus
omnibus ornatissimum atque huic inclyto populo charissi-
mum, ipsum posterosque in Romanam Civitatem adscribi
ornarique omnibus et præmiis et honoribus quibus illi fruuntur
qui Cives Patritiique Romani nati aut jure optimo facti
sunt. In quo censere Senatum P. Q. R. se non tam illi Jus
Civitatis largiri quam debitum tribuere, neque magis bene-
ficium dare quam ab ipso accipere qui, hoc Civitatis munere
accipiendo, singulari Civitatem ipsam ornamento atque honore
affecerit. Quam quidem S. C. auctoritatem iidem Conservatores per Senatus P. Q. R. scribas in acta referri atque
in Capitolii curia servari, privilegiumque hujusmodi fieri,
solitoque urbis sigillo communiri curarunt. Anno ab urbe
condita CXCCCCXXXI. post Christum natum M. D.
LXXXI., III. Idus Martii.*

Horatius Fuscus, sacri S. P. Q. R. scriba,

   Vincen. Martholus, sacri S.P.Q.R. scriba [205].

N'estant bourgeois d'aucune ville, je suis bien aise de
l'estre de la plus noble qui fut et qui sera onques. Si les
autres se regardoient attentivement, comme je fay, ils se
trouveroient, comme je fay, pleins d'inanité et de fadaise.
De m'en deffaire, je ne puis sans me deffaire moy-mesmes.
Nous en sommes tous confits, tant les uns que les autres ;
mais ceux qui le sentent en ont un peu meilleur compte,
encore ne scay-je.

Cette opinion et usance commune de regarder ailleurs
qu'à nous a bien pourveu à nostre affaire. C'est un objet
plein de mescontentement ; nous n'y voyons que misere
et vanité. Pour ne nous desconforter, nature a rejetté
bien à propos l'action de nostre veuë au dehors. Nous
allons en avant à vau l'eau, mais de rebroussér vers nous
nostre course c'est un mouvement penible : la mer se
brouille et s'empesche ainsi quand elle est repoussée à

soy. « Regardez, dict chacun, les branles du ciel, regardez
au public, à la querelle de cettuy-là, au pouls d'un tel,
au testament de cet autre ; somme regardez tousjours haut
ou bas, ou à costé, ou devant, ou derriere vous. » C'estoit
un commandement paradoxe que nous faisoit anciennement ce Dieu à Delphes : « Regardez dans vous, recon-
noissez vous, tenez vous à vous ; vostre esprit et vostre
volonté, qui se consomme ailleurs, ramenez la en soy ;
vous vous escoulez, vous vous respandez ; appilez-vous [206],
soutenez-vous ; on vous trahit, on vous dissipe, on vous
desrobe à vous. Voy tu pas que ce monde tient toutes ses
veues contraintes au dedans et ses yeux ouverts à se
contempler soy-mesme ? C'est tousjours vanité pour toy,
dedans et dehors, mais elle est moins vanité quand elle
est moins estendue. Sauf toy, ô homme, disoit ce Dieu,
chaque chose s'estudie la premiere et a, selon son besoin,
des limites à ses travaux et desirs. Il n'en est une seule si
vuide et necessiteuse que toy, qui embrasses l'univers ;
tu es le scrutateur sans connoissance, le magistrat sans
jurisdiction et, après tout, le badin de la farce. »

CHAPITRE X

// Au pris du commun des hommes, peu de choses me touchent, ou, pour mieux dire, me tiennent; car c'est raison qu'elles touchent, pourveu qu'elles ne nous possedent. J'ay grand soin d'augmenter par estude et par discours ce privilege d'insensibilité, qui est naturellement bien avancé en moy. J'espouse, et me passionne par consequant, de peu de choses. J'ay la veuë clere, mais je l'attache à peu d'objects, le sens delicat et mol. Mais l'apprehension et l'application, je l'ay dure et sourde : je m'engage difficilement. Autant que je puis, je m'employe tout à moy; et en ce subject mesme, je briderois pourtant et soutiendrois[1] volontiers mon affection qu'elle ne s'y plonge trop entiere, puis que c'est un subject que je possede à la mercy d'autruy, et sur lequel la fortune a plus de droict que je n'ay. De maniere que, jusques à la santé que j'estime tant, il me seroit besoing de ne la pas desirer et m'y adonner si furieusement que j'en trouve les maladies importables. /// On se doibt moderer entre la haine de la douleur et l'amour de la volupté; et ordonne Platon une moyenne route de vie entre les deux.

// Mais aux affections qui me distrayent de moy et attachent ailleurs, à celles là certes m'oppose-je de toute ma force. Mon opinion est qu'il se faut prester à autruy et ne se donner qu'à soy-mesme. Si ma volonté se trouvoit aysée à se hypothequer et à s'appliquer, je n'y durerois pas : je suis trop tendre, et par nature et par usage,

fugax rerum, securaque in otia natus [2].

Les debats contestez et opiniastrez qui doneroyent en fin advantage à mon adversaire, l'issue qui rendroit honteuse ma chaude poursuite, me rongeroit à l'avanture bien cruellement. Si je mordois à mesme, comme font les autres, mon arme n'auroit jamais la force de porter les alarmes et emotions qui suyvent ceux qui embrassent tant; elle seroit incontinent disloquée par cette agitation intestine. Si quelquefois on m'a poussé au maniement d'affaires estrangieres, j'ay promis de les prendre en main, non pas au poulmon et au foye; de m'en charger, non de les incorporer; de m'en soigner, ouy, de m'en passionner nullement : j'y regarde, mais je ne les couve point. J'ay assez affaire à disposer et renger la presse domestique [3] que j'ay dans mes entrailles et dans mes veines, sans y loger, et me fouler d'une presse estrangere; et suis assez interessé de mes affaires essentiels, propres et naturels, sans en convier d'autres forains. Ceux qui sçavent combien ils se doivent et de combien d'offices ils sont obligez à eux, trouvent que nature leur a donné cette commission plaine assez et nullement oysifve. Tu as bien largement affaire chez toy, ne t'esloingne pas.

Les hommes se donnent à louage. Leurs facultez ne sont pas pour eux, elles sont pour ceux à qui ils s'asservissent; leurs locataires sont chez eux, ce ne sont pas eux. Cette humeur commune ne me plaict pas : il faut mesnager la liberté de nostre ame et ne l'hypothequer qu'aux occasions justes; lesquelles sont en bien petit nombre, si nous jugeons sainement. Voyez les gens apris à se laisser emporter et saisir, ils le font par tout, aux petites choses comme aux grandes, à ce qui ne les touche point comme à ce qui les touche; ils s'ingerent indifferemment où il y a de la besongne /// et de l'obligation, // et sont sans vie quand ils sont sans agitation tumultuaire. /// « *In negotiis sunt negotii causa* [4]. » Ils ne cherchent la besongne que pour embesongnement. Ce n'est pas qu'ils vueillent aller tant comme c'est qu'ils ne se peuvent tenir, ne plus ne moins qu'une pierre esbranlée en sa cheute, qui ne s'arreste jusqu'à tant qu'elle se couche. L'occupation est à certaine maniere de gens marque de suffisance et de dignité. // Leur esprit cerche son repos au branle, comme les enfans au berceau. Ils se peuvent dire autant serviables à leurs amys comme importuns à eux mesme. Personne ne distribue son argent à autruy, chacun y distribue son temps et sa vie; il n'est rien dequoy nous soyons si prodigues que de ces choses là, desquelles seules l'avarice nous seroit utile et louable.

Je prens une complexion toute diverse. Je me tiens sur moy, et communéement desire mollement ce que je desire,

et desire peu; m'occupe et embesongne de mesme; rarement et tranquillement. Tout ce qu'ils veulent et
conduisent, ils le font de toute leur volonté et vehemence.
Il y a tant de mauvais pas que, pour le plus seur, il faut
un peu legierement et superficiellement couler ce monde.
/// Il le faut glisser, non pas s'y enfoncer. // La volupté
mesme est douloureuse en sa profondeur :

> *incedis per ignes*
> *Suppositos cineri doloso* [5].

Messieurs de Bordeaux [6] m'esleurent maire de leur
ville, estant esloigné de France et encore plus esloigné
d'un tel pensement. Je m'en excusay, mais on m'aprint
que j'avois tort, le commandement du Roy aussi s'y
interposant. C'est une charge qui en doibt sembler d'autant plus belle, qu'elle n'a ny loyer, ny guain autre que
l'honneur de son execution. Elle dure deux ans; mais
elle peut estre continuée par seconde election, ce qui
advient très rarement. Elle le fut à moy; et ne l'avoit esté
que deux fois auparavant : quelques années y avoit, à
Monsieur de Lanssac; et freschement à Monsieur de Biron,
Mareschal de France, en la place duquel je succeday; et
laissay la mienne à Monsieur de Matignon, aussi Mareschal de France, brave [7] de si noble assistance,

///   *uterque bonus pacis bellique minister* [8] *!*

// La fortune voulut part à ma promotion, par cette particuliere circonstance qu'elle y mit du sien. Non vaine du
tout; car Alexandre desdaigna les Ambassadeurs Corinthiens qui lui offroyent la bourgeoisie de leur ville; mais
quand ils vindrent à luy deduire [9] comment Bacchus et
Hercules estoyent aussi en ce registre, il les en remercia
gratieusement.
    A mon arrivée, je me deschiffray fidelement et conscien-
tieusement, tout tel que je me sens estre : sans memoire,
sans vigilance, sans experience, et sans vigueur; sans hayne
aussi, sans ambition, sans avarice et sans violence; à ce
qu'ils fussent informez et instruicts de ce qu'ils avoyent à
attendre de mon service. Et par ce que la cognoissance
de feu mon pere les avoit seule incitez à cela, et l'honneur
de sa memoire, je leur adjoustay bien clairement que je
serois très marry que chose quelconque fit autant d'impression en ma volonté comme avoyent faict autrefois en la

sienne leurs affaires et leur ville, pendant qu'il l'avoit en
gouvernement, en ce mesme lieu auquel ils m'avoient
appellé. Il me souvenoit de l'avoir veu vieil en mon enfance,
l'ame cruellement agitée de cette tracasserie publique,
oubliant le doux air de sa maison, où la foiblesse des ans
l'avoit attaché long temps avant, et son mesnage et sa
santé, et, en mesprisant certes sa vie qu'il y cuida perdre,
engagé pour eux à des longs et penibles voyages. Il estoit
tel; en luy partoit cette humeur d'une grande bonté de
nature; il ne fut jamais ame plus charitable et populaire.
Ce train, que je louë en autruy, je n'aime point à le suivre,
et ne suis pas sans excuse. Il avoit ouy dire qu'il se falloit
oublier pour le prochain, que le particulier ne venoit en
aucune consideration au pris du general.

La plus part des reigles et preceptes du monde prennent
ce train de nous pousser hors de nous et chasser en la
place, à l'usage de la société publique. Ils ont pensé faire
un bel effect de nous destourner et distraire de nous,
presupposans que nous n'y tinsions que trop et d'une
attache trop naturelle; et n'ont espargné rien à dire pour
cette fin. Car il n'est pas nouveau aux sages de prescher les
choses comme elles servent, non comme elles sont. /// La
verité a ses empeschemens, incommoditez et incompati-
bilitez avec nous. Il nous faut souvant tromper afin que
nous ne nous trompons, et siller nostre veuë, estourdir
notre entendement pour les dresser et amender. « *Imperiti
enim judicant, et qui frequenter in hoc ipsum fallendi sunt,
ne errent* [10]. » // Quand ils nous ordonnent d'aymer avant
nous trois, quatre et cinquante degrez de choses, ils representent l'art des archiers qui, pour arriver au point, vont
prenant leur visée grande espace au-dessus de la bute [11].
Pour dresser un bois courbe on le recourbe au rebours.

J'estime qu'au temple de Pallas, comme nous voyons
en toutes autres religions, il y avoit des mysteres apparens
pour estre montrez au peuple, et d'autres mysteres plus
secrets et plus hauts, pour estre montrés seulement à ceux
qui en estoyent profez [12]. Il est vray-semblable que en ceux
icy se trouve le vray point de l'amitié que chacun se doibt.
Non une amitié /// faulce, qui nous faict embrasser la gloire,
la science, la richesse et telles choses d'une affection principale et immoderée, comme membres de nostre estre, ny
une amitié // molle et indiscrete en laquelle il advient ce
qui se voit au lierre, qu'il corrompt et ruyne la paroy qu'il
accole; mais une amitié salutaire et reiglée, également utile
et plaisante. Qui en sçait les devoirs et les exerce, il est

vrayement du cabinet des muses; il a attaint le sommet de
la sagesse humaine et de nostre bon heur. Cettuy-cy,
sçachant exactement ce qu'il se doibt, trouve dans son
rolle qu'il doibt appliquer à soy l'usage des autres hommes
et du monde, et, pour ce faire, contribuer à la société
publique les devoirs et offices qui le touchent. /// Qui ne vit
aucunement à autruy, ne vit guere à soy. « *Qui sibi amicus
est, scito hunc amicum omnibus esse* [13]. » // La principale
charge que nous ayons, c'est à chacun sa conduite; /// et
est ce pour quoy nous sommes icy. // Comme qui oublieroit
de bien et saintement vivre, et penseroit estre quite de son
devoir en y acheminant et dressant les autres, ce seroit
un sot; tout de mesme, qui abandonne en son propre le
sainement et gayement vivre pour en servir autruy, prent
à mon gré un mauvais et desnaturé parti.

Je ne veux pas qu'on refuse aux charges qu'on prend
l'attention, les pas, les parolles, et la sueur et le sang au
besoing :

> *non ipse pro caris amicis*
> *Aut patria timidus perire* [14].

Mais c'est par emprunt et accidentalement, l'esprit se
tenant tousjours en repos et en santé, non pas sans action,
mais sans vexation, sans passion. L'agir simplement luy
coste si peu, qu'en dormant mesme il agit. Mais il luy faut
donner le branle avec discretion; car le corps reçoit les
charges qu'on luy met sus, justement selon qu'elles sont;
l'esprit les estant et les appesantit souvant à ses despens,
leur donnant la mesure que bon luy semble. On faict
pareilles choses avec divers efforts et differente contention
de volonté. L'un va bien sans l'autre [15]. Car combien de
gens se hazardent tous les jours aux guerres, dequoy il ne
leur chaut, et se pressent aux dangers des batailles, desquelles la perte ne leur troublera pas le voisin sommeil ?
Tel en sa maison, hors de ce dangier, qu'il n'oseroit avoir
regardé, est plus passionné de l'yssue de cette guerre et
en a l'ame plus travaillée que n'a le soldat qui y employe
son sang et sa vie. J'ay peu me mesler des charges publiques
sans me despartir de moy de la largeur d'une ongle, /// et
me donner à autruy sans m'oster à moy.

// Cette aspreté et violence de desir empesche, plus
qu'elle ne sert, à la conduitte de ce qu'on entreprend,
nous remplit d'impatience envers les evenemens ou
contraires ou tardifs, et d'aigreur et de soupçon envers
ceux avec qui nous negotions. Nous ne conduisons jamais

bien la chose de laquelle nous sommes possedez et
conduicts :

> /// *male cuncta ministrat*
> *Impetus* [16].

// Celuy qui n'y employe que son jugement et son adresse,
il y procede plus gayement : il feinct, il ploye, il differe
tout à son aise, selon le besoing des occasions; il faut
d'atainte [17], sans tourment et sans affliction, prest et entier
pour une nouvelle entreprise; il marche tousjours la bride
à la main. En celuy qui est enyvré de cette intention violente et tyrannique, on voit par necessité beaucoup d'imprudence et d'injustice; l'impetuosité de son desir l'emporte; ce sont mouvemens temeraires, et, si fortune n'y
preste beaucoup, de peu de fruict. La philosophie veut
qu'au chastiement des offences receuës, nous en distrayons
la cholere : non afin que la vengeance en soit moindre,
ains au rebours afin qu'elle en soit d'autant mieux assennée
et plus poisante; à quoy il luy semble que cette impetuosité
porte empeschement. /// Non seulement la cholere trouble,
mais de soy elle lasse aussi les bras de ceux qui chastient.
Ce feu estourdit et consomme leur force. // Comme en la
precipitation « *festinatio tarda est* [18] », la hastiveté se donne
elle mesme la jambe, s'entrave et s'arreste. /// « *Ipsa se
velocitas implicat* [19]. » // Pour exemple, selon ce que j'en
vois par usage ordinaire, l'avarice n'a point de plus grand
destourbier [20] que soy-mesme : plus elle est tendue et vigoreuse, moins elle en est fertile. Communement elle attrape
plus promptement les richesses, masquée d'un'image de
liberalité.

Un gentil'homme, très-homme de bien, et mon amy,
cuyda brouiller la santé de sa teste par une trop passionnée
attention et affection aux affaires d'un prince, son maistre.
Lequel maistre s'est ainsi peinct soy-mesmes à moy : qu'il
voit le pois des accidens comme un autre, mais qu'à ceux
qui n'ont point de remede il se resout soudain à la souffrance; aux autres, après y avoir ordonné les provisions
necessaires, ce qu'il peut faire promptement par la vivacité
de son esprit, il attend en repos ce qui s'en peut suyvre.
De vray, je l'ay veu à mesme, maintenant une grande
nonchalance et liberté d'actions et de visage au travers de
bien grands affaires et espineux. Je le trouve plus grand
et plus capable en une mauvaise qu'en une bonne fortune :
/// ses pertes luy sont plus glorieuses que ses victoires, et
son deuil que son triomphe.

// Considerez, qu'aux actions mesmes qui sont vaines et frivoles, au jeu des eschets [21], de la paume et semblables, cet engagement aspre et ardant d'un desir impetueus jette incontinent l'esprit et les membres à l'indiscretion et au desordre : on s'esblouit, on s'embarrasse soy-mesme. Celuy qui se porte plus moderéement envers le gain et la perte, il est tousjours chez soy ; moins il se pique et passionne au jeu, il le conduict d'autant plus avantageusement et seurement.

Nous empeschons au demeurant la prise et la serre de l'ame à luy donner tant de choses à saisir. Les unes, il les luy faut seulement presenter, les autres attacher, les autres incorporer. Elle peut voir et sentir toutes choses, mais elle ne se doibt paistre que de soy, et doibt estre instruicte de ce qui la touche proprement, et qui proprement est de son avoir et de sa substance. Les loix de nature nous aprenent ce que justement il nous faut. Après que les sages nous ont dict que selon elle personne n'est indigent et que chacun l'est selon l'opinion, ils distinguent ainsi subtilement les desirs qui viennent d'elle de ceux qui viennent du desreiglement de nostre fantasie ; ceux desquels on voit le bout sont siens, ceux qui fuient devant nous et desquels nous ne pouvons joindre la fin sont nostres. La pauvreté des biens est aisée à guerir ; la pauvreté de l'ame, impossible.

/// *Nam si, quod satis est homini, id satis esse potesset,*
Hoc sat erat : nunc, cum hoc non est, qui credimus porro
Divitias ullas animum mi explere potesse [22] ?

Socrates, voyant porter en pompe par sa ville grande quantité de richesse, joyaux et meubles de pris : « Combien de choses, dict-il, je ne desire point. » // Metrodorus vivoit du pois de douze onces par jour. Epicurus à moins. Metroclez dormoit en hyver avec les moutons, en esté aux cloistres des Eglises. /// « *Sufficit ad id natura, quod poscit* [23]. » Cleanthes vivoit de ses mains et se vantoit que Cleanthes, s'il vouloit, nourriroit encores un autre Cleanthes.

// Si ce que nature exactement et originelement nous demande pour la conservation de nostre estre est trop peu (comme de vray combien ce l'est et combien à bon compte nostre vie se peut maintenir, il ne se doibt exprimer mieux que par cette consideration, que c'est si peu qu'il eschappe la prise et le choc de la fortune par sa petitesse), dispensons nous de quelque chose plus outre [24] : appelons

encore nature l'usage et condition de chacun de nous;
taxons nous, traitons nous à cette mesure, estandons nos
appartenances et nos comptes jusques là. Car jusques là il
me semble bien que nous avons quelque excuse. L'accoustumance est une seconde nature, et non moins puissante.
/// Ce qui manque à ma coustume, je tiens qu'il me manque.
// Et aymerois quasi esgalement qu'on m'ostat la vie, que
si on me l'essimoit et retranchoit bien loing de l'estat auquel
je l'ay vescue si long temps.

Je ne suis plus en termes [25] d'un grand changement, et
de me jetter à un nouveau trein et inusité. Non pas mesme
vers l'augmentation. Il n'est plus temps de devenir autre.
Et, comme je plaindrois quelque grande adventure, qui
me tombast à cette heure entre mains, de ce qu'elle ne
seroit venuë en temps que j'en peusse jouyr,

> *Quo mihi fortuna, si non conceditur uti* [26] *?*

/// je me plaindrois de mesme de quelque acquest interne. Il
faut quasi mieux jamais que si tard devenir honneste
homme, et bien entendu à vivre lorsqu'on n'a plus de vie.
Moy qui m'en vay, resignerois facilement à quelqu'un qui
vinst ce que j'apprens de prudence pour le commerce du
monde. Moustarde après disner. Je n'ay que faire du bien
duquel je ne puis rien faire. A quoy la science à qui n'a
plus de teste ? C'est injure et deffaveur de Fortune de nous
offrir des presents qui nous remplissent d'un juste despit
de nous avoir failly en leur saison. Ne me guidez plus; je
ne puis plus aller. De tant de membres qu'a la suffisance,
la patience nous suffit. Donnez la capacité d'un excellent
dessus au chantre qui a les poulmons pourris, et d'eloquence à l'eremite relegué [27] aux deserts d'Arabie. // Il ne
faut point d'art à la cheute : /// la fin se trouve de soy au
bout de chaque besongne. Mon monde est failly, ma forme
est vuidée; je suis tout du passé, et suis tenu de l'autho-
rizer et d'y conformer mon issue.

Je veux dire cecy : que l'eclipsement nouveau des dix
jours du Pape [28] m'ont prins si bas que je ne m'en puis
bonnement accoustrer. Je suis des années ausquelles nous
contions autrement. Un si ancien et long usage me vendique [29]
et rappelle à soy. Je suis contraint d'estre un peu heretique
par là, incapable de nouvelleté, mesme corrective; mon
imagination, en despit de mes dents, se jette tousjours
dix jours plus avant, ou plus arriere, et grommelle à mes
oreilles. Cette regle touche ceux qui ont à estre. Si la

santé mesme, si sucrée, vient à me retrouver par boutades, c'est pour me donner regret plustost que possession de soy ; je n'ay plus où la retirer [30]. Le temps me laisse ; sans luy rien ne se possede. O que je ferois peu d'estat de ces grandes dignitez electives que je voy au monde, qui ne se donnent qu'aux hommes prests à partir ! ausquelles on ne regarde pas tant combien deuëment [31] on les exercera, que combien peu longuement on les exercera : dès l'entrée, on vise à l'issue.

// Somme, me voicy après à achever cet homme, non à en refaire un autre. Par long usage cette forme m'est passée en substance, et fortune en nature.

Je dis donc que chacun d'entre nous, foibletz, est excusable d'estimer sien ce qui est compris soubs cette mesure. Mais aussi, au delà de ces limites, ce n'est plus que confusion. C'est la plus large estandue que nous puissions octroier à nos droicts. Plus nous amplifions nostre besoing et possession, d'autant plus nous engageons nous aux coups de la fortune et des adversitez. La carriere de nos desirs doit estre circonscripte et restraincte à un court limite des commoditez les plus proches et contigües ; et doit en outre leur course se manier, non en ligne droite qui face bout ailleurs, mais en rond, duquel les deux pointes se tiennent et terminent en nous par un brief contour. Les actions qui se conduisent sans cette reflexion, s'entend voisine reflexion et essentielle, comme sont celles des avaritieux, des ambitieux et tant d'autres qui courent de pointe [32], desquels la course les emporte tousjours devant eux, ce sont actions erronées et maladives.

La plus part de nos vacations sont farcesques. « *Mundus universus exercet histrioniam* [33]. » Il faut jouer deuement nostre rolle, mais comme rolle d'un personnage emprunté. Du masque et de l'apparence il n'en faut pas faire une essence réelle, ny de l'estranger le propre. Nous ne sçavons pas distinguer la peau de la chemise. /// C'est assés de s'enfariner le visage, sans s'enfariner la poictrine. // J'en vois qui se transforment et se transsubstantient en autant de nouvelles figures et de nouveaux estres qu'ils entreprennent de charges, et qui se prelatent [34] jusques au foye et aux intestins, et entreinent leur office jusques en leur garde-robe [35]. Je ne puis leur apprendre à distinguer les bonnetades [36] qui les regardent de celles qui regardent leur commission [37] ou leur suite, ou leur mule. « *Tantum se fortunæ permittunt, etiam ut naturam dediscant* [38]. » Ils enflent et grossissent leur ame et leur discours naturel à la hauteur de leur siege magistral. Le Maire et Montaigne ont tousjours esté deux, d'une separation bien claire. Pour estre advocat ou financier, il n'en faut pas mesconnoistre la fourbe qu'il y a en telles vacations. Un honneste homme n'est pas comptable du vice ou sottise de son mestier, et ne doibt pourtant en refuser l'exercice; c'est l'usage de son pays, et il y a du proffict. Il faut vivre du monde et s'en prevaloir tel qu'on le trouve. Mais le jugement d'un Empereur doit estre au dessus de son empire, et le voir et considerer comme accident estranger; et luy, doit sçavoir jouyr de soy à part et se communicquer comme Jacques et Pierre, au moins à soymesmes.

Je ne sçay pas m'engager si profondement et si entier. Quand ma volonté me donne à un party, ce n'est pas d'une si violente obligation [39] que mon entendement s'en infecte. Aus presens brouillis [40] de cet estat, mon interest ne m'a fait mesconnoistre ny les qualitez louables en nos adversaires, ny celles qui sont reprochables en ceux que j'ay suivy. /// Ils adorent tout ce qui est de leur costé; moy je n'excuse pas seulement la plus part des choses que je voy du mien. Un bon ouvrage ne perd pas ses graces pour plaider contre ma cause. // Hors le neud du debat, je me suis maintenu en equanimité et pure indifference. /// « *Neque extra necessitates belli præcipuum odium gero* [41]. » // De quoy je me gratifie, d'autant que je voy communément faillir au contraire. /// « *Utatur motu animi qui uti ratione non potest* [42]. » // Ceux qui alongent leur cholere et leur haine au delà des affaires, comme faict la plus part, montrent qu'elle leur part d'ailleurs, et de cause particuliere : tout ainsi comme à qui, estant guary de son ulcere, la fiévre demeure encore, montre qu'elle avoit un autre principe plus caché. /// C'est qu'ils n'en ont point à la cause en commun, et en tant qu'elle blesse l'interest de tous et de l'estat; mais luy en veulent seulement en ce qu'elle leur masche en privé [43]. Voylà pourquoy ils s'en picquent de passion particuliere et au delà de la justice et de la raison publique. « *Non tam omnia universi quam ea quæ ad quemque pertinent singuli carpebant* [44]. »

// Je veux que l'avantage soit pour nous, mais je ne forcene point [45] s'il ne l'est. /// Je me prens fermement au plus sain des partis, mais je n'affecte pas qu'on me remarque specialement ennemy des autres, et outre la raison generale. J'accuse merveilleusement cette vitieuse forme d'opiner : « Il est de la Ligue, car il admire la grace de Monsieur de Guise. » « L'activeté du Roy de Navarre l'estonne : il est Huguenot. » « Il treuve cecy à dire aux mœurs du Roy : il est seditieux en son cœur. » Et ne conceday pas au magistrat mesme qu'il eust raison de condamner un livre pour avoir logé entre les meilleurs poëtes de ce siecle un heretique [46]. N'oserions nous dire d'un voleur qu'il a belle greve [47] ? Et faut-il, si elle est putain, qu'elle soit aussi punaise ? Aux siecles plus sages, revoqua-on le superbe tiltre de Capitolinus, qu'on avoit auparavant donné à Marcus Manlius comme conservateur de la religion et liberté publique ? Estouffa-on la memoire de sa liberalité et de ses faicts d'armes et recompenses militaires ottroyées à sa vertu, par ce qu'il affecta [48] depuis la Royauté, au prejudice des loix de son pays ? S'ils ont prins en haine un advocat, l'endemain il leur devient ineloquent. J'ay touché ailleurs le zele qui poussa des gens de bien à semblables fautes. Pour moy, je sçay bien dire : « Il faict meschamment cela, et vertueusemant cecy. »

De mesmes, aux prognostiques ou evenements sinistres des affaires, ils veulent que chacun, en son party, soit aveugle et hebeté, que nostre persuasion et jugement serve non à la verité, mais au project de nostre desir. Je faudrois plustost vers l'autre extremité, tant je crains que mon desir me suborne. Joint que je me deffie un peu tendrement des choses que je souhaite. J'ay veu de mon temps merveilles en l'indiscrete et prodigieuse facilité des peuples à se laisser mener et manier la creance et l'esperance où il a pleu et servy à leurs chefs, par dessus cent mescontes les uns sur les autres, par dessus les fantosmes et les songes. Je m'estonne plus de ceux que les singeries d'Apollonius et de Mehumet enbufflarent [49]. Leur sens et entandement est entierement estouffé en leur passion. Leur discretion n'a plus d'autre chois que ce qui leur rit et qui conforte leur cause. J'avoy remarqué souverainement cela au premier de nos partis fiebvreux [50]. Cet autre qui est nay depuis [51], en l'imitant, le surmonte. Par où je m'advise que c'est une qualité inseparable des erreurs populaires. Après la premiere qui part, les opinions s'entrepoussent suivant le vent comme les flotz. On n'est pas du corps si on s'en peut desdire, si on ne vague le trein commun. Mais certes on faict tort aux partis justes quand on les veut secourir de fourbes [52]. J'y ay tousjours contredict. Ce moyen ne porte qu'envers les testes malades ; envers les saines il y a des voyes plus seures, et non seulement plus honnestes, à maintenir les courages et excuser les accidents contraires.

// Le ciel n'a point veu un si poisant desaccord que celuy de Cesar et de Pompeius, ny ne verra pour l'advenir. Toutesfois il me semble reconnoistre en ces belles ames une grande moderation de l'un envers l'autre. C'estoit une jalousie d'honneur et de commandement, qui ne les emporta pas à haine furieuse et indiscrete, sans malignité et sans detraction. En leurs plus aigres exploits je descouvre quelque demeurant de respect et de bien-veuillance, et juge ainsi que, s'il leur eust été possible, chacun d'eux eust desiré de faire son affaire sans la ruyne de son compaignon plustost qu'avec sa ruyne. Combien autrement il en va de Marius et de Sylla : prenez y garde.

Il ne faut pas se precipiter si eperduement après nos affections et interests. Comme, estant jeune, je m'opposois au progrez de l'amour que je sentoy trop avancer sur moy, et estudiois qu'il ne me fut si aggreable qu'il vint à me forcer en fin et captiver du tout à sa mercy, j'en use de mesme à toutes autres occasions où ma volonté se prend avec trop d'appetit : je me panche à l'opposite de son inclination, comme je la voy se plonger et enyvrer de son vin ; je fuis à nourrir son plaisir si avant que je ne l'en puisse plus r'avoir sans perte sanglante.

Les ames qui, par stupidité [53], ne voyent les choses qu'à demy jouyssent de cet heur que les nuisibles les blessent moins ; c'est une ladrerie spirituelle qui a quelque air de santé, et telle santé que la philosophie ne mesprise pas du tout. Mais pourtant ce n'est pas raison de la nommer sagesse, ce que nous faisons souvent. Et de cette maniere se moqua quelqu'un anciennement de Diogenes, qui alloit embrassant en plain hyver, tout nud, une image de neige pour l'essay de sa patience. Celuy-là le rencontrant en cette démarche : « As tu grand froid à cette heure ? luy dict il. — Du tout poinct, respond Diogenes. — Or, suyvit l'autre, que penses-tu donc faire de difficile et d'exemplaire à te tenir là ? » Pour mesurer la constance, il faut necessairement sçavoir la souffrance.

Mais les ames qui auront à voir les evenements contraires et les injures de la fortune en leur profondeur et aspreté, qui auront à les poiser et gouster selon leur aigreur naturelle et leur charge, qu'elles employent leur art à se garder d'en enfiler les causes, et en destournent les advenues [54]. Ce que fit le Roy Cotys ; il paya liberalement la belle et riche vaisselle qu'on luy avoit presentée ; mais, parce qu'elle estoit singulierement fragile, il la cassa incontinent luy mesme, pour s'oster de bonne heure une si aisée matiere de courroux contre ses serviteurs. /// Pareillement, j'ay volontiers evité de n'avoir mes affaires confus [55], et n'ay cherché que mes biens fussent contigus à mes proches et ceux à qui j'ay à me joindre d'une estroitte amitié, d'où naissent ordinairement matieres d'alienation [56] et dissention. // J'aymois autresfois les jeux hazardeux des cartes et dets; je m'en suis deffaict, il y a long temps, pour cela seulement que, quelque bonne mine que je fisse en ma perte, je ne laissois pas d'en avoir au dedans de la piqueure. Un homme d'honneur, qui doit sentir un desmentir et une offense jusques au cœur, /// qui n'est pour prendre une sottise en paiement et consolation de sa perte, // qu'il evite le progrez des affaires doubteux et des altercations contentieuses. Je fuis les complexions tristes et les hommes hargneux comme les empestez, et, aux propos que je ne puis traicter sans interest et sans emotion, je ne m'y mesle, si le devoir ne m'y force. /// « *Melius non incipient, quam desinent* [57]. » // La plus seure façon est donc se preparer avant les occasions.

Je sçay bien qu'aucuns sages ont pris autre voye, et n'ont pas crainct de se harper [58] et engager jusques au vif à plusieurs objects. Ces gens là s'asseurent de leur force, soubs laquelle ils se mettent à couvert en toute sorte de succez enemis, faisant luicter les maux par la vigueur de la patience :

> *velut rupes vastum quæ prodit in æquor,*
> *Obvia ventorum furiis, expostaque ponto,*
> *Vim cunctam atque minas perfert cœlique marisque,*
> *Ipsa immota manens* [59].

N'ataquons pas ces exemples; nous n'y arriverions poinct. Ils s'obstinent à voir resoluement et sans se troubler la ruyne de leur pays, qui possedoit et commandoit toute leur volonté. Pour nos ames communes, il y a trop d'effort et trop de rudesse à cela. Caton en abandonna la plus noble vie qui fut onques. A nous autres petis, il faut fuyr l'orage de plus loing; il faut pourvoer au sentiment [60], non à la patience, et eschever aux coups que nous ne sçaurions parer. /// Zenon voyant approcher Chremonidez, jeune homme qu'il aymoit, pour se seoir auprès de luy, se leva soudain. Et Cleanthez lui en demandant la raison : « J'entends, dict-il, que les medecins ordonnent le repos principalement, et deffendent l'emotion à toutes tumeurs. » // Socrates ne dit point : Ne vous rendez pas aux attraicts de

la beauté, soustenez la, efforcez vous au contraire. Fuyez
la, faict-il, courez hors de sa veuë et de son rencontre,
comme d'une poison puissante qui s'eslance et frappe de
loing. /// Et son bon disciple, feignant [61] ou recitant, mais
à mon advis recitant plustost que feignant, les rares perfections de ce grand Cyrus, le faict deffiant de ses forces à
porter les attraicts de la divine beauté de cette illustre
Panthée, sa captive, et en commettant la visite et garde à
un autre qui eust moins de liberté que luy. // Et le sainct
Esprit de mesme : « *Ne nos inducas in tentationem* [62]. » Nous
ne prions pas que nostre raison ne soit combatue et sur-
montée par la concupiscence, mais qu'elle n'en soit pas
seulement essayée, que nous ne soyons conduits en estat où
nous ayons seulement à souffrir les approches, solicitations
et tentations du peché; et supplions nostre seigneur de
maintenir nostre conscience tranquille, plainement et
parfaitement delivrée du commerce du mal.

/// Ceux qui disent avoir raison de leur passion vindi-
cative ou de quelqu'autre espece de passion penible, disent
souvent vray comme les choses sont, mais non pas comme
elles furent. Ils parlent à nous lors que les causes de leur
erreur sont nourries et avancées par eux mesmes. Mais
reculez plus arriere, r'appelez ces causes à leur principe :
là, vous les prendrez sans vert. Veulent ils que leur faute
soit moindre pour estre plus vieille, et que d'un injuste
commencement la suitte soit juste ?

// Qui desirera du bien à son païs comme moy, sans s'en
ulcerer ou maigrir, il sera desplaisant mais non pas transi,
de le voir menassant ou sa ruyne, ou une durée non moins
ruyneuse. Pauvre vaisseau, que les flots, les vents et le
pilote tirassent à si contraires desseins !

> *in tam diversa magister,*
> *Ventus et unda trahunt* [63].

Qui ne bée poinct après la faveur des princes comme après
chose dequoy il ne se sçauroit passer, ne se pique pas beaucoup de la froideur de leur recueil et de leur visage, ny
de l'inconstance de leur volonté. Qui ne couve poinct ses
enfans ou ses honneurs d'une propension [64] esclave, ne
laisse pas de vivre commodéement après leur perte. Qui
fait bien principalement pour sa propre satisfaction, ne
s'altere guere pour voir les hommes juger de ses actions
contre son merite. Un quart d'once de patience pourvoit
à tels inconvenients. Je me trouve bien de cette recepte,

me rachetant des commencemens au meilleur conte que je puis, et me sens avoir eschapé par son moyen beaucoup de travail et de difficultez. Avec bien peu d'effort j'arreste ce premier branle de mes esmotions, et abandonne le subject qui me commence à poiser, et avant qu'il m'emporte. /// Qui n'arreste le partir n'a garde d'arrester la course. Qui ne sçait leur fermer la porte ne les chassera pas entrées. Qui ne peut venir à bout du commencement ne viendra pas à bout de la fin. Ny n'en soustiendra la cheute qui n'en a peu soustenir l'esbranlemant. « *Etenim ipsæ se impellunt, ubi semel a ratione discessum est : ipsaque sibi imbecillitas indulget, in altumque provehitur imprudens, nec reperit locum consistendi* [65]. » // Je sens à temps les petits vents qui me viennent taster et bruire au dedans, avant-coureus de la tempeste : /// « *Animus, multo antequam opprimatur, quatitur* [66]. »

> *// ceu flamina prima*
> *Cum deprensa fremunt sylvis, et cæca volutant*
> *Murmura, venturos nautis prodentia ventos* [67].

A combien de fois me suis-je faict une bien evidente injustice, pour fuir le hazard de la recepvoir encore pire des juges, après un siecle d'ennuys et d'ordes et viles pratiques plus ennemies de mon naturel que n'est la geine et le feu ? /// « *Convenit a litibus quantum licet, et nescio an paulo plus etiam quam licet, abhorrentem esse. Est enim non modo liberale, paululum nonnunquam de suo jure decedere, sed interdum etiam fructuosum* [68]. » Si nous estions bien sages, nous nous devrions rejouir et vanter, ainsi que j'ouy un jour bien naïvement un enfant de grande maison faire feste à chacun de quoy sa mere venoit de perdre son procès, comme sa toux, sa fiebvre ou autre chose d'importune garde. Les faveurs mesmes que la fortune pouvoit m'avoir donné, parentez et accointances envers ceux qui ont souveraine authorité en ces choses là, j'ay beaucoup faict selon ma conscience de fuir instamment de les employer au prejudice d'autruy et à ne monter par dessus leur droicte valeur mes droicts. Enfin // j'ay tant faict par mes journées (à la bonne heure le puisse-je dire!), que me voicy encore vierge de procès, qui n'ont pas laissé de se convier à plusieurs fois à mon service par bien juste titre, si j'eusse voulu y entendre, et vierge de querelles. J'ay sans offence de pois, passive ou active [69], escoulé tantost une longue vie, et sans avoir ouy pis que mon nom [70]; rare grace du ciel.

Nos plus grandes agitations ont des ressorts et causes ridicules. Combien encourut de ruyne nostre dernier Duc de Bourgongne pour la querelle d'une charretée de peaux de mouton [71] ? Et l'engraveure d'un cachet, fut-ce pas la premiere et maistresse cause du plus horrible crollement [72] que cette machine aye onques souffert [73] ? Car Pompeius et Cæsar, ce ne sont que les rejettons et la suitte des deux autres. Et j'ay veu de mon temps les plus sages testes de ce Royaume assemblées, avec grande ceremonie et publique despence, pour des traitez et accords, desquels la vraye decision despendoit ce pendant en toute souveraineté des devis du cabinet des dames et inclination de quelque fammelette. /// Les poëtes ont bien entendu cela, qui ont mis pour une pomme la Grece et l'Asie à feu et à sang [74]. // Regardez pourquoy celuy là s'en va courre fortune de son honneur et de sa vie, à tout son espée et son poignart; qu'il vous die d'où vient la source de ce debat, il ne le peut faire sans rougir, tant l'occasion en est frivole.

A l'enfourner [75], il n'y va que d'un peu d'avisement; mais, depuis que vous estes embarqué, toutes les cordes tirent. Il y faict besoing grandes provisions, bien plus difficiles et importantes. /// De combien il est plus aisé de n'y entrer pas que d'en sortir! // Or il faut proceder au rebours du roseau, qui produict une longue tige et droicte de la premiere venue; mais après, comme s'il s'estoit alanguy et mis hors d'haleine, il vient à faire des nœuds frequens et espais, comme des pauses, qui montrent qu'il n'a plus cette premiere vigueur et constance. Il faut plustost commencer bellement et froidement, et garder son haleine et ses vigoureux eslans au fort et perfection de la besongne. Nous guidons les affaires en leurs commencemens et les tenons à nostre mercy : mais par après quand ils sont esbranlez, ce sont eux qui nous guident et emportent, et avons à les suyvre.

/// Pourtant n'est-ce pas à dire que ce conseil m'aye deschargé de toute difficulté, et que je n'aye eu de la peine souvent à gourmer [76] et brider mes passions. Elles ne se gouvernent pas toujours selon la mesure des occasions, et ont leurs entrées mesmes souvent aspres et violentes. Tant y a qu'il s'en tire une belle espargne et du fruict, sauf pour ceux qui au bien faire ne se contentent de nul fruict, si la reputation est à dire. Car, à la vérité, un tel effect n'est en conte qu'à chacun en soy. Vous en estes plus content, mais non plus estimé, vous estant reformé avant que d'estre en danse et que la matiere fut en veuë. Toutesfois

aussi, non en cecy seulement mais en tous autres devoirs
de la vie, la route de ceux qui visent à l'honneur est bien
diverse à celle que tiennent ceux qui se proposent l'ordre
et la raison.

// J'en trouve qui se mettent inconsideréement et furieusement en lice, et s'alentissent en la course. Comme Plutarque dict que ceux qui par le vice de la mauvaise honte
sont mols et faciles à accorder, quoy qu'on leur demande,
sont faciles après à faillir de parole et à se desdire; pareillement qui entre legerement en querelle est subject d'en
sortir aussi legerement. Cette mesme difficulté, qui me
garde de l'entamer, m'inciteroit quand je serois esbranlé et
eschauffé. C'est une mauvaise façon; depuis qu'on y est,
il faut aller ou crever. /// « Entreprenez lachement, disoit
Bias, mais poursuivez chaudement. » // De faute de prudence on retombe en faute de cœur, qui est encore moins
supportable.

La pluspart des accords de nos querelles du jourd'huy
sont honteux et menteurs; nous ne cerchons qu'à sauver
les apparences, et trahissons cependant et desadvouons nos
vrayes intentions. Nous plastrons le faict; nous sçavons
comment nous l'avons dict et en quel sens, et les assistans
le sçavent, et nos amis, à qui nous avons voulu faire sentir
nostre avantage. C'est aux despens de nostre franchise et
de l'honneur de nostre courage que nous desadvouons
nostre pensée, et cerchons des conillieres [77] en la faucceté
pour nous accorder. Nous nous desmentons nous mesmes,
pour sauver un desmentir que nous avons donné. Il ne
faut pas regarder si vostre action ou vostre parole peut
avoir autre interpretation; c'est vostre vraie et sincere
interpretation qu'il faut meshuy maintenir, quoy qu'il vous
couste. On parle à vostre vertu et à vostre conscience; ce
ne sont pas parties à mettre en masque [78]. Laissons ces vils
moyens et ces expediens à la chicane du palais. Les excuses
et reparations que je voy faire tous les jours pour purger
l'indiscretion, me semblent plus laides que l'indiscretion
mesme. Il vaudroit mieux l'offencer encore un coup que de
s'offencer soy mesme en faisant telle amende à son adversaire. Vous l'avez bravé, esmeu de cholere, et vous l'allez
rapaiser et flatter en vostre froid et meilleur sens, ainsi vous
vous soubmettez plus que vous ne vous estiez advancé. Je
ne trouve aucun dire si vicieux à un gentil-homme comme
le desdire me semble luy estre honteux, quand c'est un
desdire qu'on luy arrache par authorité; d'autant que
l'opiniastreté luy est plus excusable que la pusillanimité.

Les passions me sont autant aisées à eviter comme elles
me sont difficiles à moderer. /// « *Abscinduntur facilius animo
quam temperantur* [79]. » // Qui ne peut atteindre à cette noble
impassibilité Stoïcque, qu'il se sauve au giron de cette
mienne stupidité populaire. Ce que ceux-là faisoient par
vertu, je me duits [80] à le faire par complexion. La moyenne
region loge les tempestes; les deux extremes, des hommes
philosophes et des hommes ruraus, concurrent [81] en tranquillité et en bon heur.

> *Felix qui potuit rerum cognoscere causas*
> *Atque metus omnes et inexorabile fatum*
> *Subjecit pedibus, strepitumque Acherontis avari.*
> *Fortunatus et ille Deos qui novit agrestes,*
> *Panaque, Sylvanumque senem, nymphasque sorores* [82].

De toutes choses les naissances sont foibles et tendres.
Pourtant faut-il avoir les yeux ouverts aux commence-
ments; car comme lors en sa petitesse on n'en descouvre
pas le dangier, quand il est accreu on n'en descouvre plus
le remede. J'eusse rencontré un million de traverses tous
les jours plus mal aysées à digerer, au cours de l'ambition,
qu'il ne m'a esté mal aysé d'arrester l'inclination naturelle
qui m'y portoit :

> *Jure perhorrui*
> *Late conspicuum tollere verticem* [83].

Toutes actions publiques sont subjectes à incertaines et
diverses interpretations, car trop de testes en jugent.
Aucuns disent de cette mienne occupation de ville [84] (et
je suis content d'en parler un mot, non qu'elle le vaille,
mais pour servir de montre de mes meurs en telles choses),
que je m'y suis porté en homme qui s'esmeut trop laschement et d'une affection languissante; et ils ne sont pas du
tout esloignez d'apparence. J'essaie à tenir mon ame et mes
pensées en repos. /// « *Cum semper natura, tum etiam ætate
jam quietus* [85]. » // Et si elles se desbauchent par fois à
quelque impression rude et penetrante, c'est à la verité sans
mon conseil. De cette langueur naturelle on ne doibt pourtant tirer aucune preuve d'impuissance (car faute de soing
et faute de sens, ce sont deux choses), et moins de mesco-
gnoissance et ingratitude envers ce peuple, qui employa
tous les plus extremes moyens qu'il eust en ses mains à
me gratifier, et avant m'avoir cogneu et après, et fit bien
plus pour moy en me redonnant ma charge qu'en me la

donnant premierement. Je luy veux tout le bien qui se peut, et certes, si l'occasion y eust esté, il n'est rien que j'eusse espargné pour son service. Je me suis esbranlé pour luy comme je faicts pour moy. C'est un bon peuple, guerrier et genereux, capable pourtant d'obeyssance et discipline, et de servir à quelque bon usage s'il y est bien guidé. Ils disent aussi cette mienne vacation s'estre passée sans marque et sans trace [86]. Il est bon [87] : on accuse ma cessation [88], en un temps où quasi tout le monde estoit convaincu de trop faire.

J'ay un agir trepignant où la volonté me charrie. Mais cette pointe est ennemye de perseverance. Qui se voudra servir de moy selon moy, qu'il me donne des affaires où il face besoing de la vigueur et de la liberté, qui ayent une conduitte droicte et courte, et encores hazardeuse; j'y pourray quelque chose. S'il la faut longue, subtile, laborieuse, artificielle et tortue, il faira mieux de s'adresser à quelque autre.

Toutes charges importantes ne sont pas difficiles. J'estois preparé à m'embesongner plus rudement un peu, s'il en eust esté grand besoing. Car il est en mon pouvoir de faire quelque chose plus que je ne fais et que je n'ayme à faire. Je ne laissay, que je sçache, aucun mouvement que le devoir requist en bon escient de moy. J'ay facilement oublié ceux que l'ambition mesle au devoir et couvre de son titre. Ce sont ceux qui le plus souvent remplissent les yeux et les oreilles, et contentent les hommes. Non pas la chose, mais l'apparence les paye. S'ils n'oyent du bruict, il leur semble qu'on dorme. Mes humeurs sont contradictoires aux humeurs bruyantes. J'arresterois bien un trouble sans me troubler, je chastierois un desordre sans alteration. Ay-je besoing de cholere et d'inflammation ? Je l'emprunte et m'en masque. Mes meurs sont mousses, plustost fades qu'aspres. Je n'accuse pas un magistrat qui dorme, pourveu que ceux qui sont soubs sa main dorment quand et luy; les loix dorment de mesme. Pour moy, je loüe une vie glissante, sombre et muette, /// « *neque submissam et abjectam, neque se efferentem* [89] ». // Ma fortune le veut ainsi. Je suis nay d'une famille qui a coulé sans esclat et sans tumulte, et de longue memoire particulierement ambitieuse de preud'hommie [90].

Nos hommes sont si formez à l'agitation et ostentation que la bonté, la moderation, l'equabilité [91], la constance et telles qualitez quietes et obscures ne se sentent plus. Les corps raboteux se sentent, les polis se manient imperceptiblement; la maladie se sent, la santé peu ou point; ny les choses qui nous oignent, au pris de celles qui nous poignent. C'est agir pour sa reputation et proffit particulier, non pour le bien, de remettre à faire en la place ce qu'on peut faire en la chambre du conseil, et en plain midy ce qu'on eust faict la nuict precedente, et d'estre jaloux de faire soy-mesme ce que son compaignon faict aussi bien. Ainsi faisoyent aucuns chirurgiens de Grece operations de leur art sur des eschauffaux [92] à la veuë des passans, pour en acquerir plus de practique et de chalandise. Ils jugent que les bons reiglemens ne se peuvent entendre qu'au son de la trompette.

L'ambition n'est pas un vice de petit compagnons et de tels efforts que les nostres. On disoit à Alexandre : « Vostre pere vous lairra une grande domination, aysée et pacifique. » Ce garçon estoit envieux des victoires de son pere et de la justice de son gouvernement. Il n'eust pas voulu jouyr l'empire du monde mollement et paisiblement. /// Alcibiades, en Platon, ayme mieux mourir jeune, beau, riche, noble, sçavant par excellence que de s'arrester en l'estat de cette condition. // Cette maladie est à l'avanture excusable en une ame si forte et si pleine. Quand ces ametes [93] naines et chetives s'en vont enbabouynant, et pensent espendre leur nom pour avoir jugé à droict un affaire ou continué l'ordre des gardes d'une porte de ville, ils en montrent d'autant plus le cul qu'ils esperent en hausser la teste. Ce menu bien faire n'a ne corps ne vie : il va s'esvanouyssant en la premiere bouche, et ne se promeine que d'un carrefour de ruë à l'autre. Entretenez en hardiment vostre fils et vostre valet, comme cet antien qui, n'ayant autre auditeur de ses loüanges, et consent de sa valeur, se bravoit avec sa chambriere, en s'escriant : « O Perrete, le galant et suffisant homme de maistre que tu as ! » Entretenez vous en vous-mesme, au pis aller, comme un conseillier de ma connoissance ayant desgorgé une battelée de paragrafes, d'une extreme contention et pareille ineptie, s'estant retiré de la chambre du conseil au pissoir du palais, fut ouy marmotant entre les dens tout conscientieusement : « *Non nobis, Domine, non nobis, sed nomini tuo da gloriam* [94]. » Qui ne peut d'ailleurs [95], si se paye [96] de sa bourse.

La renommée ne se prostitue pas à si vil conte. Les actions rares et exemplaires à qui elle est deuë ne souffriroient pas la compagnie de cette foule innumerable [97] de petites actions journalieres. Le marbre eslevera vos titres tant qu'il vous plaira, pour avoir faict rapetasser un pan de mur ou descroter un ruisseau public, mais non pas les hommes qui ont du sens. Le bruit ne suit pas toute bonté, si la difficulté et estrangeté n'y est joincte. Voyre ny la simple estimation n'est deuë à toute action qui nait de la vertu, selon les Stoïciens, et ne veulent qu'on sçache seulement gré à celuy qui par temperance s'abstient d'une vieille chassieuse. /// Ceux qui ont cognu les admirables qualitez de Scipion l'Africain refusent la gloire que Panæ-tius luy donne d'avoir esté abstinent de dons, comme gloire non tant sienne propre comme de tout son siecle.

// Nous avons les voluptez sortables à nostre fortune; n'usurpons pas celles de la grandeur. Les nostres sont plus naturelles, et d'autant plus solides et seures qu'elles sont plus basses. Puis que ce n'est par conscience, aumoins par ambition refusons l'ambition. Desdaignons cette faim de renommée et d'honneur, basse et belistresse [98], qui nous le fait coquiner [99] de toute sorte de gens. /// « *Quæ est ista laus quæ possit e macello peti* [100] ? » // par moyens abjects et à quelque vil pris que ce soit. C'est deshoneur d'estre ainsin honnoré. Aprenons à n'estre non plus avides que nous ne sommes capables de gloire. De s'enfler de toute action utile et innocente, c'est à faire à gens à qui elle est extraordinaire et rare; ils la veulent mettre pour le pris qu'elle leur couste. A mesure qu'un bon effect est plus esclatant, je rabats de sa bonté le soupçon en quoy j'entre qu'il soit produict plus pour estre esclatant que pour estre bon; estalé, il est à demy vendu. Ces actions là ont bien plus de grace qui eschapent de la main de l'ouvrier nonchalamment et sans bruict, et que quelque honneste homme choisit après et releve de l'ombre, pour les pousser en lumiere à cause d'elles mesmes. /// « *Mihi quidem lauda-biliora videntur omnia, quæ sine venditatione et sine populo teste fiunt* », dict le plus glorieux homme du monde [101].

// Je n'avois qu'à conserver et durer, qui sont effects sourds [102] et insensibles. L'innovation est de grand lustre, mais elle est interdicte en ce temps, où nous sommes pressez et n'avons à nous deffendre que des nouvelletés. /// L'abstinence de faire est souvent aussi genereuse que le faire, mais elle est moins au jour; et ce peu que je vaux est quasi tout de ce costé là. // En somme, les occasions, en cette charge, ont suivy ma complexion; dequoy je leur sçay très bon gré. Est-il quelqu'un qui desire estre malade pour voir son medecin en besoigne, et faudroit-il pas foyter le medecin qui nous desireroit la peste pour mettre son art en practique ? Je n'ay point eu cett'humeur inique et assez commune, de desirer que le trouble et maladie des affaires de cette cité rehaussast et honnorat mon gouvernement : j'ay presté de bon cueur l'espaule à leur aysance et facilité. Qui ne me voudra sçavoir gré de l'ordre, de la douce et muette tranquillité qui a accompaigné ma conduitte, aumoins ne peut-il me priver de la part qui m'en appartient par le titre de ma bonne fortune. Et je suis ainsi faict, que j'ayme autant estre heureux que sage, et devoir mes succez purement à la grace de Dieu qu'à l'entremise de mon operation. J'avois assez disertement publié au monde mon insuffisance en tels maniemens publiques. J'ay encore pis que l'insuffisance : c'est qu'elle ne me desplaict guiere, et que je ne cerche guiere à la guerir, veu le train de vie que j'ay desseigné [103]. Je ne me suis en cette entremise non plus satisfaict à moy-mesme, mais à peu près j'en suis arrivé à ce que je m'en estois promis, et ay de beaucoup surmonté [104] ce que j'en avois promis à ceux à qui j'avois à faire : car je promets volontiers un peu moins de ce que je puis et de ce que j'espere tenir. Je m'asseure n'y avoir laissé ny offence, ny haine. D'y laisser regret et desir de moy, je sçay à tout le moins bien cela que je ne l'ay pas fort affecté :

>   *me ne huic confidere monstro,*
> *Mene salis placidi vultum fluctusque quietos*
> *Ignorare* [105] *?*

CHAPITRE XI

DES BOYTEUX

// Il y a deux ou trois ans qu'on acoursit l'an de dix jours en France [1]. Combien de changemens devoient suyvre cette reformation! ce fut proprement remuer le ciel et la terre à la fois. Ce neantmoins, il n'est rien qui bouge de sa place : mes voisins trouvent l'heure de leurs semences, de leur recolte, l'opportunité de leurs negoces, les jours nuisibles et propices au mesme point justement où il les avoyent assignez de tout temps. Ny l'erreur ne se sentoit en nostre usage, ny l'amendement ne s'y sent. Tant il y a d'incertitude par tout, tant nostre apercevance est grossiere, /// obscure et obtuse. // On dict que ce reiglement se pouvoit conduire d'une façon moins incommode : soustraiant, à l'exemple d'Auguste, pour quelques années le jour du bissexte [2], qui ainsi comme ainsin est un jour d'empeschement et de trouble, jusques à ce qu'on fut arrivé à satisfaire exactement ce debte (ce que mesme on n'a pas faict par cette correction, et demeurons encores en arrerages de quelques jours). Et si, par mesme moyen, on pouvoit prouvoir à l'advenir, ordonnant qu'après la revolution de tel ou tel nombre d'années ce jour extraordinaire seroit tousjours eclipsé, si que nostre mesconte [3] ne pourroit dores en avant exceder vingt et quatre heures. Nous n'avons autre compte du temps que les ans. Il y a tant de siecles que le monde s'en sert; et si, c'est une mesure que nous n'avons encore achevé d'arrester, et telle, que nous doubtons tous les jours quelle forme les autres nations luy ont diversement donné, et quel en estoit l'usage. Quoy, ce que disent aucuns, que les cieux se compriment vers nous en vieillissant, et nous jettent en incertitude des heures mesme et des jours ? et des moys, ce que dict Plutarque qu'encore de son temps l'astrologie n'avoit sçeu borner le mouvement de la lune ? Nous voylà bien accommodez pour tenir registre des choses passées.

Je ravassois presentement, comme je faicts souvant, sur ce, combien l'humaine raison est un instrument libre et vague. Je vois ordinairement que les hommes, aux faicts qu'on leur propose, s'amusent plus volontiers à en cercher la raison qu'à en cercher la verité : ils laissent là les choses, et s'amusent à traiter les causes. /// Plaisans causeurs. La cognoissance des causes appartient seulement à celuy qui a la conduite des choses, non à nous qui n'en avons que la souffrance, et qui en avons l'usage parfaictement plein, selon nostre nature, sans en penetrer l'origine et l'essence. Ny le vin n'en est plus plaisant à celuy qui en sçait les facultez premieres. Au contraire; et le corps et l'ame interrompent et alterent le droit qu'ils ont de l'usage du monde, y meslant l'opinion [4] de science. Le determiner et le sçavoir, comme le donner, appartient à la regence et à la maistrise; à l'inferiorité, subjection et apprentissage appartient le jouyr, l'accepter. Revenons à nostre coustume. // Ils passent [5] par dessus les effects, mais ils en examinent curieusement les consequences. Ils commencent ordinairement ainsi : « Comment est-ce que cela se faict ? » — Mais se fait-il ? faudroit il dire. Nostre discours est capable d'estoffer [6] cent autres mondes et d'en trouver les principes et la contexture. Il ne luy faut ny matiere, ny baze; laissez le courre : il bastit aussi bien sur le vuide que sur le plain, et de l'inanité que de matiere,

dare pondus idonea fumo [7].

Je trouve quasi par tout qu'il faudroit dire : « Il n'en est rien »; et employerois souvant cette responce; mais je n'ose, car ils crient que c'est une deffaicte producte de foiblesse d'esprit et d'ignorance. Et me faut ordinairement bateler par compaignie à traicter des subjects et comptes frivoles, que je mescrois entierement. Joinct qu'à la verité il est un peu rude et quereleux de nier tout sec une proposition de faict. Et peu de gens faillent, notamment aux choses malaysées à persuader, d'affermer qu'ils l'ont veu, ou d'alleguer des tesmoins desquels l'autorité arreste nostre contradiction. Suyvant cet usage, nous sçavons les fondemens et les causes de mille choses qui ne furent onques; et s'escarmouche le monde en mille questions, desquelles et le pour et le contre est faux. /// « *Ita finitima sunt falsa veris, ut in præcipitem locum non debeat se sapiens committere* [8]. »

// La verité et le mensonge ont leurs visages conformes,

le port, le goust et les alleures pareilles; nous les regardons de mesme œil. Je trouve que nous ne sommes pas seulement lâches à nous defendre de la piperie, mais que nous cerchons et convions à nous y enferrer. Nous aymons à nous embrouiller en la vanité, comme conforme à nostre estre.

J'ay veu la naissance de plusieurs miracles de mon temps [9]. Encore qu'ils s'estoufent en naissant, nous ne laissons pas de prevoir le train qu'ils eussent pris s'ils eussent vescu leur aage. Car il n'est que de trouver le bout du fil, on en desvide tant qu'on veut. Et y a plus loing de rien à la plus petite chose du monde, qu'il n'y a de celle là jusques à la plus grande. Or les premiers qui vont sont abbreuvez de ce commencement d'estrangeté, venant à semer leur histoire, sentent par les oppositions qu'on leur fait où loge la difficulté de la persuasion, et vont calfeutrant cet endroict de quelque piece fauce. /// Outre ce, que, « *insita hominibus libidine alendi de industria rumores* [10] », nous faisons naturellement conscience de rendre ce qu'on nous a presté sans quelque usure et accession [11] de nostre creu. L'erreur particuliere faict premierement l'erreur publique, et, à son tour, après, l'erreur publique faict l'erreur particulière. // Ainsi va tout ce bastiment, s'estoffant et formant de main en main; de maniere que le plus esloigné tesmoin en est mieux instruict que le plus voisin, et le dernier informé mieux persuadé que le premier. C'est un progrez naturel. Car quiconque croit quelque chose, estime que c'est ouvrage de charité de la persuader à un autre; et pour ce faire, ne craint poinct d'adjouster de son invention, autant qu'il voit estre necessaire en son compte, pour suppleer à la resistance et au deffaut qu'il pense estre en la conception d'autruy.

Moy-mesme, qui faicts singuliere conscience de mentir et qui ne me soucie guiere de donner creance et authorité à ce que je dis, m'apperçoy toutesfois, aux propos que j'ay en main, qu'estant eschauffé /// ou par la resistance d'un autre, ou par la propre chaleur de la narration, // je grossis et enfle mon subject par vois, mouvemens, vigueur et force de parolles, et encore par extension et amplification, non sans interest de la verité nayfve. Mais je le fais en condition pourtant, qu'au premier qui me rameine et qui me demande la verité nue et cruë, je quitte soudain mon effort et la luy donne, sans exaggeration, sans emphase et remplissage. /// La parole vive et bruyante, comme est la mienne ordinaire, s'emporte volontiers à l'hyperbole.

// Il n'est rien à quoi communement les hommes soient plus tendus qu'à donner voye à leurs opinions; où le moyen ordinaire nous faut, nous y adjoustons le commandement, la force, le fer, et le feu. Il y a du malheur d'en estre là que la meilleure touche [12] de la verité ce soit la multitude des croians, en une presse où les fols surpassent de tant les sages en nombre. /// « *Quasi vero quidquam sit tam valde, quàm nihil sapere vulgare* [13] » « *Sanitatis patrocinium est, insanientium turba* [14]. » // C'est chose difficile de resoudre son jugement contre les opinions communes. La premiere persuasion, prinse du subject mesme, saisit les simples; de là elle s'espend aux habiles, soubs l'authorité du nombre et ancienneté des tesmoignages. Pour moy, de ce que je n'en croirois pas un, je n'en croirois pas cent uns, et ne juge pas les opinions par les ans.

Il y a peu de temps que l'un de nos princes, en qui la goute avoit perdu un beau naturel et une allegre composition, se laissa si fort persuader, au raport qu'on faisoit des merveilleuses operations d'un prestre, qui par la voie des parolles et des gestes guerissoit toutes maladies, qu'il fit un long voiage pour l'aller trouver, et par la force de son apprehension persuada et endormit ses jambes pour quelques heures, si qu'il en tira du service qu'elles avoient desapris luy faire il y avoit long temps. Si la fortune eust laissé emmonceler cinq ou six telles advantures, elles estoient capables de mettre ce miracle en nature. On trouva depuis tant de simplesse et si peu d'art en l'architecte de tels ouvrages, qu'on le jugea indigne d'aucun chastiement. Comme si feroit on de la plus part de telles choses, qui les reconnoistroit [15] en leur giste. /// « *Miramur ex intervallo fallentia* [16]. » // Nostre veuë represente ainsi souvent de loing des images estranges, qui s'esvanouissent en s'approchant. « *Nunquam ad liquidum fama perducitur* [17]. »

C'est merveille, de combien vains commencemens et frivoles causes naissent ordinairement si fameuses impressions. Cela mesmes en empesche l'information. Car, poisantes et dignes d'un si grand nom, on pert les vrayes; elles eschapent de nostre veuë par leur petitesse. Et à la verité, il est requis un bien prudent, attentif et subtil inquisiteur en telles recherches, indifferent, et non preoccupé. Jusques à cette heure, tous ces miracles et evenemens estranges se cachent devant moy. Je n'ay veu

monstre et miracle au monde plus exprès que moy-
mesme. On s'apprivoise à toute estrangeté par l'usage et
le temps; mais plus je me hante et me connois, plus ma
difformité m'estonne, moins je m'entens en moy.

Le principal droict d'avancer [18] et produire tels accidens
est reservé à la fortune. Passant avant hier dans un vilage,
à deux lieues de ma maison, je trouvay la place encore
toute chaude d'un miracle qui venoit d'y faillir, par lequel
le voisinage avoit esté amusé plusieurs mois, et commençoient les provinces voisines de s'en esmouvoir et y accou-
rir à grosses troupes, de toutes qualitez. Un jeune homme
du lieu s'estoit joué à contrefaire une nuict en sa maison
la voix d'un esprit, sans penser à autre finesse qu'à jouyr
d'un badinage present. Cela luy ayant un peu mieux
succedé qu'il n'esperoit, pour estendre sa farce à plus de
ressorts, il y associa une fille de village, du tout stupide
et niaise; et furent trois en fin, de mesme aage et pareille
suffisance; et de presches domestiques en firent des
presches publics, se cachans soubs l'autel de l'Eglise, ne
parlans que de nuict, et deffendans d'y apporter aucune
lumiere. De paroles qui tendoient à la conversion du
monde et menace du jour du jugement (car ce sont subjects soubs l'authorité et reverence desquels l'imposture
se tapit plus aiséement), ils vindrent à quelques visions
et mouvements si niais et si ridicules qu'à peine y a-il rien
si grossier au jeu des petits enfans. Si toutesfois la fortune
y eust voulu prester un peu de faveur, qui sçait jusques où
se fut accreu ce battelage? Ces pauvres diables sont à
cette heure en prison, et porteront volontiers [19] la peine
de la sottise commune; et ne sçay si quelque juge se ven-
gera sur eux de la sienne. On voit cler en cette cy, qui est
descouverte; mais en plusieurs choses de pareille qualité,
surpassant nostre connoissance, je suis d'advis que nous
soutenons [20] nostre jugement aussi bien à rejetter qu'à
recevoir.

Il s'engendre beaucoup d'abus au monde /// ou, pour
le dire plus hardiment, tous les abus du monde s'engendrent // de ce qu'on nous apprend à craindre de faire
profession de nostre ignorance, /// et que nous sommes
tenus d'accepter tout ce que nous ne pouvons refuter.
// Nous parlons de toutes choses par precepte et resolution. Le stile [21] à Romme portoit que cela mesme qu'un
tesmoin deposoit pour l'avoir veu de ses yeux, et ce qu'un
juge ordonnoit de sa plus certaine science, estoit conceu
en cette forme de parler : « Il me semble. » On me faict

hayr les choses vray-semblables quand on me les plante pour infaillibles. J'ayme ces mots, qui amollissent et moderent la temerité de nos propositions : *A l'avanture, Aucunement, Quelque, On dict, Je pense*, et semblables. Et si j'eusse eu à dresser des enfans, je leur eusse tant mis en la bouche cette façon de respondre /// enquesteuse, non resolutive // : « Qu'est-ce à dire ? Je ne l'entens pas. Il pourroit estre. Est-il vray ? » qu'ils eussent plustost gardé la forme d'apprentis à soixante ans que de representer les docteurs à dix ans, comme ils font. Qui veut guerir de l'ignorance, il faut la confesser. /// Iris est fille de Thaumantis. L'admiration [22] est fondement de toute philosophie, l'inquisition le progrez, l'ignorance le bout. // Voire dea [23], il y a quelque ignorance forte et genereuse qui ne doit rien en honneur et en courage à la science, /// ignorance pour laquelle concevoir il n'y a pas moins de science que pour concevoir la science.

// Je vy en mon enfance un procés, que Corras, conseiller de Toulouse, fist imprimer, d'un accident estrange : de deux hommes qui se presentoient l'un pour l'autre. Il me souvient (et ne me souvient aussi d'autre chose) qu'il me sembla avoir rendu l'imposture de celuy qu'il jugea coulpable si merveilleuse et excedant de si loing nostre connoissance, et la sienne qui estoit juge, que je trouvay beaucoup de hardiesse en l'arrest qui l'avoit condamné à estre pendu. Recevons quelque forme d'arrest qui die : « La court n'y entend rien », plus librement et ingenuement que ne firent les Areopagites, lesquels, se trouvans pressez d'une cause qu'ils ne pouvoient desveloper [24], ordonnerent que les parties en viendroient à cent ans.

Les sorcieres de mon voisinage courent hazard de leur vie, sur l'advis de chaque nouvel autheur qui vient donner corps à leurs songes. Pour accommoder les exemples que la divine parolle nous offre de telles choses, très certains et irrefragables exemples, et les attacher à nos evenemens modernes, puisque nous n'en voyons ny les causes, ny les moyens, il y faut autre engin que le nostre [25]. Il appartient à l'avanture à ce seul très-puissant tesmoignage de nous dire : « Cettuy-cy en est, et celle-là, et non cet autre. » Dieu en doit estre creu, c'est vrayement bien raison; mais non pourtant un d'entre nous, qui s'estonne de sa propre narration (et necessairement il s'en estonne s'il n'est hors de sens), soit qu'il l'employe au faict d'autruy, soit qu'il l'employe contre soy-mesme.

Je suis lourd, et me tiens un peu au massif et au vray-

semblable, evitant les reproches anciens : « *Majorem fidem
homines adhibent iis quæ non intelligunt* [26]. » — « *Cupidine
humani ingenii libentius obscura creduntur* [27]. » Je vois bien
qu'on se courrouce, et me deffend on d'en doubter, sur
peine d'injures execrables. Nouvelle façon de persuader.
Pour Dieu mercy, ma creance ne se manie pas à coups
de poing. Qu'ils gourmandent ceux qui accusent de fauceté leur opinion; je ne l'accuse que de difficulté et de
hardiesse, et condamne l'affirmation opposite, egalement
avec eux, sinon si imperieusement. /// « *Videantur sane,
ne affirmentur modo* [28]. » // Qui establit son discours par
braverie et commandement montre que la raison y est
foible. Pour une altercation verbale et scolastique, qu'ils
ayent autant d'apparence que leurs contradicteurs; mais
en la consequence effectuelle qu'ils en tirent, ceux-cy ont
bien de l'avantage. A tuer les gens, il faut une clarté
lumineuse et nette; et est notre vie trop réele et essentielle pour garantir ces accidens supernaturels et fantastiques. Quant aux drogues et poisons, je les mets hors
de mon compte : ce sont homicides, et de la pire espece.
Toutesfois, en cela mesme on dict qu'il ne faut pas tousjours s'arrester à la propre confession de ces gens icy, car
on leur a veu par fois s'accuser d'avoir tué des personnes
qu'on trouvoit saines et vivantes.

En ces autres accusations extravagantes, je dirois volontiers que c'est bien assez qu'un homme, quelque recommendation qu'il aye, soit creu de ce qui est humain; de
ce qui est hors de sa conception et d'un effect superna-
turel, il en doit estre creu lors seulement qu'une approbation supernaturelle l'a authorisé. Ce privilege qu'il a
pleu à Dieu donner à aucuns de nos tesmoignages ne
doibt pas estre avily et communiqué legerement. J'ay
les oreilles battuës de mille tels comptes : « Trois le virent
un tel jour en levant; trois le virent lendemain en occident, à telle heure, tel lieu, ainsi vestu. » Certes je ne
m'en croirois pas moy mesme. Combien trouvé-je plus
naturel et plus vray-semblable que deux hommes mentent,
que je ne fay qu'un homme en douze heures passe, quand
et les vents, d'orient en occident ? Combien plus naturel
que nostre entendement soit emporté de sa place par la
volubilité de nostre esprit detraqué, que cela, qu'un de
nous soit envolé sur un balay, au long du tuiau de sa
cheminée, en chair et en os, par un esprit estrangier ? Ne
cherchons pas des illusions du dehors et inconneuës, nous
qui sommes perpetuellement agitez d'illusions domestiques

et nostres. Il me semble qu'on est pardonnable de mes-
croire une merveille, autant au moins qu'on peut en destourner et elider [29] la verification par voie non merveilleuse. Et suis l'advis de sainct Augustin, qu'il vaut mieux
pancher vers le doute que vers l'asseurance és choses de
difficile preuve et dangereuse creance.

Il y a quelques années, que je passay par les terres
d'un prince souverain, lequel, en ma faveur et pour
rabatre mon incredulité, me fit cette grace de me faire
voir en sa presence, en lieu particulier, dix ou douze prisonniers de cette nature, et une vieille entre autres, vrayment bien sorciere en laideur et deformité, très-fameuse
de longue main en cette profession. Je vis et preuves et
libres confessions et je ne sçay quelle marque insensible
sur cette miserable vieille; et m'enquis et parlay tout mon
saoul, y apportant la plus saine attention que je peusse;
et ne suis pas homme qui me laisse guiere garroter le
jugement par preoccupation [30]. En fin et en conscience, je
leur eusse plustost ordonné de l'ellebore [31] que de la cicue,
/// « *Captisque res magis mentibus, quam consceleratis similis
visa* [32]. » // La justice a ses propres corrections pour telles
maladies.

Quant aux oppositions [33] et arguments que des honnestes
hommes m'ont faict, et là et souvent ailleurs, je n'en ay
poinct senty qui m'attachent et qui ne souffrent solution
tousjours plus vray-semblable que leurs conclusions. Bien
est vray que les preuves et raisons qui se fondent sur
l'experience et sur le faict, celles là je ne les desnoue
point; aussi n'ont-elles point de bout; je les tranche souvent, comme Alexandre son neud [34]. Après tout, c'est
mettre ses conjectures à bien haut pris que d'en faire
cuire un homme tout vif. /// On recite par divers exemples,
et Prestantius de son pere, que, assoupy et endormy bien
plus lourdement que d'un parfaict sommeil, il fantasia [35]
estre jument et servir de sommier à des soldats. Et ce
qu'il fantasioit, il l'estoit. Si les sorciers songent ainsi
materiellement, si les songes se peuvent ainsi par fois
incorporer en effects, encore ne croy-je pas que nostre
volonté en fust tenue à la justice.

// Ce que je dis, comme celuy qui n'est ny juge ny
conseiller des Roys, ny s'en estime de bien loing digne,
ains homme du commun, nay et voué à l'obeissance de la
raison publique et en ses faicts et en ses dicts. Qui mettroit
mes resveries en compte au prejudice de la plus chetive
loy de son village, ou opinion, ou coustume, il se feroit

grand tort, et encores autant à moy. /// Car en ce que je dy, je ne pleuvis [36] autre certitude, sinon que c'est ce que lors j'en avoy en ma pensée, pensée tumultuaire et vacillante. C'est par maniere de devis [37] que je parle de tout, et de rien par maniere d'advis. « *Nec me pudet, ut istos, fateri nescire quod nesciam* [38]. » // Je ne serois pas si hardy à parler s'il m'appartenoit d'en estre creu; et fut ce que je respondis à un grand, qui se plaingnoit de l'aspreté et contention de mes enhortemens. « Vous sentant bandé et préparé d'une part, je vous propose l'autre de tout le soing que je puis, pour esclarcir vostre jugement, non pour l'obliger; Dieu tient vos courages et vous fournira de chois. » Je ne suis pas si presomptueux de desirer seulement que mes opinions donnassent pante à chose de telle importance; ma fortune ne les a pas dressées à si puissantes et eslevées conclusions. Certes, j'ay non seulement des complexions en grand nombre, mais aussi des opinions assez, desquelles je desgouterois volontiers mon fils, si j'en avois. Quoy ? si les plus vrayes ne sont pas tousjours les plus commodes à l'homme, tant il est de sauvage composition !

A propos ou hors de propos, il n'importe, on dict en Italie, en commun proverbe, que celuy-là ne cognoit pas Venus en sa parfaicte douceur qui n'a couché avec la boiteuse. La fortune, ou quelque particulier accident, ont mis il y a long temps ce mot en la bouche du peuple; et se dict des masles comme des femelles. Car la Royne des Amazonnes respondit au Scyte qui la convioit à l'amour : « ἄριστα χολὸς οἰφεῖ [39], le boiteux le faict le mieux. » En cette republique feminine, pour fuir la domination des masles, elles les stropioient [40] dès l'enfance, bras, jambes et autres membres qui leur donnoient avantage sur elles, et se servoient d'eux à ce seulement à quoy nous nous servons d'elles par deçà. J'eusse dict que le mouvement detraqué [41] de la boiteuse apportast quelque nouveau plaisir à la besongne et quelque pointe de douceur à ceux qui l'essayent, mais je vien d'apprendre que mesme la philosophie ancienne en a decidé; elle dict que, les jambes et cuisses des boiteuses ne recevant, à cause de leur imperfection, l'aliment qui leur est deu, il en advient que les parties genitales, qui sont au dessus, sont plus plaines, plus nourries et vigoureuses. Ou bien que, ce defaut empeschant l'exercice, ceux qui en sont entachez dissipent moins leurs forces et en viennent plus entiers aux jeux de Venus. Qui est aussi la raison pourquoy les Grecs descrioient les tisserandes d'estre plus chaudes que les autres femmes : à cause du mestier sedentaire qu'elles font, sans grand exercice du corps. Dequoy ne pouvons nous raisonner à ce pris là ? De celles icy je pourrois aussi dire que ce tremoussement que leur ouvrage leur donne, ainsin assises, les esveille et sollicite, comme faict les dames le crolement [42] et tremblement de leurs coches.

Ces exemples servent-ils pas à ce que je disois au commencement : que nos raisons anticipent souvent l'effect, et ont l'estendue de leur jurisdiction si infinie, qu'elles jugent et s'exercent en l'inanité mesme et au non estre ? Outre la flexibilité de nostre invention à forger des raisons à toute sorte de songes, nostre imagination se trouve pareillement facile à recevoir des impressions de la fauceté par bien frivoles apparences. Car, par la seule authorité de l'usage ancien et publique de ce mot [43], je me suis autresfois faict à croire avoir reçeu plus de plaisir d'une femme de ce qu'elle n'estoit pas droicte, et mis cela en recepte de ses graces.

Torquato Tasso, en la comparaison qu'il faict de la France à l'Italie, dict avoir remarqué cela, que nous avons les jambes plus greles que les gentils-hommes Italiens, et en attribue la cause à ce que nous sommes continuellement à cheval; qui est celle mesmes de laquelle Suetone tire une toute contraire conclusion : car il dict au rebours que Germanicus avoit grossi les siennes par continuation de ce mesme exercice. Il n'est rien si souple et erratique [44] que nostre entendement; c'est le soulier de Theramenez, bon à tous pieds. Et il est double et divers et les matieres doubles et diverses. « Donne moy une dragme d'argent, disoit un philosophe Cynique à Antigonus. — Ce n'est pas present de Roy, respondit-il. — Donne moy donc un talent. — Ce n'est pas present pour Cynique. »

> *Seu plures calor ille vias et cæca relaxat*
> *Spiramenta, novas veniat qua succus in herbas;*
> *Seu durat magis et venas astringit hiantes,*
> *Ne tenues pluviæ, rapidive potentia solis*
> *Acrior, aut Boreæ penetrabile frigus adurat* [15].

« *Ogni medaglia ha il suo riverso* [46]. » Voilà pourquoy Clitomachus disoit anciennement que Carneades avoit surmonté [47] les labeurs de Hercules, pour avoir arraché des hommes le consentement, c'est à dire l'opinion et la temerité de juger. Cette fantasie de Carneades, si vigoureuse, nasquit à mon advis anciennement de l'impudence de ceux qui font profession de sçavoir, et de leur outrecuidance desmesurée. On mit Æsope en vente avec deux autres esclaves. L'acheteur s'enquit du premier ce qu'il sçavoit faire; celuy là, pour se faire valoir, respondit monts et merveilles, qu'il sçavoit et cecy et cela; le deuxiesme en respondit de soy autant ou plus; quand ce fut à Æsope et qu'on luy eust aussi demandé ce qu'il sçavoit faire : « Rien, dict-il, car ceux cy ont tout preoccupé [48] : ils sçavent tout. » Ainsin est-il advenu en l'escole de la philosophie : la fierté de ceux qui attribuoyent à l'esprit humain la capacité de toutes choses causa en d'autres, par despit et par emulation, cette opinion qu'il n'est capable d'aucune chose. Les uns tiennent en l'ignorance cette mesme extremité que les autres tiennent en la science. Afin qu'on ne puisse nier que l'homme ne soit immoderé par tout, et qu'il n'a point d'arrest que celuy de la necessité, et impuissance d'aller outre.

CHAPITRE XII

DE LA PHISIONOMIE

// Quasi toutes les opinions que nous avons sont prinses par authorité et à credit [1]. Il n'y a point de mal; nous ne sçaurions pirement choisir que par nous, en un siecle si foible. Cette image des discours de Socrates que ses amys nous ont laissée, nous ne l'approuvons que pour la reverence de l'approbation publique; ce n'est pas par nostre cognoissance : ils ne sont pas selon nostre usage. S'il naissoit à cette heure quelque chose de pareil, il est peu d'hommes qui le prisassent.

Nous n'apercevons les graces que pointues, bouffies et enflées d'artifice. Celles qui coulent soubs la nayfveté et la simplicité eschapent ayséement à une veuë grossière comme est la nostre; elles ont une beauté délicate et cachée; il faut la veuë nette et bien purgée pour descouvrir cette secrette lumière. Est pas la naifveté, selon nous, germeine à la sottise, et qualité de reproche ? Socrates faict mouvoir son ame d'un mouvement naturel et commun. Ainsi dict un paysan, ainsi dict une femme. /// Il n'a jamais en la bouche que cochers, menuisiers, savetiers et maçons. // Ce sont inductions et similitudes tirées des plus vulgaires et cogneues actions des hommes; chacun l'entend. Soubs une si vile forme nous n'eussions jamais choisi la noblesse et splendeur de ses conceptions admirables, nous, /// qui estimons plates et basses toutes celles que la doctrine ne releve, // qui n'apercevons la richesse qu'en montre et en pompe. Nostre monde n'est formé qu'à l'ostentation : les hommes ne s'enflent que de vent, et se manient à bonds, comme les balons. Cettuy-cy ne se propose point des vaines fantasies : sa fin fut nous fournir de choses et de preceptes qui reelement et plus jointement servent à la vie,

Servare modum, finemque tenere,
Naturamque sequi [2].

Il fut aussi tousjours un et pareil et se monta, non par saillies mais par complexion, au dernier poinct de vigueur. Ou, pour mieux dire, il ne monta rien, mais ravala plustost et ramena à son point originel et naturel et lui soubmit la vigueur, les aspretez et les difficultez. Car, en Caton, on void bien à clair que c'est une alleure tenduë bien loing au dessus des communes ; aux braves exploits de sa vie, et en sa mort, on le sent tousjours monté sur ses grands chevaux. Cettuy-cy ralle à terre, et d'un pas mol et ordinaire traicte les plus utiles discours ; et se conduict et à la mort et aux plus espineuses traverses qui se puissent presenter au trein de la vie humaine.

Il est bien advenu que le plus digne homme d'estre cogneu et d'estre presenté au monde pour exemple [3], ce soit celuy duquel nous ayons plus certaine cognoissance. Il a esté esclairé par les plus clair voyans hommes qui furent onques [4] : les tesmoins que nous avons de luy sont admirables en fidelité et en suffisance.

C'est grand cas d'avoir peu donner tel ordre aux pures imaginations d'un enfant, que, sans les alterer ou estirer, il en aict produict les plus beaux effects de nostre ame. Il ne la represente ny eslevée, ny riche ; il ne la represente que saine, mais certes d'une bien allegre et nette santé. Par ces vulguaires ressorts et naturels, par ces fantasies ordinaires et communes, sans s'esmouvoir et sans se piquer, il dressa non seulement les plus reglées, mais les plus hautes et vigoreuses creances, actions et meurs qui furent onques. /// C'est luy qui ramena du ciel, où elle perdoit son temps, la sagesse humaine, pour la rendre à l'homme, où est sa plus juste et plus laborieuse besoigne, et plus utile. // Voyez le plaider, devant ses juges, voyez par quelles raisons il esveille son courage aux hazards de la guerre, quels arguments fortifient sa patience contre la calomnie, la tyrannie, la mort et contre la teste [5] de sa femme ; il n'y a rien d'emprunté de l'art et des sciences ; les plus simples y recognoissent leurs moyens et leur force ; il n'est possible d'aller plus arriere et plus bas. Il a faict grand faveur à l'humaine nature de montrer combien elle peut d'elle mesme.

Nous sommes chacun plus riche que nous ne pensons ; mais on nous dresse à l'emprunt et à la queste : on nous duict à nous servir plus de l'autruy que du nostre. En

aucune chose l'homme ne sçait s'arrester au point de
son besoing : de volupté, de richesse, de puissance, il en
embrasse plus qu'il n'en peut estreindre ; son avidité est
incapable de moderation. Je trouve qu'en curiosité de
sçavoir il en est de mesme ; il se taille de la besongne bien
plus qu'il n'en peut faire et bien plus qu'il n'en a affaire,
/// estendant l'utilité du sçavoir autant qu'est sa matiere.
« *Ut omnium rerum, sic literarum quoque intemperantia
laboramus* [6]. » Et Tacitus a raison de louer la mere d'Agri-
cola d'avoir bridé en son fils un appetit trop bouillant de
science. C'est un bien, à le regarder d'yeux fermes, qui a,
comme les autres biens des hommes, beaucoup de vanité
et foiblesse propre et naturelle, et d'un cher coust.

L'emploite en est bien plus hasardeuse que de toute
autre viande ou boisson. Car au reste, ce que nous avons
achetté, nous l'emportons au logis en quelque vaisseau,
et là avons loy d'en examiner la valeur, combien et à
quelle heure nous en prendrons. Mais les sciences, nous
ne les pouvons d'arrivée mettre en autre vaisseau qu'en
nostre ame : nous les avallons en les achettans, et sortons
du marché ou infects desjà, ou amendez. Il y en a qui ne
font que nous empescher et charger au lieu de nourrir, et
telles encore qui, sous tiltre de nous guerir, nous empoi-
sonnent.

// J'ay pris plaisir de voir en quelque lieu des hommes,
par devotion, faire veu d'ignorance, comme de chasteté,
de pauvreté, de pœnitence. C'est aussi chastrer nos appetits desordonnez, d'esmousser cette cupidité qui nous
espoinçonne à l'estude des livres, et priver l'ame de cette
complaisance voluptueuse qui nous chatouille par l'opinion de science. /// Et est richement accomplir le vœu
de pauvreté, d'y joindre encore celle de l'esprit. // Il ne
nous faut guiere de doctrine pour vivre à nostre aise. Et
Socrates nous aprend qu'elle est en nous, et la manière
de l'y trouver et de s'en ayder. Toute cette nostre suffisance, qui est au delà de la naturelle, est à peu près vaine
et superflue. C'est beaucoup si elle ne nous charge et
trouble plus qu'elle ne nous sert. /// « *Paucis opus est
litteris ad mentem bonam* [7]. » // Ce sont des excez fievreux
de nostre esprit, instrument brouillon et inquiete. Recueil-
lez-vous ; vous trouverez en vous les arguments de la
nature contre la mort vrais, et les plus propres à vous
servir à la necessité ; ce sont ceux qui font mourir un
paisan et des peuples entiers aussi constamment qu'un
philosophe. /// Fussé je mort moins allegrement avant

qu'avoir veu les *Tusculanes* ? J'estime que non. Et quand je me trouve au propre [8], je sens que ma langue s'est enrichie, mon courage de rien; il est comme Nature me le forgea, et se targue pour le conflict d'une marche populaire et commune. Les livres m'ont servi non tant d'instruction que d'exercitation. Quoy ? si // la science, essayant de nous armer de nouvelles deffences contre les inconveniens naturels, nous a plus imprimé en la fantasie leur grandeur et leur pois, qu'elle n'a ses raisons et subtilitez à nous en couvrir. /// Ce sont voirement subtilitez, par où elle nous esveille souvent bien vainement. Les autheurs, mesmes plus serrez et plus sages, voiez autour d'un bon argument combien ils en sement d'autres legers, et qui y regarde de près, incorporels. Ce ne sont qu'arguties verbales, qui nous trompent. Mais d'autant que ce peut estre utilement, je ne les veux pas autrement esplucher. Il y en a ceans assez de cette condition en divers lieux, ou par emprunt, ou par imitation. Si se faut-il prendre un peu garde de n'appeler pas force ce qui n'est que gentillesse, et ce qui n'est qu'aigu, solide, ou bon ce qui n'est que beau : « *quæ magis gustata quam potata delectant* [9] ». Tout ce qui plaist ne paist pas. « *Ubi non ingenii, sed animi negotium agitur* [10]. »

// A voir les efforts que Seneque se donne pour se preparer contre la mort, à le voir suer d'ahan pour se roidir et pour s'asseurer, et se desbatre si long temps en cette perche, j'eusse esbranlé sa reputation, s'il ne l'eut en mourant très vaillamment maintenuë. Son agitation si ardante, si frequente, /// montre qu'il estoit chaud et impetueux luy mesmes. « *Magnus animus remissius loquitur et securius* [11]. » « *Non est alius ingenio, alius animo color* [12]. » Il le faut convaincre à ses despens. Et // montre aucunement qu'il estoit pressé de son adversaire. La façon de Plutarque, d'autant qu'elle est plus desdaigneuse et plus destendue, elle est, selon moy, d'autant plus virile et persuasive; je croyrois yséement que son ame avoit les mouvements plus asseurez et plus reiglés. L'un, plus vif, nous pique et eslance en sursaut, touche plus l'esprit. L'autre, plus rassis, nous informe, establit et conforte constamment, touche plus l'entendement. /// Celuy là ravit nostre jugement, cestuy-cy le gaigne.

J'ai veu pareillement d'autres escrits encore plus reverez qui, en la peinture du conflit qu'ils soutiennent contre les aiguillons de la chair, les representent si cuisants, si puissants et invincibles que nous mesmes, qui sommes de la

voirie du peuple, avons autant à admirer l'estrangeté et
vigueur incognuë de leur tentation, que leur resistance.

// A quoi faire nous allons nous gendarmant par ces
efforts de la science ? Regardons à terre les pauvres gens
que nous y voyons espandus, la teste penchante après leur
besongne, qui ne sçavent ny Aristote ny Caton, ny exemple,
ny precepte ; de ceux là tire nature tous les jours des effects
de constance et de patience, plus purs et plus roides que ne
sont ceux que nous estudions si curieusement en l'escole.
Combien en vois-je ordinairement, qui mescognoissent [13]
la pauvreté ? combien qui desirent la mort, ou qui la passent
sans alarme et sans affliction ? Celuy là qui fouyt [14] mon
jardin, il a ce matin enterré son pere ou son fils. Les noms
mesme de quoy ils appellent les maladies en adoucissent
et amollissent l'aspreté ; la phtisie, c'est la tous pour eux ;
la dysenterie, devoyement d'estomac ; un pleuresis, c'est
un morfondement ; et selon qu'ils les nomment doucement,
ils les supportent aussi. Elles sont bien griefves quand
elles rompent leur travail ordinaire ; ils ne s'allitent que
pour mourir. /// « *Simplex illa et aperta virtus in obscuram et
solertem scientiam versa est* [15]. »

// J'escrivois cecy environ le temps qu'une forte charge
de nos troubles se croupit plusieurs mois, de tout son pois,
droict sur moy [16]. J'avois d'une part les ennemys à ma
porte, d'autre part les picoreurs, pires ennemys /// : « *non
armis sed vitiis certatur* [17] » ; // et essayois toute sorte d'injures militaires à la fois.

> *Hostis adest dextra levaque a parte timendus,*
> *Vicinoque malo terret utrumque latus* [18].

Monstrueuse guerre : les autres agissent au dehors ; cette-cy
encore contre soy se ronge et se desfaict par son propre
venin. Elle est de nature si maligne et ruineuse qu'elle se
ruine quand et quand le reste, et se deschire et desmembre
de rage. Nous la voyons plus souvent se dissoudre par elle
mesme que par disette d'aucune chose necessaire, ou par
la force ennemye. Toute discipline la fuyt. Elle vient guarir
la sedition et en est pleine, veut chastier la desobeyssance
et en montre l'exemple, et, employée à la deffence des loix,
faict sa part [19] de rebellion à l'encontre des siennes propres.
Où en sommes nous ? Nostre medecine porte infection,

> *Nostre mal s'empoisonne*
> *Du secours qu'on luy donne.*

Exsuperat magis ægrescitque medendo [20].

Omnia fanda, nefanda, malo permista furore,
Justificam nobis mentem avertere Deorum [21].

En ces maladies populaires, on peut distinguer sur le commencement les sains des malades; mais quand elles viennent à durer, comme la nostre, tout le corps s'en sent, et la teste et les talons; aucune partye n'est exempte de corruption. Car il n'est air qui se hume si gouluement, qui s'espande et penetre, comme faict la licence. Nos armées ne se lient et tiennent plus que par simant [22] estranger; des françois, on ne sçait plus faire un corps d'armée constant [23] et reglé. Quelle honte! Il n'y a qu'autant de discipline que nous en font voir des soldats empruntez [24]; quant à nous, nous nous conduisons à discretion, et non pas du chef, chacun selon la sienne : il a plus affaire au dedans qu'au dehors. C'est au commandant de suivre, courtizer et plier, à luy seul d'obeir; tout le reste est libre et dissolu. Il me plaist de voir combien il y a de lascheté et de pusillanimité en l'ambition, par combien d'abjection et de servitude il luy faut arriver à son but. Mais cecy me deplaist il de voir des natures debonnaires et capables de justice se corrompre tous les jours au maniement et commandement de cette confusion. La longue souffrance engendre la coustume, la coustume le consentement et l'imitation. Nous avions assez d'ames mal nées sans gaster les bonnes et genereuses. Si que, si nous continuons, il restera malayséement à qui fier la santé de cet estat, au cas que fortune nous la redonne.

Hunc saltem everso juvenem [25] *succurrere seclo*
Ne prohibite [26].

/// Qu'est devenu cet ancien præcepte, que les soldats ont plus à craindre leur chef que l'ennemy? et ce merveilleux exemple, qu'un pommier s'estant trouvé enfermé dans le pourpris du camp de l'armée Romaine, elle fut veuë l'endemain en desloger, laissant au possesseur le conte entier de ses pommes, meures et delicieuses? J'aymerois bien que nostre jeunesse, au lieu du temps qu'elle employe à des peregrinations moins utiles et apprentissages moins honorables, elle le mist moitié à voir de la guerre sur mer, sous quelque bon capitaine commandeur de Rhodes, moitié à recognoistre la discipline des armées

Turkesques, car elle a beaucoup de differences et d'avantages sur la nostre. Cecy en est, que nos soldats deviennent plus licentieux aux expeditions, là plus retenus et craintifs ; car les offenses ou larrecins sur le menu peuple, qui se punissent de bastonnades en la paix, sont capitales [27] en guerre ; pour un œuf prins sans payer, ce sont, de conte prefix, cinquante coups de baston ; pour tout autre chose, tant legere soit elle, non propre à la nourriture, on les empale ou decapite sans deport [28]. Je me suis estonné en l'histoire de Selim, le plus cruel conquerant qui fut onques, veoir, lorsqu'il subjugua l'Ægypte, que les admirables jardins, qui sont autour de la ville de Damas en abondance et delicatesse, restarent vierges des mains de ses soldats, tous ouvers et non clos comme ils sont.

// Mais est il quelque mal en une police qui vaille estre combatu par une drogue si mortelle ? Non pas, disoit Faonius, l'usurpation de la possession tyrannique d'un estat. /// Platon de mesme ne consent pas qu'on face violence au repos de son pays pour le guerir, et n'accepte pas l'amendement qui couste le sang et ruine des citoyens, establissant l'office d'un homme de bien, en ce cas, de laisser tout là ; seulement de prier Dieu qu'il y porte sa main extraordinaire. Et semble sçavoir mauvais gré à Dion, son grand amy, d'y avoir un peu autrement procedé.

J'estois Platonicien de ce costé là, avant que je sçeusse qu'il y eust de Platon au monde. Et si ce personnage doit purement estre refusé de nostre consorce [29], luy qui, par la sincerité de sa conscience, merita envers la faveur divine de penetrer si avant en la Chrestienne lumiere, au travers des tenebres publiques du monde de son temps, je ne pense pas qu'il nous siese bien de nous laisser instruire à [30] un payen. Combien c'est d'impieté de n'attendre de Dieu nul secours simplement sien et sans nostre cooperation. Je doubte souvent si, entre tant de gens qui se meslent de telle besoigne, nul s'est rencontré d'entendement si imbecille, à qui on aye en bon escient persuadé qu'il alloit vers la reformation par la derniere des difformations, qu'il tiroit [31] vers son salut par les plus expresses causes que nous ayons de très certaine damnation, que, renversant la police, le magistrat et les loix en la tutelle desquelles Dieu l'a colloquée desmembrant sa mere et en donnant à ronger les pieces à ses anciens enemis, remplissant des haines parricides les courages fraternels, appelant à son ayde les diables et les furies, il puisse apporter secours à la sacro-saincte douceur et justice de la parole divine. // L'ambition, l'avarice, la cruauté, la vengeance n'ont point assez de propre et naturelle impetuosité; amorchons [32] les et les attisons par le glorieux titre de justice et devotion. Il ne se peut imaginer un pire visage des choses qu'où la meschanceté vient à estre legitime, et prendre, avec le congé du magistrat, le manteau de la vertu. /// « *Nihil in speciem fallacius quam prava religio, ubi deorum numen prætenditur sceleribus* [33]. » L'extreme espece d'injustice, selon Platon, c'est que ce qui est injuste soit tenu pour juste.

// Le peuple y souffrit bien largement lors, non les dommages presens seulement,

> *undique totis*
> *Usque adeo turbatur agris* [34],

mais les futurs aussi. Les vivans y eurent à patir; si eurent ceux qui n'estoient encore nays. On le pilla, et à moy par consequent, jusques à l'esperance, luy ravissant tout ce qu'il avoit à s'aprester à vivre pour longues années.

> *Quæ nequeunt secum ferre aut abducere perdunt,*
> *Et cremat insontes turba scelesta casas* [35].

> *Muris nulla fides, squalent populatibus agri* [36].

Outre cette secousse, j'en souffris d'autres. J'encorus les inconveniens que la moderation aporte en telles maladies. Je fus pelaudé [37] à toutes mains : au Gibelin j'estois Guelphe, au Guelphe Gibelin; quelqu'un de mes poetes dict bien cela, mais je ne sçay où c'est. La situation de ma maison et l'acointance des hommes de mon voisinage me presentoient d'un visage, ma vie et mes actions d'un autre. Il ne s'en faisoit point des accusations formées, car il n'y avoit où mordre; je ne desempare [38] jamais les loix; et qui m'eust recerché m'en eust deu de reste. C'estoyent suspitions muettes qui couroient sous main, ausquelles il n'y a jamais faute d'apparence, en un meslange si confus, non plus que d'espris ou envieux, ou ineptes. /// J'ayde ordinairement aux presomptions injurieuses que la Fortune seme contre moy par une façon que j'ay dès tousjours de fuir à me justifier, excuser et interpreter, estimant que c'est mettre ma conscience en compromis de playder pour elle. « *Perspicuitas enim argumentatione elevatur* [39]. » Et comme si chacun voyait en moy aussi clair que je fay, au lieu de me tirer arriere de l'accusation, je m'y avance et la renchery plustost par une confession ironique et moqueuse; si je ne

m'en tais tout à plat, comme de chose indigne de response.
Mais ceux qui le prennent pour une trop hautaine confiance
ne m'en veulent gueres moins que ceux qui le prennent
pour foiblesse d'une cause indefensible, nomméement les
grands, envers lesquels faute de summission est l'extreme
faute, rudes à toute justice qui se cognoist, qui se sent, non
demise [40], humble et suppliante. J'ay souvent heurté à ce
pilier. Tant y a que de ce qui m'advint lors, // un ambitieux
s'en fut pandu; si [41] eust faict un avaritieux.
    Je n'ay soing quelconque d'acquerir.

> Sit mihi quod nunc est, etiam minus, ut mihi vivam
> Quod superest œvi, si quid superesse volent dii [42].

Mais les pertes qui me viennent par l'injure d'autruy,
soit larrecin, soit violence, me pinsent environ comme
à un homme malade et geiné d'avarice. L'offence a, sans
mesure, plus d'aigreur que n'a la perte.
    Mille diverses sortes de maux accoureurent à moy à la
file; je les eusse plus gaillardement souffres à la foule [43]. Je
pensay desjà, entre mes amys, à qui je pourrois commettre
une vieillesse necessiteuse et disgratiée; après avoir rodé [44]
les yeux partout, je me trouvay en pourpoint [45]. Pour se
laisser tomber à plomb, et de si haut, il faut que ce soit
entre les bras d'une affection solide, vigoreuse et fortunée;
elles sont rares, s'il y en a. En fin, je cogneuz que le plus
seur estoit de me fier à moy-mesme de moy et de ma necessité, et s'il m'advenoit d'estre froidement en la grace de la
fortune, que je me recommandasse de plus fort à la mienne,
m'atachasse, regardasse de plus près à moy. /// En toutes
choses les hommes se jettent aux appuis estrangers pour
espargner les propres, seuls certains et seuls puissans, qui
sçait s'en armer. Chacun court ailleurs et à l'advenir,
d'autant que nul n'est arrivé à soy. // Et me resolus que
c'estoyent utiles inconveniens.
    D'autant premierement qu'il faut avertir à coups de
foyt les mauvais disciples, quand la rayson n'y peut assez,
/// comme par le feu et violence des coins nous ramenons un
bois tortu à sa droiteur. // Je me presche il y a si long temps
de me tenir à moy, et separer des choses estrangeres; toutesfois je tourne encores tousjours les yeux à costé : l'inclination, un mot favorable d'un grand, un bon visage me
tente. Dieu sçait s'il en est cherté en ce temps, et quel sens
il porte! J'oys encore, sans rider le front, les surbornemens
qu'on me faict pour me tirer en place marchande, et m'en

deffens si mollement qu'il semble que je souffrisse plus volontiers d'en estre vaincu. Or à un esprit si indocile, il faut des bastonnades; et faut rebattre et resserrer à bons coups de mail ce vaisseau [46] qui se desprent, se descourt, qui s'eschape et desrobe de soy.

Secondement, que cet accident me servoit d'exercitation pour me preparer à pis, si moy, qui, et par le benefice de la fortune et par la condition de mes meurs, esperois estre des derniers, venois à estre des premiers attrapé de cette tempeste : m'instruisant de bonne heure à contraindre ma vie et la renger pour un nouvel estat. La vraye liberté, c'est pouvoir toute chose sur soy. /// « *Potentissimus est qui se habet in potestate* [47]. »

// En un temps ordinaire et tranquille, on se prepare à des accidens moderez et communs; mais en cette confusion où nous sommes depuis trente ans, tout homme françois, soit en particulier, soit en general, se voit à chaque heure sur le point de l'entier renversement de sa fortune. D'autant faut-il tenir son courage fourny de provisions plus fortes et vigoureuses. Sçachons gré au sort de nous avoir fait vivre en un siecle non mol, languissant ny oisif : tel, qui ne l'eut esté par autre moyen, se rendra fameux par son malheur.

/// Comme je ne ly guere és histoires ces confusions des autres estats que je n'aye regret de ne les avoir peu mieux considerer present, ainsi faict ma curiosité, que je m'aggrée aucunement de voir de mes yeux ce notable spectacle de nostre mort publique, ses symptomes et sa forme. Et puis que je ne la puis retarder, suis content d'estre destiné à y assister et m'en instruire.

Si cherchons nous avidement de recognoistre en ombre mesme et en la fable des Theatres la montre [48] des jeux tragiques de l'humaine fortune.

Ce n'est pas sans compassion de ce que nous oyons, mais nous nous plaisons d'esveiller nostre desplaisir par la rareté de ces pitoyables evenemens. Rien ne chatouille qui ne pince. Et les bons historiens fuyent, comme une eaue dormante et mer morte, des narrations calmes, pour regaigner les seditions, les guerres, où ils sçavent que nous les appellons. Je doute si je puis assez honnestement advouer à combien vil pris du repos et tranquillité de ma vie, je l'ay plus de moitié passée en la ruine de mon pays. Je me donne un peu trop bon marché de patience és accidens qui ne me saisissent au propre, et pour me plaindre à moy regarde, non tant ce qu'on m'oste, que ce qui me

reste de sauve et dedans et dehors. Il y a de la consolation
à eschever tantost l'un tantost l'autre des maux qui nous
guignent de suite et assenent ailleurs autour de nous.
Aussi qu'en matière d'interetz publiques, à mesure que
mon affection est plus universellement espandue, elle en
est plus foible. Joinct que certes à peu près « *tantum ex
publicis malis sentimus, quantum ad privatas res pertinet* [49] ».
Et que la santé d'où nous partismes estoit telle qu'elle
soulage elle mesme le regret que nous en devrions avoir.
C'estoit santé, mais non qu'à [50] la comparaison de la
maladie qui l'a suyvie. Nous ne sommes cheus de gueres
haut. La corruption et le brigandage qui est en dignité et
en ordre me semble le moins supportable. On nous volle
moins injurieusement dans un bois qu'en lieu de seureté.
C'estoit une jointure universelle de membres gastez en
particulier à l'envy les uns des autres, et la plus parts
d'ulceres envieillis, qui ne recevoient plus, ny ne demandoient guerison.

// Ce crollement [51] donq m'anima certes plus qu'il ne
m'atterra, à l'aide de ma conscience qui se portoit non
paisiblement seulement, mais fierement ; et ne trouvois en
quoy me plaindre de moy. Aussi, comme Dieu n'envoie
jamais non plus les maux que les biens purs aux hommes,
ma santé tint bon ce temps là outre son ordinaire ; et, ainsi
que sans elle je ne puis rien, il est peu de choses que je ne
puisse avec elle. Elle me donna moyen d'esveiller toutes
mes provisions et de porter la main au devant de la playe
qui eust passé volontiers plus outre. Et esprouvay en ma
patience que j'avoys quelque tenue contre la fortune, et
qu'à me faire perdre mes arçons il me falloit un grand
heurt. Je ne le dis pas pour l'irriter à me faire une charge
plus vigoureuse. Je suis son serviteur, je luy tends les
mains ; pour Dieu qu'elle se contente ! Si je sens ses
assaus ? Si fais. Comme ceux que la tristesse accable et
possede se laissent pourtant par intervalles tastonner à
quelque plaisir et leur eschappe un soubsrire, je puis aussi
assez sur moy pour rendre mon estat ordinaire paisible et
deschargé d'ennuyeuse imagination ; mais je me laisse
pourtant, à boutades, surprendre des morsures de ces
malplaisantes pensées, qui me battent pendant que je
m'arme pour les chasser ou pour les luicter.

Voicy un autre rengregement [52] de mal qui m'arriva à
la suite du reste. Et dehors et dedans ma maison, je fus
accueilly d'une peste, vehemente au pris de toute autre [53].
Car, comme les corps sains sont subiects à plus griefves

maladies, d'autant qu'ils ne peuvent estre forcez que par celles-là, aussi mon air trèssalubre, où d'aucune memoire la contagion, bien que voisine, n'avoit sceu prendre pied, venant à s'empoisonner, produisit des effects estranges.

> *Mista senum et juvenum densantur funera, nullum*
> *Sæva caput Proserpina fugit* [54].

J'eus à souffrir cette plaisante condition que la veue de ma maison m'estoit effroiable. Tout ce qui y estoit estoit sans garde, et à l'abandon de qui en avoit envie. Moy qui suis si hospitalier, fus en tres penible queste de retraicte pour ma famille; une famille esgarée, faisant peur à ses amis, et à soy-mesme, et horreur où qu'elle cerchast à se placer, ayant à changer de demeure soudain qu'un [55] de la troupe commençoit à se douloir du bout du doigt. Toutes maladies sont prises pour pestes; on ne se donne pas le loisir de les reconnoistre. Et c'est le bon que, selon les reigles de l'art, à tout danger qu'on approche il faut estre quarante jours en transe de ce mal, l'imagination vous exerceant ce pendant à sa mode et enfievrant vostre santé mesme.

Tout cela m'eust beaucoup moins touché si je n'eusse eu à me ressentir de la peine d'autruy, et servir six mois miserablement de guide à cette caravane. Car je porte en moy mes preservatifs, qui sont resolution et souffrance. L'apprehension ne me presse guere, laquelle on crainct particulierement en ce mal. Et si, estant seul, je l'eusse voulu prendre, c'eust esté une fuite bien plus gaillarde et plus esloingnée. C'est une mort qui ne me semble des pires : elle est communéement courte, d'estourdissement, sans douleur, consolée par la condition publique, sans ceremonie, sans deuil, sans presse. Mais quant au monde des environs, la centiesme partie des ames ne se peust sauver :

> *Videas desertaque regna*
> *Pastorum, et longe saltus lateque vacantes* [56].

En ce lieu mon meilleur revenu est manuel : ce que cent hommes travailloient pour moy chaume pour longtemps.

Or lors, quel exemple de resolution ne vismes nous en la simplicité de tout ce peuple ? Generalement chacun renonçoit au soing de la vie. Les raisins demeurerent suspendus aux vignes, le bien principal du pays, tout indifferemment se preparans et attendans la mort à ce soir, ou au

lendemain, d'un visage et d'une voix si peu effroyée qu'il
sembloit qu'ils eussent compromis [57] à cette necessité et
que ce fut une condemnation universelle et inevitable. Elle
est tousjours telle. Mais à combien peu tient la resolution
au mourir ? la distance et difference de quelques heures, la
seule consideration de la compaignie nous en rend l'apprehension diverse. Voyez ceux cy : pour ce qu'ils meurent
en mesme mois, enfans, jeunes, vieillards, ils ne s'estonnent
plus, ils ne se pleurent plus. J'en vis qui craingnoient de
demeurer derriere, comme en une horrible solitude; et
n'y conneu communéement autre soing que des sepultures :
il leur faschoit de voir les corps espars emmy les champs,
à la mercy des bestes, qui y peuplerent incontinent.
/// (Comment les fantasies humaines se decouppent [58] : les
Néorites, nation qu'Alexandre subjugua, jettent les corps
des morts au plus profond de leurs bois pour y estre man-
gez, seule sepulture estimée entre eux heureuse.) // Tel,
sain, faisoit desjà sa fosse; d'autres s'y couchoient encore
vivans. Et un maneuvre des miens à tout ses mains et ses
pieds attira sur soy la terre en mourant : estoit ce pas
s'abrier pour s'endormir plus à son aise ? /// D'une entreprise en hauteur aucunement pareille à celle des soldats
Romains qu'on trouva, après la journée de Cannes, la teste
plongée dans des trous qu'ils avoient faicts et comblez de
leurs mains en s'y suffoquant. // Somme, toute une nation
fut incontinent, par usage, logée en une marche qui ne
cede en roideur à aucune resolution estudiée et consultée.

La plus part des instructions de la science à nous encou-
rager ont plus de montre que de force, et plus d'ornement
que de fruict. Nous avons abandonné nature et luy voulons
apprendre sa leçon, elle qui nous menoit si heureusement
et si seurement. Et cependant les traces de son instruction
et ce peu qui, par le benefice de l'ignorance, reste de son
image empreint en la vie de cette tourbe rustique d'hommes
impolis, la science est contrainte de l'aller tous les jours
empruntant, pour en faire patron à ses disciples de constance, d'innocence et de tranquillité. Il faict beau voir que
ceux-cy plains de tant de belle cognoissance, ayent à imiter
cette sotte simplicité, et à l'imiter aux premieres actions de
la vertu, et que nostre sapience apreigne des bestes mesmes
les plus utiles enseignemens aux plus grandes et necessaires
parties de nostre vie : comme il nous faut vivre et mourir,
mesnager nos biens, aymer et eslever nos enfans, entretenir
justice; singulier tesmoignage de l'humaine maladie; et que
cette raison qui se manie à nostre poste, trouvant tousjours

quelque diversité et nouvelleté, ne laisse chez nous aucune trace apparente de la nature. Et en ont faict les hommes comme les parfumiers de l'huile : ils l'ont sophistiquée de tant d'argumentations et de discours appellez du dehors, qu'elle en est devenue variable et particuliere à chacun, et a perdu son propre visage, constant et universel, et nous faut en cercher tesmoignage des bestes, non subject à faveur, corruption, ny à diversité d'opinions. Car il est bien vray qu'elles mesmes ne vont pas tousjours exactement dans la route de nature, mais ce qu'elles en desvoyent, c'est si peu que vous en appercevez tousjours l'orniere. Tout ainsi que les chevaux qu'on meine en main font bien des bonds et des escapades, mais c'est la longueur de leurs longes, et suyvent ce neantmoins toujours les pas de celuy qui les guide; et comme l'oiseau prend son vol, mais sous la bride de sa filiere [59].

/// « *Exilia, tormenta, bella, morbos, naufragia meditare* [60], *ut nullo sis malo tyro* [61]. » // A quoy nous sert cette curiosité de preoccuper [62] tous les inconvenients de l'humaine nature, et nous preparer avec tant de peine à l'encontre de ceux mesme qui n'ont à l'avanture poinct à nous toucher ? /// « *Parem passis tristitiam facit, pati posse* [63]. » Non seulemant le coup, mais le vent et le pet nous frappe. Ou // comme les plus fievreux, car certes c'est fiévre, aller dès à cette heure vous faire donner le fouet, parce qu'il peut advenir que fortune vous le fera souffrir un jour, /// et prendre vostre robe fourrée dès la S. Jean parce que vous en aurez besoing à Noel ? // « Jettez vous en l'experience des maux qui vous peuvent arriver, nommément des plus extremes : esprouvez vous là, disent-ils, asseurez vous là. » Au rebours, le plus facile et plus naturel seroit en descharger mesme sa pensée. Ils ne viendront pas assez tost, leur vray estre ne nous dure pas assez; il faut que nostre esprit les estende et alonge et qu'avant la main il les incorpore en soy et s'en entretienne, comme s'ils ne poisoient pas raisonnablement à nos sens. /// « Ils poiseront assez quand ils y seront, dit un des maistres, non de quelque tendre secte, mais de la plus dure [64]. Cependant favorise toy; croy ce que tu aimes le mieux. Que te sert il d'aller recueillant et prevenant ta male fortune, et de perdre le present par la crainte du futur, et estre à cette heure miserable par ce que tu le dois estre avec le temps ? » Ce sont ses mots. // La science nous faict volontiers un bon office de nous instruire bien exactement des dimentions des maux,

Curis acuens mortalia corda [65],

Ce seroit dommage si partie de leur grandeur eschapoit à nostre sentiment et cognoissance.

Il est certain qu'à la plus part, la preparation à la mort a donné plus de tourment que n'a faict la souffrance. /// Il fut jadis veritablement dict, et par un bien judicieux autheur : « *minus afficit sensus fatigatio quam cogitatio* [66] ».

Le sentiment de la mort presente nous anime parfois de soy mesme d'une prompte resolution de ne plus eviter chose du tout inevitable. Plusieurs gladiateurs se sont veus, au temps passé, après avoir couardement combattu, avaller courageusement la mort, offrans leur gosier au fer de l'ennemy et le convians. La veue de la mort advenir a besoing d'une fermeté lente, et difficile par consequent à fournir. // Si vous ne sçavez pas mourir, ne vous chaille ; nature vous en informera sur le champ, plainement et suffisamment ; elle fera exactement cette besongne pour vous ; n'en empeschez vostre soing.

> *Incertam frustra, mortales, funeris horam*
> *Quæritis, et qua sit mors aditura via* [67].

> *Pœna minor certam subito perferre ruinam,*
> *Quod timeas gravius sustinuisse diu* [68].

Nous troublons la vie par le soing de la mort, et la mort par le soing de la vie. /// L'une nous ennuye, l'autre nous effraye. // Ce n'est pas contre la mort que nous nous preparons ; c'est chose trop momentanée. /// Un quart d'heure de passion sans consequence, sans nuisance, ne merite pas des preceptes particuliers. A // dire vray, nous nous preparons contre les preparations de la mort. La philosophie nous ordonne d'avoir la mort tousjours devant les yeux, de la prevoir et considerer avant le temps, et nous donne après les reigles et les precautions pour prouvoir à ce que cette prevoiance et cette pensée ne nous blesse. Ainsi font les medecins qui nous jettent aux maladies, afin qu'ils ayent où employer leurs drogues et leur art. /// Si nous n'avons sçeu vivre, c'est injustice de nous apprendre à mourir, et de difformer [69] la fin de son tout. Si nous avons sçeu vivre constamment et tranquillement, nous sçaurons mourir de mesme. Ils s'en venteront tant qu'il leur plaira. « *Tota philosophorum vita commentatio mortis est* [70]. » Mais il m'est advis que c'est bien le bout, non pourtant le but de la vie ;

c'est sa fin, son extremité, non pourtant son object. Elle doit estre elle mesme à soy sa visée, son dessein; son droit estude est se regler, se conduire, se souffrir. Au nombre de plusieurs autres offices que comprend ce general et principal chapitre de sçavoir vivre, est cet article de sçavoir mourir; et des plus legers si nostre crainte ne luy donnoit poids.

// A les juger par l'utilité et par la verité naifve les leçons de la simplicité ne cedent gueres à celles que nous presche la doctrine, au contraire. Les hommes sont divers en goust et en force; il les faut mener à leur bien selon eux, et par routes diverses. /// « *Quo me cumque rapit tempestas, deferor hospes* [71]. » // Je ne vy jamais paysan de mes voisins entrer en cogitation de quelle contenance et asseurance il passeroit cette heure derniere. Nature luy apprend à ne songer à la mort que quand il se meurt. Et lors, il y a meilleure grace qu'Aristote, lequel la mort presse doublement, et par elle, et par une si longue prevoyance. Pourtant fut-ce l'opinion de Cæsar que la moins pourpensée [72] mort estoit la plus heureuse et plus deschargée [73]. /// « *Plus dolet quam necesse est, qui ante dolet quam necesse est* [74]. » L'aigreut de cette imagination naist de nostre curiosité. Nous nous empeschons tousjours ainsi, voulans devancer et regenter les prescriptions naturelles. Ce n'est qu'aux docteurs d'en disner plus mal, tous sains, et se refroigner de l'image de la mort. Le commun n'a besoing ny de remede, ny de consolation qu'au coup, et n'en considere qu'autant justement qu'il en sent. // Est-ce pas ce que nous disons, que la stupidité et faute d'apprehension [75] du vulgaire luy donne cette patience aux maux presens et cette profonde nonchalance des sinistres accidens futurs ? /// que leur ame, pour estre crasse et obtuse, est moins penetrable et agitable ? // Pour Dieu, s'il est ainsi, tenons d'ores en avant escolle de bestise. C'est l'extreme fruict que les sciences nous promettent, auquel cette-cy conduict si doucement ses disciples.

Nous n'aurons pas faute de bons regens, interpretes de la simplicité naturelle. Socrates en sera l'un. Car, de ce qu'il m'en souvient, il parle environ ce sens aux juges qui deliberent de sa vie : « J'ay peur, messieurs, si je vous prie de ne me faire mourir, que je m'enferre en la delation de mes accusateurs, qui est que je fais plus l'entendu que les autres, comme ayant quelque cognoissance plus cachée des choses qui sont au dessus et au dessous de nous. Je sçay que je n'ay ny frequenté, ny recogneu la mort, ny

n'ay veu personne qui ayt essayé ses qualitez pour m'en
instruire. Ceux qui la craignent presupposent la
cognoistre. Quant à moy, je ne sçay ny quelle elle est, ny
quel il faict en l'autre monde. A l'avanture est la mort
chose indifferente, à l'avanture desirable. /// (Il est à
croire pourtant, si c'est une transmigration d'une place à
autre, qu'il y a de l'amendement d'aller vivre avec tant
de grands personnages trespassez, et d'estre exempt d'avoir
plus à faire à juges iniques et corrompus. Si c'est un
aneantissement de nostre estre, c'est encore amendement
d'entrer en une longue et paisible nuit. Nous ne sentons
rien de plus doux en la vie qu'un repos et sommeil tranquille
et profond, sans songes.) // Les choses que je sçay estre
mauvaises, comme d'offencer son prochain et desobeir
au superieur, soit Dieu, soit homme, je les evite songneusement. Celles desquelles je ne scay si elles sont bonnes
ou mauvaises, je ne les sçauroy craindre... /// Si je m'en
vay mourir et vous laisse en vie, les Dieux seuls voyent à
qui, de vous ou de moy, il en ira mieux. Par quoy, pour mon
regard vous en ordonnerez comme il vous plaira. Mais selon
ma façon de conseiller les choses justes et utiles, je dy bien
que, pour vostre conscience, vous ferez mieux de m'eslar-
gir, si vous ne voyez plus avant que moy en ma cause;
et, jugeant selon mes actions passées et publiques et privées, selon mes intentions, et selon le profit que tirent tous
les jours de ma conversation tant de nos citoyens et jeunes
et vieux, et le fruit que je vous fay à tous, vous ne pouvez
duement vous descharger envers mon merite qu'en ordonnant que je sois nourry, attendu ma pauvreté, au Prytanée
aux despens publiques [76], ce que souvent je vous ay veu à
moindre raison ottroyer à d'autres... Ne prenez pas à
obstination ou desdain que, suivant la coustume, je n'aille
vous suppliant et esmouvant à commiseration. J'ay des
amis et des parents (n'estant, comme dict Homere, engendré ny de bois, ny de pierre, non plus que les autres)
capables de se presenter avec des larmes et le deuil, et ay
trois enfans esplorez de quoy vous tirer à pitié. Mais je
ferois honte à nostre ville, en l'aage que je suis et en telle
reputation de sagesse que m'en voicy en prevention, de
m'aller desmettre à si lasches contenances. Que diroit-on
des autres Atheniens ? J'ay tousjours admoneté [77] ceux qui
m'ont ouy parler de ne racheter leur vie par une action
deshoneste. Et aux guerres de mon pays, à Amphipolis,
à Potidée, à Delie et autres où je me suis trouvé, j'ay
montré par effect combien j'estois loing de garentir ma

seureté par ma honte. D'avantage, j'interesserois vostre
devoir et vous convierois à choses laydes ; car ce n'est pas
à mes prieres de vous persuader, c'est aux raisons pures
et solides de la justice. Vous avez juré aux Dieux d'ainsi
vous maintenir : il sembleroit que je vous vousisse [78] soup-
çonner et recriminer [79] de ne croire pas qu'il y en aye. Et
moy mesme tesmoignerois contre moy de ne croire point
en eux comme je doy, me desfiant de leur conduicte et
me remettant purement en leurs mains mon affaire. Je
m'y fie du tout et tiens pour certain qu'ils feront en cecy
selon qu'il sera plus propre à vous et à moy. Les gens de
bien, ny vivans ny morts, n'ont aucunement à se craindre
des Dieus. »

// Voylà pas un plaidoyer /// sec et sain, mais quand et
quand naïf et bas, // d'une hauteur inimaginable, /// veritable, franc et juste au delà de tout exemple, // et employé
en quelle necessité ? /// Vrayement ce fut raison qu'il le
preferast à celuy que ce grand orateur Lysias avoit mis
par escrit pour luy, excellemment façonné au stile judiciaire,
mais indigne d'un si noble criminel. Eust-on ouy de la
bouche de Socrates une voix suppliante ? Cette superbe
vertu eust elle calé au plus fort de sa montre ? Et sa riche
et puissante nature eust elle commis à l'art sa defense, et
en son plus haut essay renoncé à la verité et naïfveté, ornemens de son parler, pour se parer du fard des figures et
feintes d'une oraison apprinse ? Il feit très-sagement, et
selon luy, de ne corrompre une teneur de vie incorruptible et une si saincte image de l'humaine forme, pour
allonger d'un an sa decrepitude et trahir l'immortelle
memoire de cette fin glorieuse. Il devoit sa vie, non pas
à soy, mais à l'exemple du monde ; seroit ce pas dommage
publique qu'il l'eust achevée d'une oisifve et obscure façon ?

// Certes une si nonchallante et molle consideration de sa
mort meritoit que la posterité la considerast d'autant plus
pour luy : ce qu'elle fit. Et il n'y a rien en la justice si
juste que ce que la fortune ordonna pour sa recommandation. Car les Atheniens eurent en telle abomination
ceux qui en avoient esté cause qu'on les fuyoit comme personnes excommuniées ; on tenoit pollu [80] tout ce à quoy
ils avoient touché ; personne à l'estuve [81] ne lavoit [82] avec
eux ; personne ne les saluoit, ny accointoit [83] ; si qu'en fin,
ne pouvant plus porter cette hayne publique, ils se pendirent eux-mesmes.

Si quelqu'un estime que parmy tant d'autres exemples
que j'avois à choisir pour le service de mon propos és

dicts de Socrates, j'aye mal trié cettuy-cy, et qu'il juge
ce discours estre eslevé au dessus des opinions communes,
je l'ay faict à escient. Car je juge autrement, et tiens que
c'est un discours en rang et en naifveté bien plus arriere
et plus bas que les opinions communes : il représente /// en
une hardiesse inartificielle et niaise, en une securité puérile,
// la pure et première impression /// et ignorance // de
nature. Car il est croyable que nous avons naturellement
craincte de la douleur, mais non de la mort à cause d'elle
mesmes : c'est une partie de nostre estre non moins essentielle que le vivre. A quoy faire nous en auroit nature
engendré la hayne et l'horreur, veu qu'elle luy tient rang
de très-grande utilité pour nourrir la succession et vicissitude de ses ouvrages, et qu'en cette republique universelle elle sert plus de naissance et d'augmentation que de
perte ou ruyne ?

> *Sic rerum summa novatur* [84].

> /// *Mille animas una necata dedit* [85].

// La deffaillance d'une vie est le passage à mille autres
vies. /// Nature a empreint aux bestes le soing d'elles et
de leur conservation. Elles vont jusques là de craindre leur
empirement, de se heurter et blesser que nous les enche-
vestrons et battons, accidents subjects à leurs sens et experience. Mais que nous les tuons, elles ne le peuvent craindre,
ny n'ont la faculté d'imaginer et conclurre la mort. Si
dict-on encore qu' // on les voit non seulement la souffrir
gayement (la plus part des chevaux hannissent en mourant, les cignes la chantent), mais de plus la rechercher
à leur besoing, comme portent plusieurs exemples des
elephans.

Outre ce, la façon d'argumenter de laquelle se sert icy
Socrates est elle pas admirable esgalement en simplicité
et en vehemence ? Vrayment il est bien plus aisé de parler
comme Aristote et vivre comme Cæsar, qu'il n'est aisé de
parler et vivre comme Socrates. Là loge l'extreme degré
de perfection et de difficulté : l'art n'y peut joindre. Or
nos facultez ne sont pas ainsi dressées. Nous ne les essayons,
ny ne les cognoissons ; nous nous investissons de celles
d'autruy, et laissons chomer les nostres.

Comme quelqu'un pourroit dire de moy que j'ay seulement faict icy un amas de fleurs estrangeres, n'y ayant
fourny du mien que le filet à les lier. Certes j'ay donné à

l'opinion publique [86] que ces parements empruntez m'accompaignent. Mais je n'entends pas qu'ils me couvrent et qu'ils me cachent : c'est le rebours de mon dessein, qui ne veux faire montre que du mien, et de ce qui est mien par nature; et si je m'en fusse creu, à tout hazard, j'eusse parlé tout fin seul. /// Je m'en charge de plus fort tous les jours outre ma proposition et ma forme premiere, sur la fantasie du siecle et enhortemens d'autruy. S'il me messied à moy, comme je le croy, n'importe : il peut estre utile à quelque autre. // Tel allegue Platon et Homere, qui ne les veid onques. Et moy ay prins des lieux assez ailleurs qu'en leur source [87]. Sans peine et sans suffisance, ayant mille volumes de livres autour de moy en ce lieu où j'escris, j'emprunteray presentement s'il me plaist d'une douzaine de tels ravaudeurs, gens que je ne feuillette guiere, de quoy esmailler le traicté de la phisionomie. Il ne faut que l'espitre liminaire d'un alemand pour me farcir d'allegations; et nous allons quester par là une friande gloire, à piper le sot monde.

/// Ces pastissages [88] de lieux communs, dequoy tant de gents mesnagent leur estude, ne servent guere qu'à subjects communs; et servent à nous montrer, non à nous conduire, ridicule fruict de la science, que Socrates exagite [89] si plaisamment contre Euthydeme. J'ay veu faire des livres de choses ny jamais estudiées, ny entenduës, l'autheur commettant à divers de ses amis sçavants la recherche de cette-cy et de cette autre matiere à le bastir, se contentant pour sa part d'en avoir projetté le dessein et empilé par son industrie ce fagot de provisions incogneuës; au moins est sien l'ancre et le papier. Cela c'est en conscience achetter ou emprunter un livre, non pas le faire. C'est apprendre aux hommes, non qu'on sçait faire un livre, mais, ce dequoy ils pouvoient estre en doute, qu'on ne le sçait pas faire. // Un president se vantoit, où j'estois, d'avoir amoncelé deux cens tant de lieux estrangers en un sien arrest presidental. /// En le preschant à chacun il me sembla effacer la gloire qu'on luy en donnoit. // Pusillanime et absurde vanterie à mon gré pour un tel subject et telle personne. /// Parmy tant d'emprunts je suis bien aise d'en pouvoir desrober quelqu'un, les desguisans et difformant à [90] nouveau service. Au hazard que je laisse dire que c'est par faute d'avoir entendu leur naturel usage, je luy donne quelque particuliere adresse de ma main, à ce qu'ils en soient d'autant moins purement estrangers. // Ceux-ci mettent leurs larrecins en parade et en conte :

aussi ont-ils plus de credit aux loix que moy. /// Nous autres naturalistes estimons qu'il y aie grande et incomparable preferance de l'honneur de l'invention à l'honneur de l'allegation.

// Si j'eusse voulu parler par science, j'eus parlé plustost; j'eusse escript du temps plus voisin de mes estudes, que j'avois plus d'esprit et de memoire; et me fusse plus fié à la vigueur de cet aage là qu'a cettuy icy, si j'en eusse voulu faire mestier d'escrire. /// Davantage, telle faveur gratieuse que la fortune peut m'avoir offerte par l'entremise de cet ouvrage eust lors rencontré une plus propice saison. // Deux de mes cognoissans [91], grands hommes en cette faculté [92], ont perdu par moitié, à mon advis, d'avoir refusé de se mettre au jour [93] à quarante ans, pour attendre les soixante. La maturité a ses deffauts, comme la verdeur, et pires. Et autant est la vieillesse incommode à cette nature de besongne qu'à toute autre. Quiconque met sa decrepitude soubs la presse [94] faict folie s'il espere en espreindre des humeurs qui ne sentent le disgratié, le resveur et l'assopi. Nostre esprit se constipe et se croupit en vieillissant. Je dis pompeusement et opulemment l'ignorance, et dys la science megrement et piteusement; /// accessoirement cette-cy et accidentalement, celle là expressément et principalement. Et ne traicte à point nommé de rien que du rien, ny d'aucune science que de celle de l'inscience [95]. // J'ay choisi le temps où ma vie, que j'ay à peindre, je l'ay toute devant moy : ce qui en reste tient plus de la mort. Et de ma mort seulement, si je la rencontrois babillarde, comme font d'autres, donrrois je [96] encore volontiers advis au peuple en deslogeant.

Socrates, qui a esté un exemplaire parfaict en toutes grandes qualitez, j'ay despit qu'il eust rencontré un corps et un visage si vilain, comme ils disent, et disconvenable à la beauté de son ame, /// luy si amoureux et si affolé de la beauté. Nature luy fit injustice. // Il n'est rien plus vraysemblable que la conformité et relation du corps à l'esprit. /// « Ipsi animi magni refert quali in corpore locati sint : multa enim e corpore existunt quæ acuant mentem, multa quæ obtundant [97]. » Cettuy-cy [98] parle d'une laideur desnaturée et difformité de membres. Mais nous appellons laideur aussi une mesavenance au premier regard, qui loge principallement au visage, et souvent nous desgoute par bien legeres causes : du teint, d'une tache, d'une rude contenance, de quelque cause inexplicable sur des membres bien ordonnez et entiers. La laideur qui revestoit une ame

très belle en La Boitie estoit de ce predicament [99]. Cette
laideur superficielle, qui est pourtant très imperieuse, est
de moindre prejudice à l'estat de l'esprit et a peu de certitude en l'opinion des hommes. L'autre, qui d'un plus
propre nom s'appelle difformité, est plus substantielle,
porte plus volontiers coup jusques au dedans. Non pas
tout soulier de cuir bien lissé, mais tout soulier bien formé
montre l'interieure forme du pied.

// Comme Socrates disoit de la sienne qu'elle en accusoit
justement autant en son ame, s'il ne l'eust corrigée par
institution. /// Mais en le disant je tiens qu'il se mocquoit
suivant son usage, et jamais ame si excellente ne se fit
elle mesme.

// Je ne puis dire assez souvant combien j'estime la
beauté qualité puissante et advantageuse. Il l'appelloit
une courte tyrannie, /// et Platon le privilege de nature.
// Nous n'en avons point qui la surpasse en credit. Elle
tient le premier rang au commerce des hommes; elle se
presente au devant, seduict et preoccupe nostre jugement
avec grande authorité et merveilleuse impression. /// Phryné
perdoit sa cause entre les mains d'un excellent advocat si,
ouvrant sa robbe, elle n'eust corrompu ses juges par l'esclat de sa beauté. Et je trouve que Cyrus, Alexandre,
Cæsar, ces trois maistres du monde, ne l'ont pas oubliée à
faire leurs grands affaires. N'a pas le premier Scipion.
Un mesme mot embrasse en Grec le bel et le bon. Et le
S. Esprit appelle souvent bons ceux qu'il veut dire beaux.
Je maintiendrois volontiers le rang des biens selon que
portoit la chanson, que Platon dict avoir esté triviale [100],
prinse de quelque ancien poëte : la santé, la beauté, la
richesse. Aristote dict aux beaux appartenir le droict de
commander, et quand il en est de qui la beauté approche
celle des images des Dieux, que la veneration leur est
pareillement deuë. A celuy qui luy demandoit pourquoy
plus longtemps et plus souvent on hantoit les beaux :
« Cette demande, dict-il, n'appartient à estre faicte que
par un aveugle. » La pluspart et les plus grands philosophes payarent leur escholage et acquirent la sagesse par
l'entremise et faveur de leur beauté.

// Non seulement aux hommes qui me servent, mais
aux bestes aussi, je la considere à deux doits près de la
bonté. Si me semble il que ce traict et façon de visage, et
ces lineaments par lesquels on argumente aucunes
complexions internes et nos fortunes à venir, est chose
qui ne loge pas bien directement et simplement soubs le

chapitre de beauté et de laideur. Non plus que toute bonne
odeur et serenité d'air n'en promet pas la santé, ny toute
espesseur et puanteur l'infection en temps pestilent. Ceux
qui accusent les dames de contre-dire leur beauté par leurs
meurs ne rencontrent pas tousjours [101]; car en une face qui
ne sera pas trop bien composée, il peut loger quelque air de
probité et de fiance, comme au rebours, j'ay leu par fois
entre deux beaux yeux des menasses d'une nature maligne
et dangereuse. Il y a des phisionomies favorables; et en
une presse d'ennemys victorieux, vous choisirés incontinent, parmy des hommes incogneus, l'un plustost que
l'autre, à qui vous rendre et fier vostre vie; et non proprement par la consideration de la beauté.

C'est une foible garantie que la mine; toutesfois elle a
quelque consideration [102]. Et si j'avois à les foyter [103], ce
seroit plus rudement les meschans qui demendent et
trahissent les promesses que nature leur avoit plantées au
front : je punirois plus aigrement la malice en une apparence debonnaire. Il semble qu'il y ait aucuns visages
heureux, d'autres malencontreux. Et crois qu'il y a quelque
art à distinguer les visages debonnaires des nyais, les
severes des rudes, les malicieux des chagrins, les desdaigneux des melancholiques, et telles autres qualitez
voisines. Il y a des beautez non fieres seulement, mais
aygres; il y en a d'autres douces, et encores au delà fades.
D'en prognostiquer les avantures futures, ce sont matieres
que je laisse indecises.

J'ay pris, comme j'ay dict ailleurs, bien simplement et
cruement pour mon regard ce precepte ancien : que nous
ne sçaurions faillir à suivre nature, que le souverain precepte c'est de se conformer à elle. Je n'ay pas corrigé,
comme Socrates, par force de la raison mes complexions
naturelles, et n'ay aucunement troublé par art mon inclination. Je me laisse aller, comme je suis venu, je ne combats
rien; mes deux maistresses pieces vivent de leur grace [104]
en pais et bon accord; mais le lait de ma nourriture a esté,
Dieu mercy, mediocrement sain et temperé.

/// Diray-je cecy en passant : que je voy tenir en plus de
prix qu'elle ne vaut, qui est seule quasi en usage entre
nous, certaine image de preud'homie scholastique, serve des
preceptes, contraincte soubs l'esperance et la crainte ?
Je l'aime telle que les loix et religions non facent, mais
parfacent et authorisent, qui se sente de quoy se soustenir
sans aide, née en nous de ses propres racines par la semence
de la raison universelle empreinte en tout homme non

desnaturé. Cette raison, qui redresse Socrates de son vicieux ply, le rend obeïssant aux hommes et aux Dieux qui commandent en sa ville, courageux en la mort, non parce que son ame est immortelle, mais par ce qu'il est mortel. Ruineuse instruction à toute police, et bien plus dommageable qu'ingenieuse et subtile, qui persuade aux peuples la religieuse creance [105] suffire, seule et sans les mœurs, à contenter la divine justice. L'usage nous faict voir une distinction enorme entre la devotion et la conscience.

// J'ay un port favorable et en forme et en interpretation [106],

Quid dixi habere me ? Imo habui, Chreme [107]*!*

Heu tantum attriti corporis ossa vides [108],

et qui faict une contraire montre à celuy de Socrates. Il m'est souvant advenu que, sur le simple credit de ma presence et de mon air, des personnes qui n'avoyent aucune cognoissance de moy s'y sont grandement fiées, soit pour leurs propres affaires, soit pour les miennes; et en ay tiré és pays estrangiers des faveurs singulieres et rares. Mais ces deux experiences valent, à l'avanture, que je les recite particulierement.

Un quidam delibera de surprendre ma maison et moy. Son art fut d'arriver seul à ma porte et d'en presser un peu instamment l'entrée; je le cognoissois de nom, et avois occasion de me fier de luy, comme de mon voisin et aucunement mon alié. Je luy fis ouvrir, /// comme je fais à chacun. // Le voicy tout effroyé, son cheval hors d'haleine, fort harassé. Il m'entretint de cette fable : « Qu'il venoit d'estre rencontré à une demie lieuë de là par un sien ennemy, lequel je cognoissois aussi, et avois ouy parler de leur querelle; que cet ennemy luy avoit merveilleusement chaussé les esperons et, qu'ayant esté surpris en désarroy et plus foible en nombre, il s'estoit jetté à ma porte à sauveté; qu'il estoit en grand peine de ses gens, lesquels il disoit tenir pour morts ou prins. » J'essayay tout nayfvement de le conforter, asseurer et rafreschir [109]. Tantost après, voylà quatre ou cinq de ses soldats qui se presentent, en mesme contenance et effroy, pour entrer; et puis d'autres et d'autres encores après, bien equipez et bien armez, jusques à vingt cinq ou trante, feignants avoir leur ennemy aux talons. /// Ce mystere commençoit à taster ma soupçon. // Je n'ignorois pas en quel siecle je vivois, combien ma maison pouvoit estre enviée, et avois plusieurs exemples d'autres de ma cognoissance à qui il estoit mesadvenu de mesme. Tant y a que, trouvant qu'il n'y avoit point d'acquest d'avoir commencé à faire plaisir si je n'achevois, et ne pouvant me desfaire sans tout rompre, je me laissay aller au party le plus naturel et le plus simple, comme je faicts toujours, commendant qu'ils entrassent. — Aussi à la verité, je suis peu deffiant et soubçonneus de ma nature; je penche volontiers vers l'excuse et interpretation plus douce; je prends les hommes selon le commun ordre, et ne croy pas ces inclinations perverses et desnaturées si je n'y suis forcé par grand tesmoignage, non plus [110] que les monstres et miracles. Et suis homme, en outre, qui me commets volontiers à la fortune et me laisse aller à corps perdu entre ses bras. De quoy, jusques à cette heure, j'ay eu plus d'occasion de me louër que de me plaindre; et l'ay trouvée et plus avisée /// et plus amie de mes affaires // que je ne suis. Il y a quelques actions en ma vie, desquelles on peut justement nommer la conduite difficile ou, qui voudra, prudente; de celles là mesmes, posez que la tierce partie soit du mien, certes les deux tierces sont richement à elle. /// Nous faillons, ce me semble, en ce que nous ne nous fions pas assez au ciel de nous, et pretendons plus de nostre conduite qu'il ne nous appartient. Pourtant fourvoyent si souvent nos desseins. Il [111] est jaloux de l'estenduë que nous attribuons aux droicts de l'humaine prudence, au prejudice des siens, et nous les racourcit d'autant que nous les amplifions.

// Ceux-cy se tindrent à cheval dans ma cour, le chef avec moy en ma sale, qui n'avoit voulu qu'on establat [112] son cheval, disant avoir à se retirer incontinent qu'il auroit eu nouvelles de ses hommes. Il se veid maistre de son entreprise, et n'y restoit sur ce poinct que l'execution. Souvant depuis, il a dict, car il ne craingnoit pas de faire ce compte, que mon visage et ma franchise luy avoient arraché la trahison des poincts [113]. Il remonta à cheval, ses gens ayants continuellement les yeux sur luy pour voir quel signe il leur donneroit, bien estonnez de le voir sortir et abandonner son avantage.

Une autrefois, me fiant à je ne sçay quelle treve qui venoit d'estre publiée en nos armées, je m'acheminai à un voyage, par pays estrangement chatouilleux. Je ne fus pas si tost esventé que voylà trois ou quatre cavalcades de divers lieux pour m'attraper; l'une me joignit à la troisiesme journée, où je fus chargé par quinze ou vingt gentils-

hommes masquez, suyvis d'une ondée d'argolets [114]. Me
voylà pris et rendu, retiré dans l'espais d'une forest voisine,
desmonté, devalizé, mes cofres fouilletz, ma boyte [115] prise,
chevaux et esquipage desparty à nouveaux maistres.
Nous fumes long temps à contester dans ce halier sur le
faict de ma rançon, qu'ils me tailloyent si haute qu'il
paroissoit bien que je ne leur estois guere cogneu. Ils
entrerent en grande contestation de ma vie. De vray, il y
avoit plusieurs circonstances qui me menassoyent du
dangier où j'en estois.

/// *Tunc animis opus, Ænea, tunc pectore firmo* [116].

// Je me maintins tousjours sur le tiltre de [117] ma trefve, à
leur quitter seulement le gain qu'ils avoyent faict de ma
despouille, qui n'estoit pas à mespriser, sans promesse
d'autre rançon. Après deux ou trois heures que nous
eusmes esté là et qu'ils m'eurent faict monter sur un cheval
qui n'avoit garde de leur eschaper, et commis ma conduitte
particuliere à quinze ou vingt harquebousiers, et dispersé
mes gens à d'autres, ayant ordonné qu'on nous menast
prisonniers diverses routes, et moy déjà acheminé à deux
ou trois harquebousades de là,

Jam prece Pollucis, jam Castoris implorata [118],

voicy une soudaine et très-inopinée mutation qui leur print.
Je vis revenir à moy le chef avec parolles plus douces,
se mettant en peine de recercher en la troupe mes hardes
escartées, et m'en faisant rendre selon qu'il s'en pouvoit
recouvrer, jusques à ma boyte [119]. Le meilleur present
qu'ils me firent ce fut en fin ma liberté; le reste ne me
touchoit guieres /// en ce temps-là. // La vraye cause
d'un changement si nouveau et de ce ravisement, sans
aucune impulsion apparente, et d'un repentir si miraculeux, en tel temps, en une entreprinse pourpensée [120] et
deliberée, et devenue juste par l'usage (car d'arrivée je
leur confessay ouvertement le party duquel j'estois, et le
chemin que je tenois), certes je ne sçay pas bien encores
quelle elle est. Le plus apparent, qui se demasqua et me
fit cognoistre son nom, me redict lors plusieurs fois que
je devoy cette delivrance à mon visage, liberté et fermeté de mes parolles, qui me rendoyent indigne d'une
telle mes-adventure, et me demanda asseurance d'une
pareille. Il est possible que la bonté divine se voulut servir

de ce vain instrument pour ma conservation. Elle me
deffendit encore l'endemain d'autres pires embusches, desquelles ceux cy mesme m'avoyent adverty. Le dernier est
encore en pieds pour en faire le compte; le premier fut
tué, il n'y a pas long temps.

Si mon visage ne respondoit pour moy, si on ne lisoit
en mes yeux et en ma voix la simplicité de mon intention,
je n'eusse pas duré sans querelle et sans offence si long
temps, avec cette liberté indiscrete de dire à tort et à
droict [121] ce qui me vient en fantasie, et juger temerairement des choses. Cette façon peut paroistre avec raison
incivile et mal accommodée à nostre usage; mais outra-
geuse et malitieuse, je n'ay veu personne qui l'en ayt
jugée, ne qui se soit piqué de ma liberté s'il l'a receuë
de ma bouche. Les paroles redictes ont, comme autre son,
autre sens. Aussi ne hay-je personne; et suis si lâche à
offencer que, pour le service de la raison mesme, je ne
le puis faire. Et lors que l'occasion m'a convié aux condemnations criminelles, j'ay plustost manqué à la justice.
/// « *Ut magis peccari nolim quam satis animi ad vindicanda
peccata habeam* [122]. » On reprochoit, dict-on, à Aristote
d'avoir esté trop misericordieux envers un meschant
homme. « J'ay esté de vray, dict-il, misericordieux envers
l'homme, non envers la meschanceté. » Les jugemens
ordinaires s'exasperent à la vengeance par l'horreur du
meffaict. Cela mesme refroidit le mien : l'horreur du premier meurtre m'en faict craindre un second, et la haine
de la premiere cruauté m'en faict hayr toute imitation.
// A moy, qui ne suis qu'escuyer de trefles, peut toucher [123]
ce qu'on disoit de Charillus, roy de Sparte : « Il ne sçauroit estre bon, puis qu'il n'est pas mauvais aux meschants. » Ou bien ainsi, car Plutarque le presente en ces
deux sortes, comme mille autres choses, diversement et
contrairement : « Il faut bien qu'il soit bon, puisqu'il l'est
aux meschants mesme. » Comme aux actions legitimes je
me fasche de m'y employer quand c'est envers ceux qui
s'en desplaisent, aussi, à dire verité, aux illegitimes je ne
fay pas assez de conscience de m'y employer quand c'est
envers ceux qui y consentent.

CHAPITRE XIII

DE L'EXPERIENCE

// Il n'est desir plus naturel que le desir de connoissance. Nous essayons tous les moyens qui nous y peuvent mener. Quand la raison nous faut, nous y employons l'experience,

/// *Per varios usus artem experientia fecit :*
Exemplo monstrante viam [1],

// qui est un moyen plus foible et moins digne ; mais la verité est chose si grande, que nous ne devons desdaigner aucune entremise qui nous y conduise. La raison a tant de formes, que nous ne sçavons à laquelle nous prendre ; l'experience n'en a pas moins. La consequence que nous voulons tirer de la ressemblance des evenemens est mal seure, d'autant qu'ils sont tousjours dissemblables : il n'est aucune qualité si universelle en cette image des choses que la diversité et varieté. Et les Grecs, et les Latins, et nous, pour le plus exprès exemple de similitude, nous servons de celuy des œufs. Toutefois il s'est trouvé des hommes, et notamment un en Delphes, qui recognoissoit des marques de difference entre les œufs, si qu'il n'en prenoit jamais l'un pour l'autre ; /// et y ayant plusieurs poules, sçavoit juger de laquelle estoit l'œuf. // La dissimilitude s'ingere d'elle mesme en nos ouvrages ; nul art peut arriver à la similitude. Ny Perrozet [2], ny autre ne peut si soigneusement polir et blanchir l'envers de ses cartes qu'aucuns joueurs ne les distinguent à les voyr seulement couler par les mains d'un autre. La ressemblance ne faict pas tant un comme la difference faict autre. /// Nature s'est obligée à ne rien faire autre, qui ne fust dissemblable.

// Pourtant, l'opinion de celuy-là [3] ne me plaist guiere, qui pensoit par la multitude des loix brider l'authorité des juges, en leur taillant leurs morceaux : il ne sentoit point qu'il y a autant de liberté et d'estendue à l'interpretation des loix qu'à leur façon. Et ceux là se moquent, qui pensent appetisser nos debats et les arrester en nous r'appellant à l'expresse parolle de la Bible. D'autant que nostre esprit ne trouve pas le champ moins spatieux à contreroller le sens d'autruy qu'à representer le sien, et comme s'il y avoit moins d'animosité et d'aspreté à gloser qu'à inventer. Nous voyons combien il se trompoit. Car nous avons en France plus de loix que tout le reste du monde ensemble, et plus qu'il n'en faudroit à reigler tous les mondes d'Epicurus, /// « *ut olim flagitiis, sic nunc legibus laboramus* [4] »; // et si, avons tant laissé à opiner et decider à nos juges, qu'il ne fut jamais liberté si puissante et si licencieuse. Qu'ont gaigné nos legislateurs à choisir cent mille espèces et faicts particuliers, et y attacher cent mille loix ? Ce nombre n'a aucune proportion avec l'infinie diversité des actions humaines. La multiplication de nos inventions n'arrivera pas à la variation des exemples. Adjoustez y en cent fois autant : il n'adviendra pas pourtant que, des evenemens à venir, il s'en trouve aucun qui, en tout ce grand nombre de milliers d'evenemens choisis et enregistrez, en rencontre un auquel il se puisse joindre et apparier si exactement, qu'il n'y reste quelque circonstance et diversité qui requiere diverse consideration de jugement. Il y a peu de relation de nos actions, qui sont en perpetuelle mutation, avec les loix fixes et immobiles. Les plus desirables, ce sont les plus rares, plus simples et generales; et encore crois-je qu'il vaudroit mieux n'en avoir point du tout que de les avoir en tel nombre que nous avons.

Nature les donne tousjours plus heureuses que ne sont celles que nous nous donnons. Tesmoing la peinture de l'aage doré des poëtes, et l'estat où nous voyons vivre les nations qui n'en ont point d'autres. En voylà qui, pour tous juges, employent en leurs causes le premier passant qui voyage le long de leurs montaignes. Et ces autres eslisent le jour du marché quelqu'un d'entre eux, qui sur le champ decide tous leurs procès. Quel danger y auroit-il que les plus sages vuidassent ainsi les nostres, selon les occurrences et à l'œil, sans obligation d'exemple et de consequence [5] ? A chaque pied son soulier. Le Roy Ferdinand, envoyant des colonies aux Indes, prouveut [6] sagement qu'on n'y menast aucuns escholiers de la jurisprudence, de crainte que les procès ne peuplassent en ce nouveau monde, comme estant science, de sa nature, generatrice d'altercation et division; jugeant avec Platon, que c'est une mauvaise provision de pays que jurisconsultes et medecins.

Pourquoy est-ce que nostre langage commun, si aisé à tout autre usage, devient obscur et non intelligible en contract et testament, et que celuy qui s'exprime si clairement, quoy qu'il die et escrive, ne trouve en cela aucune maniere de se declarer qui ne tombe en doubte et contradiction ? Si ce n'est que les princes de cet art, s'appliquans d'une peculiere attention à trier des mots solemnes et former des clauses artistes [7] ont tant poisé chaque sillabe, espluché si primement [8] chaque espece de cousture [9], que les voilà enfrasquez [10] et embrouillez en l'infinité des figures et si menuës partitions, qu'elles ne peuvent plus tomber soubs aucun reiglement et prescription ny aucune certaine intelligence. /// « *Confusum est quidquid usque in pulverem sectum est* [11]. » // Qui a veu des enfans essayans de renger à certain nombre une masse d'argent-vif : plus ils le pressent et pestrissent et s'estudient à le contraindre à leur loy, plus ils irritent la liberté de ce genereux metal : il fuit à leur art et se va menuisant et esparpillant au delà de tout compte. C'est de mesme, car, en subdivisant ces subtilitez, on apprend aux hommes d'accroistre les doubtes; on nous met en trein d'estendre et diversifier les difficultez, on les alonge, on les disperse. En semant les questions et les retaillant, on faict fructifier et foisonner le monde en incertitude et en querelles, /// comme la terre se rend fertile plus elle est esmiée [12] et profondément remuée. « *Difficultatem facit doctrina* [13]. » // Nous doubtions sur Ulpian, redoutons encore sur Bartolus et Baldus [14]. Il falloit effacer la trace de cette diversité innumerable [15] d'opinions, non poinct s'en parer et en entester la posterité.

Je ne sçay qu'en dire, mais il se sent par experience que tant d'interprétations dissipent la verité et la rompent. Aristote a escrit pour estre entendu; s'il ne l'a peu, moins le fera un moins habile et un tiers que celuy qui traite sa propre imagination. Nous ouvrons la matiere et l'espandons en la destrempant; d'un subject nous en faisons mille, et retombons, en multipliant et subdivisant, à l'infinité des atomes d'Epicurus. Jamais deux hommes ne jugerent pareillement de mesme chose, et est impossible de voir deux opinions semblables exactement, non seulement en divers hommes, mais en mesme homme à diverses heures. Ordinairement je trouve à doubter en ce que le commentaire n'a daigné toucher. Je bronche plus volontiers en pays plat, comme certains chevaux que je connois, qui chopent [16] plus souvent en chemin uny.

Qui ne diroit que les glosses augmentent les doubtes et l'ignorance, puis qu'il ne se voit aucun livre, soit humain, soit divin, auquel le monde s'embesongne, duquel l'interpretation face tarir la difficulté ? Le centiesme commentaire le renvoye à son suivant, plus espineux et plus scabreux que le premier ne l'avoit trouvé. Quand est-il convenu entre nous : ce livre en a assez, il n'y a meshuy plus que dire ? Cecy se voit mieux en la chicane. On donne authorité de loy à infinis docteurs, infinis arrests, et à autant d'interpretations. Trouvons nous pourtant quelque fin au besoin d'interpreter ? s'y voit-il quelque progrès et advancement vers la tranquillité ? nous faut-il moins d'advocats et de juges que lors que cette masse de droict estoit encore en sa premiere enfance ? Au rebours, nous obscurcissons et ensevelissons l'intelligence; nous ne la descouvrons plus qu'à la mercy de tant de clostures et barrieres. Les hommes mescognoissent la maladie naturelle de leur esprit : il ne faict que fureter et quester, et va sans cesse tournoiant, bastissant et s'empestrant en sa besongne, comme nos vers de soye, et s'y estouffe. « Mus in pice [17]. » Il pense remarquer de loing je ne sçay quelle apparence de clarté et verité imaginaire; mais, pendant qu'il y court, tant de difficultez luy traversent la voye, d'empeschemens et de nouvelles questes, qu'elles l'esgarent et l'enyvrent. Non guiere autrement qu'il advint aux chiens d'Esope, lesquels, descouvrant quelque apparence de corps mort floter en mer, et ne le pouvant approcher, entreprindrent de boire cette eau, d'assecher le passage, et s'y estouffarent. /// A quoy se rencontre ce qu'un Crates disoit des escrits de Heraclitus, « qu'ils avoient besoin d'un lecteur bon nageur », afin que la profondeur et pois de sa doctrine ne l'engloutist et suffocast.

// Ce n'est rien que foiblesse particuliere qui nous faict contenter de ce que d'autres ou que nous-mesmes avons trouvé en cette chasse de cognoissance; un plus habile ne s'en contentera pas. Il y a tousjours place pour un suyvant, /// ouy et pour nous mesmes, // et route par ailleurs. Il n'y a point de fin en nos inquisitions; nostre fin est en l'autre monde. /// C'est signe de racourciment d'esprit quand il se contente, ou de lasseté. Nul esprit genereux ne s'arreste en soy : il pretend [18] tousjours et va outre ses forces; il a des eslans au delà de ses effects; s'il ne s'avance et ne se presse et ne s'accule et ne se choque, il n'est vif qu'à demy; // ses poursuites sont sans terme, et sans forme; son aliment c'est /// admiration, chasse, // ambiguité. Ce que declaroit assez Apollo, parlant tousjours à nous doublement, obscurement et obliquement, ne nous repaissant pas, mais nous amusant et embesongnant. C'est un mouvement irregulier, perpetuel, sans patron, et sans but. Ses inventions s'eschauffent, se suyvent, et s'entre-produisent l'une l'autre.

> *Ainsi voit l'on, en un ruisseau coulant,*
> *Sans fin l'une eau après l'autre roulant,*
> *Et tout de rang, d'un eternel conduict,*
> *L'une suit l'autre, et l'une l'autre fuyt.*
> *Par cette-cy celle-là est poussée,*
> *Et cette-cy par l'autre est devancée :*
> *Tousjours l'eau va dans l'eau, et tousjours est-ce*
> *Mesme ruisseau, et toujours eau diverse* [19].

Il y a plus affaire à interpreter les interpretations qu'à interpreter les choses, et plus de livres sur les livres que sur autre subject : nous ne faisons que nous entregloser.

/// Tout fourmille de commentaires; d'auteurs, il en est grand cherté.

Le principal et plus fameux sçavoir de nos siecles, est-ce pas sçavoir entendre les sçavans ? Est-ce pas la fin commune et derniere de tous estudes ?

Nos opinions s'entent les unes sur les autres. La premiere sert de tige à la seconde, la seconde à la tierce. Nous eschellons ainsi de degré en degré. Et advient de là que le plus haut monté a souvent plus d'honneur que de merite; car il n'est monté que d'un grain sur les espaules du penultime [20].

// Combien souvent, et sottement à l'avanture, ay-je estandu mon livre à parler de soy ? /// Sottement; quand ce ne seroit que pour cette raison qu'il me devoit souvenir de ce que je dy des autres qui en font de mesmes : « Que ces œillades si frequentes à leur ouvrage tesmoignent que le cœur leur frissonne de son amour, et les rudoyemens mesmes desdaigneus, dequoy ils le battent, que ce ne sont que mignardises et affetteries d'une faveur maternelle », suivant Aristote, à qui et se priser et se mespriser naissent souvent de pareil air d'arrogance. Car mon excuse, que je doy avoir en cela plus de liberté que les autres, d'autant qu'à poinct nommé j'escry de moy et de

mes escrits comme de mes autres actions, que mon theme
se renverse en soy, je ne sçay si chacun la prendra.

// J'ay veu en Alemagne que Luther a laissé autant de
divisions et d'altercations sur le doubte de ses opinions,
et plus, qu'il n'en esmeut sur les escritures sainctes.
Nostre contestation est verbale. Je demande que c'est que
nature, volupté, cercle, et substitution. La question est
de parolles, et se paye de mesme. Une pierre c'est un
corps. Mais qui presseroit : « Et corps qu'est-ce ? — Substance. — Et substance quoy ? » ainsi de suitte, acculeroit
en fin le respondant au bout de son calepin [21]. On eschange
un mot pour un autre mot, et souvent plus incogneu. Je
sçay mieux que c'est qu'homme que je ne sçay que c'est
animal, ou mortel, ou raisonnable. Pour satisfaire à un
doubte, ils m'en donnent trois : c'est la teste de Hydra.
Socrates demandoit à Memnon que c'estoit que vertu :
« Il y a, fit Memnon, vertu d'homme et de femme, de
magistrat et d'homme privé, d'enfant et de vieillart.
— Voicy qui va bien! s'escria Socrates : nous estions en
cherche d'une vertu, en voicy un exaim. » Nous commu-
niquons une question, on nous en redonne une ruchée.
Comme nul evenement et nulle forme ressemble entierement à une autre, aussi ne differe nulle de l'autre
entierement. /// Ingenieux meslange de nature. Si nos
faces n'estoient semblables, on ne sçauroit discerner
l'homme de la beste; si elles n'estoient dissemblables, on
ne sçauroit discerner l'homme de l'homme. Toutes choses
se tiennent par quelque similitude, tout exemple cloche,
et la relation qui se tire de l'experience est tousjours
defaillante et imparfaicte; on joinct toutesfois les compa-
raisons par quelque coin. Ainsi servent les loix, et s'assor-
tissent ainsin à chacun de nos affaires, par quelque interpretation destournée, contrainte et biaise [22].

Puisque les loix ethiques, qui regardent le devoir particulier de chacun en soy, sont si difficiles à dresser, comme
nous voyons qu'elles sont, ce n'est pas merveille si celles
qui gouvernent tant de particuliers le sont davantage.
Considerez la forme de cette justice qui nous regit : c'est
un vray tesmoignage de l'humaine imbecillité, tant il y a
de contradiction et d'erreur. Ce que nous trouvons faveur
et rigueur en la justice, et y en trouvons tant que je ne
sçay si l'entredeux s'y trouve si souvent, ce sont parties
maladives et membres injustes du corps mesmes et essence
de la justice. Des paysans viennent de m'advertir en haste
qu'ils ont laissé presentement en une forest qui est à moy

un homme meurtry de cent coups, qui respire encores et qui leur a demandé de l'eau par pitié et du secours pour le soubslever. Disent qu'ils n'ont osé l'approcher et s'en sont fuis, de peur que les gens de la justice ne les y attrapassent, et, comme il se faict de ceux qu'on rencontre près d'un homme tué, ils n'eussent à rendre compte de cet accident à leur totale ruyne, n'ayant ny suffisance, ny argent, pour deffendre leur innocence. Que leur eussé-je dict ? Il est certain que cet office d'humanité les eust mis en peine.

Combien avons-nous descouvert d'innocens avoir esté punis, je dis sans la coulpe des juges; et combien en y a-t-il eu que nous n'avons pas descouvert ? Cecy est advenu de mon temps : certains sont condamnez à la mort pour un homicide; l'arrest, sinon prononcé, au moins conclud et arresté. Sur ce poinct, les juges sont advertis par les officiers d'une court subalterne voisine, qu'ils tiennent quelques prisonniers, lesquels advouent disertement cet homicide, et apportent à tout ce faict une lumiere indubitable. On delibere si pourtant on doit interrompre et differer l'exécution de l'arrest donné contre les premiers. On considere la nouvelleté de l'exemple, et sa consequence pour accrocher les jugemens; que la condemnation est juridiquement passée, les juges privez de repentance. Somme, ces pauvres diables sont consacrez aux formules²³ de la justice. Philippus, ou quelque autre, prouveut à un pareil inconvenient en cette maniere : il avoit condamné en grosses amendes un homme envers un autre, par un jugement resolu. La verité se descouvrant quelque temps après, il se trouva qu'il avoit iniquement jugé. D'un costé estoit la raison de la cause, de l'autre costé la raison des formes judiciaires. Il satisfit aucunement à toutes les deux, laissant en son estat la sentence, et recompensant de sa bourse l'interest du condamné²⁴. Mais il avoit affaire à un accident reparable; les miens furent pendus irreparablement. /// Combien ay-je veu de condemnations, plus crimineuses que le crime ?

// Tout cecy me faict souvenir de ces anciennes opinions : qu'il est forcé de faire tort en detail qui veut faire droict en gros, et injustice en petites choses qui veut venir à chef de faire justice és grandes; que l'humaine justice est formée au modelle de la medecine, selon laquelle tout ce qui est utile est aussi juste et honneste ? /// et de ce que tiennent les Stoïciens, que nature mesme procede contre justice, en la plus part de ses ouvrages; et de ce que tiennent les Cyrenaïques, qu'il n'y a rien juste de soy, que les coustumes et loix forment la justice; et des Theodoriens, qui trouvent juste au sage le larrecin, le sacrilege, toute sorte de paillardise, s'il connoit qu'elle luy soit profitable.

// Il n'y a remede. J'en suis là, comme Alcibiades, que je ne me representeray jamais, que je puisse, à homme qui decide de ma teste, où mon honneur et ma vie depende de l'industrie et soing de mon procureur plus que de mon innocence. Je me hazarderois à une telle justice qui me reconneut du bien faict comme du malfaict, où j'eusse autant à esperer que à craindre. L'indemnité n'est pas monnoye suffisante à un homme qui faict mieux que de défaillir point. Nostre justice ne nous presente que l'une de ses mains, et encore la gauche. Quiconque il soit, il en sort avecques perte.

/// En la Chine, duquel royaume la police et les arts, sans commerce et cognoissance des nostres, surpassent nos exemples en plusieurs parties d'excellence, et duquel l'histoire m'apprend combien le monde est plus ample et plus divers que ny les anciens, ny nous ne penetrons, les officiers deputez par le Prince pour visiter l'estat de ses provinces, comme ils punissent ceux qui malversent en leur charge, ils remunerent aussi de pure liberalité ceux qui s'y sont bien portez, outre la commune sorte et outre la necessité de leur devoir. On s'y presente, non pour garantir seulement, mais pour y acquerir, ny simplement pour estre payé, mais pour y estre aussi estrené.

// Nul juge n'a encore, Dieu mercy, parlé à moy comme juge, pour quelque cause que ce soit, ou mienne ou tierce, ou criminelle ou civile. Nulle prison m'a receu, non pas seulement pour m'y promener²⁵. L'imagination m'en rend la veue, mesme du dehors, desplaisante. Je suis si affady après la liberté, que qui me deffenderoit l'accez de quelque coin des Indes, j'en vivroys aucunement plus mal à mon aise. Et tant que je trouveray terre ou air ouvert ailleurs, je ne croupiray en lieu où il me faille cacher. Mon Dieu! que mal pourroy-je souffrir la condition où je vois tant de gens, clouez à un quartier de ce royaume, privés de l'entrée des villes principalles et des courts et de l'usage des chemins publics, pour avoir querellé nos loix! Si celles que je sers me menassoient seulement le bout du doigt, je m'en irois incontinent en trouver d'autres, où que ce fut. Toute ma petite prudence, en ces guerres civiles où nous sommes, s'employe à ce qu'elles n'interrompent ma liberté d'aller et venir.

Or les loix se maintiennent en credit, non par ce qu'elles sont justes, mais par ce qu'elles sont loix. C'est le fondement mystique de leur authorité; elles n'en ont poinct d'autre. /// Qui bien leur sert [26]. Elles sont souvent faictes par des sots, plus souvent par des gens qui, en haine d'equalité, ont faute d'équité, mais tousjours par des hommes, autheurs vains et irresolus.

Il n'est rien si lourdement et largement fautier que les loix, ny si ordinairement. // Quiconque leur obeyt parce qu'elles sont justes, ne leur obeyt pas justement par où il doibt. Les nostres françoises prestent aucunement la main, par leur desreiglement et deformité, au desordre et corruption qui se voit en leur dispensation et execution. Le commandement est si trouble et inconstant qu'il excuse aucunement et la desobeyssance et le vice de l'interpretation, de l'administration et de l'observation. Quel que soit donq le fruict que nous pouvons avoir de l'experience, à peine servira beaucoup à nostre institution celle que nous tirons des exemples estrangers, si nous faisons si mal nostre proffict de celle que nous avons de nous mesme, qui nous est plus familiere, et certes suffisante à nous instruire de ce qu'il nous faut.

Je m'estudie plus qu'autre subject. C'est ma metaphisique, c'est ma phisique.

> *Qua Deus hanc mundi temperet arte domum,*
> *Qua venit exoriens, qua deficit, unde coactis*
> *Cornibus in plenum menstrua luna redit;*
> *Unde salo superant venti, quid flamine captet*
> *Eurus, et in nubes unde perennis aqua.*
> */// Sit ventura dies mundi quæ subruat arces* [27].

> *// Quærite quos agitat mundi labor* [28].

/// En cette université, je me laisse ignoramment et negligemment manier à la loy generale du monde. Je la sçauray assez quand je la sentiray. Ma science ne luy sçauroit faire changer de route; elle ne se diversifiera pas pour moi. C'est folie de l'esperer, et plus grand folie de s'en mettre en peine, puis qu'elle est necessairement semblable, publique et commune.

La bonté et capacité du gouverneur nous doit à pur et à plein descharger du soing de son gouvernement.

Les inquisitions et contemplations philosophiques ne

servent que d'aliment à nostre curiosité. Les philosophes, avec grand raison, nous renvoyent aux regles de Nature; mais elles n'ont que faire de si sublime cognoissance; ils les falsifient et nous presentent son visage peint trop haut en couleur et trop sophistiqué, d'où naissent tant de divers pourtraits d'un subject si uniforme. Comme elle nous a fourni de pieds à marcher, aussi a elle de prudence à nous guider en la vie; prudence, non tant ingenieuse, robuste et pompeuse comme celle de leur invention, mais à l'advenant facile et salutaire, et qui faict trèsbien ce que l'autre [29] dict, en celuy qui a l'heur de sçavoir s'employer naïvement et ordonnément, c'est à dire naturellement. Le plus simplement se commettre à nature, c'est s'y commettre le plus sagement. O que c'est un doux et mol chevet, et sain, que l'ignorance et l'incuriosité, à reposer une teste bien faicte!

// J'aymerois mieux m'entendre bien en moy qu'en /// Ciceron. // De l'experience que j'ay de moy, je trouve assez dequoy me faire sage, si j'estoy bon escholier. Qui remet en sa memoire l'excez de sa cholere passée, et jusques où cette fiévre l'emporta, voit la laideur de cette passion mieux que dans Aristote, et en conçoit une haine plus juste. Qui se souvient des maux qu'il a couru, de ceux qui l'ont menassé, des legeres occasions qui l'ont remué d'un estat à autre, se prepare par là aux mutations futures et à la recognoissance de sa condition. La vie de Cæsar n'a poinct plus d'exemple que la nostre pour nous; et emperière et populaire [30], c'est tousjours une vie que tous accidents humains regardent. Escoutons y seulement; nous nous disons tout ce de quoy nous avons principalement besoing. Qui se souvient de s'estre tant et tant de fois mesconté de son propre jugement, est-il pas un sot de n'en entrer pour jamais en deffiance? Quand je me trouve convaincu par la raison d'autruy d'une opinion fauce, je n'apprens pas tant ce qu'il m'a dict de nouveau et cette ignorance particuliere (ce seroit peu d'acquest), comme en general j'apprens ma debilité et la trahison de mon entendement; d'où je tire la reformation de toute la masse. En toutes mes autres erreurs je faits de mesme, et sens de cette reigle grande utilité à la vie. Je ne regarde pas l'espece et l'individu comme une pierre où j'aye bronché; j'apprens à craindre mon alleure par tout, et m'attends à la reigler. /// D'apprendre qu'on a dict ou faict une sottise, ce n'est rien que cela; il faut apprendre qu'on n'est qu'un sot, instruction bien plus ample et importante. // Les faux pas que ma memoire m'a fait si souvant, lors mesme qu'elle s'asseure le plus de soy, ne se sont pas inutilement perduz; elle a beau me jurer à cette heure et m'asseurer, je secoüe les oreilles; la premiere opposition qu'on faict à son tesmoignage me met en suspens, et n'oserois me fier d'elle en chose de poix, ny la garentir sur le faict d'autruy. Et n'estoit que ce que je fay par faute de memoire, les autres le font encore plus souvant par faute de foy, je prendrois tousjours en chose de faict la verité de la bouche d'un autre plutost que de la mienne. Si chacun espioit de près les effects et circonstances des passions qui le regentent, comme j'ay faict de celle à qui j'estois tombé en partage, il les verroit venir, et ralantiroit un peu leur impetuosité et leur course. Elles ne nous sautent pas tousjours au colet d'un prinsaut [31]; il y a de la menasse et des degretz.

> *Fluctus uti primo cœpit cum albescere ponto,*
> *Paulatim sese tollit mare, et altius undas*
> *Erigit, inde imo consurgit ad œthera fundo* [32].

Le jugement tient chez moy un siege magistral, au moins il s'en efforce soingneusement; il laisse mes appetis aller leur trein, et la haine et l'amitié, voire et celle que je me porte à moy-mesme, sans s'en alterer et corrompre. S'il ne peut reformer les autres parties selon soy, au moins ne se laisse il pas difformer à elles : il faict son jeu à part.

L'advertissement à chacun de se cognoistre doibt estre d'un important effect, puisque ce Dieu de science et de lumiere [33] le fit planter au front de son temple, comme comprenant tout ce qu'il avoit à nous conseiller. /// Platon dict aussi que prudence n'est autre chose que l'execution de cette ordonnance, et Socrates le verifie par le menu en Xenophon. // Les difficultez et l'obscurité ne s'aperçoivent en chacune science que par ceux qui y ont entrée. Car encore faut il quelque degré d'intelligence à pouvoir remarquer qu'on ignore, et faut pousser à une porte pour sçavoir qu'elle nous est close. /// D'où naist cette Platonique subtilité que, ny ceux qui sçavent n'ont à s'enquerir, d'autant qu'ils sçavent, ny ceux qui ne sçavent, d'autant que pour s'enquerir il faut sçavoir de quoy on s'enquiert. // Ainsin en cette-cy de se cognoistre soy mesme, ce que chacun se voit si resolu et satisfaict, ce que chacun y pense estre suffisamment entendu, signifie que chacun n'y entend rien du tout, /// comme Socrates apprend à Euthydeme en Xenophon. // Moy qui ne faicts autre profession, y trouve une profondeur et variété si infinie, que mon apprentissage n'a autre fruict que de me faire sentir combien il me reste à apprendre. A ma foiblesse si souvant recogneüe je doibts l'inclination que j'ay à la modestie, à l'obeyssance des creances [34] qui me sont prescrites, à une constante froideur et moderation d'opinions, et la hayne à cette arrogance importune et quereleuse, se croyant et fiant toute à soy, ennemye capitale de discipline et de verité. Oyez les regenter : les premieres sotises qu'ils mettent en avant, c'est au stile [35] qu'on establit les religions et les loix. /// *Nil hoc est turpius quam cognitioni et perceptioni assertionem approbationemque præcurrere* [36]. // Aristarchus disoit qu'anciennement à peine se trouva il sept sages au monde, et que de son temps à peine se trouvoit il sept ignorans. Aurions nous pas plus de raison que luy de le dire en nostre temps ? L'affirmation et l'opiniastreté sont signes exprès de bestise. Cettuy-cy aura donné du nez à terre cent fois pour un jour : le voylà sur ses ergots, aussi resolu et entier que devant; vous diriez qu'on luy a infuz dépuis quelque nouvelle ame et vigueur d'entendement, et qu'il luy advient comme à cet ancien fils de la terre [37], qui reprenoit nouvelle fermeté et se renforçoit par sa cheute,

> *Cui, cum tetigere parentem,*
> *Jam defecta vigent renovato robore membra* [38].

Ce testu indocile pense il pas reprendre un nouvel esprit pour reprendre une nouvelle dispute ? C'est par mon experience que j'accuse l'humaine ignorance, qui est, à mon advis, le plus seur party de l'escole du monde. Ceux qui ne la veulent conclurre en eux par un si vain exemple que le mien ou que le leur, qu'ils la recognoissent par Socrates, /// le maistre des maistres. Car le philosophe Antisthenes à ses disciples : « Allons, disoit-il, vous et moy, ouyr Socrates; là je seray disciple avec vous. » Et, soustenant ce dogme de sa secte Stoïque, que la vertu suffisoit à rendre une vie pleinement heureuse et n'ayant besoin de chose quelconque : « Sinon de la force de Socrates », adjoustoit-il.

// Cette longue attention que j'employe à me considerer me dresse à juger aussi passablement des autres, et est peu de choses dequoy je parle plus heureusement et excusablement. Il m'advient souvant de voir se distinguer plus exactement les conditions de mes amys qu'ils ne font eux

mesmes. J'en ay estonné quelqu'un par la pertinence de
ma description et l'ay adverty de soy. Pour m'estre, dès
mon enfance, dressé à mirer ma vie dans celle d'autruy,
j'ay acquis une complexion studieuse en cela, et, quand
j'y pense, je laisse eschaper au tour de moy peu de choses
qui y servent : contenances, humeurs, discours. J'estudie
tout : ce qu'il me faut fuyr, ce qu'il me faut suyvre. Ainsin
à mes amys je descouvre, par leurs productions, leurs
inclinations internes; non pour renger cette infinie variété
d'actions, si diverses et si descoupées [39], à certains genres
et chapitres, et distribuer distinctement mes partages et
divisions en classes et regions cogneuës,

> *Sed neque quam multæ species, et nomina quæ sint,*
> *Est numerus* [40].

/// Les sçavans partent et denotent leurs fantasies plus
specifiquement, et par le menu. Moy, qui n'y voy qu'autant que l'usage m'en informe, sans regle, presente generalement les miennes, et à tastons. Comme en cecy : // je
prononce ma sentence par articles descousus, ainsi que de
chose qui ne se peut dire à la fois et en bloc. La relation
et la conformité ne se trouvent poinct en telles ames que les
nostres, basses et communes. La sagesse est un bastiment
solide et entier, dont chaque piece tient son rang et porte
sa marque : /// « *Sola sapientia in se tota conversa est* [41]. »
// Je laisse aux artistes, et ne sçay s'ils en viennent à bout en
chose si meslée, si menue et fortuite, de renger en bandes
cette infinie diversité de visages, et arrester nostre inconstance et la mettre par ordre [42]. Non seulement je trouve
mal-aisé d'attacher nos actions les unes aux autres, mais
chacune à part soy je trouve mal-aysé de la designer proprement par quelque qualité principalle, tant elles sont
doubles et bigarrées à divers lustres.

/// Ce qu'on remarque pour rare au Roy de Macedoine
Perseus, que son esprit, ne s'attachant à aucune condition,
alloit errant par tout genre de vie et representant des
mœurs si essorées [43] et vagabondes qu'il n'estoit cogneu ny
de luy, ny d'autre quel homme ce fust, me semble à
peu près convenir à tout le monde. Et par dessus tous,
j'ai veu quelque autre de sa taille, à qui cette conclusion
s'appliqueroit plus proprement encore, ce croy-je : nulle
assiette moyenne, s'emportant tousjours de l'un à l'autre
extreme par occasions indivinables, nulle espece de train
sans traverse et contrarieté merveilleuse, nulle faculté
simple; si que, le plus vraysemblablement qu'on en pourra

feindre un jour, ce sera qu'il affectoit et estudioit de se rendre cogneu par estre mescognoissable.

// Il faict besoing des oreilles bien fortes pour s'ouyr franchement juger; et, par ce qu'il en est peu qui le puissent souffrir sans morsure, ceux qui se hazardent de l'entreprendre envers nous nous montrent un singulier effect d'amitié; car c'est aimer sainement d'entreprendre à blesser et offencer pour proffiter. Je trouve rude de juger celluy-là en qui les mauvaises qualitez surpassent les bonnes. /// Platon ordonne trois parties [44] à qui veut examiner l'ame d'un autre : science, bienveillance, hardiesse.

// Quelquefois on me demandoit à quoy j'eusse pensé estre bon, qui se fut advisé de se servir de moy pendant que j'en avois l'aage.

> *Dum melior vires sanguis dabat, æmula necdum*
> *Temporibus geminis canebat sparsa senectus* [45].

— « A rien », fis-je. Et m'excuse volontiers de ne sçavoir faire chose qui m'esclave à autruy. Mais j'eusse dict ses veritez à mon maistre, et eusse contrerrolé ses meurs, s'il eust voulu. Non en gros, par leçons scholastiques, que je ne sçay point (et n'en vois naistre aucune vraye reformation en ceux qui les sçavent), mais les observant pas à pas, à toute oportunité, et en jugeant à l'œil piece à piece, simplement et naturellement, luy faisant voyr quel il est en l'opinion commune, m'opposant à ses flateurs. Il n'y a nul de nous qui ne valut moins que les Roys, s'il estoit ainsi continuellement corrompu, comme ils sont de cette canaille de gens. Comment, si Alexandre, ce grand et Roy et philosophe, ne s'en peut deffendre! J'eusse eu assez de fidelité, de jugement et de liberté pour cela. Ce seroit un office sans nom; autrement il perdroit son effect et sa grace. Et est un rolle qui ne peut indifferemment appartenir à tous. Car la verité mesme n'a pas ce privilege d'estre employée à toute heure et en toute sorte : son usage, tout noble qu'il est, a ses circonscriptions [46] et limites. Il advient souvent, comme le monde est, qu'on la lâche à l'oreille du prince, non seulement sans fruict mais dommageablement, et encore injustement. Et ne me fera l'on pas accroire qu'une sainte remontrance ne puisse estre appliquée vitieusement, et que l'interest de la substance ne doive souvent ceder à l'interest de la forme. Je voudrois à ce mestier un homme content de sa fortune,

> *Quod sit esse velit, nihilque malit* [47],

et nay de moyenne fortune; d'autant que, d'une part, il n'auroit point de craincte de toucher vifvement et profondement le cœur du maistre pour ne perdre par là le cours de son advancement, et d'autre part, pour estre d'une condition moyenne, il auroit plus aysée communication à toute sorte de gens. /// Je le voudrois à un homme seul, car respandre le privilege de cette liberté et privauté à plusieurs engendreroit une nuisible irreverence. Ouy, et de celuy là je requerrois surtout la fidelité du silence.

// Un Roy n'est pas à croire quand il se vante de sa constance à attendre le rencontre de l'ennemy pour le service de sa gloire, si pour son proffit et amendement il ne peut souffrir la liberté des parolles d'un amy, qui n'ont autre effort que de luy pincer l'ouye, le reste de leur effect estant en sa main. Or il n'est aucune condition d'hommes qui ayt si grand besoing que ceux-là de vrays et libres advertissemens. Ils soustiennent une vie publique, et ont à agreer à l'opinion de tant de spectateurs, que, comme on a accoustumé de leur taire tout ce qui les divertit de leur route, ils se trouvent, sans le sentir, engagez en la hayne et detestation de leurs peuples pour des occasions souvent qu'ils eussent peu eviter, à nul interest de leurs plaisirs mesme, qui [48] les en eut advisez et redressez à temps. Communement leurs favoris regardent à soy plus qu'au maistre; et il leur va de bon, d'autant qu'à la verité la plus part des offices de la vraye amitié sont envers le souverain en un rude et perilleus essay; de maniere qu'il y faict besoing non seulement beaucoup d'affection et de franchise, mais encore de courage.

En fin, toute cette fricassée que je barbouille icy n'est qu'un registre des essais [49] de ma vie, qui est, pour l'interne santé, exemplaire assez, à prendre l'instruction à contrepoil. Mais quant à la santé corporelle, personne ne peut fournir d'experience plus utile que moy, qui la presente pure, nullement corrompue et alterée par art et par opination [50]. L'experience est proprement sur son fumier au subject de la medecine, où la raison luy quite [51] toute la place. Tibere disoit que quiconque avoit vescu vingt ans se devoit respondre des choses qui luy estoyent nuisibles ou salutaires, et se sçavoir conduire sans medecine. /// Et le pouvoit avoir apprins de Socrates, lequel, conseillant à ses disciples, soigneusement et comme un très principal estude, l'estude de leur santé, adjoustoit qu'il estoit malaisé qu'un homme d'entendement, prenant garde à ses exercices, à son boire et à son manger, ne discernast mieux que tout medecin ce qui luy estoit bon ou mauvais. // Si faict la medecine profession d'avoir tousjours l'experience pour touche de son operation. Aussi Platon avoit raison de dire que pour estre vray medecin, il seroit necessaire que celuy qui l'entreprendroit eust passé par toutes les maladies qu'il veut guarir et par tous les accidens et circonstances dequoy il doit juger. C'est raison qu'ils prennent la verole s'ils la veulent sçavoir penser. Vrayement je m'en fierois à celuy-là. Car les autres nous guident comme celuy qui peint les mers, les escueils et les ports, estant assis sur sa table et y faict promener le modele d'un navire en toute seureté. Jettez-le à l'effect, il ne sçait par où s'y prendre. Ils font telle description de nos maux que faict un trompette de ville qui crie un cheval ou un chien perdu : tel poil, telle hauteur, telle oreille ; mais presentez le luy, il ne le cognoit pas pourtant.

Pour Dieu, que la medecine me face un jour quelque bon et perceptible secours, voir comme je crieray de bonne foy :

Tandem efficaci do manus scientiæ [52] *!*

Les arts qui promettent de nous tenir le corps en santé et l'âme en santé, nous promettent beaucoup ; mais aussi n'en est il point qui tiennent moins ce qu'elles promettent. Et en nostre temps, ceux qui font profession de ces arts entre nous en montrent moins les effects que tous autres hommes. On peut dire d'eus pour le plus, qu'ils vendent les drogues medecinales ; mais qu'ils soient medecins, cela ne peut on dire.

J'ay assez vescu, pour mettre en compte l'usage qui m'a conduict si loing. Pour qui en voudra gouster, j'en ay faict l'essay, son eschançon. En voicy quelques articles, comme la souvenance me les fournira. /// (Je n'ay point de façon qui ne soit allée variant selon les accidents, mais j'enregistre celles que j'ay plus souvent veu en train, qui ont eu plus de possession en moy jusqu'asteure.) // Ma forme de vie est pareille en maladie comme en santé : mesme lict, mesmes heures, mesmes viandes me servent, et mesme breuvage. Je n'y adjouste du tout rien, que la moderation du plus et du moins, selon ma force et appetit. Ma santé, c'est maintenir sans destourbier [53] mon estat accoustumé. Je voy que la maladie m'en desloge d'un costé ; si je crois les medecins, ils m'en destourneront de l'autre ; et par fortune, et par art, me voylà hors de ma route. Je ne croys rien plus certainement que cecy : que je ne sçauroy estre offencé par l'usage des choses que j'ay si long temps accoustumées.

C'est à la coustume de donner forme à nostre vie, telle qu'il luy plaist; elle peut tout en cela : c'est le breuvage de Circé [54], qui diversifie notre nature comme bon luy semble. Combien de nations, et à trois pas de nous, estiment ridicule la crainte du serain, qui nous blesse si apparemment; et nos bateliers et nos paysans s'en moquent. Vous faites malade un Aleman de le coucher sur un matelas, comme un Italien sur la plume, et un François sans rideau [55] et sans feu. L'estomac d'un Espagnol ne dure pas à nostre forme de manger, ny le nostre à boire à la Souysse.

Un Aleman me fit plaisir, à Auguste [56], de combatre l'incommodité de noz fouyers par ce mesme argument dequoy nous nous servons ordinairement à condamner leurs poyles [57]. (Car à la verité, cette chaleur croupie, et puis la senteur de cette matiere reschauffée dequoy ils sont composez, enteste la plus part de ceux qui n'y sont experimentez; à moy non. Mais au demeurant, estant cette challeur eguale, constante et universelle, sans lueur, sans fumée, sans le vent que l'ouverture de nos cheminées nous apporte, elle a bien par ailleurs dequoi se comparer à la nostre. Que n'imitons nous l'architecture Romaine ? Car on dict que anciennement le feu ne se faisoit en leurs maisons que par le dehors, et au pied d'icelles : d'où s'inspiroit la chaleur à tout le logis par les tuyaux practiquez dans l'espais du mur, lesquels alloient embrassant les lieux qui en devoient estre eschauffez; ce que j'ay veu clairement signifié, je ne sçay où, en Seneque.) Cettuy-cy, m'oyant louër les commoditez et beautez de sa ville, qui le merite certes, commença à me plaindre dequoy j'avois à m'en esloigner; et des premiers inconveniens qu'il m'allega, ce fut la poisanteur de teste que m'apporteroient les cheminées ailleurs. Il avoit ouï faire cette plainte à quelqu'un, et nous l'attachoit, estant privé par l'usage de l'appercevoir chez luy. Toute chaleur qui vient du feu m'affoiblit et m'appesantit. Si, disoit Evenus que le meilleur condiment de la vie estoit le feu. Je prens plustost toute autre façon d'eschaper au froid.

Nous craingnons les vins au bas [58]; en Portugal cette fumée [59] est en delices, et est le breuvage des princes. En somme, chaque nation a plusieurs coustumes et usances qui sont, non seulement incogneuës, mais farouches et miraculeuses à quelque autre nation.

Que ferons nous à ce peuple qui ne fait recepte que de tesmoignages imprimez, qui ne croit les hommes s'ils ne sont en livre, ny la verité si elle n'est d'aage competant ? /// Nous mettons en dignité nos bestises quand nous les mettons en moule [60]. // Il y a bien pour luy autre poix de dire : « Je l'ai leu », que si vous dictes : « Je l'ay ouy dire. » Mais moy, qui ne mescrois non plus la bouche que la main des hommes et qui sçay qu'on escript autant indiscretement qu'on parle, et qui estime ce siecle comme un autre passé, j'allegue aussi volontiers un mien amy que Aulugele et que Macrobe, et ce que j'ay veu que ce qu'ils ont escrit. /// Et, comme ils tiennent de la vertu qu'elle n'est pas plus grande pour estre plus longue, j'estime de mesme de la verité que, pour estre plus vieille, elle n'est pas plus sage. // Je dis souvent que c'est pure sottise qui nous fait courir après les exemples estrangers et scholastiques. Leur fertilité est pareille à cette heure à celle du temps d'Homere et de Platon. Mais n'est ce pas que nous cherchons plus l'honneur de l'allegation que la verité du discours ? comme si c'estoit plus d'emprunter de la boutique de Vascosan [61] ou de Plantin [62] nos preuves, que de ce qui se voit en nostre village. Ou bien certes, que nous n'avons pas l'esprit d'esplucher et faire valoir ce qui se passe devant nous, et le juger assez vifvement pour le tirer en exemple ? Car, si nous disons que l'authorité nous manque pour donner foy à nostre tesmoignage, nous le disons hors de propos. D'autant qu'à mon advis, des plus ordinaires choses et plus communes et cogneuës, si nous sçavions trouver leur jour, se peuvent former les plus grands miracles de nature et les plus merveilleux exemples, notamment sur le subject des actions humaines.

Or sur mon subject, laissant les exemples que je sçay par les livres /// et ce que dict Aristote d'Andron, Argien, qu'il traversoit sans boire les arides sablons de la Lybie, // un gentil-homme [63], qui s'est acquité dignement de plusieurs charges, disoit où j'estois qu'il estoit allé de Madrid à Lisbonne en plain esté sans boire. Il se porte vigoureusement pour son aage, et n'a rien d'extraordinaire en l'usage de sa vie que cecy : d'estre deux ou trois mois, voire un an, ce m'a-il dict, sans boire. Il sent de l'alteration, mais il la laisse passer, et tient que c'est un appetit qui s'alanguit aiséement de soy-mesme ; et boit plus par caprice que pour le besoing ou pour le plaisir.

En voicy d'un autre. Il n'y a pas long temps que je rencontray l'un des plus sçavans hommes de France, entre ceux de non mediocre fortune, estudiant au coin d'une sale qu'on luy avoit rembarré [64] de tapisserie; et autour de luy un tabut [65] de ses valets plain de licence. Il me dict, /// et Seneque quasi autant de soy, // qu'il faisoit son profit de ce tintamarre, comme si, battu de ce bruict, il se ramenast et reserrast plus en soy pour la contemplation, et que cette tempeste de voix repercutast ses pensées au dedans. Estant escholier à Padoue, il eust son estude si long temps logé à la batterie des coches et du tumulte de la place qu'il se forma non seulement au mespris, mais à l'usage du bruit, pour le service de ses estudes. /// Socrates respondoit à Alcibiades, s'estonnant comme il pouvoit porter le continuel tintamarre de la teste de sa femme : « Comme ceux qui sont accoustumez à l'ordinaire son des roues à puiser l'eau. » // Je suis bien au contraire : j'ay l'esprit tendre et facile à prendre l'essor; quand il est empesché à part soy, le moindre bourdonnement de mouche l'assassine.

/// Seneque en sa jeunesse, ayant mordu chaudement à l'exemple de Sextius de ne manger chose qui eust prins mort, s'en passoit dans un an avec plaisir, comme il dict. Et s'en laissa seulement pour n'estre soupçonné d'emprunter cette regle d'aucunes religions nouvelles, qui la semoyent. Il print quand et quand des preceptes d'Attalus de ne se coucher plus sur des loudiers [66] qui enfondrent [67], et continua jusqu'à sa vieillesse ceux qui ne cedent point au corps. Ce que l'usage de son temps luy faict conter à [68] rudesse, le nostre nous le faict tenir à mollesse.

// Regardez la difference du vivre de mes valets à bras [69] à la mienne : les Scythes et les Indes n'ont rien plus esloingné de ma force et de ma forme. Je sçay avoir retiré de l'aumosne [70] des enfans pour m'en servir, qui bien tost après m'ont quicté, et ma cuisine et leur livrée, seulement pour se rendre à leur premiere vie. Et en trouvay un, amassant depuis des moules emmy la voirie [71] pour son disner, que par priere ny par menasse je ne sceu distraire de la saveur et douceur qu'il trouvoit en l'indigence. Les gueux ont leurs magnificences et leurs voluptez, comme les riches, et, dict-on, leurs dignitez et ordres politiques. Ce sont effects de l'accoustumance. Elle nous peut duire non seulement à telle forme qu'il luy plaist (pourtant, disent les sages, nous faut-il planter à la meilleure qu'elle nous facilitera incontinent), mais au changement aussi et à la variation, qui est le plus noble et le plus utile de ses apprentissages. La meilleure de mes complexions corporelles, c'est d'estre flexible et peu opiniastre; j'ay des inclinations plus propres et ordinaires et plus agreables que d'autres; mais avec bien peu d'effort je m'en destourne, et me coule aiséement à la façon contraire. Un jeune homme doit troubler ses regles pour esveiller sa vigueur, la garder de moisir et s'apoltronir. Et n'est train de vie si sot et si debile que celuy qui se conduict par ordonnance et discipline.

> *Ad primum lapidem vectari cum placet, hora*
> *Sumitur ex libro; si prurit frictus ocelli,*
> *Angulus, inspecta genesi collyria quærit* [72].

Il se rejettera souvent aux excez mesme, s'il m'en croit: autrement la moindre desbauche le ruyne; il se rend incommode et desaggreable en conversation. La plus contraire qualité à un honneste homme, c'est la delicatesse et obligation à certaine façon particuliere; et elle est particuliere si elle n'est ploiable et souple. Il y a de la honte de laisser à faire par impuissance ou de n'oser ce qu'on voit faire à ses compaignons. Que telles gens gardent leur cuisine! Par tout ailleurs il est indecent; mais à un homme de guerre il est vitieux et insupportable, lequel, comme disoit Philopœmen, se doit accoustumer à toute diversité et inegalité de vie.

Quoy que j'aye esté dressé autant qu'on a peu à la liberté et à l'indifference, si est-ce que par nonchalance, m'estant en vieillissant plus arresté sur certaines formes (mon aage est hors d'institution et n'a desormais dequoy regarder ailleurs que à se maintenir), la coustume a desjà, sans y penser, imprimé si bien en moy son caractere en certaines choses, que j'appelle excez de m'en despartir. Et, sans m'essaier [73], ne puis ny dormir sur jour, ny faire collation entre les repas, ny desjeuner, ny m'aller coucher sans grand intervalle, /// comme de trois bonnes heures, // après le soupper, ny faire des enfans qu'avant le sommeil, ny les faire debout, ny porter ma sueur, ny m'abreuver d'eau pure ou de vin pur, ny me tenir nud teste long temps, ny me faire tondre après disner; et me passerois autant malaiséement de mes gans que de ma chemise, et de me laver à l'issuë de table et à mon lever, et de ciel et rideaux à mon lict, comme choses bien necessaires. Je disnerois sans nape; mais à l'alemande, sans serviette blanche, très-incommodéement: je les souille plus qu'eux et les Italiens ne font; et m'ayde peu de cullier [74] et de fourchette [75]. Je plains qu'on n'aye suyvy un train que j'ay veu commencer à l'exemple des

Roys : qu'on nous changeast de serviette selon les services,
comme d'assiette. Nous tenons de ce laborieux soldat
Marius que, vieillissant, il devint delicat en son boire et
ne le prenoit qu'en une sienne couppe particuliere. Moy
je me laisse aller aussi à certaine forme de verres, et ne
boy pas volontiers en verre commun, non plus que d'une
main commune. Tout metal m'y desplait au pris d'une
matiere claire et transparente. /// Que mes yeux y tastent
aussi, selon leur capacité.

// Je dois plusieurs telles mollesses à l'usage. Nature m'a
aussi, d'autre part, apporté les siennes : comme de ne
soustenir plus deux plains repas en un jour sans surcharger
mon estomac; ny l'abstinence pure de l'un des repas sans
me remplir de vents, assecher ma bouche, estonner mon
appetit; de m'offenser d'un long serain [76]. Car depuis
quelques années, aux courvées de la guerre, quand toute
la nuict y court, comme il advient communément, après
cinq ou six heures l'estomac me commence à troubler,
avec vehemente douleur de teste, et n'arrive poinct au jour
sans vomir. Comme les autres s'en vont desjeuner je m'en
vay dormir, et au partir de là aussi gay qu'au paravant.
J'avois tousjours appris que le serain ne s'espandoit qu'à
la naissance de la nuict; mais, hantant ces années passées
familierement et long temps un seigneur imbu de cette
creance, que le serain est plus aspre et dangereux sur
l'inclination du soleil une heure ou deux avant son coucher, lequel il evite songneusement et mesprise celuy de la
nuyct, il m'a cuidé [77] imprimer non tant son discours que
son sentiment [78].

Quoy! que le doubte mesme et inquisition [79] frappe
nostre imagination et nous change ? Ceux qui cedent tout
à coup à ces pentes attirent l'entiere ruyne sur eux. Et
plains plusieurs gentils-hommes qui, par la sottise de leurs
medecins, se sont mis en chartre [80] tous jeunes et entiers.
Encores vaudroit-il mieux souffrir un reume que de perdre
pour jamais par desaccoutumance le commerce de la vie
commune, en action de si grand usage. /// Fascheuse
science, qui nous descrie les plus douces heures du jour.
// Estendons nostre possession jusque aux derniers moyens.
Le plus souvent on s'y durcit en s'opiniastrant, et corrige
l'on sa complexion, comme fit Cæsar le haut mal, à force
de le mespriser et corrompre [81]. On se doit adonner aux
meilleures regles, mais non pas s'y asservir, si ce n'est à
celles, s'il y en a quelqu'une, ausquelles l'obligation et
servitude soit utile.

Et les Roys et les philosophes fientent, et les dames
aussi. Les vies publiques se doivent à la ceremonie; la
mienne, obscure et privée, jouit de toute dispence naturelle;
soldat et Gascon sont qualitez aussi un peu subjettes à
l'indiscretion. Parquoy je diray cecy de cette action : qu'il
est besoing de la renvoyer à certaines heures prescriptes
et nocturnes, et s'y forcer par coustume et assubjectir,
comme j'ay faict; mais non s'assujectir, comme j'ay faict
en vieillissant, au soing de particuliere commodité de lieu
et de siege pour ce service, et le rendre empeschant par
longueur et mollesse. Toutesfois aux plus sales services,
est-il pas autrement excusable de requerir plus de soing et
de netteté ? /// « *Natura homo mundum et elegans animal
est* [82]. » De toutes les actions naturelles, c'est celle que je
souffre plus mal volontiers m'estre interrompue. // J'ay
veu beaucoup de gens de guerre incommodez du desreiglement de leur ventre; le mien et moy ne nous faillons jamais
au poinct de nostre assignation [83], qui est au saut du lict, si
quelque violente occupation ou maladie ne nous trouble.

Je ne juge donc point, comme je disois, où les malades
se puissent mettre mieux en seurté qu'en se tenant quoy
dans le train de vie où ils se sont eslevez et nourris. Le
changement, quel qu'il soit, estonne et blesse. Allez croire
que les chastaignes nuisent à un Perigourdin ou à un Luc-
quois, et le laict et le fromage aux gens de la montaigne.
On leur va ordonnant, une non seulement nouvelle, mais
contraire forme de vie : mutation qu'un sain ne pourroit
souffrir. Ordonnez de l'eau à un Breton de soixante dix ans,
enfermez dans une estuve un homme de marine [84], deffen-
dez le promener à un laquay basque; ils les privent de
mouvement, et en fin d'air et de lumiere.

An vivere tanti est [85] *?*

Cogimur a suetis animum suspendere rebus,
    Atque, ut vivamus, vivere desinimus...
Hos superesse reor, quibus et spirabilis aer
    Et lux qua regimur redditur ipsa gravis [86] *?*

S'ils ne font autre bien, ils font aumoins cecy, qu'ils pre-
parent de bonne heure les patiens à la mort, leur sapant
peu à peu et retranchant l'usage de la vie.

Et sain et malade, je me suis volontiers laissé aller aux
appetits qui me pressoient. Je donne grande authorité à
mes desirs et propensions. Je n'ayme point à guarir le
mal par le mal; je hay les remedes qui importunent plus

que la maladie. D'estre subject à la cholique et subject à m'abstenir du plaisir de manger des huitres, ce sont deux maux pour un. Le mal nous pinse d'un costé, la regle de l'autre. Puisque on est au hazard de se mesconter [87], hazardons nous plustost à la suitte du plaisir. Le monde faict au rebours, et ne pense rien utile qui ne soit penible; la facilité luy est suspecte. Mon appetit en plusieurs choses s'est assez heureusement accommodé par soy-mesme et rangé à la santé de mon estomac. L'acrimonie [88] et la pointe des sauces m'agréèrent estant jeune; mon estomac s'en ennuyant depuis, le goust l'a incontinent suyvy. /// Le vin nuit aux malades; c'est la premiere chose de quoy ma bouche se desgouste, et d'un degoust invincible. // Quoy que je reçoive desagreablement me nuit, et rien ne me nuit que je face avec faim et allegresse; je n'ay jamais receu nuisance d'action qui m'eust esté bien plaisante. Et si ay faict ceder à mon plaisir, bien largement, toute conclusion medicinalle. Et me suis jeune,

> Quem circumcursans huc atque huc sæpe Cupido
> Fulgebat, crocina splendidus in tunica [89],

presté autant licentieusement et inconsideréement qu'autre au desir qui me tenoit saisi.

> Et militavi non sine gloria [90],

plus toutesfois en continuation et en durée qu'en saillie :

> Sex me vix memini sustinuisse vices [91].

Il y a du malheur certes, et du miracle, à confesser en quelle foiblesse d'ans [92] je me rencontray premierement en sa subjection. Ce fut bien rencontre, car ce fut long temps avant l'aage de choix et de cognoissance. Il ne me souvient point de moy de si loing. Et peut on marier ma fortune à celle de Quartilla [93], qui n'avoit point memoire de son fillage.

> Inde tragus celeresque pili, mirandaque matri
> Barba meæ [94].

Les medecins ploient ordinairement avec utilité leurs regles à la violence des envies aspres qui surviennent aux malades; ce grand desir ne se peut imaginer si estranger et vicieux que nature ne s'y applique. Et puis, combien est-ce de contenter la fantasie ? A mon opinion cette

piece là importe de tout, au moins au delà de toute autre.
Les plus griefs et ordinaires maux sont ceux que la fantasie nous charge [95]. Ce mot Espagnol me plaist à plusieurs visages : « *Defienda me Dios de my* [96]. » Je plains,
estant malade, dequoy je n'ay quelque desir qui me donne
ce contentement de l'assouvir ; à peine m'en destourneroit
la medecine. Autant en fay-je sain : je ne vois guere plus
qu'esperer et vouloir. C'est pitié d'estre alanguy et affoibly jusques au souhaiter.

L'art de medecine n'est pas si resolue que nous soyons
sans authorité, quoy que nous facions : elle change selon
les climats et selon les Lunes, selon Farnel et selon
l'Escale [97]. Si vostre medecin ne trouve bon que vous
dormez, que vous usez de vin ou de telle viande, ne vous
chaille : je vous en trouveray un autre qui ne sera pas
de son advis. La diversité des arguments et opinions medicinales embrasse toute sorte de formes. Je vis un miserable
malade crever et se pasmer d'alteration pour se guarir,
et estre moqué depuis par un autre medecin condamnant
ce conseil comme nuisible ; avoit-il pas bien employé sa
peine ? Il est mort freschement de la pierre un homme de
ce mestier, qui s'estoit servy d'extreme abstinence à
combatre son mal ; ses compagnons disent qu'au rebours
ce jeusne l'avoit asseché et luy avoit cuit le sable dans
les roignons.

J'ay aperceu qu'aux blesseures et aux maladies, le parler m'esmeut et me nuit autant que desordre que je face.
La voix me couste et me lasse, car je l'ay haute [98] et
efforcée [99] ; si que, quand je suis venu à entretenir l'oreille
des grands d'affaires de poix, je les ay mis souvent en
soing de moderer ma voix. Ce compte merite de me
divertir [100] : quelqu'un, en certaine eschole grecque, parloit haut, comme moy ; le maistre des ceremonies lui manda
qu'il parlast plus bas : « Qu'il m'envoye, fit-il, le ton
auquel il veut que je parle. » L'autre luy replica qu'il print
son ton des oreilles de celuy à qui il parloit. C'estoit bien
dict, pourveu qu'il s'entende : « Parlez selon ce que vous
avez affaire à vostre auditeur. » Car si c'est à dire : « Suffise
vous qu'il vous oye », ou : « Reglez vous par luy », je ne
trouve pas que ce fut raison. Le ton et mouvement de la
voix a quelque expression et signification de mon sens ;
c'est à moy à le conduire pour me representer [101]. Il y a
voix pour instruire, voix pour flater, ou pour tancer. Je
veux que ma voix, non seulement arrive à luy, mais à
l'avanture qu'elle le frape et qu'elle le perse. Quand je

mastine mon laquay d'un ton aigre et poignant, il feroit
bon qu'il vint à me dire : « Mon maistre parlez plus doux,
je vous oys bien. » /// « *Est quædam vox ad auditum accom-
modata, non magnitudine, sed proprietate* [102]. » // La parole
est moitié à celuy qui parle, moitié à celuy qui l'escoute.
Cettuy-cy se doibt preparer à la recevoir selon le branle
qu'elle prend. Comme entre ceux qui jouent à la paume,
celuy qui soustient [103] se desmarche [104] et s'apreste selon
qu'il voit remuer celuy qui luy jette le coup et selon la
forme du coup.

L'experience m'a encores appris cecy, que nous nous
perdons d'impatience. Les maux ont leur vie et leurs
bornes, /// leurs maladies et leur santé.

La constitution des maladies est formé au patron de
la constitution des animaux. Elles ont leur fortune limitée
dès leur naissance, et leurs jours ; qui essaye de les abbre-
ger imperieusement par force, au travers de leur course,
il les allonge et multiplie, et les harselle au lieu de les
appaiser. Je suis de l'advis de Crantor, qu'il ne faut obstinéement s'opposer aux maux, et à l'estourdi, ny leur suc-
comber de mollesse, mais qu'il leur faut ceder naturellement, selon leur condition et la nostre. // On doit donner
passage aux maladies ; et je trouve qu'elles arrestent moins
chez moy, qui les laisse faire ; et en ay perdu, de celles
qu'on estime plus opiniastres et tenaces, de leur propre
decadence, sans ayde et sans art, et contre mes reigles.
Laissons faire un peu à nature : elle entend mieux ses
affaires que nous. — « Mais un tel en mourut. » — « Si
fairés vous, sinon de ce mal là, d'un autre. » Et combien
n'ont pas laissé d'en mourir, ayant trois medecins à leur
cul ? L'exemple est un miroüer vague, universel et à tout
sens. Si c'est une medecine voluptueuse, acceptez la ; c'est
tousjours autant de bien present. /// Je ne m'arresteray
ny au nom, ny à la couleur, si elle est delicieuse et appetissante. Le plaisir est des principales especes du profit.

// J'ay laissé envieillir et mourir en moy de mort naturelle des reumes [105], defluxions gouteuses [106], relaxation [107],
battement de cœur, micraines [108] et autres accidens, que
j'ay perdu quand je m'estois à demy formé à les nourrir.
On les conjure mieux par courtoisie que par braverie. Il
faut souffrir doucement les loix de nostre condition. Nous
sommes pour vieillir, pour affoiblir, pour estre malades,
en despit de toute medecine. C'est la premiere leçon que
les Mexicains font à leurs enfans, quand, au partir du
ventre des meres, ils les vont saluant ainsin : « Enfant,

tu és venu au monde pour endurer; endure, souffre, et tais toy. »

C'est injustice de se douloir [109] qu'il soit advenu à quelqu'un ce qui peut advenir à chacun, /// « *indignare si quid in te inique proprie constitutum est* [110] ». // Voyez un vieillart, qui demande à Dieu qu'il luy maintienne sa santé entiere et vigoreuse, c'est à dire qu'il le remette en jeunesse.

> *Stulte, quid hæc frustra votis puerilibus optas* [111] ?

N'est-ce pas folie ? Sa condition ne le porte pas. /// La goutte, la gravelle, l'indigestion sont symptomes des longues années, comme des longs voyages la chaleur, les pluyes et les vents. Platon ne croit pas qu'Æsculape se mist en peine de prouvoir par regimes à faire durer la vie en un corps gasté et imbecille, inutile à son pays, inutile à sa vacation et à produire des enfans sains et robustes, et ne trouve pas ce soing convenable à la justice et prudence divine, qui doit conduire toutes choses à utilité. // Mon bon homme, c'est faict : on ne vous sçauroit redresser; on vous plastrera pour le plus et estançonnera [112] un peu, /// et allongera-on de quelque heure vostre misere.

> // *Non secus instantem cupiens fulcire ruinam,*
>   *Diversis contra nititur objicibus,*
>   *Donec certa dies, omni compage soluta,*
>   *Ipsum cum rebus subruat auxilium* [113].

Il faut apprendre à souffrir ce qu'on ne peut eviter. Nostre vie est composée, comme l'armonie du monde, de choses contraires, aussi de divers tons, douz et aspres, aigus et plats, mols et graves [114]. Le musicien qui n'en aymeroit que les uns, que voudroit il dire ? Il faut qu'il s'en sçache servir en commun et les mesler. Et nous aussi, les biens et les maux, qui sont consubstantiels à nostre vie. Nostre estre ne peut sans ce meslange, et y est l'une bande non moins necessaire que l'autre. D'essayer à regimber contre la necessité naturelle, c'est representer la folie de Ctesiphon, qui entreprenoit de faire à coups de pied avec sa mule.

Je consulte peu des alterations que je sens, car ces gens icy [115] sont avantageux [116] quand ils vous tiennent à leur misericorde [117] : ils vous gourmandent les oreilles de leurs prognostiques; et, me surprenant autre fois affoibly du mal, m'ont injurieusement traicté de leurs dogmes et troigne magistrale, me menassant tantost de grandes douleurs, tantost de mort prochaine. Je n'en estois abbatu ny deslogé de ma place, mais j'en estois heurté et poussé; si mon jugement n'en est ny changé ny troublé, au moins il en estoit empesché [118]; c'est tousjours agitation et combat.

Or je trete mon imagination le plus doucement que je puis et la deschargerois, si je pouvois, de toute peine et contestation. Il la faut secourir et flatter, et piper qui peut. Mon esprit est propre à ce service : il n'a point faute d'apparences par tout; s'il persuadoit comme il presche, il me secourroit heureusement.

Vous en plaict-il un exemple ? Il dict que c'est pour mon mieux que j'ay la gravele; que les bastimens de mon aage ont naturellement à souffrir quelque goutiere (il est temps qu'ils commencent à se lácher et desmentir; c'est une commune necessité, et n'eust on pas faict pour moy un nouveau miracle ? je paye par là le loyer [119] deu à la vieillesse, et ne sçaurois en avoir meilleur compte); que la compaignie me doibt consoler, estant tombé en l'accident le plus ordinaire des hommes de mon temps (j'en vois par tout d'affligez de mesme nature de mal, et m'en est la société honorable, d'autant qu'il se prend plus volontiers aux grands : son essence a de la noblesse et de la dignité); que des hommes qui en sont frapez, il en est peu de quittes à meilleure raison : et si, il leur couste la peine d'un facheux regime et la prise ennuieuse et quotidienne des drogues medicinales, là où je le doy purement à ma bonne fortune : car quelques bouillons communs de l'eringium et herbe du turc [120], que deux ou trois fois j'ay avalé en faveur des dames, qui, plus gratieusement que mon mal n'est aigre, m'en offroyent la moitié du leur, m'ont semblé également faciles à prendre et inutiles en operation. Ils ont à payer mille veux à Esculape, et autant d'escus à leur médecin, de la profluvion [121] du sable aysée et abondante que je reçoy souvent par le benefice de nature. /// La decence mesme de ma contenance en compagnie ordinaire n'en est pas troublée, et porte mon eau dix heures et aussi longtemps qu'un autre.

// « La crainte de ce mal, faict-il [122], t'effraioit autresfois, quand il t'estoit incognu : les cris et le desespoir de ceux qui l'aigrissent par leur impatience t'en engendroient l'horreur. C'est un mal qui te bat les membres par lesquels tu as le plus failly; tu es homme de conscience.

Quæ venit indigne pœna, dolenda venit [123].

Regarde ce chastiement; il est bien doux au pris d'autres
et d'une faveur paternelle. Regarde sa tardifveté : il n'incommode et occupe que la saison de ta vie qui, ainsi comme
ainsin [124], est mes-huy perdue et sterile, ayant faict place
à la licence et plaisirs de ta jeunesse, comme par composition [125]. La crainte et pitié que le peuple a de ce mal te
sert de matiere de gloire; qualité, de laquelle si tu as le
jugement purgé et en as guery ton discours, tes amys
pourtant en recognoissent encore quelque teinture en ta
complexion. Il y a plaisir à ouyr dire de soy : Voylà bien
de la force, voylà bien de la patience. On te voit suer
d'ahan, pallir, rougir, trembler, vomir jusques au sang,
souffrir des contractions et convulsions estranges, degouter
par foys de grosses larmes des yeux, rendre les urines
espesses, noires et effroyables, ou les avoir arrestées par
quelque pierre espineuse et herissée qui te pouinct et
escorche cruellement le col de la verge, entretenant cependant les assistans d'une contenance commune, bouffon-
nant à pauses [126] avec tes gens, tenant ta partie en un discours tendu, excusant de parolle ta douleur et rabatant
de ta souffrance.

   « Te souvient il de ces gens du temps passé, qui recer-
choyent les maux avec si grand faim, pour tenir leur vertu
en haleine et en exercice ? Mets le cas [127] que nature te
porte et te pousse à cette glorieuse escole, en laquelle tu
ne fusses jamais entré de ton gré. Si tu me dis que c'est
un mal dangereux et mortel, quels autres ne le sont ? Car
c'est une piperie medecinale d'en excepter aucuns, qu'ils
disent n'aller point de droict fil à la mort. Qu'importe,
s'ils y vont par accident, et s'ils glissent et gauchissent
ayséement vers la voye qui nous y meine ? /// Mais tu ne
meurs pas de ce que tu es malade; tu meurs de ce que
tu es vivant. La mort te tue bien sans le secours de la
maladie. Et à d'aucuns les maladies ont esloigné la mort,
qui ont plus vescu de ce qu'il leur sembloit s'en aller
mourants. Joint qu'il est, comme des playes, aussi des
maladies medecinales et salutaires. // La cholique est souvent non moins vivace que vous; il se voit des hommes
ausquels elle a continué depuis leur enfance jusques à leur
extreme vieillesse, et, s'ils ne luy eussent failly de compaignie, elle estoit pour les assister plus outre; vous la tuez
plus souvent qu'elle ne vous tue, et quand elle te presen-
teroit l'image de la mort voisine, seroit ce pas un bon

office à un homme de tel aage de le ramener aux cogitations de sa fin ? /// Et qui pis est, tu n'as plus pour qui [128]
guerir. Ainsi comme ainsin [129], au premier jour la commune
necessité t'appelle. // Considere combien artificielement [130]
et doucement elle te desgouste de la vie et desprend du
monde : non te forçant d'une subjection tyrannique, comme
tant d'autres maux que tu vois aux vieillarts, qui les tiennent
continuellement entravez et sans relache de foyblesses et
douleurs, mais par advertissemens et instructions reprises
à intervalles, entremeslant des longues pauses de repos,
comme pour te donner moyen de mediter et repeter sa
leçon à ton ayse; pour te donner moyen de juger sainement et prendre party en homme de cœur, elle te presente
l'estat de ta condition entiere, et en bien et en mal, et
en mesme jour une vie très-alegre tantost, tantost insupportable. Si tu n'accoles la mort, au moins tu luy touches
en paume [131] une fois le moys. /// Par où tu as de plus à
esperer qu'elle t'attrappera un jour sans menace, et que,
estant si souvent conduit jusques au port, te fiant d'estre
encore aux termes accoustumez on t'aura, et ta fiance,
passé l'eau [132] un matin inopinéement. // On n'a point à
se plaindre des maladies qui partagent loyallement le
temps avec la santé. »

Je suis obligé à la fortune de quoy elle m'assaut si
souvent de mesme sorte d'armes; elle m'y façonne et m'y
dresse par usage, m'y durcit et habitue; je sçay à peu
près mes-huy en quoy j'en doibts estre quitte. /// A faute
de memoire naturelle j'en forge de papier, et comme
quelque nouveau symptome survient à mon mal, je l'escris. D'où il advient qu'à cette heure, estant quasi passé
par toute sorte d'exemples, si quelque estonnement me
menace, feuilletant ces petits brevets [133] descousus comme
des feuilles Sybillines [134], je ne faux plus de trouver où
me consoler de quelque prognostique favorable en mon
experience passée. // Me sert aussi l'accoustumance à
mieux esperer pour l'advenir; car, la conduicte de ce
vuidange ayant continué si long temps, il est à croire que
nature ne changera point ce trein et n'en adviendra autre
pire accident que celuy que je sens. En outre, la condition
de cette maladie n'est point mal advenante à ma complexion
prompte et soudaine. Quand elle m'assaut mollement elle
me faict peur, car c'est pour long temps. Mais naturellement elle a des excez vigoreux et gaillarts; elle me secouë
à outrance pour un jour ou deux. Mes reins ont duré un
aage sans alteration; il y en a tantost un autre qu'ils ont

changé d'estat. Les maux ont leur periode comme les
biens; à l'avanture est cet accident à sa fin. L'aage affoiblit
la chaleur de mon estomac; sa digestion en estant moins
parfaicte, il renvoye cette matiere cruë à mes reins. Pourquoy ne pourra estre, à certaine revolution, affoiblie
pareillement la chaleur de mes reins, si qu'ils ne puissent
plus petrifier mon flegme, et nature s'acheminer à prendre
quelque autre voye de purgation ? Les ans m'ont evidemment faict tarir aucuns reumes. Pourquoy non ces
excremens, qui fournissent de matiere à la grave [135] ?

Mais est-il rien doux au pris de cette soudaine mutation,
quand d'une douleur extreme je viens, par le vuidange
de ma pierre, à recouvrer comme d'un esclair la belle
lumiere de la santé, si libre et si pleine, comme il advient
en nos soudaines et plus aspres choliques ? Y a il rien en
cette douleur soufferte qu'on puisse contrepoiser [136] au
plaisir d'un si prompt amandement ? De combien la santé
me semble plus belle après la maladie, si voisine et si
contiguë que je les puis recognoistre en presence l'une
de l'autre en leur plus haut appareil, où elles se mettent
à l'envy comme pour se faire teste et contrecarre [137]! Tout
ainsi que les Stoyciens que les vices sont utilement intro-
duicts pour donner pris et faire espaule à la vertu, nous
pouvons dire, avec meilleure raison et conjecture moins
hardie, que nature nous a presté la douleur pour l'honneur et service de la volupté et indolence. Lors que Socrates,
après qu'on l'eust deschargé de ses fers, sentit la friandise
de cette demangeson que leur pesanteur avoit causé en
ses jambes, il se resjouyt à considerer l'estroitte alliance
de la douleur à la volupté, comme elles sont associées
d'une liaison necessaire, si qu'à tours [138] elles se suyvent
et s'entr'engendrent; et s'escrioit au bon Esope qu'il deut
avoir pris de cette consideration un corps [139] propre à une
belle fable.

Le pis que je voye aux autres maladies, c'est qu'elles
ne sont pas si griefves en leur effect comme elles sont en
leur yssue : on est un an à se ravoir, tousjours plein de
foiblesse et de crainte; il y a tant de hazard et tant de
degrez à se reconduire à sauveté que ce n'est jamais faict;
avant qu'on vous aye deffublé d'un couvrechef et puis
d'une calote, avant qu'on vous aye rendu l'usage de l'air,
et du vin, et de vostre femme, et des melons, c'est grand
cas si vous n'estes recheu [140] en quelque nouvelle misere.
Cette-cy a ce privilege qu'elle s'emporte tout net, là où
les autres laissent tousjours quelque impression et altera-

tion qui rend le corps susceptible de nouveau mal, et se prestent la main les uns aux autres. Ceux là sont excusables qui se contentent de leur possession sur nous, sans l'estendre et sans introduire leur sequele ; mais courtois et gracieux sont ceux de qui le passage nous apporte quelque utile consequence. Depuis ma cholique je me trouve deschargé d'autres accidens, plus ce me semble que je n'estois auparavant, et n'ay point eu de fievre depuis. J'argumente que les vomissemens extremes et frequens que je souffre me purgent, et d'autre costé mes degoustemens et les jeunes estranges que je passe digerent mes humeurs peccantes, et nature vuide en ces pierres ce qu'elle a de superflu et nuysible. Qu'on ne me die point que c'est une medecine trop cher vendue ; car quoy, tant de puans breuvages, cauteres, incisions, suées, sedons [141], dietes, et tant de formes de guarir qui nous apportent souvent la mort pour ne pouvoir soustenir leur violence et importunité ? Par ainsi, quand je suis atteint, je le prends à medecine : quand je suis exempt, je le prens à constante et entiere delivrance.

Voicy encore une faveur de mon mal, particuliere : c'est qu'à peu prez il faict son jeu à part et me laisse faire le mien, ou il ne tient qu'à faute de courage ; en sa plus grande esmotion, je l'ay tenu dix heures à cheval. Souffrez seulement, vous n'avez que faire d'autre regime ; jouez, disnez, faictes cecy et faites encore cela, si vous pouvez ; vostre desbauche y servira, plus qu'elle n'y nuira. Dictes en autant à un verolé, à un gouteux, à un hernieux. Les autres maladies ont des obligations plus universelles, geinent bien autrement nos actions, troublent tout nostre ordre et engagent à leur consideration [142] tout l'estat de la vie. Cette-cy ne faict que pinser la peau ; elle vous laisse l'entendement et la volonté en vostre disposition, et la langue, et les pieds, et les mains ; elle vous esveille plustost qu'elle ne vous assopit. L'ame est frapée de l'ardeur d'une fievre, et atterrée d'une epilepsie, et disloquée par une aspre micraine [143], et en fin estonnée par toutes les maladies qui blessent la masse et les plus nobles parties. Icy, on ne l'ataque point. S'il luy va mal, à sa coulpe ; elle se trahit elle mesme, s'abandonne et se desmonte. Il n'y a que les fols qui se laissent persuader que ce corps dur et massif qui se cuyt en nos roignons se puisse dissoudre par breuvages ; parquoy, depuis qu'il est esbranlé, il n'est que de luy donner passage ; aussi bien le prendra il.

Je remarque encore cette particuliere commodité que

c'est un mal auquel nous avons peu à diviner. Nous sommes dispensez du trouble auquel les autres maus nous jettent par l'incertitude de leurs causes et conditions et progrez, trouble infiniement penible. Nous n'avons que faire de consultations et interpretations doctorales : les sens nous montrent que c'est, et où c'est.

Par tels argumens, et forts et foibles, comme Cicero le mal de sa vieillesse, j'essaye d'endormir et amuser mon imagination, et gresser ses playes. Si elles s'empirent demain, demain nous y pourvoyerons d'autres eschapatoires.

/// Qu'il soit vray, voicy depuis, de nouveau, que les plus legers mouvements espreignent [144] le pur sang de mes reins. Quoy pour cela ? je ne laisse de me mouvoir comme devant et picquer après mes chiens, d'une juvenile ardeur, et insolente. Et trouve que j'ay grand raison d'un si important accident, qui ne me couste qu'une sourde poisanteur et alteration en cette partie. C'est quelque grosse pierre qui foule et consomme la substance de mes roignons, et ma vie que je vuide peu à peu, non sans quelque naturelle douceur, comme un excrement hormais superflu et empeschant. // Or sens je quelque chose qui crosle ? Ne vous attendez pas que j'aille m'amusant à recognoistre mon pous et mes urines pour y prendre quelque prevoyance ennuyeuse ; je seray assez à temps à sentir le mal, sans l'alonger par le mal de la peur. /// Qui craint de souffrir, il souffre desjà de ce qu'il craint. Joint que la dubitation et ignorance de ceux qui se meslent d'expliquer les ressorts de Nature, et ses internes progrez, et tant de faux prognostiques de leur art, nous doit faire cognoistre qu'ell'a ses moyens infiniment incognuz. Il y a grande incertitude, varieté et obscurité de ce qu'elle nous promet ou menace. Sauf la vieillesse, qui est un signe indubitable de l'approche de la mort, de tous les autres accidents, je voy peu de signes de l'advenir sur quoy nous ayons à fonder nostre divination.

// Je ne me juge que par vray sentiment, non par discours. A quoy faire, puisque je n'y veux apporter que l'attente et la patience ? Voulez vous sçavoir combien je gaigne à cela ? Regardez ceux qui font autrement et qui dependent de tant de diverses persuasions et conseils : combien souvent l'imagination les presse sans le corps ! J'ay maintesfois prins plaisir, estant en seurté et delivre [145] de ces accidens dangereux, de les communiquer aux medecins comme naissans lors en moy. Je souffrois l'arrest de leurs horribles conclusions bien à mon aise, et en demeurois de tant plus obligé à Dieu de sa grace et mieux inᶜtruict de la vanité de cet art.

Il n'est rien qu'on doive tant recommander à la jeunesse que l'activeté et la vigilance. Notre vie n'est que mouvement. Je m'esbranle difficilement, et suis tardif par tout : à me lever, à me coucher, et à mes repas ; c'est matin pour moy que sept heures, et où je gouverne, je ne disne ny avant onze, ny ne soupe qu'après six heures. J'ay autrefois attribué la cause des fiévres et maladies où je suis tombé à la pesanteur et assoupissement que le long sommeil m'avoit apporté, et me suis tousjours repenty de me r'endormir le matin. /// Platon veut plus de mal à l'excés du dormir qu'à l'excés du boire. // J'ayme à coucher dur et seul, voire sans femme, à la royalle, un peu bien couvert ; on ne bassine jamais mon lict ; mais depuis la vieillesse, on me donne quand j'en ay besoing des draps à eschauffer les pieds et l'estomach. On trouvoit à redire au grand Scipion d'estre dormart, non à mon advis pour autre raison, sinon qu'il faschoit aux hommes qu'en luy seul il n'y eust aucune chose à redire. Si j'ay quelque curiosité en mon traitement, c'est plustost au coucher qu'à autre chose ; mais je cede et m'accommode en general, autant que tout autre, à la nécessité. Le dormir a occupé une grande partie de ma vie, et le continuë encores en cet aage huict ou neuf heures d'une halaine. Je me retire avec utilité de cette propension paresseuse, et en vauts evidemment mieux ; je sens un peu le coup de la mutation, mais c'est faict en trois jours. Et n'en voy guieres qui vive à moins quand il est besoin, et qui s'exerce plus constamment, ny à qui les corvées [146] poisent moins. Mon corps est capable d'une agitation ferme, mais non pas vehemente et soudaine. Je fuis meshuy les exercices violents, et qui me meinent à la sueur : mes membres se lassent avant qu'ils s'eschauffent. Je me tiens debout tout le long d'un jour, et ne m'ennuye poinct à me promener ; mais sur le pavé, /// depuis mon premier aage, // je n'ay aimé d'aller qu'à cheval ; à pied je me crotte jusques aux fesses ; et les petites gens sont subjets par ces ruës à estre choquez /// et coudoyez // à faute d'apparence. Et ay aymé à me reposer, soit couché, soit assis, les jambes autant ou plus hautes que le siege.

Il n'est occupation plaisante comme la militaire ; occupation et noble en execution (car la plus forte, genereuse et superbe de toutes les vertus est la vaillance), et noble

en sa cause; il n'est point d'utilité ny plus juste, ny plus
universelle que la protection du repos et grandeur de son
pays. La compaignie de tant d'hommes vous plaist, nobles,
jeunes, actifs, la veue ordinaire de tant de spectacles tragiques, la liberté de cette conversation sans art, et d'une
façon de vie masle et sans ceremonie, la varieté de mille
actions diverses, cette courageuse harmonie de la musique
guerriere qui vous entretient et eschauffe et les oreilles et
l'ame, l'honneur de cet exercice, son aspreté mesme et
sa difficulté, /// que Platon estime si peu, qu'en sa republique il en faict part aux femmes et aux enfans. // Vous
vous conviez aux rolles et hazards particuliers selon que
vous jugez de leur esclat et de leur importance, /// soldat
volontaire, // et voyez quand la vie mesme y est excusablement employée,

> *Pulchrumque mori succurrit in armis* [147].

De craindre les hazards communs qui regardent une
si grande presse, de n'oser ce que tant de sortes d'ames
osent, c'est à faire à un cœur mol et bas outre mesure.
La compagnie asseure [148] jusques aux enfans. Si d'autres
vous surpassent en science, en grace, en force, en fortune,
vous avez des causes tierces à qui vous en prendre; mais de
leur ceder en fermeté d'ame, vous n'avez à vous en prendre
qu'à vous. La mort est plus abjecte, plus languissante et
penible dans un lict qu'en un combat, les fiévres et les
catarres autant doleureux et mortels qu'une harquebusade.
Qui seroit faict à porter valeureusement les accidents
de la vie commune, n'auroit poinct à grossir son courage
pour se rendre gendarme [149]. /// « *Vivere, mi Lucili, militare
est* [150]. »
Il ne me souvient point de m'estre jamais veu galleux.
Si est la gratterie des gratifications [151] de Nature les plus
douces, et autant à main [152]. Mais elle'a la penitance trop
importunéement voisine. Je l'exerce plus aux oreilles, que
j'ay au dedans pruantes [153] par saisons.
// Je suis nay de tous les sens entiers quasi à la perfection. Mon estomac est commodément bon, comme est ma
teste, et le plus souvent se maintiennent au travers de mes
fiévres, et aussi mon haleine. J'ay outrepassé /// tantost de
six ans le cinquantiesme, // auquel des nations, non sans
occasion, avoient prescript une si juste fin à la vie qu'elles
ne permettoient point qu'on l'excedat. Si ay-je encore
des remises [154], quoy qu'inconstantes et courtes, si nettes,

qu'il y a peu à dire de la santé et indolence de ma jeunesse.
Je ne parle pas de la vigueur et allegresse; ce n'est pas
raison qu'elle me suyve hors ses limites :

> *Non hoc amplius est liminis, aut aquo*
> *Cœlestis, patiens latus* [155].

Mon visage me descouvre incontinent, /// et mes yeux;
// tous mes changemens commencent par là, et un peu plus
aigres qu'ils ne sont en effect; je faits souvent pitié à mes
amis avant que j'en sente la cause. Mon miroir ne m'estonne pas, car, en la jeunesse mesme, il m'est advenu plus
d'une fois de chausser ainsin un teinct et un port trouble
et de mauvais prognostique sans grand accident; en
maniere que les medecins, qui ne trouvoient au dedans
cause qui respondit à cette alteration externe, l'attribuoient
à l'esprit et à quelque passion secrete qui me rongeast au
dedans; ils se trompoient. Si le corps se gouvernoit autant
selon moy que faict l'ame, nous marcherions un peu plus à
nostre aise. Je l'avois lors, non seulement exempte de
trouble, mais encore plaine de satisfaction et de feste,
comme elle est le plus ordinairement, moytié de sa complexion, moytié de son dessein :

> *Nec vitiant artus ægræ contagia mentis* [156].

Je tiens que cette sienne temperature a relevé maintesfois le corps de ses cheutes : il est souvent abbatu; que
si elle n'est enjouée, elle est au moins en estat tranquille
et reposé. J'eus la fiévre quarte quatre ou cinq mois, qui
m'avoit tout desvisagé; l'esprit alla tousjours non paisiblement seulement, mais plaisamment. Si la douleur est
hors de moy, l'affoiblissement et langueur ne m'attristent
guiere. Je vois plusieurs defaillances corporelles, qui font
horreur seulement à nommer, que je craindrois moins que
mille passions et agitations d'esprit que je vois en usage.
Je prens party de ne plus courre, c'est assez que je me
traine; ny ne me plains de la decadence naturelle qui me
tient,

> *Quis tumidum guttur miratur in Alpibus* [157] *?*

Non plus que je ne regrette que ma durée ne soit aussi
longue et entière que celle d'un chesne.
Je n'ay poinct à me plaindre de mon imagination : j'ay
eu peu de pensées en ma vie qui m'ayent seulement inter-

rompu le cours de mon sommeil, si elles n'ont esté du désir, qui m'esveillat sans m'affliger. Je songe peu souvent; et lors c'est des choses fantastiques et des chimeres produictes communément de pensées plaisantes, plustost ridicules que tristes. Et tiens qu'il est vray que les songes sont loyaux interpretes de nos inclinations; mais il y a de l'art à les assortir et entendre.

/// *Res quæ in vita usurpant homines, cogitant, curant, vident,*
*Quæqu*s *agunt vigilantes, agitántque, ea sicut cui in somno*
                                                                    accidunt,
Minus mirandum est [158].

Platon dict davantage que c'est l'office de la prudence d'en tirer des instructions divinatrices pour l'advenir. Je ne voy rien à cela, sinon les merveilleuses experiences que Socrates, Xenophon, Aristote en recitent, personnages d'authorité irreprochable. Les histoires disent que les Atlantes ne songent jamais, qui ne mangent aussi rien qui aye prins mort, ce que j'y adjouste, d'autant que c'est, à l'adventure, l'occasion pourquoy ils ne songent point. Car Pythagoras ordonnoit certaine preparation de nourriture pour faire les songes à propos. Les miens sont tendres et ne m'apportent aucune agitation de corps, ny expression de voix. J'ay veu plusieurs de mon temps en estre merveilleusement agitez. Theon le philosophe se promenoit en songeant, et le valet de Pericles sur les tuiles mesmes et faiste de la maison.

// Je ne choisis guiere à table, et me prens à la premiere chose et plus voisine, et me remue mal volontiers d'un goust à un autre. La presse des plats et des services me desplaist autant qu'autre presse. Je me contente aiséement de peu de mets; et hay l'opinion de Favorinus qu'en un festin il faut qu'on vous desrobe la viande où vous prenez appetit, et qu'on vous en substitue tousjours une nouvelle, et que c'est un miserable souper si on n'a saoulé les assistants de croupions de divers oiseaux, et que le seul beque-figue merite qu'on le mange entier. J'use familierement de viandes sallées; si ayme-je mieux le pain sans sel, et mon boulanger chez moy n'en sert pas d'autre pour ma table, contre l'usage du pays. On a eu en mon enfance principalement à corriger le refus que je faisois des choses que communement on ayme le mieux en cet aage : sucres, confitures, pieces de four. Mon gouverneur [159] combatit cette hayne de viandes delicates comme une espece de delicatesse. Aussi n'est elle autre chose que difficulté de goust, où qu'il s'applique. Qui oste à un enfant certaine particuliere et obstinée affection au pain bis et au lart, ou à l'ail, il luy oste la friandise. Il en est qui font les laborieux et les patiens pour regretter le bœuf et le jambon parmy les perdris. Ils ont bon temps : c'est la delicatesse des delicats; c'est le goust d'une molle fortune qui s'affadit aux choses ordinaires et accoustumées, /// « *per quæ luxuria divitiarum tædio ludit* [160]. » // Laisser à faire bonne chere de ce qu'un autre la faict, avoir un soing curieux [161] de son traictement, c'est l'essence de ce vice :

> *Si modica cœnare times olus omne patella* [162].

Il y a bien vrayment cette difference, qu'il vaut mieux obliger son desir aux choses plus aisées à recouvrer; mais c'est toujours vice de s'obliger. J'appellois autresfois delicat un mien parent, qui avoit desapris en nos galeres à se servir de nos licts et se despouiller pour se coucher.

Si j'avois des enfans masles, je leur desirasse [163] volontiers ma fortune. Le bon pere que Dieu me donna (qui n'a de moy que la recognoissance de sa bonté, mais certes bien gaillarde) m'envoia dès le berceau nourrir à un pauvre village des siens, et m'y tint autant que je fus en nourrisse, et encores au delà, me dressant à la plus basse et commune façon de vivre : /// « *Magna pars libertatis est bene moratus venter* [164]. » // Ne prenez jamais, et donnez encore moins à vos femmes, la charge de leur nourriture; laissez les former à la fortune soubs des loix populaires et naturelles, laissez à la coustume de les dresser à la frugalité et à l'austerité; qu'ils ayent plustost à descendre de l'aspreté qu'à monter vers elle. Son humeur visoit encore à une autre fin : de me ralier avec le peuple et cette condition d'hommes qui a besoin de nostre ayde; et estimoit que je fusse tenu de regarder plutost vers celuy qui me tend les bras que vers celuy qui me tourne le dos. Et fut céte raison pourquoy aussi il me donna à tenir sur les fons à des personnes de la plus abjecte [165] fortune, pour m'y obliger et attacher.

Son dessein n'a pas du tout mal succedé : je m'adonne volontiers aux petits, soit pour ce qu'il y a plus de gloire, soit par naturelle compassion, qui peut infiniement en moy. Le party que je condemneray en noz guerres, je le condemneray plus asprement fleurissant et prospere; il sera pour me concilier aucunement à soy quand je le verray miserable et accablé. Combien volontiers je considere la belle humeur de Chelonis, fille et femme de Roys

de Sparte. Pendant que Cleombrotus son mary, aux
desordres de sa ville, eust avantage sur Leonidas son pere,
elle fit la bonne fille, se r'allia avec son pere en son exil,
en sa misere, s'opposant au victorieux. La chance vint elle
à tourner ? la voilà changée de vouloir avec la fortune, se
rangeant courageusement à son mary, lequel elle suivit
par tout où sa ruine le porta, n'ayant, ce semble, autre chois
que de se jetter au party où elle faisoit le plus de besoin et
où elle se montroit plus pitoyable. Je me laisse plus
naturellement aller après l'exemple de Flaminius, qui se
prestoit à ceux qui avoient besoin de luy plus qu'à ceux
qui lui pouvoient bien-faire, que je ne fais à celuy de
Pyrrus, propre à s'abaisser soubs les grans et à s'enorgueil-
lir sur les petis.

Les longues tables me /// faschent et me // nuisent : car,
soit pour m'y estre accoustumé enfant, à faute de meilleure
contenance, je mange autant que j'y suis. Pourtant chez
moy, /// quoy qu'elle soit des courtes, // je m'y mets volontiers un peu après les autres, sur la forme d'Auguste; mais
je ne l'imite pas en ce qu'il en sortoit aussi avant les autres.
Au rebours, j'ayme à me reposer long temps après et en
ouyr conter, pourveu que je ne m'y mesle point, car je
me lasse et me blesse de parler l'estomac plain, autant
comme je trouve l'exercice de crier et contester avant le
repas très salubre et plaisant. /// Les anciens Grecs et
Romains avoyent meilleure raison que nous, assignans à la
nourriture, qui est une action principale de la vie, si autre
extraordinaire occupation ne les en divertissoit, plusieurs
heures et la meilleure partie de la nuict, mangeans et beu-
vans moins hastivement que nous, qui passons en poste
toutes noz actions [166], et estandans ce plaisir naturel à plus
de loisir et d'usage, y entresemans divers offices de conver-
sations utiles et aggreables.

// Ceux qui doivent avoir soing de moy pourroyent à
bon marché me desrober ce qu'ils pensent m'estre nuisible;
car en telles choses, je ne desire jamais ny ne trouve à dire
ce que je ne vois pas; mais aussi de celles qui se presentent,
ils perdent leur temps de m'en prescher l'abstinence. Si
que, quand je veus jeuner, il me faut mettre à part des
soupeurs, et qu'on me presente justement autant qu'il est
besoin pour une reglée collation; car si je me mets à table,
j'oublie ma resolution.

Quand j'ordonne qu'on change d'aprest à quelque
viande, mes gens sçavent que c'est à dire que mon appetit
est alanguy et que je n'y toucheray point. En toutes celles

qui le peuvent souffrir, je les ayme peu cuites et les ayme
fort mortifiées, et jusques à l'alteration de la senteur en
plusieurs. Il n'y a que la dureté qui generalement me fache
(de toute autre qualité je suis aussi nonchalant et souf-
frant [167] qu'homme que j'aye cogneu), si que, contre
l'humeur commune, entre les poissons mesme il m'advient
d'en trouver et de trop frais et de trop fermes. Ce n'est pas
la faute de mes dents, que j'ay eu tousjours bonnes jusques
à l'excellence, et que l'aage ne commence de menasser qu'à
céte heure. J'ay aprins dès l'enfance à les froter de ma
serviette, et le matin, et à l'entrée et issuë de la table.

Dieu faict grace à ceux à qui il soustrait la vie par le
menu; c'est le seul benefice de la vieillesse. La derniere
mort en sera d'autant moins plaine et nuisible; elle ne tuera
plus qu'un demy ou un quart d'homme. Voilà une dent qui
me vient de choir, sans douleur, sans effort : c'estoit le
terme naturel de sa durée. Et cette partie de mon estre et
plusieurs autres sont desjà mortes, autres demy mortes,
des plus actives et qui tenoient le premier rang pendant
la vigueur de mon aage. C'est ainsi que je fons et eschape
à moy. Quelle bestise sera-ce à mon entendement de sentir
le saut de cette cheute, desjà si avancée, comme si elle
estoit entiere ? Je ne l'espere pas [168].

/// A la verité, je reçoy une principale consolation, aux
pensées de ma mort, qu'elle soit des justes et naturelles, et
que mes-huy je ne puisse en cela requerir, ny esperer de
la destinée faveur qu'illegitime. Les hommes se font
accroire qu'ils ont eu autresfois, comme la stature, la vie
aussi plus grande. Mais Solon, qui est de ces vieux temps-
là, en taille pourtant l'extreme durée à soixante dix ans.
Moy, qui ay tant adoré, et si universellement, cet ἄριστον
μέτρον [169] du temps passé et ay pris pour la plus parfaicte la
moyenne mesure, pretendray-je une desmesurée et monstrueuse vieillesse ? Tout ce qui vient au revers du cours de
nature peut estre fascheux, mais ce qui vient selon elle
doibt estre tousjours plaisant. « *Omnia, quæ secundum naturam fiunt, sunt habenda in bonis* [170]. » Par ainsi, dict Platon,
la mort que les playes ou maladies apportent soit violante,
mais celle, qui nous surprend, la vieillesse nous y conduisant, est de toutes la plus legere et aucunement delicieuse.
« *Vitam adolescentibus vis aufert, senibus maturitas* [171]. »

// La mort se mesle et confond par tout à nostre vie :
le declin præoccupe son heure et s'ingere au cours de
nostre avancement mesme. J'ay des portraits de ma forme
de vingt et cinq et de trente cinq ans; je les compare avec

celuy d'asteure : combien de fois ce n'est plus moy!
combien est mon image presente plus esloingnée de celles
là que de celle de mon trespas! C'est trop abusé de nature
de la tracasser si loing, qu'elle soit contrainte de nous
quitter, et abandonner nostre conduite, nos yeux, nos dens,
nos jambes et le reste à la mercy d'un secours estranger et
mandié, et nous resigner entre les mains de l'art, lasse de
nous suivre.

Je ne suis excessivement desireux ny de salades, ny de
fruits, sauf les melons. Mon pere haïssoit toute sorte de
sauces; je les aime toutes. Le trop manger m'empeche;
mais, par sa qualité, je n'ay encore cognoissance bien
certaine qu'aucune viande me nuise; comme aussi je ne
remarque ny lune plaine, ny basse, ny l'automne du prin-
temps. Il y a des mouvemens en nous, inconstans et
incogneus; car des refors [172], pour exemple, je les ay trouvez premierement commodes, depuis facheux, present de
rechef commodes. En plusieurs choses je sens mon estomac
et mon appetit aller ainsi diversifiant : j'ay rechangé du
blanc au clairet, et puis du clairet au blanc. Je suis friant
de poisson et fais mes jours gras des maigres, et mes festes
des jours de jeusne; je croy ce qu'aucuns disent, qu'il est
de plus aisée digestion que la chair. Comme je fais conscience de manger de la viande le jour de poisson, aussi
fait mon goust de mesler le poisson à la chair : cette diversité me semble trop esloingnée.

Dès ma jeunesse, je desrobois [173] par fois quelque repas :
ou affin d'esguiser mon appetit au lendemain, car, comme
Epicurus jeusnoit et faisoit des repas maigres pour accoustumer sa volupté à se passer de l'abondance, moy, au
rebours, pour dresser ma volupté à faire mieux son profit
et se servir alaigrement de l'abondance; ou je jeusnois
pour conserver ma vigueur au service de quelque action de
corps ou d'esprit, car l'un et l'autre s'apparesse cruellement
en moy par la repletion, et sur tout je hay ce sot accouplage
d'une Deesse [174] si saine et si alegre avec ce petit Dieu [175]
indigest et roteur, tout bouffy de la fumée de sa liqueur;
ou pour guarir mon estomac malade; ou pour estre sans
compaignie propre, car je dy, comme ce mesme Epicurus,
qu'il ne faut pas tant regarder ce qu'on mange qu'avec qui
on mange, et louë Chilon de n'avoir voulu promettre de se
trouver au festin de Periander avant que d'estre informé qui
estoyent les autres conviez. Il n'est point de si doux apprest
pour moy, ny de sauce si appetissante, que celle qui se
tire de la société.

Je croys qu'il est plus sain de menger plus bellement et moins, et de menger plus souvent. Mais je veux faire valoir l'appetit et la faim : je n'aurois nul plaisir à trainer, à la medecinale, trois ou quattre chetifs repas par jour ainsi contrains. /// Qui m'assureroit que le goust ouvert que j'ay ce matin je le retrouvasse encore à souper ? Prenons, sur tout les vieillards, prenons le premier temps opportum qui nous vient. Laissons aux faiseurs d'almanachs les ephemerides, et aux medecins. // L'extreme fruict de ma santé, c'est la volupté : tenons nous à la premiere presente et cogneuë. J'evite la constance en ces loix de jeusne. Qui veut qu'une forme luy serve, fuye [176] à la continuer ; nous nous y durcissons, nos forces s'y endorment ; six mois après, vous y aurez si bien acoquiné votre estomac que vostre proffit, ce ne sera que d'avoir perdu la liberté d'en user autrement sans dommage.

Je ne porte les jambes et les cuisses non plus couvertes en hyver qu'en esté, un bas de soye tout simple. Je me suis laissé aller pour le secours de mes reumes [177] à tenir la teste plus chaude, et le ventre pour ma cholique ; mes maux s'y habituarent en peu de jours et desdaignarent mes ordinaires provisions [178]. J'estois monté d'une coife à un couvrechef, et d'un bonnet à un chapeau double. Les embourreures de mon pourpoint ne me servent plus que de garbe [179], ce n'est rien, si je n'y adjouste une peau de lievre ou de vautour, une calote à ma teste. Suyvez cette gradation, vous irez beau train. Je n'en feray rien, et me desdirois volontiers du commencement que j'y ay donné, si j'osois. Tombez vous en quelque inconvenient nouveau ? cette reformation ne vous sert plus : vous y estes accoustumé ; cerchez en une autre. Ainsi se ruinent ceux qui se laissent empestrer à des regimes contraincts [180], et s'y astreignent superstitieusement : il leur en faut encore, et encore après d'autres au delà ; ce n'est jamais faict.

Pour nos occupations et le plaisir, il est beaucoup plus commode, comme faisoyent les anciens, de perdre le disner et remettre à faire bonne chere à l'heure de la retraicte et du repos, sans rompre le jour : ainsi le faisois-je autrefois. Pour la santé, je trouve despuis par experience, au rebours, qu'il vaut mieux disner et que la digestion se faict mieux en veillant.

Je ne suis guiere subject à estre alteré, ny sain ny malade : j'ay bien volontiers lors la bouche seche, mais sans soif ; communement je ne bois que du desir qui m'en vient en mangeant, et bien avant dans le repas. Je bois assez bien pour un homme de commune façon : en esté et en un repas appetissant, je n'outrepasse poinct seulement les limites d'Auguste, qui ne beuvoit que trois fois precisement ; mais, pour n'offencer la reigle de Democritus, qui deffendoit de s'arrester à quattre comme à un nombre mal fortuné, je coule à un besoing jusques à cinq, trois demysetiés environ ; car les petits verres sont les miens favoris, et me plaict de les vuider, ce que d'autres evitent comme chose mal seante. Je trempe mon vin plus souvent à moitié, par fois au tiers d'eau. Et quand je suis en ma maison, d'un antien usage que son medecin ordonnoit à mon pere et à soy, on mesle celuy qu'il me faut dès la somelerie, deux ou trois heures avant qu'on serve. /// Ils disent que Cranaus, Roy des Atheniens, fut inventeur de cet usage de tremper le vin d'eau, utilement ou non, j'en ay veu debattre. J'estime plus decent et plus sain que les enfans n'en usent qu'après seize ou dix-huict ans. // La forme de vivre plus usitée et commune est la plus belle : toute particularité m'y semble à eviter, et haïrois autant un aleman qui mit de l'eau au vin qu'un françois qui le boiroit pur. L'usage publiq donne loy à telles choses.

Je crains un air empesché [181] et fuys mortellement la fumée (la premiere reparation où je courus chez moy, ce fut aux cheminées et aux retrets [182], vice commun des vieux bastimens et insupportable), et entre les difficultez de la guerre compte ces espaisses poussieres dans lesquelles on nous tient enterrez, au chault [183], tout le long d'une journée. J'ay la respiration libre et aisée, et se passent mes morfondements [184] le plus souvent sans offence du poulmon, et sans toux.

L'aspreté de l'esté m'est plus ennemie que celle de l'hyver ; car, outre l'incommodité de la chaleur, moins remediable que celle du froid, et outre le coup que les rayons du soleil donnent à la teste, mes yeux s'offoncent de toute lueur esclatante : je ne sçaurois à cette heure disner assiz vis à vis d'un feu ardent et lumineux. Pour amortir la blancheur du papier, au temps que j'avois plus accoustumé de lire, je couchois sur mon livre une piece de verre, et m'en trouvois fort soulagé. J'ignore jusques à present l'usage des lunettes, et vois aussi loing que je fis onques, et que tout autre. Il est vray que sur le declin du jour je commence à sentir du trouble et de la foiblesse à lire, dequoy l'exercice a tousjours travaillé mes yeux, mais sur tout nocturne. /// Voylà un pas en arriere, à toute peine sensible. Je reculeray d'un autre, du second au tiers, du

tiers au quart, si coïement [185] qu'il me faudra estre aveugle
formé avant que je sente la decadence et vieillesse de ma
veuë. Tant les Parques destordent artificiellement [186] nostre
vie. Si suis-je en doubte que mon ouïe marchande à s'es-
paissir [187], et verrez que je l'auray demy perduë que je m'en
prandray encore à la voix de ceux qui parlent à moy. Il
faut bien bander [188] l'ame pour luy faire sentir comme elle
s'escoule.

// Mon marcher est prompt et ferme; et ne sçay lequel
des deux, ou l'esprit ou le corps, ay arresté plus malaiséé-
ment en mesme point. Le prescheur est bien de mes amys,
qui oblige mon attention tout un sermon. Aux lieux de
ceremonie, où chacun est si bandé en contenance, où j'ay
veu les dames tenir leurs yeux mesme si certains, je ne suis
jamais venu à bout que quelque piece des miennes n'ex-
travague tousjours; encore que j'y sois assis, j'y suis peu
rassis. /// Comme la chambriere du philosophe Chrysippus
disoit de son maistre qu'il n'estoit yvre que par les jambes
(car il avoit cette coustume de les remuer en quelque
assiette qu'il fust, et elle le disoit lors que le vin esmouvant les autres, luy n'en sentoit aucune alteration), on
a peu dire aussi dès mon enfance que j'avois de la follie
aux pieds, ou de l'argent vif, tant j'y ay de remuement et
d'inconstance en quelque lieu que je les place.

// C'est indecence, outre ce qu'il nuit à la santé, voire et
au plaisir, de manger gouluement, comme je fais : je mors
souvent ma langue, par fois mes doits, de hastiveté. Diogenes, rencontrant un enfant qui mangeoit ainsin, en donna
un soufflet à son precepteur. /// Il y avoit à Rome des gens
qui enseignoyent à mascher, comme à marcher, de bonne
grace. // J'en pers le loisir de parler, qui est un si doux
assaisonnement des tables, pourveu que ce soyent des
propos de mesme, plaisans et courts.

Il y a de la jalousie et envie entre nos plaisirs : ils se
choquent et empechent l'un l'autre. Alcibiades, homme
bien entendu à faire bonne chere, chassoit la musique
mesme des tables, à ce qu'elle ne troublat la douceur des
devis [189], /// par la raison, que Platon luy preste, que c'est
un usage d'hommes populaires d'appeler des joueurs d'instruments et des chantres à leurs festins, à faute de bons
discours et agreables entretiens, de quoy les gens d'entendement sçavent s'entrefestoyer.

// Varro demande cecy au convive [190] : l'assemblée de
personnes belles de presence et agreables de conversation,
qui ne soyent ny mucts, ny bavarts, netteté et delicatesse

aux vivres et au lieu, et le temps serain. /// Ce n'est pas une
feste peu artificielle [191] et peu voluptueuse qu'un bon traittement de table : ny les grands chefs de guerre, ny les
grands philosophes n'en ont refusé l'usage et la science.
Mon imagination en a donné trois en garde à ma memoire,
que la fortune me rendit de principale douceur en divers
temps de mon aage plus fleurissant, car chacun des conviez
y apporte la principale grace, selon la bonne trampe de
corps et d'ame en quoy il se trouve. Mon estat present
m'en forclost.

// Moy, qui ne manie que terre à terre [192], hay cette
inhumaine sapience qui nous veut rendre desdaigneux et
ennemis de la culture du corps. J'estime pareille injustice
prendre à contre cœur les voluptez naturelles que de les
prendre trop à cœur. /// Xerxes estoit un fat, qui, enveloppé
en toutes les voluptez humaines, alloit proposer pris à qui
luy en trouveroit d'autres. Mais non guere moins fat est
celuy qui retranche celles que nature luy a trouvées. // Il
ne les faut ny suyvre, ny fuir, il les faut recevoir. Je les
reçois un peu plus grassement et gratieusement, et me
laisse plus volontiers aller vers la pante naturelle. /// Nous
n'avons que faire d'exagerer leur inanité; elle se faict assez
sentir et se produit [193] assez. Mercy à nostre esprit maladif,
rabat-joye, qui nous desgoute d'elles comme de soy-
mesme : il traitte et soy et ce qu'il reçoit tantost avant,
tantost arriere, selon son estre insatiable, vagabond et
versatile.

Sincerum est nisi vas, quodcumque infundis, acescit [194].

Moy qui me vante d'embrasser si curieusement les
commoditez de la vie, et si particulierement, n'y trouve
quand j'y regarde ainsi finement, à peu près que du vent.
Mais quoy, nous sommes par tout vent. Et le vent encore,
plus sagement que nous, s'ayme à bruire, à s'agiter, et se
contente en ses propres offices, sans desirer la stabilité,
la solidité, qualitez non siennes.

Les plaisirs purs de l'imagination, ainsi que les desplai-
sirs, disent aucuns, sont les plus grands, comme l'expri-
moit la balance de Critolaüs. Ce n'est pas merveille : elle
les compose à sa poste et se les taille en plein drap. J'en
voy tous les jours des exemples insignes, et à l'adventure
desirables. Mais moy, d'une condition mixte, grossier,
ne puis mordre si à faict [195] à ce seul object si simple,
que je ne me laisse tout lourdement aller aux plaisirs pre-

sents, de la loy humaine et generale, intellectuellement sensibles, sensiblement intellectuels. Les Philosophes Cyrenaïques tiennent, comme les douleurs, aussi les plaisirs corporels plus puissants, et comme doubles et comme plus justes.

// Il en est qui /// d'une farouche stupidité, comme dict Aristote, // en sont desgoutez. J'en cognoy qui par ambition le font; que ne renoncent ils encores au respirer ? que ne vivent-ils du leur, /// et ne refusent la lumiere, de ce qu'elle est gratuite et ne leur coute ny invention, ny vigueur ? // Que Mars, ou Pallas, ou Mercure les sustantent, pour voir, au lieu de Venus, de Cerez et de Bacchus : /// chercheront ils pas la quadrature du cercle, juchez sur leurs femmes ! // Je hay qu'on nous ordonne d'avoir l'esprit aus nues, pendant que nous avons le corps à table. Je ne veux pas que l'esprit s'y cloue ny qu'il s'y veautre, mais je veux qu'il s'y applique, /// qu'il s'y sée, non qu'il s'y couche. Aristippus ne defendoit que le corps, comme si nous n'avions pas d'ame; Zenon n'embrassoit que l'ame, comme si nous n'avions pas de corps. Tous deux vicieusement. Pythagoras, disent-ils, a suivy une philosophie toute en contemplation, Socrates toute en meurs et en action. Platon en a trouvé le temperament entre les deux. Mais ils le disent pour en conter, et le vray temperament se trouve en Socrates, et Platon est bien plus Socratique que Pythagorique, et luy sied mieux.

// Quand je dance, je dance; quand je dors, je dors; voyre et quand je me promeine solitairement en un beau vergier, si mes pensées se sont entretenues des occurences estrangieres quelque partie du temps, quelque autre partie je les rameine à la promenade, au vergier, à la douceur de cette solitude et à moy. Nature a maternellement observé cela, que les actions qu'elle nous a enjoinctes pour nostre besoing nous fussent aussi voluptueuses, et nous y convie non seulement par la raison, mais aussi par l'appetit : c'est injustice de corrompre ses regles.

Quand je vois et Cæsar et Alexandre, au plus espais de sa grande besongne, jouyr si plainement des plaisirs /// naturels, et par consequent necessaires et justes, // je ne dicts pas que ce soit relascher son ame, je dicts que c'est la roidir, sousmetant par vigueur de courage à l'usage de la vie ordinaire ces violentes occupations et laborieuses pensées. /// Sages, s'ils eussent creu que c'estoit là leur ordinaire vacation, cette-cy l'extraordinaire. Nous sommes de grands fols : « Il a passé sa vie en oisiveté, disons nous;

je n'ay rien faict d'aujourd'huy. — Quoy, avez vous pas
vescu ? C'est non seulement la fondamentale, mais la plus
illustre de vos occupations. — Si on m'eust mis au propre
des grands maniements, j'eusse montré ce que je sçavois
faire. — Avez vous sceu mediter et manier vostre vie ?
vous avez faict la plus grande besoigne de toutes. »

Pour se montrer et exploicter [196], nature n'a que faire
de fortune, elle se montre egallement en tous estages, et
derriere, comme sans rideau. Composer nos meurs est
nostre office, non pas composer des livres, et gaigner, non
pas des batailles et provinces, mais l'ordre et tranquillité
à nostre conduite. Nostre grand et glorieux chef-d'œuvre,
c'est vivre à propos. Toutes autres choses, regner, thesau-
riser, bastir, n'en sont qu'appendicules et adminicules pour
le plus. // Je prens plaisir de voir un general d'armée au
pied d'une breche qu'il veut tantost attaquer, se prestant
tout entier et delivre [197] à son disner, son devis, entre ses
amys; /// et Brutus, ayant le ciel et la terre conspirez à
l'encontre de luy et de la liberté Romaine, desrober à ses
rondes quelque heure de nuict, pour lire et breveter [198]
Polybe en toute securité. // C'est aux petites ames, ensevelies du pois des affaires, de ne s'en sçavoir purement
desmesler, de ne les sçavoir et laisser et reprendre :

> *O fortes pejoraque passi*
> *Mecum sæpe viri, nunc vino pellite curas*
> *Cras ingens iterabimus æquor* [199].

Soit par gosserie [200], soit à certes, que le vin theologal et
Sorbonique est passé en proverbe [201], et leurs festins, je
trouve que c'est raison qu'ils en disnent d'autant plus
commodéement et plaisamment qu'ils ont utilement et
serieusement employé la matinée à l'exercice de leur escole.
La conscience d'avoir bien dispensé [202] les autres heures
est un juste et savoureux condimant des tables. Ainsin
ont vescu les sages; et cette inimitable contention à la
vertu qui nous estonne en l'un et l'autre Caton, cett'-
humeur severe jusques à l'importunité, s'est ainsi mollement submise et pleue aux loix de l'humaine condition
et de Venus et de Bacchus, /// suivant les preceptes de
leur secte, qui demandent le sage parfaict autant expert et
entendu à l'usage des voluptez naturelles qu'en tout autre
devoir de la vie. « *Cui cor sapiat, ei et sapiat palatus* [203]. »

// Le relachement et facilité honore, ce semble, à merveilles et sied mieux à une ame forte et genereuse. Epa-

minondas n'estimoit pas que de se mesler à la dance des
garçons de sa ville, /// de chanter, de sonner // et s'y
embesongner avec attention fut chose qui desrogeat à
l'honneur de ses glorieuses victoires et à la parfaicte reformation de meurs qui estoit en luy. Et parmy tant d'admirables actions de Scipion /// l'ayeul, personnage digne
de l'opinion d'une origine celeste, // il n'est rien qui luy
donne plus de grace que de le voir nonchalamment et pue-
rilement baguenaudant à amasser et choisir des coquilles,
et jouer à cornichon-va-devant [204] le long de la marine
avec Lælius, et, s'il faisoit mauvais temps, s'amusant et
se chatouillant à representer par escript en comedies les
plus populaires et basses actions des hommes, /// et, la
teste pleine de cette merveilleuse entreprinse d'Annibal
et d'Afrique, visitant les escholes en Sicile, et se trouvant
aux leçons de la philosophie jusques à en avoir armé les
dents de l'aveugle envie de ses ennemis à Rome. // Ny
chose plus remercable en Socrates que ce que, tout vieil,
il trouve le temps de se faire instruire à baller et jouer
des instrumens, et le tient pour bien employé.

Cettui-cy s'est veu en ecstase, debout, un jour entier et
une nuict, en presence de toute l'armée grecque, surpris
et ravi par quelque profonde pensée. Il s'est veu, /// le
premier parmy tant de vaillants hommes de l'armée, courir
au secours d'Alcibiades accablé des ennemis, le couvrir
de son corps et le descharger de la presse [205] à vive force
d'armes, et le premier emmy tout le peuple d'Athenes,
outré comme luy d'un si indigne spectacle, se presenter
à recourir [206] Theramenes, que les trente tyrans faisoyent
mener à la mort par leurs satellites; et ne desista [207] cette
hardie entreprinse qu'à la remontrance de Theramenes
mesme, quoy qu'il ne fust suivy que de deux en tout. Il
s'est veu, recherché par une beauté de laquelle il estoit
esprins, maintenir au besoing une severe abstinence. Il
s'est veu, en la bataille Delienne, relever et sauver Xenophon, renversé de son cheval. Il s'est veu // continuellement marcher à la guerre /// et fouler la glace // les pieds
nuds, porter mesme robe en hyver et en esté, surmonter
tous ses compaignons en patience de travail, ne menger
point autrement en festin qu'en son ordinaire. /// Il s'est
veu, vingt et sept ans de pareil visage, porter la faim, la
pauvreté, l'indocilité de ses enfans, les griffes de sa femme;
et enfin la calomnie, la tyrannie, la prison, les fers et le
venin [208]. // Mais cet homme là estoit-il convié de boire
à lut [209] par devoir de civilité, c'estoit aussi celuy de l'ar-

mée à qui en demeuroit l'avantage; et ne refusoit ny à
jouer aux noysettes avec les enfans, ny à courir avec eux
sur un cheval de bois; et y avoit bonne grace; car toutes
actions, dict la philosophie, siéent également bien et hon-
norent egallement le sage. On a dequoy, et ne doibt on
jamais se lasser de presenter l'image de ce personnage à
tous patrons et formes de perfection. /// Il est fort peu
d'exemples de vie pleins et purs, et faict on tort à nostre
instruction, de nous en proposer tous les jours d'imbecilles
et manques [210], à peine bons à un seul ply, qui nous tirent
arriere plustost, corrupteurs plustost que correcteurs.

// Le peuple se trompe : on va bien plus facilement par
les bouts, où l'extremité sert de borne d'arrest et de guide,
que par la voye du milieu, large et ouverte, et selon l'art
que selon nature, mais bien moins noblement aussi, et
moins recommandablement. /// La grandeur de l'ame n'est
pas tant tirer à mont [211] et tirer avant comme sçavoir se
ranger et circonscrire. Elle tient pour grand tout ce qui
est assez, et montre sa hauteur à aimer mieux les choses
moyennes que les eminentes. // Il n'est rien si beau et
legitime que de faire bien l'homme et deuëment, ny
science si ardue que de bien /// et naturellement // sçavoir
vivre cette vie; et de nos maladies la plus sauvage, c'est
mespriser nostre estre. Qui veut escarter son ame le face
hardiment, s'il peut, lors que le corps se portera mal,
pour la descharger de cette contagion; ailleurs au contraire,
qu'elle l'assiste et favorise et ne refuse point de participer
à ses naturels plaisirs et de s'y complaire conjugalement,
y apportant, si elle est plus sage, la moderation, de peur
que par indiscretion ils ne se confondent avec le desplaisir.
/// L'intemperance est peste de la volupté, et la temperance
n'est pas son fleau : c'est son assaisonnement. Eudoxus,
qui en establissoit le souverain bien, et ses compaignons,
qui la montarent à si haut pris, la savourerent en sa plus
gracieuse douceur par le moyen de la temperance, qui fut
en eux singuliere et exemplaire. // J'ordonne à mon ame
de regarder et la douleur et la volupté de veuë pareillement /// reglée (« *eodem enim vitio est effusio animi in
lætitia, quo in dolore contractio* [212] ») et pareillement
// ferme, mais gayement l'une, l'autre severement, et,
selon ce qu'elle y peut aporter, autant songneuse d'en
esteindre l'une que d'estendre l'autre. /// Le voir sainement les biens tire après soi le voir sainement les maux.
Et la douleur a quelque chose de non evitable en son
tendre commencement, et la volupté quelque chose d'evi-

table en sa fin excessive. Platon les accouple, et veut que ce soit pareillement l'office de la fortitude combatre à l'encontre de la douleur et à l'encontre des immoderées et charmeresses blandices de la volupté. Ce sont deux fontaines ausquelles qui puise, d'où, quand et combien il faut, soit cité, soit homme, soit beste, il est bien heureux. La premiere, il la faut prendre par medecine et par necessité, plus escharsement [213]; l'autre, par soif, mais non jusques à l'ivresse. La douleur, la volupté, l'amour, la haine sont les premieres choses que sent un enfant; si, la raison survenant, elles s'appliquent à elle, cela c'est vertu.

// J'ay un dictionaire [214] tout à part moy : je passe le temps, quand il est mauvais et incommode; quand il est bon, je ne le veux pas passer, je le retaste, je m'y tiens. Il faut courir le mauvais et se rassoir [215] au bon. Cette fraze [216] ordinaire de *passe-temps* et de *passer le temps* represente l'usage de ces prudentes gens, qui ne pensent point avoir meilleur compte de leur vie que de la couler et eschapper, de la passer, gauchir et, autant qu'il est en eux, ignorer et fuir, comme chose de qualité ennuyeuse et desdaignable. Mais je la cognois autre, et la trouve et prisable et commode, voyre en son dernier decours [217], où je la tiens; et nous l'a nature mise en mains, garnie de telles circonstances, et si favorables, que nous n'avons à nous plaindre qu'à nous si elle nous presse et si elle nous eschappe inutilement. /// « *Stulti vita ingrata est, trepida est, tota in futurum fertur* [218]. » // Je me compose pourtant à la perdre sans regret, mais comme perdable de sa condition, non comme moleste [219] et importune. /// Aussi ne sied il proprement bien de ne se desplaire à mourir qu'à ceux qui se plaisent à vivre. // Il y a du mesnage à la jouyr [220]; je la jouys au double des autres, car la mesure en la jouyssance depend du plus ou moins d'application que nous y prestons. Principallement à cette heure que j'aperçoy la mienne si briefve en temps, je la veux estendre en pois; je veus arrester la promptitude de sa fuite par la promptitude de ma sesie, et par la vigueur de l'usage compenser la hastiveté de son escoulement; à mesure que la possession du vivre est plus courte, il me la faut rendre plus profonde et plus pleine.

Les autres sentent la douceur d'un contentement et de la prosperité; je la sens ainsi qu'eux, mais ce n'est pas en passant et glissant. Si la faut il estudier, savourer et ruminer, pour en rendre graces condignes [221] à celuy qui nous l'ottroye. Ils jouyssent les autres plaisirs comme ils font celluy du sommeil, sans les cognoistre. A celle fin que le dormir mesme ne m'eschapat ainsi stupidement, j'ay autresfois trouvé bon qu'on me le troublat pour que je l'entrevisse. Je consulte d'un [222] contentement avec moy, je ne l'escume pas; je le sonde et plie ma raison à le recueillir, devenue chagreigne [223] et desgoutée. Me trouve-je en quelque assiete tranquille ? y a il quelque volupté qui me chatouille ? je ne la laisse pas friponer aux sens, j'y associe mon ame, non pas pour s'y engager, mais pour s'y agreer, non pas pour s'y perdre, mais pour s'y trouver; et l'employe de sa part à se mirer dans ce prospere estat, à en poiser et estimer le bon heur et amplifier. Elle mesure combien c'est qu'elle doibt à Dieu d'estre en repos de sa conscience et d'autres passions intestines, d'avoir le corps en sa disposition naturelle, jouyssant ordonnéement et competemmant [224] des functions molles [225] et flateuses par lesquelles il luy plait compenser de sa grace les douleurs de quoy sa justice nous bat à son tour, combien luy vaut d'estre logée en tel point que, où qu'elle jette sa veuë, le ciel est calme autour d'elle; nul desir, nulle crainte ou doubte qui luy trouble l'air, aucune difficulté /// passée, presente, future, // par dessus laquelle son imagination ne passe sans offence. Cette consideration prent grand lustre de la comparaison des conditions differentes. Ainsi je me propose, en mille visages, ceux que la fortune ou que leur propre erreur emporte et tempeste, et encores ceux-cy, plus près de moy, qui reçoyvent si laschement et incurieusement leur bonne fortune. Ce sont gens qui passent voyrement leur temps; ils outrepassent le present et ce qu'ils possedent, pour servir à l'esperance et pour des ombrages et vaines images que la fantaisie leur met au devant,

> *Morte obita quales fama est volitare figuras,*
> *Aut quæ sopitos deludunt somnia sensus* [226],

lesquelles hastent et allongent leur fuite à mesme qu'on les suit. Le fruit et but de leur poursuitte, c'est poursuivre, comme Alexandre disoit que la fin de son travail, c'estoit travailler,

> *Nil actum credens cum quid superesset agendum* [227].

Pour moy donc, j'ayme la vie et la cultive telle qu'il a pleu à Dieu nous l'octroier. Je ne vay pas desirant qu'elle eust à dire la necessité de boire et de manger, /// et me sembleroit faillir non moins excusablement de desirer qu'elle l'eust double (« *Sapiens divitiarum naturalium quæsitor acerrimus* [228] »), ny // que nous nous sustentissions mettant seulement en la bouche un peu de cette drogue par laquelle Epimenides se privoit d'appetit et se maintenoit, ny qu'on produisit stupidement des enfans par les doigts ou par les talons, /// ains, parlant en reverence, plus tost qu'on les produise encore voluptueusement par les doigts et par les talons, ny // que le corps fut sans desir et sans chatouillement. Ce sont plaintes ingrates /// et iniques. // J'accepte de bon cœur, /// et recognoissant, // ce que nature a faict pour moy, et m'en agrée et m'en loue. On fait tort à ce grand et tout puissant donneur de refuser son don, l'annuller et desfigurer. /// Tout bon, il a faict tout bon. « *Omnia quæ secundum naturam sunt, æstimatione digna sunt* [229]. »

// Des opinions de la philosophie, j'embrasse plus volontiers celles qui sont les plus solides, c'est à dire les plus humaines et nostres : mes discours sont, conforméement à mes meurs, bas et humbles. /// Elle faict bien l'enfant, à mon gré, quand elle se met sur ses ergots pour nous prescher que c'est une farouche alliance de marier le divin avec le terrestre, le raisonnable avec le desraisonnable, le severe à l'indulgent, l'honneste au des-honneste, que volupté est qualité brutale, indigne que le sage la gouste : le seul plaisir, qu'il tire de la jouyssance d'une belle jeune espouse, c'est le plaisir de sa conscience, de faire une action selon l'ordre, comme de chausser ses bottes pour une utile chevauchée. N'eussent ses suyvans [230] non plus de droit et de nerfs et de suc au depucelage de leurs femmes qu'en a sa leçon! Ce n'est pas ce que dict Socrates, son precepteur et le nostre. Il prise, comme il doit, la volupté corporelle, mais il prefere celle de l'esprit, comme ayant plus de force, de constance, de facilité, de varieté, de dignité, Cette cy va nullement seule selon luy (il n'est pas si fantastique), mais seulement premiere. Pour luy, la temperance est moderatrice, non adversaire des voluptez.

// Nature est un doux guide, mais non pas plus doux que prudent et juste. /// « *Intrandum est in rerum naturam, et penitus quid ea postulet, pervidendum* [231]. » // Je queste [232] par tout sa piste : nous l'avons confonduë de traces artificielles; /// et ce souverain bien Academique et Peripatetique, qui est vivre selon icelle, devient à cette cause difficile à borner et exprimer; et celuy des Stoïciens, voisin à

celuy là, qui est consentir à nature. // Est ce pas erreur
d'estimer aucunes actions moins dignes de ce qu'elles sont
necessaires ? Si ne m'osteront-ils pas de la teste que ce ne
soit un très-convenable mariage du plaisir avec la necessité,
/// avec laquelle, dict un ancien, les Dieux complottent
tousjours. // A quoy faire [233] desmembrons nous en divorce
un bastiment tissu d'une si joincte et fraternelle correspondance ? Au rebours, renouons le par mutuels offices.
Que l'esprit esveille et vivifie la pesanteur du corps, le
corps arreste la legereté de l'esprit et la fixe. /// « *Qui
velut summum bonum laudat animæ naturam, et tanquam
malum naturam carnis accusat, profecto et animam carnaliter appetit et carnem carnaliter fugit, quoniam id vanitate
sentit humana, non veritate divina* [234]. » // Il n'y a piece [235]
indigne de nostre soin en ce present que Dieu nous a
faict; nous en devons conte jusques à un poil. Et n'est
pas une commission par acquit [236] à l'homme de conduire
l'homme selon sa condition : elle est expresse, naïfve /// et
très-principale, // et nous l'a le createur donnée serieusement et severement. /// L'authorité peut seule envers
les communs entendemens, et poise plus en langage pere-
grin. Reschargeons en ce lieu. « *Stultitiæ proprium quis
non dixerit, ignave et contumaciter facere quæ facienda
sunt, et alio corpus impellere, alio animum, distrahique inter
diversissimos motus* [237]. »

// Or sus, pour voir, faictes vous dire un jour les amusemens et imaginations que celuy là met en sa teste, et
pour lesquelles il destourne sa pensée d'un bon repas et
plainct l'heure qu'il emploie à se nourrir; vous trouverez
qu'il n'y a rien si fade en tous les mets de vostre table
que le bel entretien de son ame (le plus souvent il nous
vaudroit mieux dormir tout à faict que de veiller à ce
à quoy nous veillons), et trouverez que son discours et
intentions ne valent pas vostre capirotade [238]. Quand ce
seroient les ravissements d'Archimedes [239] mesme, que
seroit-ce ? Je ne touche pas icy et ne mesle point à cette
marmaille d'hommes que nous sommes et à cette vanité
de desirs et cogitations qui nous divertissent, ces ames
venerables, eslevées par ardeur de devotion et religion à
une constante et conscientieuse meditation des choses
divines, /// lesquelles, preoccupans [240] par l'effort d'une
vifve et vehemente esperance l'usage de la nourriture eter-
nelle, but final et dernier arrest des Chrestiens desirs,
seul plaisir constant, incorruptible, desdaignent de s'attendre à nos necessiteuses commoditez, fluides et ambigues,

et resignent facilement au corps le soin et l'usage de la
pasture sensuelle et temporelle. // C'est un estude privi-
legé. /// Entre nous, ce sont choses que j'ay tousjours
veuës de singulier accord : les opinions supercelestes et
les meurs sousterraines.

// Esope, /// ce grand homme, // vid son maistre qui
pissoit en se promenant : « Quoy donq, fit-il, nous fau-
dra-il chier en courant ? » Mesnageons le temps ; encore
nous en reste-il beaucoup d'oisif et mal employé. Nostre
esprit n'a volontiers [241] pas assez d'autres heures à faire
ses besongnes, sans se desassocier du corps en ce peu
d'espace qu'il luy faut pour sa necessité. Ils veulent se
mettre hors d'eux et eschapper à l'homme. C'est folie ;
au lieu de se transformer en anges, ils se transforment en
bestes ; au lieu de se hausser, ils s'abattent. /// Ces humeurs
transcendantes m'effrayent, comme les lieux hautains et
inaccessibles ; et rien ne m'est à digerer fascheux en la vie
de Socrates que ses ecstases et ses demoneries, rien si
humain en Platon que ce pourquoy ils disent qu'on l'appelle divin. // Et de nos sciences, celles-là me semblent
plus terrestres et basses qui sont le plus haut montées.
Et je ne trouve rien si humble et si mortel en la vie
d'Alexandre que ses fantasies autour de son immortali-
sation. Philotas le mordit plaisamment par sa responce ;
il s'estoit conjouy [242] avec luy par lettre de l'oracle de
Jupiter Hammon qui l'avoit logé entre les Dieux : « Pour
ta consideration j'en suis bien aise, mais il y a de quoy
plaindre les hommes qui auront à vivre avec un homme
et luy obeyr, lequel outrepasse /// et ne se contente de
// la mesure d'un homme. » /// « *Diis te minorem quod
geris, imperas* [243]. »

// La gentille inscription dequoy les Atheniens hono-
rerent la venue de Pompeius en leur ville, se conforme à
mon sens :

> *D'autant es tu Dieu comme*
> *Tu te recognois homme.*

C'est une absolue perfection, et comme divine, de sçavoyr
jouyr loiallement de son estre. Nous cherchons d'autres
conditions, pour n'entendre l'usage des nostres, et sortons
hors de nous, pour ne sçavoir quel il y fait. /// Si, avons
nous beau [244] monter sur des eschasses, car sur des eschasses
encores faut-il marcher de nos jambes. Et au plus eslevé
throne du monde, si ne sommes assis que sus nostre cul.

// Les plus belles vies sont, à mon gré, celles qui se

rangent au modelle commun /// et humain, avec ordre, mais // sans miracle et sans extravagance. Or la vieillesse a un peu besoin d'estre traictée plus tendrement. Recommandons la à ce Dieu, protecteur de santé et de sagesse [245], mais gaye et sociale :

> *Frui paratis et valido mihi,*
> *Latoe, dones, et, precor, integra*
> *Cum mente, nec turpem senectam*
> *Degere, nec cythara carentem* [246].

NOTES

CHAPITRE PREMIER

1. « Bien sûr, cet homme va se donner un grand mal pour me dire de grandes sottises. » Térence, *Heautontimoroumenos*, III, v, 8. Le texte est : « *Næ ista Hercle magno jam conatu...* »

2. Avec tant de détriment.

3. Impudent, hypocrite.

4. « Il est doux, quand sur la vaste mer les vents soulèvent les flots, de regarder de la côte les rudes épreuves d'autrui. » Lucrèce, II, 1.

5. Au maintien de la société.

6. Poisons.

7. Nature.

8. Ce rôle.

9. Méchante.

10. A grand-peine.

11. Moi qui.

12. A mon égard.

13. Ordinaires.

14. Conséquences.

15. Projets.

16. De bon citoyen.

17. Ni provoquée ni détournée.

18. Egales.

19. Qui fait brûler un cierge à saint Michel et l'autre au dragon vaincu au cas où ce dernier prendrait sa revanche.

20. Le château de Montaigne.

21. Appartenant par moitié à chaque parti.

22. « Ce n'est pas prendre un chemin mitoyen, c'est n'en prendre aucun ; c'est comme qui dirait attendre l'événement pour passer du côté de la fortune. » Tite-Live, XXXII, 21. Montaigne abrège le texte de Tite-Live.

23. Ambassade.

24. Tempérance.

25. Sans qu'ils en souffrent.

26. Tire parti.

27. Lieutenant d'Alexandre, devenu roi de Thrace puis de Macédoine.

28. En désaccord avec nos usages.

29. Et avec succès.

30. « Ce qui nous sied le mieux, c'est ce qui est le plus conforme à notre nature. » Cicéron, *De officiis*, I, 31.

31. « D'un véritable droit et d'une justice parfaite nous ne possédons pas de modèle solide et exact ; nous n'en avons pour notre usage qu'une ombre, qu'une image. » Cicéron, *De officiis*, III, 17.

32. Sage de l'Inde.

33. « Il est des crimes commis à l'instigation des sénatus-consultes et des plébiscites. » Sénèque, *Epitres*, 95. Le texte porte *sæva* au lieu de *scelera*.

34. Livra.

35. Brûlée.

36. Raison.

37. Livrer.

38. Jamais depuis.

39. Subornés.

40. Agents.

41. Crimes.

42. La bassesse de telles charges.

43. Quand.

44. « Mais qu'il se garde bien de chercher un prétexte à son parjure. » Cicéron, *De officiis*, III, 29.

45. De toute façon.

46. Vilaine.

47. Détermination.

48. Particuliers.

49. D'un autre parti.

50. Tenir scrupuleusement sa parole.

51. « Comme si l'on pouvait faire violence à un homme de cœur. » Cicéron, *De officiis*, III, 30.

52. Pompée.

53. César.

54. Marius.

55. « Le souvenir du droit privé demeurant même au milieu de dissensions publiques. » Tite-Live, XXV, 18.

56. « Nulle puissance n'a la force de permettre la violation des droits de l'amitié. » Ovide, *Pontiques*, I, VII, 37.

57. « Car les devoirs envers la patrie n'étouffent pas tous les autres devoirs, et il lui importe à elle-même que les citoyens se conduisent bien envers leurs parents. » Cicéron, *De officiis*, III, 23.

58. Discours de Jules César : « Tant que les épées brillent, qu'aucun spectacle n'émeuve votre pitié, pas même la vue de vos pères en face de vous : défigurez de votre glaive ces visages vénérables. » Lucain, *Pharsale*, VII, 320.

59. « Toutes choses ne conviennent pas également à tous. » Properce, III, IX, 7.

CHAPITRE II

1. Eduquent.

2. Un branle éternel.

3. J'expose.

4. Menant une vie si privée.

5. Me faire connaître de tout le monde.

6. L'homme de talent.

7. « Les vices d'autrefois sont passés dans les mœurs. » Sénèque, *Epîtres*, 39.

8. Invités.

9. Mon tribunal.

10. « C'est de votre propre jugement que vous devez faire usage. » Cicéron, *Tusculanes*, I, XXIII.

11. « Il est d'un grand poids, le témoignage que la conscience se rend elle-même du vice et de la vertu : supprimez-la, tout est par terre. » Cicéron, *De natura deorum*, III, 35.

12. « Pourquoi mes sentiments d'aujourd'hui ne furent-ils pas ceux de ma jeunesse, ou pourquoi maintenant que j'ai la sagesse, mes joues ne retrouvent-elles pas leur beauté d'autrefois ? » Horace, *Odes*, X, 7.

13. Sur l'estrade.

14. Les gens de leur maison.

15. Particularité.

16. Reconduit.

17. Admiration.

18. Troublé.

19. Action.

20. Mesure.

21. Commodément, facilement.

22. « Ainsi, quand, déshabituées des bois, les bêtes se sont apprivoisées dans une étroite prison, ont quitté leurs regards menaçants et ont appris à subir l'homme, si un filet de sang pénètre dans leur gueule brûlante, la rage et la fureur reviennent et leur gosier se dilate, averti par le sang qu'elles ont goûté; la colère bouillonne et s'abstient à grand-peine du dompteur tremblant. » Lucain. *Pharsale*, IV, 237.

23. S'échappant.

24. Revoir et corriger.

25. Confuse.

26. Les dégâts.

27. Grâce à.

28. Statues.

29. Paraître.

30. Ma manière d'être en général.

31. La façon d'agir.

32. Tache.

33. Imprévisibles.

34. Invisibles.

35. Je ne devais pas.

36. Garde.

37. « Et on ne verra jamais la providence si ennemie de son œuvre que la faiblesse soit mise au rang de meilleures choses. » Quintilien, *Institution oratoire*, V, XII.

38. Gâtée.

39. Libre.

40. Amendements fortuits.

41. Connaissances.

42. Résiste, tiens bon.

CHAPITRE III

1. « Il avait l'esprit si enclin à se plier également à tout que, quoi que ce fût qu'il entreprît, on eût dit qu'il était uniquement né pour cela. » Tite-Live, XXXIX, 40.

2. Tendue.

3. « Les vices de l'oisiveté doivent être dissipés par le travail. » Sénèque, *Épîtres*, 56.

4. «Pour qui vivre, c'est penser. » Cicéron, *Tusculanes*, V, XXXVIII.

5. Faire travailler.

6. Agissons, avons affaire.

7. Suite, domesticité.

8. De maître.

9. « Tu racontes la descendance d'Eaque et les luttes livrées sous la sainte Ilion ; mais quel prix nous payons une jarre de vin de Chio, qui est-ce qui fait chauffer l'eau, dans la maison de quel hôte et à quelle heure je suis à l'abri d'un froid digne des Pélignes, motus. » Horace, *Odes*, III, XIX, 3.

10. « Parler sur la pointe d'une fourchette » (locution proverbiale italienne : parler avec recherche).

11. Achoppent.

12. « « Frayeurs, colères, joies, soucis, tous les secrets de leur cœur, c'est doctement qu'elles les exhalent. » Le texte de Juvénal, VI, 189, dit *græce*, « en grec », et non *docte*, « doctement ».

13. « Elles semblent sortir tout entières d'une boîte. » D'après Sénèque, *Epîtres*, 115.

14. Suffit.

15. A mon heure

16. « Car, nous aussi, nous avons des yeux avertis. » Cicéron, *Paradoxes*, V, 2.

17. « Quiconque de la flotte d'Argos a échappé à Capharée détourne toujours ses voiles des eaux de l'Eubée. » Ovide, *Tristes*, I, 1, 83.

18. « Inaccessibles à toute passion, qu'elle vienne d'elles ou qu'elle vienne d'autrui. » Tacite, *Annales*, XIII, 45.

19. Enfants.

20. Hennissent.

21. Brèves (n'allant pas au-delà du préambule).

22. Brocatelle, brocart.

23. Il est commode de.

24. Qui en sont privés.

25. Perspective.

26. « Une grande fortune est une grande servitude. » Sénèque, *Consolation à Polybe*, 26.

27. Cabinet d'aisances.

CHAPITRE IV

1. « Elle a des larmes toujours abondantes et toujours prêtes qui attendent à leur poste qu'elle leur prescrive de quelle façon couler. » Juvénal, VI, 272.

2. Détournant.

3. Diversions militaires.

4. Foule excitée.

5. Si bien que finalement.

6. Sujet.

7. « La vierge est saisie d'étonnement et, séduite par le fruit brillant, elle se détourne de sa course et ramasse l'or qui roule à ses pieds. » Ovide, *Métamorphoses*, X, 666.

8. « Il faut même parfois détourner l'âme vers d'autres goûts, d'autres préoccupations, d'autres soins, d'autres travaux ; souvent enfin c'est par le changement de lieu, comme les malades qui ne reprennent point leur force, qu'il faut le soigner. » Cicéron, *Tusculanes*, IV, XXXV.

9. Détourner.

10. Fixe.

11. En champ clos, dans la lice.

12. Criminelles.

13. Combat.

14. « J'espère pour moi que, si les justes divinités ont quelque pouvoir, tu épuiseras tous les supplices au milieu des écueils en prononçant souvent le nom de Didon... Je le saurai et la nouvelle en viendra jusqu'à moi sous les profondeurs des mânes. » Virgile, *Enéide*, IV, 382, 387.

15. « Voilà les consolations, voilà les baumes des plus grandes douleurs. » Sentence tirée, comme la précédente, des *Tusculanes*, II, XXIV.

16. Dans le but.

17. Sans doute Henri de Navarre.

18. « Lorsque l'aine est tourmentée par un désir violent... » Perse, VI, 73.

19. « Jetez dans le premier corps venu la liqueur amassée en vous. » Lucrèce, IV, 1065.

20. « Si vous n'effacez pas de nouvelles plaies les premières blessures, si au hasard des rencontres vous ne les confiez encore fraîches aux soins de la Vénus vagabonde. » Lucrèce, IV, 1070.

21. Adoucissement.

22. Placé là à dessein.

23. Retient.

24. « Comme de nos jours les cigales l'été abandonnent leurs rondes tuniques. » Lucrèce, V, 803.

25. Vocale.

26. « Par ces aiguillons la douleur s'excite elle-même. » Lucain, *Pharsale*, II, 42.

27. La distribution de mes hardes.

28. Qui, d'après la fable, faisait lui-même les réponses en disant la messe.

29. Tout de suite.

30. « Oh! le malheur du premier argile que pétrit Prométhée; il ne prit pas assez garde au cœur en faisant son œuvre; en ordonnant le corps, il n'a pas vu l'esprit dans son art; pour bien faire il aurait dû commencer par l'âme. » Properce, III, v, 7.

CHAPITRE V

1. Mûr.

2. C'est son tour.

3. « De peur que mon âme ne soit toujours attentive à ses maux. » Ovide, *Tristes*, IV, I, 4.

4. Au rappel.

5. « L'âme désire ce qu'elle a perdu, et se tourne tout entière en imagination dans le passé. » Pétrone, *Satyricon*, 128.

6. « C'est vivre deux fois que de pouvoir jouir de la vie passée. » Martial, *Epigrammes*, X, XXIII, 7.

7. « Nous nous éloignons de la nature; nous faisons comme le peuple qui n'est en aucune chose un bon guide. » Sénèque, *Epîtres*, 99.

8. « Il ne mettait pas les rumeurs (du peuple) au-dessus du salut (de l'Etat). » Ennius, cité par Cicéron, *De officiis*, I, 24.

9. « A eux les armes, à eux les chevaux, à eux les lances, à eux la massue, à eux la paume, à eux la nage et la course; à nous, vieillards, parmi tant de jeux, qu'ils nous laissent les dés et les osselets. » Cicéron, *De senectute*, XVI.

10. « Mêle à ta sagesse un grain de folie. » Horace, *Odes*, IV, XII, 27.

11. « Dans un corps frêle, toute atteinte est insupportable. » Cicéron, *De senectute*, XVIII.

12. « Et une âme malade ne peut rien endurer. » Ovide, *Pontiques*, I, V, 18.

13. « Et le moindre effort suffit à briser ce qui est déjà fêlé. » Ovide, *Tristes*, III, XI, 22.

14. Catarrheux.

15. Eclairs, flammes.

16. « Il ne se redresse pour aucune besogne et languit avec le corps. » Pseudo-Gallus, I, 125.

17. « Tandis qu'elle le peut, que la vieillesse déride son front sourcilleux. » Horace, *Epodes*, XIII, 7.

18. « Il est bon d'égayer la tristesse par des facéties. » Sidoine Apollinaire, *Epîtres*, I, 9.

19. « Et la triste arrogance d'un visage renfrogné. » Vers 31 du Prologue du *Joannes Baptista* de Buchanan, une de ces tragédies qui se jouaient au collège de Guyenne.

20. « Cette triste foule a, elle aussi ses débauchés. » Martial, *Epigrammes*, VII, LVII, 8.

21. « N'ayons pas honte de dire ce que nous n'avons pas honte de penser. » Auteur inconnu.

22. Désirent.

23. « D'où vient qu'on n'avoue ses vices ? Parce qu'on en est encore esclave. Il faut être éveillé pour raconter ses songes. » Sénèque, *Epîtres*, 53.

24. Rhume.

25. Impitoyable.

26. Quand on lui offre de mettre en balance le vice et quelque difficulté.

27. Retrousser.

28. Aux.

29. Me fera mettre dans leur cabinet privé.

30. Tus.

31. Sous la sauvegarde.

32. Luttent.

33. Vers traduits par Amyot de Plutarque : *Qu'il faut qu'un philosophe converse avec le prince.*

34. « Toi, déesse, tu suffis à gouverner toute seule la nature, et sans toi rien n'aborde aux rivages divins de la lumière, rien ne se fait de gai ni d'aimable. » Lucrèce, I, 21.

35. « Je reconnais les traces de la flamme ancienne. » Virgile, *Enéide*, IV, 23.

36. « Et que cette chaleur ne m'abandonne pas dans l'hiver de mes ans. » Jean Second, *Elégies*, I, III, 29.

37. « Ainsi la mer Egée, lorsque l'Aquilon ou le Notus se calment après l'avoir secouée et bouleversée, ne s'apaise pas pourtant tout de suite, mais, longtemps tourmentée, elle s'agite et gronde encore. » Le Tasse, *Jérusalem délivrée*, chant XII, stance 63.

38. « Et le vers a des doigts. » Juvénal, VI, 196.

39. « Elle avait dit, et comme il hésitait, la déesse noue autour de lui ses bras de neige et le réchauffe d'une douce étreinte. Lui, brusquement, est envahi de la flamme accoutumée ; une ardeur qu'il connaît bien le pénètre jusqu'aux moelles et court dans ses os frissonnants. C'est ainsi qu'au bruit du tonnerre un sillon de feu ouvert dans le ciel parcourt les nuages illuminés... Ayant dit ces paroles, il donna à Vénus l'étreinte désirée et, couché sur le sein de son épouse, s'abandonna aux charmes d'un sommeil apaisé. » Virgile, *Enéide*, VIII, 387, 404.

40. Commerce.

41. « Afin qu'elle saisisse avidement les dons de Vénus, et qu'elle les recèle profondément. » Virgile, *Géorgiques*, III, 137.

42. Echouent.

43. Avec précaution.

44. Tout autre métier que le métier de soldat.

45. Souillés.

46. Non nobles.

47. Du côté.

48. « Celle que le flambeau désiré de l'hymen a unie. » Catulle, LXIV, 79.

49. Interrogé.

50. « L'homme est à l'homme » ou « un dieu » ou « un loup ». La première sentence est du poète comique Cécilius, cité par Symmaque, *Epist.*, X, 114 ; l'autre de Plaute, *Asinaria*, II, IV, 88.

51. « Et à moi aussi il m'est plus agréable de vivre sans cette chaîne au cou. » Pseudo-Gallus, I, 61.

52. Hostile.

53. Fait des gains illicites (locution proverbiale).

54. « Il y a une fatalité attachée à ces parties que cachent nos vêtements : car, si les astres ne travaillent point pour toi, tu ne gagneras rien à posséder un membre d'une longueur inouïe. » Juvénal, IX, 32.

55. Virgile.

56. Dispute.

57. « Il connaissait l'une et l'autre Vénus. » Ovide, *Métamorphoses*, III, 323. (Il s'agit de Tirésias, à qui Junon ravit la vue pour avoir ainsi témoigné au préjudice de l'honneur des femmes.)

58. Procule.

59. Messaline.

60. « Brûlante encore de l'effervescence de sa vulve tendue, elle se retira épuisée, mais non pas assouvie des hommes. » Juvénal, VI, 128.

61. Hargnes.

62. Particulièrement.

63. « Aie enfin de la pudeur ou allons en justice; j'ai acheté des millions d'écus ta mentule; elle n'est plus à toi, Bassus; tu me l'as vendue. » Martial, XII, xvcii, 10, 7, 11.

64. Si elles prennent un de ces maris cassés.

65. Leur toilette.

66. Manière.

67. Hêtre.

68. Le gouvernement des femmes.

69. Criminelles.

70. « La vierge nubile se plaît à apprendre des danses ioniennes et elle s'en brise les membres; depuis sa tendre enfance elle rêve à d'impures amours. » Horace, *Odes*, III, vi, 21.

71. Recueils.

72. « Et Vénus elle-même les a inspirées. » Virgile, *Géorgiques*, III, 267.

73. « La compagne du neigeux coulon ou tel autre oiseau plus impur n'a jamais goûté avec lui autant de plaisir, lorsqu'en le mordillant sans cesse de son bec, elle prend des baisers beaucoup plus avides, dit-on, que ceux de la femme la plus passionnée. » Catulle, LXVIII b, 125.

74. « Et ils sont dus à des stoïciens, ces petits livres qui traînent volontiers sur des coussins de soie. » Horace, *Epodes*, VIII, 15.

75. « Evidemment l'incontinence est nécessaire en vue de la continence, et l'incendie s'éteint au moyen du feu. » Auteur inconnu.

76. Faisaient passer.

77. Du haut-de-chausses (La « ridicule pièce » est la braguette).

78. Culottes.

79. « C'est un principe de dérèglement que d'étaler des nudités sous les yeux des citoyens. » Ennius chez Cicéron, *Tusculanes*, IV, XXXIII.

80. Cela ne servait à rien.

81. « Tous les êtres qui vivent sur la terre, les hommes, les bêtes, la gent des mers, les troupeaux, les oiseaux aux couleurs variées se lancent éperdument dans ces transports et dans ce feu. » Virgile, *Géorgiques*, III, 242.

82. Désobéissant.

83. Ne se contient plus.

84. Livie, épouse d'Auguste.

85. Au palais de justice.

86. Fourbus.

87. « Est-ce que toi, pour toutes les richesses d'Achéménès ou pour les ressources de Mygdon, roi de la grasse Phrygie, ou pour les trésors de l'Arabie, tu voudrais donner un cheveu de Licynnie quand elle se penche vers tes baisers embaumés, quand par une complaisante rigueur, elle les refuse, elle qui désire plus que toi se les laisser ravir, quitte parfois à te devancer ? » Horace, *Odes*, II, XII, 21.

88. « La force du diable est dans les reins. » Saint Jérôme, *Contre Jovinien*, II.

89. Marquer de la reconnaissance à.

90. La reconnaissance due au.

91. « Qui empêche d'allumer un flambeau à un autre flambeau proche ? Elles ont beau donner sans cesse, le fonds ne diminue jamais. » Ovide, *Art d'aimer*, III, 93.

92. « Aucun adultère percé de l'épée d'un mari n'a teint de son sang les eaux du Styx. » Jean Second, *Elégies*, I, VII, 71.

93. « Ah! malheureux, quel triste sort! On te tirera par les pieds et par la porte ouverte on fera courir les muges et les raves. » Catulle, XV, 17. (Allusion au supplice infligé dans la Rome antique à l'homme pris en flagrant délit d'adultère.)

94. « Et l'un des dieux, non des plus austères, exprime le désir d'être exposé à un pareil déshonneur. » Ovide, *Métamorphoses*, IV, 187.

95. « Pourquoi chercher des raisons de si loin ? Où est passée, déesse, ta confiance en moi ? » Virgile, *Enéide*, VIII, 395.

96. « C'est une mère qui demandes des armes pour son fils. » Virgile, *Enéide*, VIII, 383.

97. « Il s'agit de fabriquer des armes pour un vaillant homme. » *Enéide*, VIII, 441.

98. « Aussi n'est-il pas juste de comparer les hommes aux dieux. » Catulle, LXVIII b, 141.

99. « Souvent Junon elle-même, la plus grande des habitantes du ciel, a dissimulé la colère qui l'enflammait contre son coupable époux. » Catulle, LXVIII b, 138.

100. Haine.

101. « Il n'y a de haines cruelles que celles de l'amour. » Properce, II, VIII, 3.

102. Par ailleurs.

103. Complots.

104. « Et l'on sait ce que peut une femme en fureur. » Virgile, *Enéide*, V, 6.

105. Mon caractère en général.

106. Discordance.

107. « Et dont le sexe, qui pend plus languide que la tige molle d'une bette, ne s'est jamais dressé au milieu de sa tunique. » Catulle, LXVII, 21.

108. Qui fait entendre le contraire de ce qu'elles disent.

109. Elle prend immédiatement le chemin de.

110. « Elle fait souvent ce qu'elle fait sans témoin. » Martial, VII, LXI, 6.

111. « Une débauchée plus simplette me scandalise moins. » Martial, VI, VII, 6.

112. A leur insu.

113. « Parfois une sage-femme, en inspectant de la main la virginité d'une jeune fille, soit malice ou maladresse, ou malheur, la lui a fait perdre. » Saint Augustin, *Cité de Dieu*, I, 18.

114. Supprimé.

115. Jamais depuis.

116. Alourdi.

117. De bonne maison, gentilhomme.

118. Emporte.

119. « Mets le verrou! Empêche-la de sortir! Mais les gardiens eux-mêmes, qui les gardera ? Une femme prend ses précautions et c'est par eux qu'elle commence. » Juvénal, VI, 347.

120. Renforce, aggrave.

121. « (Jusqu'au général) qui a commandé à tant de légions et qui valait mieux que toi, misérable, à beaucoup d'égards. » Lucrèce, III, 1039 et 1041.

122. « Le sort nous refuse même des oreilles ouvertes à nos plaintes. » Catulle, LXIV, 170.

123. Bavard.

124. Petits hommes, homoncules.

125. « Il cherche sans cesse l'occasion de sa faute. » Ovide, *Tristes*, IV, I, 34.

126. « Voulez-vous : elles refusent; refusez-vous, elles veulent. » Térence, *Eunuque*, IV, VIII, 43.

127. « C'est une honte pour elles que de suivre la route permise. » Lucain, *Pharsale*, II, 446.

128. Parties de plaisir.

129. Qu'il le sût.

130. Résistant.

131. Sourds.

132. « Et lâche toute bride à sa fureur. » Virgile, *Enéide*, XII, 499.

133. De courroie, de lanière.

134. « Mavors, puissant aux armes, vient souvent chercher asile sur tes genoux, vaincu à son tour par la blessure éternelle de l'amour. Là, levant les yeux vers toi, sans jamais se rassasier il repaît d'amour ses regards avides, ô Déesse; allongé sur le dos, il reste le souffle suspendu à tes lèvres. Comme il repose ainsi, ô divine, enlacée à lui et le couvrant de ton corps sacré, répands de ta bouche de douces paroles. » Lucrèce, I, 33.

135. « Leurs discours est un tissu mâle; ils ne s'amusent pas à des fleurettes. » Sénèque, *Epîtres*, 33.

136. « C'est le cœur qui fait l'éloquence. » Quintilien, X, VII, 15.

137. Pleines, riches.

138. Se complaisent.

139. Ils ne se soucient pas du résultat.

140. Plein, riche.

141. Fréquenter.

142. Cru.

143. Sérieusement, pour de bon.

144. A l'improviste.

145. « Cruelle manière de se jouer! » Claudien, In Eutropium, I, 24.

146. « Qu'est-ce qui empêche de dire la vérité en riant ? » Horace, Satires, I, 1, 24.

147. Inanité et difformité.

148. Ressemblances.

149. Etroit.

150. Purifier.

151. Dans l'enceinte.

152. « Nous avons honte de nous-mêmes. » Térence, Phormion, I, III, 20.

153. Marguerite de Navarre.

154. « Et pour l'exil abandonnent leurs demeures et leurs doux seuils. » Virgile, Géorgiques, II, 511.

155. « O malheureux, qui de leurs plaisirs se font un crime! » Pseudo-Gallus, I, 180.

156. Lucrèce et Virgile.

157. Réseau.

158. « Et toute nue je t'ai pressée sur mon corps. » Ovide, Amours, I, v, 24.

159. En mines.

160. Caché.

161. « Après qu'est assouvi le bon plaisir de leur âme avide, ils ne redoutent plus l'effet de leurs paroles, ils n'ont plus cure de leurs parjures. » Catulle, LXIV, 147.

162. « [A tel] qui a un nez de chien, d'où pendent des glaçons livides et la barbe toute raide, je préfère cent fois lécher le c.l. » Martial, VII, XCV, 10.

163. Fureur insensée.

164. Ensuairait.

165. « Comme si elles préparaient le vin et l'encens. Vous diriez qu'elle est absente ou de marbre. » Martial, Epigrammes, XI, CIII, 12, et LIX, 8.

166. « Si elle se donne à vous seul, si elle marque ce jour-là d'une pierre blanche. » Catulle, LXVIII, 147.

167. « C'est toi qu'elle serre dans ses bras, mais elle soupire après des amours absentes. » Tibulle, I, VI, 35.

168. La luxure est comme une bête féroce qui, après avoir été irritée par ses fers, est ensuite lâchée. » Tite-Live, XXIV, 4.

169. « J'ai vu naguère un cheval rebelle au frein lutter de la bouche et s'élancer comme la foudre. » Ovide, *Amours*, III, IV, 13.

170. Aux assiégés.

171. Confusément.

172. « Nées pour subir. » Sénèque, *Epîtres*, 95.

173. Manifestation saillante.

174. Sans avoir vu ce qu'elles prennent (locution proverbiale).

175. « Après avoir éprouvé la faiblesse de ses reins, la mollesse de son membre tout pareil à un cuir mouillé, et que sa main se lassait à rendre en vain plus ferme, elle renonce à cette coucherie inerte. » Martial, *Epigrammes*, VII, LVII, 3.

176. « Il aurait fallu chercher un homme doué d'un organe plus nerveux et capable de dénouer une ceinture virginale. » Catulle, LXVII, 27.

177. « S'il ne peut venir à bout de son caressant labeur. » Virgile, *Géorgiques*, III, 127.

178. « Capable d'une seule besogne. » Horace, *Epodes*, XII, 15.

179. « Ne craignez rien d'un homme qui a, hélas! accompli son dixième lustre. » Horace, *Odes*, II, IV, 22.

180. « Comme un ivoire de l'Inde teint de pourpre sanglante, ou comme des lis blancs qui, mêlés à des roses, en reflètent les vives couleurs. » Virgile, *Enéide*, XII, 67.

181. Témoins.

182. « Et ses regards accusèrent sans parler. » Ovide, *Amours*, I, VII, 21.

183. « Si ma mentule n'est pas bien longue ni drue, les matrones ont raison sans doute de la voir d'un mauvais œil. » *Priapées*, LXXX, 1.

184. En me causant un dommage.

185. Retrousse nos vêtements.

186. « Qu'un seul s'accommode à cette grande variété de mœurs, de discours et de volontés. » Quintus Cicéron, *De petitione consulatus*, XIV.

187. Huppés. Il s'agit de Th. de Bèze et de Mellin de Saint-Gelais.

188. « Que je meure si ta fente est autre chose qu'une ligne. » Théodore de Bèze, *Juveniia*, Epigramme *Ad quandam*.

189. Vers d'un rondeau de Mellin de Saint-Gelais.

190. Que dire de.

191. « Si elle a accordé ses faveurs à la dérobée, par une nuit noire. » Catulle, LXVIII b, 147.

192. Vous en assumez immédiatement les droits.

193. L'usage.

194. Faux-fuyants.

195. Céder.

196. Le risque de nos rendez-vous.

197. Parties de plaisir.

198. La bonne règle.

199. Efficace.

200. « Le tableau votif que j'ai appendu au mur du dieu de la mer indique à tous que je lui ai consacré mes habits mouillés du naufrage. » Horace, *Odes*, I, v, 13.

201. « Prétendre l'assujettir à des règles, c'est tout simplement se donner pour tâche de déraisonner avec bon sens. » Térence, *Eunuque*, I, 1, 16.

202. « Nul vice ne s'est renfermé en lui-même. » Sénèque, *Epîtres*, 95.

203. Qui meurtrissent sans entamer.

204. Trouble.

205. Méprisables.

206. «Pendant que mes cheveux blancs sont dans leur nouveauté, que ma vieillesse encore vigoureuse ne fait que commencer, qu'il reste à Lachésis de quoi filer pour moi, et que je me porte sur mes propres jambes sans m'appuyer sur aucun bâton. » Juvénal, III, 26.

207. Bonnes mœurs.

208. Pourquoi donc pas ?

209. Lutte.

210. Satiété.

211. Alliance.

212. Infuser, répandre.

213. « Dont le membre dans l'aine indomptée est plus ferme que l'arbre nouveau qui se dresse sur la colline. » Horace, *Epodes*, XII, 19.

214. «Pour que ces jeunes gens bouillants rient aux éclats en voyant notre flambeau réduit en cendres. » Horace, *Odes*, IV, XIII, 26.

215. Purement.

216. Celui-là.

217. Relations.

218. « Faites-moi du bien pour vous-même. »

219. « Je ne veux pas arracher la barbe à un lion mort. » Martial, *Epigrammes*, X, XC, 10.

220. Eut commerce avec.

221. « Oh! les dieux fassent que je puisse te voir telle [que, dans mon exil, je me représente ton image], que je puisse baiser tendrement tes cheveux blanchis par le chagrin et presser dans mes bras ton corps maigri. » Ovide, *Pontiques*, I, IV, 49.

222. « Un jeune homme, qui, introduit dans un chœur de jeunes filles, avec ses cheveux flottants et ses traits ambigus, pourrait tromper sur son sexe les yeux sagaces des personnes qui ne le connaissent point. » Horace, *Odes*, II, v, 21.

223. Parce que les premiers poils débarrassent de la tyrannie de l'amour, comme ces deux personnages ont délivré la Grèce d'un tyran.

224. A plus forte raison dans.

225. « Car il n'arrête pas son vol sur des chênes dénudés. » Horace, *Odes*, IV, XIII, 9.

226. Nouvelle XXXV de *l'Heptaméron*.

227. « L'amour ne connaît point l'ordre (la règle). » Saint Jérôme, *Lettre à Chromatius*, fin.

228. Elégance.

229. « Si, par hasard, on en vient à l'assaut, il en est de lui comme parfois d'un grand feu qui flambe dans une paille, mais sans force. » Virgile, *Géorgiques*, III, 98.

230. « Comme une pomme, présent furtif envoyé par un promis, roule du chaste giron d'une vierge, lorsque, sans songer qu'elle l'avait placée sous sa tunique moelleuse, la pauvre enfant se levant d'un bond à l'approche de sa mère, la laisse tomber à ses pieds ; la pomme roule en avant d'une course rapide ; la jeune fille sent une rougeur monter à son visage désolé. » Catulle, LXV, 19.

231. Le tisonnier se moque de la pelle (à charbon).

CHAPITRE VI

1. « Car il ne suffit pas d'assigner une seule cause ; mais il en faut énumérer plusieurs dont une seule pourtant sera la vraie. » Lucrèce, VI, 703.

2. Eternuent.

3. Accueil.

4. « J'étais trop incommodé pour songer au péril. » Sénèque, *Epitres*, 53.

5. Présentent.

6. « Moins on a peur, moins d'ordinaire on court de risques. » Tite-Live, XXII, 5.

7. Brisât ma digue.

8. Remorque.

9. Combattre.

10. Soldat armé d'une rondache.

11. Rangée de *pavois* ou boucliers (mis autour d'un vaisseau en guise de rempart).

12. Impotent.

13. Une femme jouant d'un instrument de musique.

14. Seyait.

15. Emplette.

16. Il ne fut achevé qu'en 1608.

17. « Nul art n'est enfermé en lui-même. » Cicéron, *De finibus*, V, 6.

18. Ce vers, que Montaigne traduit après l'avoir cité, est de Corinne, et tiré du *De amphitheatro* de Juste Lipse (VII, fin).

19. « On peut d'autant moins l'exercer qu'on l'a déjà plus exercée. Or qu'y a-t-il de plus fou que de se mettre dans l'impossibilité de faire longtemps ce qu'on fait avec plaisir ? » Cicéron, *De officiis*, II, 15.

20. Siéra.

21. Spectacles.

22. « Enlever de l'argent aux légitimes propriétaires pour le donner à des étrangers ne doit pas être regardé comme une libéralité. » Sentence de Cicéron, *De officiis*, I, 14.

23. Incrustés.

24. Orné.

25. « Voici la ceinture du théâtre ornée de pierres précieuses, voici le portique revêtu d'or. » Calpurnius, *Eglogues*, VII, 47.

26. Gradins.

27. Coussins.

28. « Hors d'ici! s'il a quelque pudeur! allons qu'il se lève des banquettes réservées aux chevaliers, celui qui n'a pas le cens voulu par la loi! » Juvénal, III, 153.

29. « Que de fois avons-nous vu une partie de l'arène s'abaisser et du gouffre entrouvert surgir des bêtes féroces et toute une forêt d'arbres d'or à l'écorce de safran! Non seulement j'ai pu voir dans nos amphithéâtres les monstres des forêts, mais aussi des veaux marins (phoques) au milieu de combats d'ours et le hideux troupeau des chevaux de mer. » Calpurnius, *Eglogues*, VII, 64, cité par Juste Lipse, *De amphitheatro*, X.

30. Travaillés, ornés.

31. « Bien qu'un soleil formidable calcine l'amphithéâtre, on retire les voiles dès qu'arrive Hermogène. » Martial, *Epigrammes*, XII, XXIX, 15.

32. « Les rets aussi brillent de l'or dont ils sont tissus. » Calpurnius, *Eglogues*, VII, 53, cité par Juste Lipse, *De amphitheatro*, XII.

33. « Il y a eu bien des braves avant Agamemnon; mais nous ne les pleurons pas et une nuit profonde nous les cache. » Horace, *Odes*, IV, IX, 25.

34. « Et par-delà la guerre de Troie et la mort de Troie, il y a eu d'autres poètes pour chanter d'autres événements. » Lucrèce, V, 326.

35. « Si nous pouvions voir l'infini sans bornes de l'espace et du temps, où, se plongeant et s'étendant de toutes parts, l'esprit se promène en tous sens sans jamais rencontrer un terme à sa course, dans cette immensité nous découvririons une quantité innombrable de formes. » Cicéron, *De natura deorum*, I, 20. Le texte original est un peu altéré par Montaigne.

36. Imprimerie.

37. « Tant désormais notre âge est affaibli, et la terre affaiblie. » Lucrèce, II, 1136.

38. « Mais non, tout est nouveau dans ce monde, tout est récent; il a pris naissance il n'y a guère. Voilà pourquoi encore aujourd'hui certains arts se perfectionnent et aujourd'hui encore vont en progressant; c'est ainsi qu'à notre époque maints agrès sont venus s'ajouter aux navires. » Lucrèce, V, 330.

39. Déclin.

40. Fouetté.

41. Séduit.

42. Fortifié.

43. Viles.

44. Conquête.

45. Besants.

46. Machina.

47. Bien plus, un.

48. Haïs, mal vus.

49. A juste titre.

50. Philippe II.

51. Emplette, donc : monnaie.

52. Perpétuels, intarissables.

CHAPITRE VII

1. Atteindre.

2. César.

3. En compensation.

4. Entraves.

5. Venir à bout.

6. Le *De jure regni apud Scotos* de Buchanan (1579) et la réponse à cet ouvrage par Blackwood (1581).

7. Fées.

8. Bien.

9. Il en put avoir du plaisir.

10. Fortifie.

11. Infirmités.

12. Prose.

CHAPITRE VIII

1. « Ne vois-tu pas comme le fils d'Albius vit mal et comme Barrus est indigent ? Grand exemple, pour nous détourner de dissiper notre patrimoine. » Horace, *Satires*, I, IV, 109.

2. Si je publie.

3. Les condamnations qu'on porte contre soi-même.

4. Joueur d'instrument.

5. Elles emportent seulement le vide (elles sont plus lourdes que rien).

6. Leçon de régent (professeur).

7. Heurt.

8. « Car il n'est pas possible de disputer sans contradiction. » Cicéton, *De finibus*, I, 8.

9. Qu'on fît des paris à propos de nos disputes (qui aurait tort donnerait un *gage*).

10. D'une mine trop impérieuse de maître d'école.

11. Je me brouille (locution proverbiale).

12. Si altier.

13. Résiste.

14. Nous faisons de même.

15. Parlent avant leur tour.

16. Artificiel.

17. De côté.

18. « De ces lettres qui ne guérissent rien. » Sénèque, *Epîtres*, 59.

19. « Ni à mieux vivre, ni à raisonner plus aisément. » Cicéron, *De finibus*, I, 19.

20. Due à son art.

21. Manière de conduire la discussion.

22. Petit bourrelet garni d'hermine que portent les docteurs sur l'épaule gauche.

23. « Qui se cachent sous l'ombre d'autrui. » Sénèque, *Epîtres*, 33.

24. Anéantissement.

25. Atteindra le but (image tirée du carrousel des bagues).

26. Timon est le plus célèbre des misanthropes.

27. Dans les matières à discussion.

28. « Pour chacun son fumier sent bon. » Cette sentence a dans les *Adages* d'Erasme, III, iv, 2, cette autre forme : *Suus cuique crepitus bene olet*, « Son pet sent bon pour chacun ».

29. « Courage! si elle n'est pas assez folle par elle-même, irrite-la! » Térence, *Andrienne*, IV, ii, 9.

30. Je ne dis même pas sans tache dans ce genre de faute.

31. Puer.

32. Injustice.

33. Les chefs huguenots.

34. Parti.

35. Distillées, filtrées.

36. En paroles et en réalité.

37. « D'ordinaire, rare est le sens commun dans cette haute fortune. » Juvénal, VIII, 73.

38. « Tel ce singe, imitateur du visage humain, qu'un enfant a habillé pour rire d'une précieuse étoffe de soie, en lui laissant les fesses et la croupe découvertes, à la grande joie des convives. » Claudien, *In Eutropium*, I, 303.

39. Atelier.

40. Colliers.

41. De directives, d'indications.

42. « Le plus grand mérite d'un prince est de connaître ses sujets. » Martial, VIII, xv, cité par Juste Lipse, *Politiques*, IV, 5.

43. « Les destins trouvent leur voie. » Virgile, *Enéide*, III, 395. Le texte de Virgile porte : *invenient*.

44. Leurs procédés.

45. « Abandonne le reste aux dieux. » Horace, *Odes*, I, ix, 9.

46. « Les dispositions des âmes changent; tantôt une émotion les agite, tantôt une autre, avec la mobilité des nuées que le vent pousse. » Virgile, *Géorgiques*, I, 420.

47. « C'est seulement à la faveur de la fortune qu'un homme s'élève, et son élévation nous fait proclamer à tous son habileté. » Plaute, *Pseudolus*, II, iii, 15, cité par Juste Lipse, *Politiques*, IV, 9.

48. Jetons placés sur un abaque et dont la valeur varie suivant leur place.

49. Persuadait.

50. Des ripostes qui ont porté plus que je ne croyais et espérais.

51. Point par point, ou, plus exactement, cran à cran (image empruntée au métier de menuisier).

52. Expressions.

53. « Il faut examiner non seulement les propos de chacun, mais encore ses opinions et même les fondements de ses opinions. » Cicéron, *De officiis*, I, 41.

54. Enlevez-leur l'argument (terme du jeu de dames).

55. L'opinion.

56. Avertissement, correction.

57. Artificielles.

58. Qui sentent le *magister*.

59. Les débutants, les ignorants.

60. Au sujet de la conversation.

61. Commerce.

62. Propos.

63. Se gaussant.

64. Allusion probable à la mort d'Henri II.

65. « Cet ouvrage a été ôté, moitié fait, de l'enclume. » Ovide, *Tristes*, I, vii, 29.

66. « Les bienfaits sont agréables tant qu'il semble qu'on peut s'en acquitter : mais s'ils dépassent de beaucoup cette limite, au lieu de gratitude nous les payons de haine. » Tacite, *Annales*, IV, 18.

67. « Car celui qui trouve honteux de ne pas rendre voudrait ne rencontrer personne à qui rendre. » Sénèque, *Epîtres*, 81.

68. « Celui qui ne se croit pas quitte envers vous ne saurait en aucune façon être votre ami. » Quintus Cicéron, *De petitione consulatus*, IX.

69. Doué de mémoire.

70. Sur le conseil.

71. Dissimulé.

72. Egaler.

73. Que les dieux et les déesses me fassent périr.

74. De peu de valeur.

75. Détachées.

76. « A la vérité, j'en transcris plus que je n'en crois, car je ne puis ni affirmer ce dont je doute, ni supprimer ce que m'a appris la tradition. » Quinte-Curce, IX, 1.

77. « Voilà des choses qu'on ne doit se mettre en peine ni d'affirmer, ni de réfuter... Il faut s'en tenir à la renommée. » Tite-Live, I, Préface, et VIII, 6.

78. Vagues.

CHAPITRE IX

1. Il imposait à ses disciples un silence de deux ans.

2. Conjuras.

3. Réprimande.

4. Coercition.

5. Au devoir de sa charge.

6. Apportent en contribution.

7. Panser.

8. Michel de l'Hôpital, ou le président Lagebâton du Parlement de Bordeaux.

9. Soigner leur tête.

10. Dans le malheur.

11. « La lumière même du jour ne nous plaît que parce que l'heure repart en changeant de coursiers. » Pétrone, fragment 42.

12. Contribuent.

13. « Ou ce sont vos vignes que la grêle a ravagées, ou c'est votre domaine qui trompe vos espérances; les arbres se plaignent tantôt de pluies, tantôt de sécheresses qui brûlent les champs, tantôt des rigueurs de l'hiver. » Horace, *Odes*, III, 1, 29.

14. Intendant, régisseur.

15. « Ou brûlés par l'excessive ardeur du soleil éthéré, ou bien détruits par des pluies soudaines et par la gelée blanche, ou enfin emportés par les vents soufflant en tourbillons violents. » Lucrèce, V, 216.

16. Absorbante.

17. « Ce n'est point par les revenus de chacun, mais par son train de vie qu'il faut estimer sa fortune. » Cicéron, *Paradoxes*, VI, 3.

18. Avec relâchement, oisivement.

19. Sa fille Eléonore.

20. « Nul ne résiste, qui a cédé à la première impulsion. » Sénèque, *Epîtres*, 13.

21. « L'eau qui tombe goutte à goutte perce le rocher. » Lucrèce, I, 314.

22. Mes comptes et mes calculs.

23. « Alors mon âme se partage entre mille soucis. » Virgile, *Enéide*, V, 720.

24. Mal raboté (inachevé).

25. « Pourquoi ne pas t'occuper plutôt à quelque chose d'utile, à tresser des corbeilles avec de l'osier ou de souples joncs ? » Virgile, *Eglogues*, II, 71.

26. Michel de Montaigne.

27. « Puissé-je y passer ma vieillesse ! Las de tant de voyages par mer et par terre et de la vie militaire, puissé-je y trouver le terme ! » Horace, *Odes*, II, VI, 6.

28. « Nous ne jouissons jamais mieux des fruits du génie, de la vertu et de toute supériorité qu'en les partageant avec le prochain. » Cicéron, *De amicitia*, XIX.

29. En ce qui me concerne, je m'en abstiens.

30. Avec plus de relâchement.

31. Si je comptais.

32. « Beaucoup de gens ont enseigné à les tromper par leur crainte d'être trompés et ont par leur défiance autorisé des infidélités. » Sénèque, *Epîtres*, 3.

33. Un peu.

34. Connaissance.

35. Fidélité.

36. Le dommage qu'ils me causent.

37. Recompter.

38. « L'esclavage est la sujétion d'un esprit lâche et faible, qui n'est point maître de sa propre volonté. » Cicéron, *Paradoxes*, V, 1.

39. Soins.

40. « Les sens ! ô dieux du ciel ! les sens ! » Auteur inconnu.

41. « Les plats et les verres me renvoient ma propre image. » Horace, *Epîtres*, I, V, 23.

42. Dépense.

43. Dépenser.

44. Ce qui.

45. Entendez : en économie et en prodigalité.

46. Frustrons.

47. L'économie ou la dépense.

48. « Siècles pires que l'âge du fer, si criminels que la nature elle-même n'a pu trouver de noms pour eux et n'a pas eu de métal pour les désigner. » Juvénal, XIII, 28.

49. Accablé.

50. « Où le juste et l'injuste sont confondus. » Virgile, *Géorgiques*, I, 505.

51. « En armes on laboure la terre et on ne pense sans cesse qu'à faire de nouveaux pillages, et à vivre de rapines. » Virgile, *Enéide*, VII, 748.

52. Poneropolis, « ville des méchants ».

53. Femme de Deucalion qui fit naître des femmes en jetant des pierres derrière elle.

54. Il fit naître des hommes en jetant les dents du dragon qu'il avait tué.

55. Accable.

56. « Désireux non point tant de changer le gouvernement que de le détruire. » Cicéron, *De officiis*, II, 1.

57. Contemporains.

58. « Hélas, nos cicatrices, notre crime, nos guerres fratricides nous couvrent de honte! Enfants d'un siècle rude, devant quelle atrocité avons-nous reculé ? Où n'avons-nous point porté nos attentats ? Est-il une chose sainte qu'ait respectée notre jeunesse ? des autels qu'elle ait épargnés ? » Horace, *Odes*, I, xxxv, 33.

59. Me résumant, concluant.

60. « [La déesse] Salus elle-même, le voulût-elle, serait impuissante à sauver cette famille. » Térence, *Adelphes*, IV, vii, 42.

61. Un Etat policé.

62. Jouent avec nous à la balle.

63. « Car les dieux se servent de nous autres, hommes, comme de balles. » Plaute, Prologue des *Captifs*, 22. Cité par Juste Lipse, *Saturnalium sermonum libri*, I, 1.

64. « Contre un peuple maître de la terre et de la mer la fortune ne prête à aucune nation l'appui de sa jalousie. » Lucain, *Pharsale*, I, 82.

65. « Il ne tient plus par de solides racines; son propre poids le fixe au sol. » Lucain, *Pharsale*, I, 138.

66. « Ils ont aussi leurs infirmités et une égale tempête les menace tous. » D'après Virgile, *Enéide*, XI, 422.

67. « Peut-être un dieu, par un retour favorable, nous rendra-t-il notre premier état. » Horace, *Epodes*, XIII, 7.

68. Action d'arracher violemment.

69. Les *Essais*.

70. « Comme si, la gorge sèche, j'avais bu à longs traits le sommeil du Léthé. » Horace, *Epodes*, XIV, 3.

71. Le fait de dépendre.

72. L'attente.

73. « Rien n'est plus défavorable à ceux qui veulent plaire que de laisser beaucoup attendre d'eux. » Cicéron, *Académiques*, II, 4.

74. Des parties de son discours.

75. « Aux soldats convient moins d'apprêts. » Quintilien, *Instit. orat.*, XI, 1.

76. Suffit.

77. Cérémonie.

78. Allongement, c'est le livre III.

79. Pris de vertige.

80. Antiochus d'Ascalon, le maître de Cicéron.

81. Il s'agit des fautes d'impression.

82. De ce métal d'un nouvel âge.

83. M'attaquer chez moi.

84. Abrités derrière les murs du château de Montaigne.

85. Le degré où je les veux mener.

86. « L'action la plus juste n'est telle qu'autant qu'elle est volontaire. » Cicéron, *De officiis*, I, 9.

87. « Je ne fais guère volontairement les choses auxquelles m'oblige le devoir. » Térence, *Adelphes*, III, v, 44.

88. « Parce que dans les choses imposées on sait plus de gré à celui qui commande qu'à celui qui obéit. » Valère Maxime, II, II, 6.

89. Chichement.

90. Je ne vais pas jusque-là.

91. Les devoirs apparents que la société impose.

92. « Il est prudent de retenir, comme un char qui s'emporte, le premier élan de l'amitié. » Cicéron, *De l'amitié*, XVII. Le texte de Cicéron habituel porte *currum*.

93. Quand je me donne.

94. Avoir d'ennuis.

95. Cette façon de ménager ma volonté.

96. « Et les présents des grands ne me sont pas connus. » Virgile, *Énéide*, XII, 519.

97. « C'est en moi qu'est tout mon espoir. » Térence, *Adelphes*, III, v, 9.

98. Qui sommes le point où nous pouvons nous adresser avec le plus d'adresse et de sûreté.

99. Sa barbe et ses cheveux.

100. Ses vêtements.

101. Il me coûte autant de libérer ce tiers des obligations qu'il a envers moi par le service que je lui demande (pour mes amis) que de m'obliger pour mes amis envers lui, s'il ne me doit rien.

102. L'obligation qu'il a à ses voisins de ne pas le molester pendant les guerres civiles à la faveur des divisions.

103. « Un soldat impie s'emparera donc de ces terres si bien cultivées! » Virgile, *Eglogues*, I, 71.

104. « Combien il est misérable d'avoir une porte et une muraille pour protéger sa vie et de se fier à peine à la solidité de sa maison. » Ovide, *Tristes*, IV, I, 69.

105. « Même en temps de paix, on est troublé par la peur de la guerre. » Ovide, *Tristes*, III, X, 67.

106. « Chaque fois que la Fortune a rompu la paix, c'est par ici qu'elle fraye un chemin aux guerres. Tu aurais mieux fait, Fortune, de

nous donner une demeure dans le monde oriental ou sous l'Ourse glacée, et des maisons errantes. » Lucain, *Pharsale*, I, 256-57, 251.

107. M'éloigne.

108. De leur premier mouvement.

109. N'en fais-je pas autant avec eux ?

110. Dans des partis différents.

111. « Tant le crime a de nombreux visages. » Virgile, *Géorgiques*, I, 506.

112. Partie.

113. Subordonnant.

114. Du pays natal.

115. Districts.

116. « Plus que ne le comportent les forces et le lot de la vieillesse. » Virgile, *Enéide*, VI, 114.

117. Du luxe.

118. Mis en route.

119. Douaire.

120. Ménagère.

121. A même de faire ses preuves.

122. Plus calme et plus gratuit.

123. Connexion.

124. « Devant mes yeux flotte ma maison, flotte l'image de ces lieux [que j'ai quittés]. » Ovide, *Tristes*, III, IV, 57.

125. « Dites un chiffre pour exclure toute contestation, sinon j'use de la latitude que vous m'accordez et, de même que j'arrache crin à crin la queue d'un cheval, je retranche une unité, puis une autre, jusqu'à ce qu'il ne nous en reste plus et que vous soyez vaincu par la force de mon raisonnement. » Horace, *Épîtres*, II, I, 38 et 45.

126. « La nature ne nous a pas permis de connaître les bornes des choses. » Cicéron, *Académiques*, II, 29.

127. Attachés.

128. « Si vous tardez à rentrer, votre épouse s'imagine que vous faites l'amour ou qu'on vous fait l'amour, ou que vous êtes en train de boire ou de suivre votre fantaisie, enfin que vous êtes seul à vous amuser, tandis qu'elle se donne beaucoup de mal. » Térence, *Adelphes*, I, I, 7.

129. Décèle.

130. Les Stoïciens.

131. Civilité.

132. A me terrer comme un conil (lapin).

133. Se fâcher.

134. Parce qu'il se sent couler en vas, décliner.

135. Se battre dans le vide.

136. Cloua le bec.

137. A cause de, pour.

138. La discussion.

139. Fidèles.

140. « Nous livrons à leur examen les replis de notre âme. » Perse, V, 22.

141. Habitants de l'Inde.

142. Il s'agit sans doute de Louis XI.

143. Allusion à l'épisode de David et d'Abisag (*Rois*, I).

144. Cagna, taudis.

145. Petite motte de terre dont on usait en pharmacie.

146. Lui accorder le délai.

147. Changea de forme.

148. « Mais à un esprit sagace comme le tien, ce peu de traits suffit pour découvrir seul et sans aide tout le reste. » Lucrèce, I, 403.

149. Qui meurent ensemble.

150. « La fortune gouverne notre vie, non la sagesse. » Cicéron, *Tusculanes*. V, IX.

151. « Un repas où règne non l'abondance, mais la propreté. » Juste Lipse, *Saturnalium sermonum libri*, I, 6.

152. « [Avec] plus d'esprit que de luxe. » Cornelius Nepos, *Vie d'Atticus*, XIII.

153. Les Français.

154. J'aborde.

155. Je m'avance peu (terme de jeu).

156. « Si l'on me donnait la sagesse, à condition de la tenir renfermée, sans la communiquer à personne, je la refuserais. » Sénèque, *Épîtres*, 6.

157. « Supposez un sage dans une condition de vie telle qu'il vive dans l'abondance de tout, libre de contempler et d'étudier à loisir tout ce qui est digne d'être connu, même dans ces conditions, s'il était condamné à une solitude telle qu'il ne puisse voir personne, il quitterait la vie » Cicéron, *De officiis*, I, 43.

158. « Quant à moi, si le destin me permettait de passer ma vie à ma guise. » Virgile, *Enéide*, IV, 340.

159. « Heureux de visiter les pays où les feux du soleil font rage et les pays des nuages et des frimas. « Horace, *Odes*, III, III, 54.

160. Qu'est-ce qui vous manque ?

161. Y a pu tenir ?

162. Henri de Navarre a séjourné à Montaigne en 1586 et en 1587.

163. « Qui, fichée dans votre cœur, vous consume et vous ronge. » Ennius, cité par Cicéron, *De senectute*, I.

164. « Les faveurs de la fortune ne sont jamais sans mélange. » Quinte-Curce, IV, 14.

165. « Il n'y a de véritable tranquillité que celle que nous devons à la raison. » Sénèque, *Épîtres*, 56.

166. Distinction.

167. « Qu'une de mes rames batte le flot et l'autre le sable [du rivage]. » Properce, III, II, 23.

168. « Le Seigneur connaît les pensées des sages et qu'elles ne sont que vanité. » *Psaumes*, XCIII, II, et saint Paul, *I Corinthiens*, III, 20.

169. « Chacun de nous subit sa peine. » Virgile, *Enéide*, VI, 743.

170. « Nous devons agir de manière à ne jamais contrevenir aux lois universelles de la nature; mais, ces lois sauvegardées, nous devons nous conformer à notre nature individuelle. » Cicéron, *De officiis*, I, 31.

171. Etuve, bain.

172. « Que les malades en danger fassent appel aux plus grands médecins. » Juvénal, XIII, 124.

173. « Personne ne croit suffisant de s'en tenir, dans la faute, à ce que tu as permis. » Juvénal, XIV, 233.

174. « Ollus, que t'importe comment tel ou telle dispose de sa peau ? » Martial, *Epigrammes*, VII, IX, 1.

175. Fouetter.

176. Charles VIII qui rendit le Roussillon sur les conseils de son confesseur Olivier Maillard.

177. « Qu'il quitte la cour, celui qui veut rester sage ! » Lucain, *Pharsale*, VIII, 493.

178. Quand il place son philosophe à la tête d'un Etat.

179. En un sol.

180. « Mais toi, Catulle, persévère dans ton obstination. » Villey note que Montaigne cite ici Catulle dans le texte proposé par Turnèbe, *Adversaria*, XX, 21.

181. Largeur, étendue.

182. Les élèves du collège de Montaigu, qui portaient une petite cape.

183. Tant l'innocence spartiate ressemble peu.

184. « Si je vois un homme d'élite et d'honneur, c'est pour moi un phénomène tel qu'un enfant à deux corps, des poissons trouvés sous la charrue étonnée, une mule qui a mis bas. » Juvénal, XIII, 64.

185. Les triumvirs Octave, Antoine et Lépide.

186. « Pourquoi ce détour ? » Virgile, *Enéide*, V, 166.

187. Le digression qui précède.

188. Sylla = visage couperosé, Cicer(o) = poids chiche, Torquatus, = l'homme au collier.

189. « Il n'est rien de si utile que ce qui peut l'être en passant. » Sénèque, *Epîtres*, 2.

190. Pas si mal! (Locution italienne.)

191. Parfaitement.

192. Franchement.

193. Les Romains.

194. Sa position.

195. Entre les Romains et moi.

196. Entiché.

197. « Tant est grande la puissance d'évocation dans les lieux!... Et cette ville la possède à un degré immense, car on ne peut y marcher sans mettre le pied sur de l'histoire. » Cicéron, *De finibus*, V, 1 et 2.

198. « Je vénère ces grands hommes et toujours je me lève devant de tels noms. » Sénèque, *Epîtres*, 64.

199. « Plus précieuse par ses ruines admirables. » Sidoine Apollinaire, *Pœmata*, XXIII, 62.

200. « En sorte qu'il appert qu'en ce lieu unique la nature s'est complu dans son ouvrage. » Pline, *Hist. Nat.*, III, 5.

201. « Plus nous nous privons, plus les dieux nous accordent. Dépourvu de tout, je ne m'en range pas moins au parti de ceux qui ne désirent rien... A qui demande beaucoup, il manque beaucoup. » Horace, *Odes*, III, XVI, 21 et 42.

202. « Je ne demande rien de plus aux dieux. » Horace, *Odes*, II, XVIII, 11.

203. « J'abandonne le reste à la fortune. » Ovide, *Métamorphoses*, II, 140.

204. « Il ne peut plus rien naître de bon, tant les germes sont corrompus. » Tertullien, *Apologétique*.

205. Sur le rapport fait au Sénat par Orazio Massimi, Marzo Cecio, Alessandro Muti, Conservateurs de la ville de Rome, sur le droit de cité romaine à accorder à l'illustrissime Michel de Montaigne, chevalier de l'ordre de Saint-Michel et gentilhomme ordinaire du Roi Très chrétien, le Sénat et le Peuple Romain ont décrété;
Considérant que par us et coutume antiques, ceux-là ont toujours été adoptés parmi nous avec ardeur et empressement qui, distingués en vertu et en noblesse, avaient servi et honoré grandement notre République ou pouvaient le faire un jour; Nous, pleins de respect pour l'exemple et l'autorité de nos ancêtres, nous croyons devoir imiter et conserver cette belle coutume. Pour ces raisons, l'illustrissime Michel de Montaigne, chevalier de l'ordre de Saint-Michel, et gentilhomme ordinaire de la chambre du Roi Très chrétien, fort zélé pour le nom romain, étant, par le rang, par l'éclat de sa famille et par ses qualités personnelles, très digne d'être admis au droit de cité romaine par le suprême jugement et les suffrages du Sénat et du Peuple Romain, il a plu au Sénat et au Peuple Romain que l'illustrissime Michel de Montaigne, orné de tous les genres de mérites et très cher à ce noble peuple, fût inscrit comme citoyen romain tant pour lui que pour sa postérité et appelé à jouir de tous les honneurs et avantages réservés à ceux qui sont nés citoyens et patriciens de Rome ou le sont devenus au meilleur titre. En quoi le Sénat et le Peuple Romain pense qu'il accorde moins un droit qu'il ne paie une dette et que c'est moins un service qu'il rend qu'un service qu'il reçoit de celui qui, en acceptant ce droit de cité, honore et illustre la cité même.
Les Conservateurs ont fait inscrire ce sénatus-consulte par les secrétaires du Sénat et du Peuple Romain, pour être déposé dans les archives du Capitole et en ont fait dresser cet acte muni du sceau ordinaire de la ville. L'an de la fondation de Rome 2331 et de la naissance de Jésus-Christ 1581, le 13 de mars.
Orazio Fosco, Secrétaire du Sacré Sénat et du Peuple Romain.
Vincente Martoli, Secrétaire du Sacré Sénat et du Peuple Romain.

206. Resserrez-vous.

CHAPITRE X

1. Contiendrais, retiendrais.

2. « Fuyant les affaires et né pour les loisirs insoucieux. » Ovide, *Tristes*, III, II, 9.

3. La foule des soucis de chez moi.

4. Montaigne traduit ces mots après les avoir cités. Sénèque, *Epîtres*, 22.

5. « Tu marches sur un feu couvert d'une cendre trompeuse. » Horace, *Odes*, II, I, 7.

6. Les jurats de la ville.

7. Fier (se rapporte à « je », sous-entendu).

8. « L'un et l'autre bons serviteurs de la paix et de la guerre. » Virgile, *Enéide*, XI, 658.

9. Raconter.

10. « Ce sont des ignorants qui jugent et il faut souvent les tromper, pour les empêcher de tomber dans l'erreur. » Quintilien, *Instit. orat.*, II, 17.

11. Du but.

12. Initiés.

13. « Qui est l'ami de soi-même est ami, sachez-le, de tout le monde. » Sénèque, *Epîtres*, 6.

14. « Moi-même je n'hésite pas à mourir pour mes amis chers et pour ma patrie. » Horace, *Odes*, IV, IX, 51.

15. L'action va bien sans passion.

16. « La passion est toujours mauvais guide. » Stace, *Thébaïde*, X, 704; cité par Juste Lipse, *Politiques*, III, 6.

17. Il manque le but.

18. « La précipitation est une cause de retard. » Quinte-Curce, IX, IX, 12.

19. « La hâte s'entrave elle-même. » Sénèque, *Epîtres*, 44.

20. Empêchement.

21. Echecs.

22. « Car si l'homme pouvait se contenter de ce qui lui suffit, je serais assez riche; mais puisqu'il n'en est pas ainsi, comment supposer que des richesses, quelque grandes qu'elles soient, puissent jamais me satisfaire ? » Lucilius, V; cité par Nonius Marcellus, V, 98.

23. « La nature pourvoit à ses exigences. » Sénèque, *Epîtres*, 90.

24. Accordons-nous par dispense quelque chose de plus.

25. Mesure.

26. « A quoi bon la fortune s'il ne m'est pas possible d'en jouir ? » Horace, *Epîtres*, I, V, 12.

27. Ermite.

28. Allusion à la réforme du calendrier par Grégoire XIII, adoptée en France en décembre 1582.

29. Revendique.

30. Lui donner asile.

31. Bien.

32. Droit devant eux (Montaigne explique l'expression aussitôt après).

33. « Le monde entier joue la comédie. » Fragment de Pétrone cité dans le *De constantia* de Juste Lipse, I, 8.

34. Font les prélats.

35. Lieux d'aisances.

36. Coup de bonnet, salut.

37. Fonction.

38. « Ils s'abandonnent tellement à leur fortune qu'ils en oublient jusqu'à la nature. » Quinte-Curce, III, 11, 18.

39. Attache.

40. Troubles.

41. « Et hors les nécessités de la guerre, je ne nourris aucune haine capitale. » Auteur inconnu.

42. « Que celui-là s'abandonne à la passion qui ne peut suivre la raison. » Cicéron, *Tusculanes*, IV, 25.

43. Les meurtrit dans leurs intérêts particuliers.

44. « Ils ne s'accordaient pas tous à blâmer l'ensemble, mais chacun critiquait les détails qui l'intéressaient personnellement. » Tite-Live, XXXIV, 36.

45. Je ne fais pas le forcené.

46. Théodore de Bèze loué par Montaigne (II, 17) ce qui lui valut les reproches de l'Inquisition.

47. Jambe.

48. Chercha à établir.

49. Trompèrent, blousèrent.

50. Le parti protestant.

51. La ligue, en 1576.

52. Par des fourberies.

53. Torpeur, engourdissement.

54. Se détournent des chemins qui y conduisent.

55. Confondues [avec celles des autres].

56. Inimitié.

57. « Ils auront moins de peine à ne pas commencer qu'à cesser. » Sénèque, *Epîtres*, 72.

58. S'attacher.

59. « Tel un rocher qui s'avance dans la vaste mer, en butte à la fureur des vents et exposé aux flots, il brave les menaces et tous les efforts du ciel et de la terre, restant lui-même inébranlable. » Virgile, *Enéide*, X, 693.

60. Eviter d'avoir à sentir.

61. Imaginant.

62. « Ne nous induisez pas en tentation. » Saint Mathieu, VI, 13.

63. On ignore de quel auteur sont empruntés ces vers que Montaigne traduit avant de les citer. Ils sont imités, dirait-on, de Buchanan, *Franciscanus*, 13 et 16.

64. Inclination.

65. « Car d'elles-mêmes les passions se poussent quand une fois on s'est écarté de la raison; la faiblesse humaine se fie en elle-même, elle s'avance étourdiment en pleine mer et ne trouve plus de refuge où s'abriter. » Cicéron, *Tusculanes*, IV, 18.

66. « L'âme, bien avant d'être vaincue, est ébranlée. » Auteur inconnu.

67. « Ainsi quand le vent, faible encore, s'agite dans la forêt; il frémit et ses sourds rugissements annoncent aux matelots les ouragans prochains. » Virgile, *Enéide*, X, 97.

68. « On doit, pour éviter les procès, faire tout ce que l'on peut et peut-être même un peu plus; car il est non seulement bien, mais aussi quelquefois profitable de se relâcher un petit peu de ses droits. » Cicéron, *De officiis*, II, 18.

69. Subie ou infligée.

70. Sans avoir été injurié (locution proverbiale).

71. La guerre de Charles le Téméraire contre les Suisses eut pour origine un chariot de peaux de moutons dérobé à un Suisse.

72. Bouleversement.

73. Marius jaloux de Sylla qui avait fait graver un cachet en mémoire de ses succès sur Jugurtha.

74. Le jugement de Pâris et la guerre de Troie.

75. Au début.

76. Mettre à la gourmette, maîtriser.

77. Des terriers de lapins (conils) en guise de refuges.

78. Sous un masque.

79. « Il est plus facile de les arracher de l'âme que de les brider. » Auteur inconnu.

80. Je m'accoutume.

81. Se rencontrent.

82. « Heureux qui a pu connaître les raisons des choses et qui a foulé aux pieds toutes les craintes : le dessein inexorable et le bruit fait autour de l'avare Achéron! Fortuné aussi celui qui connaît les dieux champêtres, et Pan, et le vieux Sylvain, et les Nymphes sœurs! » Virgile, *Géorgiques*, II, 490.

83. « C'est avec raison que j'ai détesté d'élever la tête et d'attirer de loin les regards. » Horace, *Odes*, III, XVI, 18.

84. Sa mairie de Bordeaux.

85. « Toujours calme par nature, et plus encore à présent, par l'effet de l'âge. » Cf. Quintus Cicéron, *De petitione consulatus*, II.

86. Sans laisser de trace.

87. C'est bon signe.

88. Mon inaction.

89. « Ni basse ni abjecte, ni outrecuidante. » Cicéron, *De officiis*, I, 34.

90. Sagesse et honnêteté.

91. L'égalité d'âme.

92. Tréteaux.

93. Amettes (petites âmes).

94. « Ce n'est pas à nous, Seigneur, ce n'est pas à nous, mais à ton nom qu'il en faut rapporter la gloire. » *Psaume* CXIII, 1.

95. D'une autre bourse.

96. Qu'il s'en paye.

97. Innombrable.

98. Mendiante.

99. Demander l'aumône.

100. « Qu'est-ce que cette gloire qu'on peut trouver au marché ? » Cicéron, *De finibus*, II, 15.

101. Cicéron, *Tusculanes*, II, XXVI : « Pour moi, je trouve bien plus louable ce qui se fait sans ostentation et pour les yeux du peuple. »

102. Actes feutrés.

103. Projeté.

104. Dépassé.

105. « Que je me confie à ce calme prodigieux ? que j'oublie ce que peuvent cacher la face paisible de la mer et les flots tranquilles ? » Virgile, *Enéide*, V, 849.

CHAPITRE XI

1. Cf. chap. X, note 28.

2. Le jour supplémentaire des années bissextiles.

3. Notre erreur de compte.

4. La prétention.

5. On passe.

6. Bâtir.

7. « Capable de donner du poids à de la fumée. » Perse, V, 20.

8. « Le faux est si voisin du vrai que le sage ne doit pas s'aventurer dans un défilé aussi périlleux. » Cicéron, *Académiques*, II, 21.

9. Prodiges, monstres, météores relatés par les chroniqueurs du XVIᵉ siècle.

10. « Par la tendance innée aux hommes de donner cours à des rumeurs. » Tite-Live, XXVIII, 24.

11. Augmentation.

12. Pierre de touche.

13. « Comme s'il y avait rien de si répandu que le manque de jugement. » Cicéron, *De divinatione*, II, 39.

14. « Belle autorité pour la sagesse qu'une multitude de fous! »
Saint Augustin, *Cité de Dieu*, VI, 10.

15. Si on les étudiait.

16. « Nous admirons les choses qui trompent par leur éloignement. »
Sénèque, *Epîtres*, 118.

17. « Jamais la renommée ne s'en tient à l'évidence. » Quinte-Curce,
IX, 2.

18. Mettre en crédit.

19. Probablement.

20. Retenions.

21. La formule de procédure.

22. L'étonnement.

23. Mais en vérité.

24. Expliquer.

25. Jean Bodin (*Démonomanie des sorciers*, 1586) croit à l'existence
des sorciers d'après l'autorité de l'Ecriture.

26. « Les hommes ajoutent plus de foi à ce qu'ils n'entendent pas »
Auteur inconnu.

27. « Les hommes sont ainsi faits qu'ils croient plus volontiers ce
qui leur semble obscur. » Tacite, *Histoires*, I, 22.

28. « Qu'on propose ces choses comme vraisemblables, mais qu'on
ne les affirme pas. » Cicéron, *Académiques*, II, 27.

29. Eviter.

30. Idée préconçue.

31. Antidote de la folie chez les Anciens.

32. « Leur cas me semble plus voisin de la folie que du crime. »
Tite-Live, VIII, 18.

33. Objections.

34. Le nœud gordien.

35. S'imagina.

36. Garantis.

37. Causerie.

38. « Je n'ai pas honte, comme ces gens-là, d'avouer que j'ignore
ce que j'ignore. » Cicéron, *Tusculanes*, I, XXV.

39. Cette parole que Montaigne traduit après l'avoir citée procède
d'Erasme, *Adages*, II, 9, 49. On la trouve aussi dans une scolie de
Théocrite, *Idylles*, IV, v, 62.

40. Estropiaient.

41. Déhanché.

42. Mouvement, branle.

43. Proverbe, celui de la note 39.

44. Déréglé.

45. « Soit que la chaleur dilate maintes voies et ouvertures cachées, par où le suc arrive aux herbes nouvelles; ou bien qu'elle durcisse le sol et resserre ses veines trop béantes, pour empêcher les effets des pluies fines, des ardeurs épuisantes du soleil et les brûlures du froid pénétrant de Borée. » Virgile, *Géorgiques*, I, 89.

46. « Toute médaille a son revers. » (Dicton italien.)

47. Dépassé.

48. Pris d'avance.

CHAPITRE XII

1. Sur la foi d'autrui.

2. « Garder la mesure, observer les limites, suivre la nature... » C'étaient là les mœurs de Caton d'après Lucain, *Pharsale*, II, 381.

3. Socrate.

4. Platon et Xénophon.

5. La mauvaise humeur.

6. « Nous souffrons autant d'intempérance dans l'étude des lettres que dans tout le reste. » Sénèque, *Epîtres*, 106. Cité par Juste Lipse, *Politiques*, I, 10.

7. « Il faut peu de lettres pour former une âme saine. » Sénèque, *Epîtres*, 106.

8. Au fait.

9. « Des choses plus agréables à déguster qu'à boire. » Cicéron, *Tusculanes*, V, v.

10. « Dès qu'il s'agit de l'âme, non de l'esprit. » Sénèque, *Epîtres*, 75.

11. « Une grande âme s'exprime avec plus de calme et de sérénité. » Sénèque, *Epîtres*, 115.

12. « L'esprit n'a pas une teinte et l'âme une autre. » Sénèque. *Epîtres*, 114.

13. N'ont cure de.

14. Creuse, retourne.

15. « Cette vertu simple et à la portée de tous a été changée en science obscure et subtile. » Sénèque, *Epîtres*, 95.

16. Ravages des bandes huguenotes en Guyenne (1585).

17. « Ce n'est pas par les armes que l'on combat, mais par les vices. » Auteur inconnu.

18. « Un redoutable ennemi est à ma droite, un autre à ma gauche, et de chaque côté menace un danger prochain. » Ovide, *Pontiques*, I, III, 57.

19. Joue son rôle.

20. « Le mal empire et s'aigrit par le remède. » Virgile, *Enéide*, XII, 46.

21. « Le juste et l'injuste confondus par notre fureur coupable ont détourné de nous la juste volonté des dieux. » Catulle, *Epithalame de Thétis et de Pélée*, v. 406.

22. Ciment (allusion aux mercenaires).

23. Solide.

24. Mercenaires.

25. Allusion à Henri de Navarre héritier présomptif du trône depuis 1584.

26. « Du moins n'empêchez pas ce jeune héros de secourir une génération qui menace ruine. » Virgile, *Géorgiques*, I, 500.

27. Punis de mort.

28. Sans délai.

29. Société.

30. Par.

31. Allait.

32. Enflammons.

33. « Rien de plus trompeur que la superstition, qui couvre ses crimes de l'intérêt des dieux. » Tite-Live, XXXIX, 16.

34. « Tant de toutes parts les champs sont partout troublés. » Virgile, *Bucoliques*, I, 11.

35. « Ce qu'ils ne peuvent emporter ou emmener, ils le détruisent, et leur tourbe scélérate incendie d'innocentes cabanes. » Ovide, *Tristes*, III, x, 65.

36. « Nulle sécurité derrière les murailles des villes, et les campagnes sont désolées par le pillage. » Claudien, *In Eutropium*, I, 244,

37. Etrillé.

38. Manque.

39. « Car l'évidence est affaiblie par la discussion. » *De natura deorum*, III, IV.

40. Prosternée.

41. Ainsi.

42. « Que je conserve seulement ce qui m'appartient actuellement, même moins, s'il le faut, et que je puisse vivre pour moi ce qui me reste de jours, si les dieux veulent m'en accorder encore. » Horace, *Epîtres*, I, XVIII, 107.

43. Tous à la fois.

44. Promené.

45. Sans ressources (litt. : sans manteau).

46. Tonneau.

47. « L'homme le plus puissant est celui qui se possède lui-même. » Sénèque, *Epîtres*, 90.

48. Représentation.

49. « Nous sentons les maux publics seulement dans la mesure où ils s'étendent à nos intérêts privés. » Tite-Live, XXX, 45.

50. Seulement à.

51. Croulement, branle.

52. Aggravation.

53. Peste en Guyenne, juin-décembre 1585.

54. « Vieillards et jeunes gens, pêle-mêle, s'entassent dans le tombeau; nulle tête n'échappe à la féroce Proserpine. » Horace, *Odes*, I, XXVIII, 19.

55. Dès que quelqu'un.

56. « On aurait vu les royaumes des pâtres déserts, les halliers vides en long et en large. » Virgile, *Géorgiques*, III, 476.

57. S'en fussent remis.

58. Se diversifient.

59. Ficelle par laquelle il est attaché (métaphore prise des oiseaux de chasse).

60. « Méditez l'exil, les tourments, la guerre, les maladies, les naufrages. » Sénèque, *Epîtres*, 91.

61. « Afin que nul malheur ne vous surprenne novice. » Sénèque, *Epîtres*, 107.

62. Imaginer à l'avance.

63. « Ceux qui ont souffert, l'éventualité de la souffrance les fait souffrir autant que la douleur même. » Sénèque, *Epîtres*, 74.

64. Sénèque.

65. « Aiguisant par des soucis l'esprit des mortels. » Virgile, *Géorgiques*, I, 123.

66. « La souffrance affecte moins nos sens que l'imagination. » Quintilien, *Instit. orat.*, I, 12.

67. « En vain, mortels, vous cherchez à connaître l'heure incertaine de vos funérailles et le chemin par où la mort doit venir. » Properce, II, XXVII, 1.

68. « Il est moins pénible de supporter un malheur soudain et certain que de souffrir longuement le supplice de la crainte. » Pseudo-Gallus, *Elégies*, I, 227.

69. Donner une forme différente.

70. « Toute la vie des philosophes est une méditation de la mort. » Cicéron, *Tusculanes*, I, XXX.

71. « Sur quelque rivage que la tempête me jette, j'y aborde en hôte. » Horace, *Epîtres*, I, 1, 15.

72. Prévue.

73. Légère.

74. « C'est souffrir plus qu'il n'est nécessaire, que de souffrir avant que ce soit nécessaire. » Sénèque, *Epîtres*, 98.

75. Manque d'imagination.

76. Aux frais de l'Etat.

77. Admonesté.

78. Voulusse.

79. Vous accuser par représailles.

80. Tenait pour souillé.

81. Au bain.

82. Se baignait.

83. Abordait.

84. « Ainsi se renouvelle l'ensemble des choses. » Lucrèce, II, 74.

85. « Mille vies naissent d'une seule mort. » Ovide, *Fastes*, I, 380.

86. Concédé au goût public.

87. Emprunts aux compilateurs de son temps.

88. Cuisinages, fagotages.

89. Critique, houspille.

90. Changeant leur forme en vue d'un.

91. Connaissances.

92. La science.

93. Publier.

94. A l'imprimerie et aussi à se presser (jeu de mots).

95. Ignorance.

96. Donnerais-je.

97. « Il importe beaucoup à l'âme d'être dans un corps disposé de telle ou telle façon; car beaucoup de qualités corporelles contribuent à aiguiser l'esprit et beaucoup d'autres à l'émousser. » Cicéron, *Tusculanes*, I, XXXIII.

98. Cicéron qu'il vient de citer.

99. De cette sorte.

100. Courante.

101. Ne tombent pas toujours bien (ne voient pas toujours juste).

102. Importance.

103. A fouetter les méchants.

104. De leur plein gré.

105. La croyance religieuse.

106. Par l'opinion qu'il donne de moi.

107. « Qu'ai-je dit ? J'ai ! C'est : *j'ai eu* que je devais dire, Chrémès ! » Térence, *Heautontimoroumenos*, I, 1, 42.

108. « Hélas ! vous ne voyez plus en moi que les os d'un corps usé. » Pseudo-Gallus, I, 238.

109. Réconforter, rassurer et faire prendre du repos.

110. Pas plus que je ne crois aux monstres.

111. Le ciel.

112. Mît à l'étable.

113. Poings.

114. Archers.

115. Coffre, caisse.

116. « C'est alors qu'il te fallut du courage, Enée, alors qu'il te fallut un cœur ferme. » Virgile, *Enéide*, VI, 261.

117. En faisant état de.

118. « Ayant déjà imploré et Pollux et Castor. » Catulle, LXVI, 65.

119. Mésaventure de Montaigne arrêté dans la forêt de Villebois.

120. Préméditée.

121. A tort et à raison.

122. « Je voudrais qu'on n'eût pas commis de fautes; mais je n'ai pas le courage de punir celles qui sont commises. » Tite-Live, XXIX, 21.

123. Convenir.

CHAPITRE XIII

1. « C'est par différentes épreuves que l'expérience a produit l'art, l'exemple nous montrant le chemin. » Manilius, I, 59; cité par Juste Lipse, *Politiques*, I, 8.

2. Fabriquant de cartes à jouer de l'époque.

3. L'empereur Justinien.

4. « De même qu'autrefois les scandales, maintenant les lois sont un fléau. » Tacite, *Annales*, III, 25.

5. Sans établir un lien entre le cas présent et les cas passés et futurs.

6. Pourvut, prescrivit.

7. Des formules artificielles.

8. Exactement.

9. Manière d'assembler les mots.

10. Empêtrés.

11. « Tout ce qui est divisé jusqu'à n'être que poussière devient confus. » Sénèque, *Epîtres*, 89.

12. Emiettée.

13. « C'est la science qui crée la difficulté. » Quintilien, *Instit. orat.*, X, 3.

14. Jurisconsulte, ainsi que les deux précédents.

15. Innombrable.

16. Bronchent.

17. « Une souris dans la poix. » Dicton latin, recueilli par Erasme, *Adages*, II, III, 68.

18. Il tend toujours plus avant.

19. Vers de la Boétie.

20. Pénultième, avant-dernier.

21. Dictionnaire.

22. Indirecte.

23. Sacrifiés aux formules.

24. Compensant de sa bourse le dommage.

25. En juillet 1588 il sera emprisonné huit heures à la Bastille par les Ligueurs.

26. Ce qui leur est très profitable.

27. « Par quel art Dieu gouverne cette maison du monde; par où s'élève la lune et par où elle se retire et comment réunissant ses cornes elle se retrouve chaque mois dans son plein; d'où viennent les vents qui commandent la mer et quelle est l'influence du souffle de l'Eurus; par quelles eaux sont formées incessamment les nuages; s'il doit venir un jour qui détruira les citadelles du monde. » Properce, III, V, 26.

28. « Cherchez, vous que tourmente le labeur de l'univers. » Lucain, *Pharsale*, I, 417.

29. L'autre sagesse, celle des philosophes.

30. Qu'elle soit d'un empereur ou d'un homme du peuple.

31. Primesaut.

32. « Comme, sous le premier souffle du vent, la mer blanchit, puis, peu à peu, s'enfle, soulève ses ondes et bientôt se dresse du fond de l'abîme jusqu'au ciel. » Virgile, *Enéide*, VII, 528.

33. Apollon.

34. Croyances.

35. Dans le style.

36. « Rien n'est plus honteux que de donner le pas à l'assertion et à la décision sur la perception et la connaissance. » Cicéron, *Académiques*, I, 12.

37. Antée.

38. [Antée] « dont les membres défaillants, chaque fois qu'il touche sa mère, reprennent force et vigueur ». Lucain, *Pharsale*, IV, 599.

39. Décousues.

40. « Mais combien y a-t-il d'espèces et quels noms ont-elles ? On en ignore le nombre. » Virgile, *Géorgiques*, II, 103.

41. « Seule, la sagesse est tout entière enfermée en elle-même ». Cicéron, *De finibus*, III, 7.

42. L'ordonner.

43. Libres en leur essor.

44. Qualités.

45. « Tandis qu'un sang meilleur me donnait des forces et que l'envieuse vieillesse n'avait pas encore parsemé mes tempes chenues de cheveux blancs. » Virgile, *Enéide*, V, 415.

46. Bornes.

47. Qui voulût être ce qu'il est et qui ne désirât rien de plus. » Martial, *Epigrammes*, X, XLVIII, 12.

48. Si on.

49. Expériences.

50. Des opinions.

51. Cède.

52. « Enfin, je donne les mains à une science efficace. » Horace, *Epodes*, XVII, 1.

53. Trouble.

54. Magicienne de l'*Odyssée*.

55. Usage des lits à rideaux au XVIᵉ siècle.

56. Augsbourg.

57. Chambres chauffées par des poêles de faïence.

58. Quand on arrive au fond du tonneau.

59. Cet arôme.

60. En lettres moulées (imprimées).

61. Imprimeur connu par la qualité de ses impressions (1500-1576).

62. Imprimeur né près de Tours et établi à Anvers.

63. Jean de Vivonne, ambassadeur en Espagne de 1572 à 1583.

64. Enclose.

65. Vacarme.

66. Matelas.

67. Enfoncent, s'effondrent.

68. Mettre au compte de la.

69. Manœuvres.

70. La mendicité.

71. Sur les routes.

72. « Lui plaît-il de se faire porter jusqu'à la première borne, elle compulse son livre, pour savoir à quelle heure. Le coin de son œil la démange-t-il pour l'avoir trop frotté, elle ne demande un collyre qu'après vérification de l'horoscope. » Juvénal, VI, 577.

73. Sans en souffrir.

74. Cuiller.

75. Qui ne fut guère en usage qu'à partir de Louis XIII.

76. De m'incommoder d'un long séjour à l'air du soir.

77. Failli.

78. Non tant ce qu'il pense que ce qu'il ressent.

79. Recherche.

80. En prison [dans leur chambre].

81. Briser.

82. « Par nature, l'homme est un animal propre et délicat. » Sénèque, *Epîtres*, 92.

83. Rendez-vous.

84. Mer.

85. « La vie est-elle d'un si grand prix ? » Auteur inconnu.

86. « On nous force à renoncer à nos habitudes et nous cessons de vivre pour vivre... Devrais-je regarder comme vivants ceux à qui on rend incommodes l'air qu'ils respirent et la lumière qui les gouverne ? » Pseudo-Gallus, v. 155 et 247.

87. Tromper.

88. L'âcreté.

89. « Alors que voltigeant autour de moi Cupidon étincelait resplendissant dans sa robe de pourpre. » Catulle, LXVI, 133.

90. « Et j'ai fait la guerre non sans gloire. » Horace, *Odes*, III, xxv, 2.

91. « Je me souviens à peine d'y être allé jusqu'à six. » Ovide. *Amours*, III, vii, 26. — Le texte latin porte : *Et memini numeros sustinuisse novem.*

92. Combien jeune.

93. Quartilla : personnage du *Satiricon* de Pétrone.

94. « Aussi eus-je de bonne heure du poil sous l'aisselle et une barbe précoce étonna ma mère. » Martial, *Epigrammes*, XI, xxii, 7.

95. Nous procure.

96. « Dieu me défende de moi-même. »

97. Médecins : Fernel, médecin d'Henri II, et Scaliger.

98. Forte.

99. Très vigoureuse.

100. Me faire faire une digression.

101. Faire comprendre ma pensée.

102. « Il y a une certaine voix propre à l'audition, non pas tant par son volume que par sa qualité. » Quintilien, *Instit, orat.*, XI, 3.

103. Reçoit.

104. Recule.

105. Rhumes.

106. Rhumatismes de goutte.

107. Relâchement [de ventre].

108. Migraines.

109. Se plaindre.

110. « Plains-toi, si c'est à toi seul qu'on impose une injuste loi. » Sénèque, *Epîtres*, 91.

111. « Insensé! à quoi bon ces souhaits vains et ces vœux puérils ? » Ovide, *Tristes*, III, viii, 11.

112. Etayera.

113. « Ainsi celui qui veut soutenir un bâtiment l'étaie dans les endroits où il menace ruine jusqu'à ce que vienne le jour fatal où toute la charpente se disloque, où les étais tombent avec l'édifice. » Pseudo-Gallus, I, 171.

114. Doux et forts.

115. Les médecins.

116. Prennent des airs avantageux.

117. Merci.

118. Gêné.

119. Tribut.

120. Employés alors comme diurétiques.

121. Ecoulement.

122. L'esprit de Montaigne.

123. « C'est quand nous n'avons pas mérité le mal que nous avons le droit de nous en plaindre. » Ovide, *Héroïdes*, V, 8.

124. De toute manière.

125. Accord.

126. Par intervalles.

127. Admets.

128. De motifs de.

129. De toute manière.

130. De façon habile.

131. Tu lui touches la main.

132. Fait passer l'eau [de l'Achéron].

133. Notes.

134. Feuilles d'arbre sur lesquelles la Sibylle de Cumes écrivait ses prophéties.

135. Gravelle.

136. Mettre en balance avec le.

137. Rivaliser et s'opposer l'une à l'autre.

138. Si bien que tour à tour.

139. Un sujet.

140. Retombé.

141. Sétons.

142. Obligent à tenir compte d'elles.

143. Migraine.

144. Expriment.

145. Libres.

146. Les corvées de la guerre.

147. « Et je songe qu'il est beau de mourir sous les armes. » Virgile, *Enéide*, II, 317.

148. Rassure.

149. Soldat.

150. « Vivre, mon cher Lucilius, c'est combattre. » Sénèque, *Epîtres*, 96.

151. Dons.

152. Facile.

153. Qui me démangent.

154. Délais, prolongations.

155. « Désormais mes poumons ne me permettent plus de braver les pluies du ciel sur le seuil d'une maîtresse. » Horace, *Odes*, III, x, 19.

156. « Mes membres n'ont nulle atteinte des troubles de mon esprit. » Ovide, *Tristes*, III, viii, 25.

157. « Qui s'étonne d'un goitreux dans les Alpes ? » Juvénal, XIII, 162.

158. « Que les hommes retrouvent en songe les choses qui les occupent dans la vie et qu'ils méditent, qu'ils voient, qu'ils font lorsqu'ils sont éveillés, il n'y a là rien d'étonnant! » Vers tirés d'une tragédie d'Attius intitulée *Brutus* et rapportés par Cicéron, *De divinatione*, I, 22.

159. Précepteur.

160. « Par lesquelles le luxe se joue de l'ennui des richesses. » Sénèque, *Epîtres*, 18.

161. Recherché.

162. « Si tu ne sais pas te contenter d'un légume servi dans un modeste plat pour ton dîner. » Horace, *Epîtres*, I, v, 2.

163. Désirerais.

164. « C'est une grande partie de la liberté qu'un ventre bien réglé. » Sénèque, *Epîtres*, 123.

165. Basse (sans idée péjorative).

166. Qui faisons tout en courant.

167. Indifférent à.

168. Je ne m'y attends pas.

169. « Cette excellente médiocrité. »

170. « Tout ce qui arrive conformément à la nature doit être compté au nombre des biens. » Cicéron, *De senectute*, 19.

171. « Aux jeunes gens c'est un coup violent qui arrache la vie; aux vieillards c'est la maturité même. » Cicéron, *De senectute*, 19.

172. Raiforts.

173. Supprimais.

174. Vénus.

175. Bacchus.

176. Qu'il fuie, qu'il évite.

177. Rhumes.

178. Précautions.

179. Parure.

180. Sévères.

181. Epais, lourd.

182. Lieux d'aisances.

183. Pendant les chaleurs.

184. Rhumes de cerveau.

185. Doucement.

186. Habilement.

187. Pourtant j'hésite à reconnaître que je deviens dur d'oreille.

188. Tendre (son attention).

189. Propos.

190. Festin.

191. De peu d'art.

192. Qui me tiens toujours tout près de terre.

193. Se manifeste.

194. « Si le vase n'est pas pur, tout ce que vous y versez s'aigrit. » Horace, *Épîtres*, I, II, 54.

195. Si pleinement.

196. Et pour être mise en œuvre.

197. Livre.

198. Annoter.

199. « Braves guerriers, qui avez souvent partagé avec moi de plus rudes épreuves, aujourd'hui noyez vos soucis dans le vin; demain nous voguerons sur la mer immense. » Horace, *Odes*, I, VII, 30.

200. Par plaisanterie.

201. Le président des controverses en Sorbonne pouvait mettre à l'amende de deux quartaux de vin l'étudiant en théologie qui cherchait seulement à se faire applaudir.

202. Employé.

203. « Que celui qui a le cœur sage ait aussi le palais délicat. » Paraphrase de Cicéron, *De finibus*, II, 8.

204. Jeu qui consiste à ramasser en courant des objets posés à terre.

205. Dégager de la foule d'ennemis.

206. Délivrer.

207. Renonça à.

208. Poison.

209. Faire raison à quelqu'un en buvant autant que lui.

210. De faibles et défectueuses.

211. Aller en haut.

212. « La dilatation de l'âme dans la joie n'est pas moins blâmable que sa contraction dans la douleur. » Cicéron, *Tusculanes*, IV, XXXI.

213. Parcimonieusement, chichement.

214. Une façon de parler.

215. S'arrêter.

216. Expression.

217. Décadence.

218. « La vie de l'insensé est ingrate, elle est trouble; elle se porte tout entière dans l'avenir. » Sénèque, *Épîtres*, 15.

219. Pénible, lourde.

220. De l'art à en jouir.

221. Justement méritées.

222. Médite sur un.

223. Chagrine.

224. Convenablement.

225. Douces.

226. « Pareils à ces fantômes qui voltigent, dit-on, après la mort ou à ces songes qui abusent nos sens assoupis. » Virgile, *Énéide*, X, 641.

227. « Croyant n'avoir rien fait tant qu'il restait quelque chose à faire. » Lucain, *Pharsale*, II, 637.

228. « Le sage recherche avec beaucoup d'avidité les richesses naturelles. » Sénèque, *Epîtres*, 119.

229. « Tout ce qui est selon la nature est digne d'estime. » Cicéron, *De finibus*, III, 6.

230. Puissent ses disciples n'avoir.

231. « Il faut entrer dans la nature des choses et voir exactement ce qu'elle exige. » Cicéron, *De finibus*, V, 16.

232. Cherche.

233. Pourquoi.

234. « Quiconque vante l'âme comme le souverain bien et condamne la chair comme mauvaise, assurément il embrasse et chérit l'âme charnellement et charnellement fuit la chair parce qu'il en juge selon la vanité humaine, non d'après la vérité divine. Saint Augustin, *Cité de Dieu*, XIV, 5.

235. Partie.

236. Pour la forme.

237. « Qui n'avouent pas que le propre de la sottise soit de faire lâchement et en maugréant ce qu'on est forcé de faire, de pousser le corps d'un côté et l'âme de l'autre, de se partager entre des mouvements si contraires. » Sénèque, *Epîtres*, 74.

238. Capilotade (ragoût).

239. Allusion à l'*Eureka* d'Archimède.

240. Occupant à l'avance.

241. Probablement.

242. Réjoui en commun.

243. « C'est en te soumettant aux dieux que tu règnes sur le monde. » Horace, *Odes*, III, VI, 5; cité par Juste Lipse, *Adversus dialogistum*, I.

244. Aussi nous est-il séant (ironique).

245. Phébus, Apollon.

246. « De jouir des biens que j'ai acquis, avec une santé robuste, voilà ce que je te demande de m'accorder, fils de Latone, et je t'en prie, que mes facultés restent entières; fais que ma vieillesse ne soit pas riciule et puisse encore toucher la lyre. » Horace, *Odes*, I, XXXI, 17.

GLOSSAIRE

A : avec.

à ce que (avec le subjonctif) : afin que.

accident : événement. Au pluriel : particularités.

accidentel : accessoire.

acquest : gain, avantage.

admiration : étonnement.

adventure (à l') : peut-être.

affections : sentiments.

aggraver : alourdir.

ainçois, ains : mais au contraire.

ainsi comme ainsi : de toute façon.

amuser (s') : s'occuper.

apparier : comparer, assimiler.

appréhension : intelligence.

arene : sable.

arrivée (d') : de prime abord.

arrouter : se mettre en route.

artifice : art.

assez : beaucoup.

assiette : position, situation; attitude.

assistance : présence.

asteure : à cette heure; *asteure... asteure :* tantôt... tantôt...

à tout : avec.

aucunement : en quelque façon un peu.

autrui (l'), subst. : les biens d'autrui.

avaler : trans. rabaisser, abattre; intrans. descendre; s'*av.* : descendre; *avalé* (fig.) : abattre.

avarice : cupidité.

Bastelage : jeu, farce.

Casuel : accidentel, fortuit.

casuellement : par hasard.

cause (à cette) : c'est pourquoi.

cependant : a aussi le sens de « pendant ce temps ».

certain : déterminé (devant le substantif).

certes (à) : sérieusement, pour de bon.

chaire : chaise.

chaloir : importer; *il ne me chaut :* il ne m'importe pas.

chevance : biens, patrimoine.

choisir : distinguer.

chose publique : république, Etat.

cogitations : pensées.

combien que : quoique.

commettre : confier.

commodité : avantage.

commune (la), subst. : foule, peuple; le vulgaire.

complexion : tempérament.

compte : conte; *faire compte de :* faire grand cas de.

compter : raconter, parler.

conférence : discussion, débat; conversation.

conférer : comparer; converser.

congé : permission.

conseil : projet, dessein, décision; conduite.

consommer : consumer.

conte : compte.

conter : compter.

contention : effort, tension; lutte.

contrebas : vers le bas.

contremont : en l'air, en haut; prépos : en remontant.

conversation : fréquentation, compagnie.

coulpe : faute.

courage : cœur, sentiments.

créance : croyance, foi.

cuider : croire, penser. Subst : idée; présomption, outrecuidance.

cupidités : désirs, passions.

curieux : soigneux.

curieusement : soigneusement.

curiosité : recherche.

Decret : décision, jugement.

déduit : plaisir.

défaut : lacune, manque.

deffaire : tuer.

délibéré à : décidé à.

déplaisir : chagrin.

despartir : distribuer, partager; *se départir :* se séparer

desseigner : projeter.

destourbier : obstacle.

detraction : dénigrement.

deuil : douleur.

développer (se) : se dépêtrer.

dire (être à) : manquer, être absent; *à dire :* manquant.

disent (ils) : on dit.

discours : 1) sujet, propos; 2) raison, raisonnement, jugement.

discrétion : discernement.

disputer : discuter.

divers : étrange, bizarre; *divers à :* différent de, contraire à, opposé à.

doctrine : science, savoir.

dogme : opinion.

domestique : familier.

douloir : faire mal, faire souffrir; *se douloir :* souffrir (3e pers. pr. ind. : *deult*).

doute (sans) : sans aucun doute.

dressé : habitué.

duire : former; *duit :* formé, entraîné à.

Economie : administration du ménage.

effet : acte, fait; pratique; *par effet :* effectivement, en réalité.

élection : choix.

émouvoir : exciter.

empescher : occuper; embarrasser; *s'empescher :* s'embarrasser.

enhortement : exhortation.

enhorter : exhorter.

ennuyeux : qui cause des tourments.

envys : à contre-cœur.

équable : égal.

eschaffaux : scènes, tréteaux.

escient (à) : sciemment, exprès.

esmouvoir : élever.

essai : expérience, épreuve.

essayer : éprouver, mettre à l'épreuve, expérimenter.

estonnement : ébranlement, trouble profond.

estonner : abattre; *estonné :* abasourdi.

estrener : gratifier.

estude : effort, application.

événement : résultat.

exercite : armée.

exquis : recherché, rare; excellent.

Faillir : manquer, être en défaut; se tromper : *Je faux, il faut, ils faillent.*

fantaisies : imaginations; idées, opinions.

feindre : imaginer.

ferir : frapper, 3e p.pr. ind. : *fiert.*

fiance : confiance.

fier : confier.

fier (adj.) : farouche.

forme : manière d'être.

fortitude : bravoure

fortune : sort.

franc : libre.

franchise : liberté; sauvegarde; *par franchise :* librement.

furieux : fou.

Garder que : empêcher que.
gauchir (à), ou *gauchir* : esquiver, éviter ; intransitif : dévier.
gehene, geine : torture.
généreux : noble.
gentil : noble.
gratifier : être agréable à.
grief, griefe : grave, pénible.

Hasard : risque, danger.

Imaginations : idées.
imbécille : faible.
imbecillité : faiblesse.
impression : trace imprimée ; opinion.
indiscret : inconsidéré, immodéré.
indiscrètement : sans discernement.
indiscrétion : manque de discernement.
industrie : habileté, adresse.
injures : injustices.
inquiétude : agitation.
inquisition : recherche.
institution : éducation.
intelligence : entente, accord.
intéressé : endommagé.
interest : a aussi le sens de dommage, détriment, préjudice.
inventions : idées.
ire : colère.

Lairroi : *je laisserai : tu lairras, il lairra, nous lairrons ; ils lairront ;* au conditionnel : *il lairroit ; nous lairrions.*
librairie : bibliothèque.
loy (avoir) : avoir le droit de, le pouvoir de.
loyer : salaire, récompense.
lustres : points de vue.

Maltalent : ressentiment.
manie : folie.
mestrui : désormais.
mesmes, mesmement : surtout, en particulier.
mesnager, adj. économe ; subst. : bon administrateur ; verbe : administrer.
mesnagerie : économie domestique.
meurtrir : tuer.

mont (à) : en haut.
mousse : émoussé, doux ; insensible.
muance : changement.

Naïf : naturel, sincère.
notices : connaissances.
nourri : élevé.
nourriture : éducation, instruction.
nouvelleté : nouveauté ; révolution.

Occasion : cause.
oeconomie : administration domestique.
offencer : blesser.
office : travail, charge ; au pluriel : services ; charges.
oïr : entendre, écouter. Présent ind. : *j'oy* ou *j'ois, nous oyons, ils oyent ;* futur : *il orra ;* condit. *j'orrois.*
opération : action ; effet.
ord, e : sale.
ores : maintenant ; *ores... ores... :* tantôt... tantôt.
ost : armée.
où : quand, tandis que.

Parlement : pourparlers.
partement : départ.
parties : qualités.
partir : partager ; analyser. 3e p. plur. : *partent ;* p. passé *parti :* partagé.
pas : passage.
passion : souffrance ; au pluriel : impressions, mouvements passifs.
patience : endurance.
patiemment : avec endurance.
péculier, e : particulier.
péculièrement : particulièrement.
peine (à) : difficilement, avec peine.
peneux : misérable.
pieça : depuis longtemps, jadis.
piper : tromper.
piperie : tromperie.
pipeur, eresse : trompeur, euse.
piteux : misérable, qui excite la pitié.
plaindre : regretter.

poindre : piquer, irriter; part. pr. *poignant*.

pointure : piqûre, atteinte; douleur poignante.

poiser : peser.

police : administration, gouvernement; société.

porter : supporter; *se porter :* se comporter.

poste (à son, à sa) : à sa guise.

pourpenser : préparer.

pourtant : pour cette raison, c'est pourquoi.

préoccuper: trans., anticiper.

prefix : fixé d'avance, déterminé.

presse : foule.

preuve : épreuve.

privé : intime, familier.

prix (au) **de** : en comparaison.

produire : monter, mettre en évidence.

progrès : marche, cours.

proposition : projet, intention.

prouvoir : pourvoir.

prouvoyance, pourvoyance: prévoyance.

prudence : sagesse, habileté.

Quant et : avec, en même temps que.

quant et quant : en même temps que, ainsi que.

quartier (à) : à l'écart.

queste : recherche.

qui : souvent forme de neutre qui introduit une opposition : *ce qui...*

quoy, que... ? : que dire de ceci que ?

Ramentevoir : rappeler. Présent : *il ramontoit, ils ramentevent.*

ranger à : amener à.

ravaler : rabaisser; *se rav. :* descendre.

réciter : rapporter, raconter; *ils récitent :* on raconte.

recommandation : réputation, estime.

recordation : souvenir.

religion : scrupule.

religieusement : scrupuleusement.

rencontre : hasard; bon mot.

représenter : imiter, reproduire.

république : état.

résolution : décision.

ressentiment : sentiment, connaissance.

retirer à : ressembler à; *retiré de :* éloigné de, indépendant.

roide : fort, vigoureux.

rolle : registre, liste.

route : déroute.

ruine : écroulement..

Sapience : sagesse.

science : connaissance.

séjour : repos.

sentence : phrase.

si (entraînent souvent l'inversion du sujet) : 1) ainsi; 2) pourtant; *et si :* et pourtant, et encore (sans inversion).

si est-ce que : toujours est-il que, néanmoins.

si que : si bien que.

signamment : notamment.

soigner (se) : se soucier de.

solenne : solennel.

sortable : approprié, convenant à.

sortablement : à propos.

souloir : avoir coutume de... 3ᵉ pers. imp. : *souloit.*

suasion : persuasion.

succéder : avoir du succés, réussir.

succès : événements.

suffisance : capacité, talent.

suffisant : capable, intelligent.

suffisamment : avec habileté.

Téméraire : aveugle; accomplie sans réflexion (action); inconsidérée (réflexion).

témérairement : à l'aveuglette.

témérité : hasard aveugle, aveuglement; précipitation, légéreté.

tourbe : foule tumultueuse.

tout (du) : tout à fait.

travaux : peines.

Util : outil.

Vaccation : profession, occupation ; fonctions.
vain : vide.
vaisseau : vase.

vérifier : démontrer.
verisimilitude : vraisem-
   blance.
viandes : aliments, nourriture.

*Il existe dans la Collection des Classiques Garnier, une
édition en deux volumes des Essais de Montaigne. Cette
édition a été établie par Maurice Rat, et contient, outre le
texte de l'exemplaire de Bordeaux, avec les additions de
l'édition posthume, une importante introduction, une biblio-
graphie, une chronologie, de nombreuses notes, des variantes
et un index. Elle est enrichie d'illustrations.*

TABLE DES MATIÈRES

LIVRE III

PUBLICATIONS NOUVELLES

95/09/M7718-IX-1995 — Impr. MAURY Eurolivres SA, 45300 Manchecourt.
Nº d'édition 16460. — 2ᵉ trimestre 1969. — Printed in France.